Gesund mit
Hildegard von Bingen

Heidelore Kluge

Gesund mit
HILDEGARD
VON BINGEN

Ihre wichtigsten Lehren zu
Gesundheit, Küche und Fasten

Hinweis: Die Anleitungen in diesem Buch sind sorgfältig recherchiert und geprüft worden. Dennoch ist jegliche Haftung für Personen-, Sach- und Vermögensschäden ausgeschlossen, soweit gesetzlich zulässig. Insbesondere handelt es sich bei den Ratschlägen um unverbindliche Auskünfte gemäß § 676 BGB.

© 2004 by Pabel-Moewig Verlag KG, Rastatt
www.moewig.de
Alle Rechte vorbehalten
Originalausgabe
Umschlagfoto: getty images, München
Printed in Germany
ISBN 978-3-8118-1102-7

Inhalt

Pflanzen- und Kräuterkunde — 9

Hildegard von Bingen – eine Naturwissenschaftlerin im Mittelalter 11

Anmerkungen zum Gebrauch dieses Buches 13

Der Umgang mit Kräutern 15

So legen Sie Ihren eigenen Hildegard-Garten an 17

Ein- und zweijährige Kräuter 17 – Ausdauernde Kräuter 19 – Wildkräuter 21 – Ihr Kräutergarten auf der Fensterbank 22

Hildegards Kräuter und Pflanzen 23

Alant 23 – Aloe 23 – Andorn 24 – Apfelbaum 25 – Basilienkraut 27 – Bertram 28 – Birke 29 – Birnbaum 30 – Bohne 31 – Brennnessel 33 – Dinkel 34 – Eberesche 34 – Eibisch 35 – Fenchel 36 – Galgant 37 – Gerste 38 – Gewürznelke 39 – Gundelrebe 40 – Hafer 41 – Hanf 42 – Haselnuss 43 – Hirschzunge 44 – Holunder 44 – Huflattich 46 – Ingwer 47 – Johanniskraut 48 – Kampfer 50 – Kastanie 50 – Kirsche 51 – Knoblauch 52 – Kümmel 54 – Lavendel 55 – Lein 56 – Liebstöckel 57 – Lilie 58 – Lorbeerbaum 59 – Lungenkraut 59 – Melisse 60 – Minze 61 – Mohn 62 – Muskatnuss 63 – Myrrhe 64 – Odermennig 65 – Ölbaum/Olivenbaum 67 – Petersilie 68 – Pfirsichbaum 70 – Pflaumenbaum 71 – Quitte 72 – Raute 72 – Ringelblume 73 – Roggen 74 – Rose 75 – Salbei 76 – Schachtelhalm 78 – Schafgarbe 78 – Schlüsselblume 80 – Schwarzkümmel 80 – Süßholz 81 – Tanne 82 – Thymian 83 – Veilchen 84 – Walnuss 85 – Wegerich 87 – Weihrauchbaum/Olibanum 88 – Weinrebe 89 – Weizen 90 – Wermut 91 – Ysop 92 – Zimt 93 – Zitwerwurzel 94

Küche aus der Natur — 97

Kochen mit Hildegard von Bingen 99

Salate 100

Fenchel 101 – Sellerie 103 – Kresse 104 – Kohl 105 – Rettich 106 – Grüne Salate 108 – Pastinake 109 – Brennnessel 110 – Wegerich 111 – Melde 112 – Veilchen 113

Suppen... 115
Getreidesuppen 115 – Gemüsesuppen 117 – Kräutersuppen 120 – Eintöpfe 121 – Geflügelsuppen 124 – Fleischsuppen 125 – Wildsuppen 126 – Fischsuppen 128 – Milchsuppen 130

Gemüse... 132
Linsen 133 – Weißkohl 134 – Gurken 136 – Pastinaken 138 – Saubohnen 139 – Bohnen 141 – Sellerie 142 – Kürbis 143 – Kichererbsen 145 – Pilze 147 – Fenchel 149

Fleischgerichte.................................. 152
Schaffleisch 153 – Ziegenfleisch 156 – Rindfleisch 157 – Wild 158 – Geflügel 162 – Fisch 165

Eierspeisen....................................... 169

Milch und Milchprodukte....................... 172

Obst.. 173
Äpfel 173 – Birnen 176 – Quitten 178

Die Gewürze der Hildegard-Küche............... 182
Minze 183 – Basilikum 184 – Dill 184 – Fenchel 185 – Beifuß 185 – Knoblauch 185 – Kümmel 187 – Melisse 188 – Petersilie 188 – Salbei 189 – Gewürznelke 189 – Ingwer 190 – Muskat 191 – Zimt 191 – Pfeffer 193 – Ysop 194 – Bertram 195 – Honig 195 – Salz 197

Dinkelkochbuch 199

Hildegard von Bingen und der Dinkel................. 201

Das Mittelalter: Brot und andere Getreidegerichte........... 202

Vom Wildgras zum Kulturgetreide
Die Entwicklung der Getreide im Laufe der Jahrtausende...... 205
Gerste 207 – Roggen 208 – Hafer 210 – Weizen 211 – Dinkel 213

Wertvolle Inhaltsstoffe unserer Getreide............... 216
Eiweiß 216 – Fett 217 – Kohlenhydrate 218 – Ballaststoffe 219 – Vitalstoffe 219 – Die Getreide 230

Getreide einkaufen und lagern 233
Getreide selbst mahlen 235
Rezepte 241
Salate 241 – Suppen 246 – Hauptgerichte 254 – Brot und Gebäck 269 – Desserts 281 – Brotaufstriche 290 – Frühstück 293 – Getränke 295

Heilendes Fasten 299

Hildegards Lehre vom »rechten Maß« 301

Die Geschichte des Fastens 303
Aus religiösen Gründen fasten 303 – Aus gesundheitlichen Gründen fasten 309

Warum fasten? 314

Fasten, um Gewicht zu verlieren 318

Aus gesundheitlichen Gründen fasten 326

Aus spirituellen Gründen fasten 331
Auf Fleisch verzichten 331 – Auf Alkohol verzichten 331 – Aufs Auto verzichten 332 – Aufs Fernsehen verzichten 332 – Auf Geschlechtsverkehr verzichten 333

Hunger und Appetit 334

Was geschieht beim Fasten? 339

Wer sollte nicht fasten? 343

Alleine fasten – oder in der Gruppe? 345
Alleine fasten 345 – Gemeinsam fasten 346

Die Fastenkrise 348

Wie lange sollte man fasten? 350
Das Morgenfasten 350 – Eintägiges Fasten 350 – Einwöchiges Fasten 351 – Längeres Fasten 351 – Fasten im Alltag 352

Vorbereitung auf das Fasten 356

Das Fasten selbst 358
1. Fastentag 358 – Worauf Sie vor allem am 1. Fastentag achten sollten 360 – Die weiteren Fastentage 360

Das Fastenbrechen und die Aufbautage 362

Das Hildegard-Fasten 365

Die Ernährung nach dem Fasten umstellen 366

Fastenbegleitende Maßnahmen 367
Körperpflege 367 – Wasseranwendungen 368 – Massagen 369 – Mund- und Zahnpflege 370 – Intimpflege 371 – Bewegung und frische Luft 372 – Meditation und Entspannung 375 – Neue Wege suchen 382

Das Leben der Hildegard von Bingen 385

Geschichtlicher Hintergrund 387 – Hildegards Lebensgeschichte 389

Literatur und Bezugsquellen 397

Pflanzen- und Kräuterkunde

Hildegard von Bingen – eine Naturwissenschaftlerin im Mittelalter

Schon der Begriff »Naturwissenschaft im Mittelalter« erscheint uns heute als ein Widerspruch in sich. Die Ergebnisse der antiken Naturforschung waren zu Hildegards Zeiten entweder verschollen oder lagen unzugänglich in Klosterbibliotheken. Um die meisten natürlichen Vorgänge – das Geborenwerden und Sterben, das Säen und Ernten usw. – rankten sich Legenden und Aberglaube. Viele Forschungsmöglichkeiten blieben den damaligen Naturwissenschaftlern verschlossen, weil z. B. das Sezieren von Leichen verboten war, mit der Begründung, dass dies einer Gotteslästerung gleichkäme. Ebenso war es verboten, bestimmte Dinge nur zu denken und Hypothesen theoretisch durchzuspielen – dies war noch Jahrhunderte später so, als Galileo Galilei seine großartigen astronomischen Erkenntnisse widerrufen musste und Johannes Kepler seine Entdeckungen am Sternenhimmel zurückhielt, um seine alte Mutter zu retten, die als Hexe angeklagt war.

Natürlich finden wir bei Hildegard von Bingen ebenfalls viel Mystisches und Mythisches, das sie aus dem Volksglauben und teilweise aus der antiken Überlieferung übernommen hat. Wichtig ist aber ihre genaue Beobachtung, mit der sie sich vor allem den Pflanzen widmet. Diese bilden denn auch einen Hauptbestandteil ihres naturwissenschaftlichen Werkes *Physica,* in dem sie über Steine, Pflanzen und Tiere schreibt. Allein zwei umfangreiche Teile davon nehmen die Bände *Von den Pflanzen* und *Von den Bäumen* ein.

Die Texte greifen zurück auf das allgemeine Volkswissen über die Anwendung von Kräutern und Pflanzen bei verschiedenen Krankheiten.
Sie zeigen deutlich, dass Hildegard viele Rezepte aus ihrer eigenen Erfahrung und Beobachtung angibt. Sie wird inzwischen immer wieder durch die moderne medizinische Forschung bestätigt.
Obwohl Hildegard einen anderen Ansatz zur Heilung hatte als die moderne Medizin, wird etwa in der psychosomatischen Medizin vieles, was sie der antiken Säftelehre entnahm, aber auch, was sie über die dämonischen Einflüsse auf das menschliche Leben beschreibt, neu aufgearbeitet.
Interessant ist, dass Hildegard sich nicht nur mit der Heilung des Menschen beschäftigt, sondern auch mit Tierheilkunde und mit dem richtigen Anbau der von ihr genannten Pflanzen. Dies bestätigt, dass ihr trotz ihres

weitgesteckten Arbeitsfeldes als geistige und geistliche Führerin, als Politikerin, Schriftstellerin und nicht zuletzt als Mystikerin wenig von dem entging, was in ihrer unmittelbaren Umwelt geschah.

Zu allen Zeiten lag die Heilkunde zum größten Teil in Frauenhänden. Dieses Wissen wurde von Frau zu Frau weitergegeben – und Hildegard hat es niedergeschrieben und in eine gewisse Systematik gebracht. Das allein ist eine erstaunliche Leistung. Aber: Ihre Schriften wurden – und werden – auch beachtet, kritisiert und weiter ausgebaut, bis in unsere Zeit hinein! Denn auch heute hat Hildegard von Bingen gerade uns modernen Menschen noch vieles mitzugeben – insbesondere auf dem Gebiet der Pflanzen- und Kräuterkunde.

Anmerkungen zum Gebrauch dieses Buches

Die Kräuterheilkunde – oder Phytotherapie – ist ein durchaus ernst zu nehmender Zweig der Medizin. Deshalb sollten Sie immer daran denken, dass jedes Kraut – im Übermaß oder wie Hildegard es ausdrückt »ohne *discretio*« genommen – ein Gift sein kann. Viele scheinbar harmlose Kräuter, die uns zunächst bei unseren Beschwerden helfen, können bei längerem Gebrauch ihre heilsame Wirkung verlieren und ins Gegenteil umschlagen. Das gilt selbst für den Kamillentee.
Wechseln Sie deshalb bei Teekräutern nach einigen Wochen zu einem anderen Tee über – die Auswahl ist ja groß genug. Auch bei der Selbstmedikation mit Kräutern sollten Sie vorsichtig sein. Besprechen Sie sich auf jeden Fall vor einer Anwendung mit Ihrem Arzt oder Heilpraktiker! In unserer Zeit sind Menschen aus verschiedenen Gründen, die teilweise in den Umweltbedingungen, aber auch in der sozialen und emotionalen Belastung unserer modernen Zeit ihre Ursache haben, sehr anfällig für Allergien. Dies gilt nicht nur für chemische Stoffe, sondern auch für Pflanzen aller Art. Bitte vergessen Sie nicht, dass jeder Mensch gegen alles allergisch sein kann – selbst gegen Kamille, Pfefferminze und Fenchel! Sollten Sie deshalb bei der Verwendung von Kräutern auffällige Nebenwirkungen bemerken, brechen Sie die Behandlung sofort ab und konsultieren Sie Ihren Arzt oder Heilpraktiker.
In diesem Buch sind sehr viele Pflanzen, die Hildegard von Bingen in der *Physica* behandelt, ausgelassen worden. Zum einen aus Platzgründen – wobei aber darauf geachtet wurde, dass die wichtigsten und interessantesten Pflanzen besprochen werden. Zum anderen wurden Pflanzen weggelassen, deren Identität uns heute unklar ist und die möglicherweise ins Reich der Sagen gehören. Dazu gehören z. B. Sysemera, Humela, Lilim, Menna, Ugera, Geria, Zugelnich und Psaffo. Es wäre bestimmt interessant, den Ursprüngen dieser Bezeichnungen und den dazugehörigen Pflanzen nachzuspüren – nur würde dies leider den Rahmen dieses Buches sprengen, das den Lesern einen Zugang zu den von Hildegard erforschten Pflanzen in unserer Zeit ermöglichen möchte.
Auch auf die giftigen und bedenklichen Pflanzen wurde verzichtet. Zwar liefern viele Giftpflanzen wichtige Arzneimittel – z. B. Fingerhut *(Digitalis)* in Herzpräparaten –, aber die Anwendung dieser Medikamente gehört unbedingt in die Hand des Arztes!

Schon zu Hildegards Zeiten gab es durch die unkundige Verwendung solcher Medikamente schwere Erkrankungen und sogar Todesfälle. Deshalb wird in diesem Buch nicht auf Pflanzen wie Christrose, Schierling, Zaunrübe, Herbstzeitlose, Wolfsmilch, Tollkirsche und Bilsenkraut eingegangen. Selbst der Rainfarn, der ja noch bis in unsere Zeit als Wurmmittel verwendet wird, bleibt unerwähnt, weil es bei seiner Verwendung zu Gesundheitsgefährdungen kommen kann.

Die Natur ist in jedem Fall mächtiger, als wir glauben. Es kommt auf uns an, wie wir uns der Mittel bedienen, die sie uns zur Verfügung stellt. Und nach all den vorangegangenen Warnungen möchte ich Sie trotzdem ermutigen, sich ihrer Segnungen zu bedienen – so wie Hildegard von Bingen sie uns beschrieben hat. Wenn Sie den besprochenen Kräutern und Pflanzen mit Respekt beggenen, werden Sie feststellen können, dass Sie nicht nur in physischer, sondern auch in psychischer Hinsicht vom Umgang mit ihnen profitieren können.

Der Umgang mit Kräutern

Natürlich können Sie alle Kräuter, die Sie zur Herstellung der verschiedenen Rezepturen benötigen, in der Apotheke, im Reformhaus oder im Naturkostladen kaufen. Viele Pflanzen können Sie aber auch selbst sammeln, wenn Sie Lust und Gelegenheit dazu haben. Am »ergiebigsten« sind die Monate Juni und August, weil gerade dann eine Vielzahl von Kräutern grünt und blüht, die man auch als Laie leicht erkennen kann. (*Sehr wichtig:* Sammeln Sie immer nur Kräuter, die Sie wirklich ganz genau kennen!)
Zum Kräutersammeln ist am besten ein warmer, sonniger Tag geeignet. Blüten werden am späten Morgen geerntet, wenn der Tau bereits getrocknet ist. Blätter und ganze Pflanzen suchen Sie am besten um die Mittagszeit, wenn die Sonne ihre ganze Kraft ausstrahlt. Dann ist der jeweilige Wirkstoffgehalt am höchsten.

Vermeiden Sie beim Kräutersammeln
- frisch gedüngte Wiesen;
- Äcker, die mit Pflanzenschutzmitteln gespritzt wurden;
- Straßenränder und
- verschmutzte Bahndämme.

Zarte Blüten und Blätter werden abgezupft, derbere können Sie mit der Schere abschneiden. Sammeln Sie nur saubere Kräuter! Diese dürfen nämlich auf keinen Fall gewaschen werden. Zum Transport bewahren Sie sie am besten locker in einem Korb oder in einem Leinensack auf (Plastikbeutel sind *nicht* geeignet!).

Viele Kräuter entfalten erst durch Trocknung ihre Wirksamkeit. Das gilt z. B. für die Kamille, die ihren Hauptwirkstoff, das tiefblaue Azulen, erst beim Trocknen entwickeln kann. Und auch die Duftintensität von getrocknetem Lavendel ist doppelt so hoch wie die der frischen Blüten. Legen Sie Blüten und Blätter der gesammelten Kräuter locker auf Küchenpapier aus und wenden Sie sie alle paar Tage. Ganze Pflanzen können Sie in Büscheln aufhängen. Wichtig ist, dass die Kräuter weder Feuchtigkeit noch direkter Sonneneinstrahlung ausgesetzt sind. Wählen Sie deshalb zum Trocknen der Kräuter einen luftigen, schattigen Platz. Die Kräuter

sind dann richtig trocken, wenn sie zwischen den Fingern rascheln und leicht brechen.
Bewahren Sie die Kräuter entweder in Gläsern oder in Blechdosen auf. Die sehr hübschen Teedosen aus Blech sind leider nicht ganz billig. Gut geeignet sind auch durchsichtige Gläser mit Schraubdeckel, sodass man sie luftdicht verschließen kann. Versehen Sie die Kräuterbehälter mit Aufklebern, auf denen Sie den Inhalt und auch das Datum der Abfüllung vermerken. Kräuter sollten nämlich nicht länger als ein Jahr aufbewahrt werden, weil sie dann ihre Wirkkraft verlieren.

So legen Sie Ihren eigenen Hildegard-Garten an

Wenn Sie einen eigenen Garten besitzen – und sei er noch so klein –, sollten Sie unbedingt ein Beet für würzende und heilende Kräuter anlegen. So haben Sie ständig eine kleine Gartenapotheke zur Hand und können außerdem mit dem unvergleichlichen Aroma frischer Kräuter Ihre Speisen würzen.

Viele Kräuter lassen sich auch sehr gut in den Blumengarten integrieren, z. B. Lavendel und Kamille. Andere gedeihen am besten in einem Steingarten – wie Rosmarin und Thymian. Viele Kräuter haben zudem eine wachstumsfördernde und schädlingsbekämpfende Wirkung auf andere Pflanzen, deshalb kann man sie gut zu verschiedenen Gemüsearten pflanzen.

Beim Anlegen eines Kräutergartens ist es wichtig, zwischen ein- und zweijährigen Kräutern und ausdauernden Stauden zu unterscheiden. Erstere müssen jedes Jahr oder jedes zweite neu gesät werden, während die anderen mehrere Jahre durchhalten. Danach kann man sie meistens durch die Teilung des Wurzelstockes vermehren.

Ein- und zweijährige Kräuter

Basilikum

Die Pflänzchen können entweder auf der Fensterbank vorgezogen oder als größere Pflanzen beim Gärtner und sogar im Supermarkt gekauft werden. Basilikum kann zu Gurken und Tomaten gepflanzt werden.
Ansprüche: Basilikum braucht einen sonnigen, geschützten Platz und sollte an warmen Sommertagen reichlich gegossen werden.

Bohnenkraut

Bohnenkraut kann entweder direkt ins Freiland gesät oder als junge Pflanze beim Gärtner gekauft werden. Es passt am besten zu Buschbohnen, weil es die Läuse von ihnen fern hält.

Ansprüche: Bohnenkraut mag es sonnig, warm und trocken und braucht deshalb nur bei großer Hitze gegossen zu werden.

Dill

Dill wird direkt ins Freiland gesät. Um immer frisches Kraut zu haben, sollten Sie einige Male nachsäen. Dill wirkt sich besonders günstig auf das Gedeihen von Möhren, Kohl, Rote Bete, Salat, Zwiebeln und Gurken aus.
Ansprüche: Dill braucht Sonne, aber gleichzeitig auch Feuchtigkeit. Deshalb kann er gut zwischen die Gurken gesät werden, weil diese die Erde mit ihren Ranken feucht und schattig halten.

Kerbel

Kerbel kann ins Freiland gesät oder als Pflanze vom Gärtner oder aus dem Supermarkt bezogen werden. Am besten säen Sie ihn zu Salatpflanzen, da er diese vor Schnecken, Läusen und Ameisen schützt.
Ansprüche: Der Kerbel gedeiht am besten an einem halb schattigen, mäßig feuchten Platz.

Kümmel

Kümmel wird ins Freiland gesät. Vermeiden Sie dabei die Nachbarschaft mit Fenchel – die beiden mögen sich nicht. Dagegen gibt er Kartoffeln, Kohl, Gurken und Roter Bete einen besonders intensiven Geschmack.
Wichtig: Kümmel ist eine zweijährige Pflanze: Im ersten Jahr bildet er lediglich eine Blattrosette, erst im zweiten Jahr treibt er bis zu 1 Meter 20 hohe Stiele.
Ansprüche: Der Boden sollte feucht, tiefgründig und gut gedüngt sein.

Majoran

Majoran kann man ab März im Frühbeet vorziehen, ihn ab Mai direkt ins Freiland säen oder fertige Pflanzen aus der Gärtnerei oder dem Supermarkt verwenden.
Ansprüche: Der Majoran braucht einen warmen, sonnigen Platz mit leichter, humusreicher Erde.

Petersilie

Petersilie kann direkt ins Freiland gesät werden, braucht aber einige Zeit zum Keimen. Deshalb sollten Sie einige Radieschensamen als »Markiersaat« mit aussäen, sodass Sie die Reihen erkennen können. Petersilie kann aber auch als fertige Pflanze aus der Gärtnerei und aus dem Supermarkt bezogen werden. Sie verträgt sich gut mit Tomaten, Zwiebeln, Radieschen und Rettichen. Zu Salat sollte sie besser Abstand halten. Außerdem ist sie mit sich selbst unverträglich, deshalb sollte sie immer an eine andere Stelle gesät werden.
Ansprüche: Petersilie gedeiht am besten an einem feuchten, halb schattigen Platz.

Ausdauernde Kräuter

Lavendel

Lavendelpflanzen erhalten Sie beim Gärtner. Sie machen sich sehr hübsch in Steingärten, passen aber auch gut zu Rosen. Im Garten vertreiben sie Ameisen und Läuse.
Ansprüche: Der Lavendel braucht einen sonnigen Platz mit einem leichten, etwas kalkhaltigen Boden. In sehr kalten Wintern muss er zugedeckt werden.

Liebstöckel

Im März oder im August können Sie Liebstöckel ins Freiland aussäen. Sie können natürlich die fertige Pflanze beim Gärtner kaufen. Liebstöckel hält Schädlinge fern, hemmt andererseits das Wachstum seiner Nachbarpflanzen. Deshalb sollte er möglichst allein stehen.
Ansprüche: Der Liebstöckel braucht einen feuchten, nährstoffreichen Boden. Er verträgt auch Halbschatten.

Melisse

Im Frühjahr können Sie die Melisse direkt ins Freiland aussäen. Oder Sie verwenden die fertigen Pflanzen, die Sie in der Gärtnerei oder im Super-

markt erhalten. Die Melisse passt sehr gut in den Blumengarten und ist eine hervorragende Bienenpflanze.
Ansprüche: Die Melisse braucht einen sonnigen, geschützten Standort. Der Boden sollte humusreich und durchlässig sein.

Minze

Die Minze wird nur durch Wurzelableger vermehrt, die im Frühjahr flach in die Erde gelegt werden. Lassen Sie sich von Freunden und Nachbarn einen solchen Ableger geben, oder kaufen Sie die Pflanzen in der Gärtnerei bzw. im Supermarkt. Am besten gedeiht die Minze in der Nähe von Brennnesseln, weil sie dort mehr ätherisches Öl entwickelt. Dagegen sollte man sie von der Kamille fern halten. Gute Nachbarn sind Tomaten, Salat und Möhren. Von Kohl hält sie die Raupen des Kohlweißlings fern.
Ansprüche: Sie braucht einen feuchten Platz und gedeiht am besten in lichtem Schatten. Die Erde sollte lehmig sein, auch mooriger Boden ist geeignet.

Rosmarin

Rosmarinpflanzen erhalten Sie in der Gärtnerei. Von älteren Pflanzen lassen sich auch Stecklinge schneiden. Eine gute Nachbarpflanze ist der Salbei.
Ansprüche: Der Rosmarin braucht einen sonnigen Platz mit humusreicher, durchlässiger Erde. Da er nicht winterhart ist, sollten Sie für die kalte Jahreszeit einen ausreichend großen Blumentopf bereithalten, in den Sie ihn verpflanzen können. Während des Winters nur wenig gießen, aber den Ballen nicht austrocknen lassen. Übrigens können Sie den Rosmarin auch ganzjährig im Topf lassen und ihn im Sommer an eine Südwand stellen.

Salbei

Vorgezogene Pflanzen erhalten Sie beim Gärtner. Von älteren Pflanzen können Sie Ableger gewinnen, indem Sie die Zweige herunterbiegen – diese bewurzeln sich dann. Salbei passt sehr gut in den Steingarten. Da er Raupen, Läuse und Schnecken abwehrt, sollte man ihn an die Ränder des Gemüsegartens und zu Rosen pflanzen. Gut verträgt er sich mit Rosmarin, Fenchel, Kohl, Möhren, Erbsen und Bohnen.

Ansprüche: Der Salbei braucht einen warmen Standort mit durchlässiger Erde. Bei sehr kalten Wintertemperaturen braucht er einen leichten Schutz.

Thymian

Thymianpflanzen erhalten Sie beim Gärtner. Da er Läuse und die Raupen des Kohlweißlings abwehrt, kann er gut als schützende Randpflanzung um die Gartenbeete herum gesetzt werden. Er passt außerdem sehr gut in den Steingarten.
Ansprüche: Der Thymian braucht einen sonnigen, trockenen Standort.

Ysop

Die Pflanzen erhalten Sie beim Gärtner. Mit seinen hübschen blauen Blüten ist der Ysop ein Schmuck für jeden Kräutergarten. Außerdem wehrt er Raupen, Läuse und Schnecken ab und ist darüber hinaus noch eine gute Bienenweide.
Ansprüche: Er braucht einen sonnigen und möglichst steinigen Platz und passt deshalb auch sehr gut in den Steingarten.

Wildkräuter

Natürlich können Sie in Ihrem Garten auch Wildkräuter anpflanzen. Besonders geeignet sind dafür Brennnessel, Kamille und Johanniskraut. Aber auch die Wildkräuter, die sich von selbst in Ihrem Garten ansiedeln, sollten Sie nicht unbedingt mit Stumpf und Stiel als »Unkräuter« ausrotten, nutzen Sie ihre heilkräftigen Blätter, Blüten und Wurzeln! Dies gilt z. B. für Wegerich, Sauerampfer und Miere. Vielleicht können Sie diesen wertvollen Pflanzen ein Plätzchen einräumen, an dem sie sich ungestört entwickeln können.

Brennnessel

Meistens siedelt die Brennnessel sich von selbst im Garten an. Man kann sie natürlich auch anbauen – Spezialversender und zahlreiche Gärtnereien halten entsprechende Samen bereit. Die Brennnessel ist nicht nur für Küche und Medizin zu verwenden, sondern auch als kräftigende Brenn-

nesseljauche, die allen Pflanzen gut tut und außerdem zum Mulchen dient.
Ansprüche: Die Brennnessel wächst im Grunde überall, liebt aber besonders lockeren, humosen Boden.

Kamille

Die Kamille kann als Randpflanze um die Gartenbeete herum angesät werden. So haben Sie den Nutzen für Ihre Gesundheit und für die von Ihnen angebauten Gemüse. Außerdem sehen die gelbweißen Blüten im Gemüsegarten besonders hübsch aus. Sehr gut wirkt die Kamille auf Kohl, Kartoffeln, Sellerie und Lauch. Kamillentee kann außerdem als Samenbeize und zur allgemeinen Kräftigung aller Kulturen verwendet werden. Auch für den Kompost ist die Kamille ein wichtiger aktivierender Bestandteil.

Johanniskraut

Wenn Johanniskraut sich nicht von selbst in Ihrem Garten ansiedelt, können Sie es auf einer Wiese ausgraben und bei sich im Garten einpflanzen.
Ansprüche: Johanniskraut ist sehr anspruchslos, braucht allerdings viel Sonne und einen durchlässigen Boden. Im Steinbeet ist es meistens am besten aufgehoben.

Ihr Kräutergarten auf der Fensterbank

Wer keinen eigenen Garten hat, braucht auf frische Heil- und Küchenkräuter nicht zu verzichten. Viele von ihnen lassen sich nämlich sehr gut in Töpfen ziehen und liefern – neben Heil- und Würzwirkung – einen hübschen Blickfang und in manchen Fällen einen angenehmen Duft.
Am besten geeignet für den Anbau im Zimmer sind Basilikum, Bohnenkraut, Dill, Kerbel, Melisse, Petersilie, Salbei, Schnittlauch, Thymian und Ysop. Jeder helle Standort ist diesen Kräutern willkommen – sie dürfen nur nicht der prallen Sonne ausgesetzt werden. Über einer Heizung fühlen sie sich ebenfalls nicht wohl. Sie mögen es am liebsten nicht zu warm und nicht zu trocken. Beim Gießen von Topfkräutern sollten Sie allerdings vorsichtig sein und immer erst einmal mit dem Finger nachfühlen, ob wirklich schon Wasser benötigt wird.

Hildegards Kräuter und Pflanzen

Alant *Inula helenium*

Diese Pflanze mit mehrjährigem Wurzelstock kann bis zu 2 Meter hoch werden. Sie hat schöne gelbe, in dichten Köpfen stehende Blüten, die eine gewisse Ähnlichkeit mit Löwenzahnblüten haben. Genau wie der Löwenzahn wächst auch der Alant gerne auf feuchten Wiesen. Verwendet wird die Wurzel, die man im Spätherbst sammelt. Am besten werden die frischen Wurzeln, nachdem man sie gereinigt hat, der Länge nach durchgeschnitten, auf einen Faden aufgefädelt und an einem schattigen Platz zum Trocknen aufgehängt.

Alant enthält neben ätherischem Öl, Alantsäure, Kampfer und Azulen (das auch der Wirkstoff der Kamille ist) vor allem Inulin, das auch in der modernen Medizin zur Stimulierung der Nierenfunktion dient. Alant wirkt vor allem schleimlösend – in dieser Eigenschaft wird er von Hildegard empfohlen. Sie gibt für Lungenleiden das folgende Rezept an:

Alantwein

>»Das ganze Jahr über soll der Alant sowohl dürr als auch grün in reinen Wein gelegt werden. Aber nachdem er sich im Wein zusammengezogen hat, schwinden die Kräfte in ihm. Dann soll er weggeworfen und neuer eingelegt werden. Wer in der Lunge Schmerzen hat, der trinke diesen Wein täglich mäßig vor dem Essen und nach dem Essen.« *(Physica)*

Früher verwendete man Alant häufig äußerlich bei Hautproblemen, z. B. bei Flechten, Ekzemen und Ausschlägen. Diese Möglichkeit ist heute weitgehend in Vergessenheit geraten.

Aloe *Aloe vera*

Die Aloe gehört zu den Liliengewächsen. In mehr als 200 Arten kommt sie hauptsächlich in den Trockengebieten Afrikas, aber auch in allen wärmeren Regionen der gesamten Alten Welt vor. Die meist stachlig gezähn-

ten Blätter wachsen in Rosetten. Der eingedickte Saft aus Blättern verschiedener tropischer Arten hat eine stark abführende Wirkung.
In Indien und Babylonien war die Aloe sowohl als Heilmittel wie auch als Räuchermittel bei religiösen Zeremonien bereits im 3. vorchristlichen Jahrtausend in Gebrauch. In Ägypten wurde sie, gemischt mit Myrrhe, zum Einbalsamieren der Leichname hoher Würdenträger verwendet.
Besonders geschätzt (und teuer bezahlt) wurde das dunkelbraune Holz der Aloe.

Dieses wurde in der Antike von Griechen und Römern, später auch in Byzanz, gekaut, um einen angenehmen Atem zu machen. Außerdem wurde Aloe bereits damals zur Herstellung feiner Salben verwendet. Gegenwärtig erlebt sie in der modernen Kosmetik eine Renaissance. Durch die Araber gelangte die Aloe zur Zeit der Kreuzzüge nach Mitteleuropa. Im Mittelalter wurde sie als heilkräftige Pflanze in Klostergärten kultiviert. Ihr bitterer Saft diente früher bei der Bierherstellung gelegentlich als Hopfenersatz. Noch im 19. Jahrhundert verwendete man den Saft als linderndes und heilendes Mittel gegen Brandwunden.

Hildegard von Bingen schreibt über die Aloe:
»Der Saft dieser Pflanze ist warm und hat große Kraft.« *(Physica)*
Sie empfiehlt die Aloe vor allem gegen Husten, Magenbeschwerden, Schüttelfrost und Gelbsucht.

Andorn *Marrubium vulgaris*

Der Andorn gehört zu den Lippenblütlern und kommt vor allem auf Ödland vor. Sein weißfilziger, vierkantiger Stängel wird bis zu 70 Zentimeter hoch. Die Blätter sind weiß behaart, die von Juli bis August erscheinenden kleinen Kelchblüten sind weiß.
Der Andorn stammt aus dem Mittelmeergebiet und ist bei uns erst seit dem Mittelalter heimisch. Er wird seit Jahrtausenden als Heilpflanze ver-

wendet, wurde aber auch – vor allem im Mittelalter – zur Abwehr von Hexen und anderen bösen Geistern verwendet.
Hildegard von Bingen empfiehlt ihn vor allem gegen Hals- und Ohrenbeschwerden und gegen Husten.

Hildegards Hustenwein

»Wer Husten hat, der nehme Fenchel und Dill in gleichem Gewicht und füge ein Drittel Andorn bei. Dies koche er mit Wein, seihe es durch ein Tuch und trinke es, und der Husten wird weichen.« *(Physica)*

Andorn enthält als wichtigsten Bestandteil den Bitterstoff Marrubin, der auswurffördernd und galleanregend wirkt. Außerdem sind ätherische Öle und Bitterstoffe in dieser Pflanze enthalten.

Apfelbaum *Malum*

Der Apfelbaum gehört zu den Rosengewächsen. Die Apfelfrucht ist ein Kernobst. Der veredelte Apfelbaum ist in den gemäßigten Zonen Europas, Asiens, Afrikas und Amerikas der wichtigste Obstbaum. In Deutschland besteht die jährliche Obsternte zu 60 Prozent aus Äpfeln. Es gibt inzwischen mehrere hundert Apfelsorten, die manchmal weltweit bekannt, aber mitunter auch nur auf eine bestimmte Region beschränkt sind. Im alten Rom kannte man bereits etwa 30 verschiedene Apfelsorten – von denen uns heute leider einige unbekannt sind.
Der Apfel, dessen botanischer Name *malum* – also »das Schlechte« – lautet, erhielt diesen wahrscheinlich aus der biblischen Geschichte, als Eva ihrem Adam den Apfel reichte. Das Interessante daran ist, kulturgeschichtlich gesehen, dass es zur Zeit, als das Alte Testament niedergeschrieben wurde, in Palästina noch gar keine Äpfel gab. Der Apfel stammt nämlich aus Asien und gelangte erst Jahrhunderte später in diese Gegend. Wahrscheinlich liegt hier ein interessanter Fall einer Verwechslung von Linguistik, Mythologie und Botanik vor. Bis heute ist wissenschaftlich nicht darüber entschieden, mit welcher Frucht Eva denn nun den Adam verführte.
Vielleicht aber waren die Autoren des Alten Testaments auch inspiriert von den griechischen Mythen. Denn Paris wurde ja aufgefordert – und

zwar durch Eris, die Göttin der Zwietracht –, einen goldenen Apfel derjenigen Göttin zu reichen, die ihm am schönsten erschien. Und dieser verlieh den »Zankapfel« Aphrodite, der Göttin der Schönheit und Liebe. Dass am Ende daraus der langwährende Trojanische Krieg entstand, ist eine andere Geschichte, die sich in der griechischen Mythologie nachlesen lässt und letztlich anmutet wie eine moderne Fernsehserie.

Trotzdem empfehlen die nüchternen Engländer heute noch den täglichen Genuss eines Apfels, denn: »An apple a day keeps the doctor away!« (Isst man einen Apfel am Tag, braucht man keinen Arzt.) Der Apfel ist nicht nur erfrischend, sondern auch hustenstillend, harntreibend, leicht fieberdämpfend und abführend. Ein Aufguss aus klein geschnittenen Äpfeln (mit Schalen, denn unmittelbar unter diesen finden sich die wichtigsten Inhaltsstoffe) wirkt lindernd bei Heiserkeit und allen anderen Halskrankheiten, außerdem bei Gicht und Rheumatismus sowie bei Nieren- und Blasenerkrankungen.

Die Ärzteschule von Salerno in Italien, die stark von arabischen Ärzten beeinflusst war, prägte den folgenden Leitsatz: »Post pirum da potum, post pomum vade cacatum.« Das bedeutet so viel wie: Die Birne wirkt harntreibend, der Apfel abführend.

Hildegard von Bingen empfiehlt nicht nur die Apfelfrucht, sondern auch Rinde, Blätter und Blüten des Apfelbaumes. So legt sie uns die im Frühling aussprießenden Blätter des Apfelbaumes gegen Augentrübung nahe, weil sie dann »zart und heilkräftig sind wie die jungen Mädchen, bevor sie Kinder bekommen«. *(Physica)*

Über den Apfel selbst schreibt sie:
> »Die Frucht dieses Baumes ist zart und leicht verdaulich. Roh genossen schadet sie dem gesunden Menschen nicht. Denn wenn der Tau in seiner Kraft steht, das bedeutet, dass seine Kraft vom Beginn der Nacht bis fast zum Tagesanbruch zunimmt, wachsen die Äpfel durch diesen Tau und werden reif. Daher sind die rohen Äpfel für gesunde Menschen gut zu essen, weil sie aus starkem Tau entstanden sind. Den Kranken dagegen schaden sie eher, weil diese schwächlicher sind. Aber gekocht und gebraten sind sie sowohl für Gesunde wie für Kranke bekömmlich.« *(Physica)*

Über die Verwendung der Äpfel in der Küche finden Sie nähere Angaben und leckere Rezepte im Kapitel *Küche aus der Natur*.

Äpfel enthalten neben den Vitaminen A, B und C, verschiedenen Säuren und Zuckerarten auch Tannine und Pektine. Letztere sind besonders in unreifen Äpfeln sehr reichlich vorhanden und haben die Fähigkeit, wässerige Stoffe zu verfestigen (weshalb sie z. B. in der Kosmetik gern eingesetzt werden, um Emulsionen zu Cremes zu verarbeiten). Darüber hinaus besitzen sie die Fähigkeit zur Entgiftung und Fäulnisverhinderung, sind also ein wirksames Mittel, um Darmerkrankungen zu kurieren.

Basilienkraut *Ocimum basilicum*

Basilikum gehört zu den Lippenblütlern. Das etwa 10 bis 40 Zentimeter hohe Kraut stammt aus Südostasien. Sein Name *basilicum* geht auf das griechische Wort zurück, das »königlich« bedeutet, *ocimum* leitet sich vom griechischen Wort *oza* her, d. h. »Geruch« – Basilikum hat einen sehr intensiven und besonderen Geruch. Als Grabbeigabe in Form von Kränzen war es schon bei den alten Ägyptern bekannt.
Basilienkraut enthält neben ätherischen Ölen auch Gerbstoffe, Säuren

und Vitamine. Seine Inhaltsstoffe regen die Magensaftabsonderung an und fördern die Verdauung. Bei Wöchnerinnen kann es sogar die Milchproduktion steigern – eine Tatsache, die in der Volksmedizin schon lange bekannt war und jetzt wissenschaftlich bewiesen wurde.

Hildegard von Bingen empfiehlt das Basilikum vor allem gegen Fieber. Sie rät bei Zungenlähmung:
»Ein Mensch, der an seiner Zunge die Lähmung hat, sodass er nicht sprechen kann, lege Basilikumblätter unter seine Zunge, und er wird die Sprache wiedererlangen.« *(Physica)*

Bertram *Anacyclus*

Der Römische Bertram gehört zur Gattung der Korbblütler und wird vor allem in den südlichen Mittelmeerländern als Heilpflanze kultiviert. Er wird etwa 10 bis 30 Zentimeter hoch, seine Blütenköpfe erinnern an die Margeriten. Die Wurzeln sind etwa 1 Zentimeter dick und können eine Länge von 6 bis 12 Zentimetern erreichen. Auffallend sind ihre Längsrunzeln. In ihren Angaben über den Bertram bezieht Hildegard von Bingen sich wahrscheinlich hauptsächlich auf die Wurzel.

Hildegard empfiehlt den Bertram ganz allgemein zur Gesundung und zur Gesunderhaltung.
»Der Bertram ist von gemäßigter und etwas trockener Wärme. Diese richtige Mischung ist rein und erhält eine gute Frische. Für einen gesunden Menschen ist der Bertram gut zu essen, denn er mindert die Fäulnis in ihm, vermehrt das gute Blut und bereitet einen klaren Verstand im Menschen.« *(Physica)*

Auch kranken Menschen, die bereits sehr schwach sind, empfiehlt Hildegard den Bertram:
»Auch den Kranken, der fast schon im Sterben liegt, bringt er wieder zu Kräften.« *(Physica)*

Weiter schreibt sie zu den allgemeinen Wirkungen des Bertrams:
»Auf welche Weise er auch immer gegessen wird – trocken als Pulver oder in einer Speise –, ist er nützlich und gut sowohl für den

kranken wie auch für den gesunden Menschen. Denn wenn ein Mensch ihn oft isst, vertreibt er die Krankheit aus ihm und verhindert, dass er überhaupt erst krank wird.« *(Physica)*

Auch über die – unschädlichen – »Nebenwirkungen« des Bertrams berichtet Hildegard:
»Dass er beim Essen im Mund die Feuchtigkeit und den Speichel hervorruft, kommt daher, dass er die üblen Säfte herauszieht und die gute Gesundheit zurückgibt.« *(Physica)*

Bertram enthält ätherische Öle, Gerbstoff und bis zu 50 Prozent Inulin, ein pflanzliches Kohlenhydrat.

Birke *Betula pendula* (Hängebirke), *B. pubesceus* (Moorbirke)

Die Birke kommt in der nördlichen gemäßigten und kalten Zone in etwa 40 Arten vor. Ihre leuchtend grünen Blätter und weißlichen Stämme sind vor allem in Norddeutschland, Skandinavien und Nordosteuropa ein charakteristischer Bestandteil des Landschaftsbildes. Die Blüten der Birke sind grünlich gelb und stehen in Kätzchen zusammen.
Bei Germanen und Slawen wurde die Birke sehr verehrt. Nach altem Volksglauben reiten die Hexen in der Walpurgisnacht auf Birkenbesen zum Blocksberg. Die Verwendung der Birke als Pfingstgrün im christlichen Brauchtum geht wahrscheinlich auf germanische Frühlingsbräuche zurück. In alten Zeiten wurde die Birke als »Baum der Weisheit« bezeichnet: Von ihm wurden die Ruten geschnitten, mit denen die Lehrer ihre Schüler in Zucht hielten und ihnen die »Lust am Lernen« beibrachten.
Schon von alters her wird Birkenblättertee, der harntreibend und entschlackend wirkt, gegen Rheumatismus, Nierenbeschwerden und Stoffwechselleiden eingesetzt. Die Birke enthält ätherische Öle sowie Mineral-, Bitter- und Gerbstoffe. Die jungen Blätter werden im Frühjahr gesammelt und getrocknet. Man kann allerdings auch einen köstlichen, leicht bitter schmeckenden Tee aus den frischen Blättern herstellen, die man zu diesem Zweck einfach an den Ästen belässt. Sehr hübsch sieht es aus, wenn man den Tee in einer Glaskanne aufgießt.
Aus Rinde und Holz der Birke wird Birkenteer *(Pix Betulina)* gewonnen,

ein Mittel, das man z. B. zur Behandlung von Ekzemen und Schuppenflechte verwendet.

Auch Hildegard von Bingen kennt die Wirksamkeit der Birke gegen Hautleiden und empfiehlt die Birkensprossen oder jungen Blätter zur Behandlung:
»Wenn am Leib eines Menschen seine Haut sich zu röten und beulig zu werden beginnt, als ob dort eine Geschwulst entstehen wollte ..., nehme er die Knospen dieses Baumes und wärme sie an der Sonne oder am Feuer und lege sie so warm auf die schmerzende Stelle und binde ein Tuch darum. Dies tue er oft, und jene Geschwulst wird weichen.« *(Physica)*

Birnbaum *Pyrus*

Die Birne gehört – genauso wie der Apfel – zu den Rosengewächsen und kommt vor allem in Eurasien und Nordafrika vor. Unsere heutige Kulturbirne ist aus der Wildform der Holzbirne hervorgegangen. Neben dem Apfel gehört die Birne zu den beliebtesten Obstsorten Deutschlands.
Wild wachsende Birnen dienten bei uns bereits in der Jungsteinzeit als Nahrungsmittel. Plinius erwähnt schon mehrere verschiedene Birnensorten – die sowohl als Nahrungsmittel als auch als Arznei dienten und zu Most und Wein verarbeitet wurden. Die Birne ist nicht so leicht verdaulich wie der Apfel. Deshalb schreibt Hildegard von Bingen:
»Die Frucht des Birnbaumes ist schwer und gewichtig und herb. Wenn jemand sie roh zu reichlich isst, verursacht sie Kopfschmerzen und macht die Brust dämpfig. ... Wer daher Birnen essen will, soll sie in Wasser kochen oder am Feuer braten.« *(Physica)*

Birnhonig

Eines der wichtigsten Hildegard-Heilmittel ist der Birnhonig, der aus Birnen, Honig und verschiedenen Kräutern hergestellt wird. In der Hildegard-Medizin ist er das wichtigste Heilmittel gegen Migräne, hilft aber auch bei gewöhnlichen Kopfschmerzen. Hier das Rezept:

Zutaten:
5 große Birnen
250 g Honig
30 g Bärwurz (pulverisiert)
25 g Galgantpulver
20 g Süßholzpulver
15 g Mauerpfefferpulver
(Die Kräutermischung wird Ihnen Ihr Apotheker gerne zusammenstellen.)

Zubereitung:
Die Birnen waschen und (ungeschält) vierteln und das Kerngehäuse entfernen.
In etwas Wasser weich kochen.
Dann abseihen und pürieren.
Den Honig im Wasserbad erwärmen.
Dann 2 Esslöffel der pulverisierten Gewürzmischung darunterrühren.
Das noch heiße Birnenpüree mit dem Mixstab darunternischen.
Den fertigen Birnhonig in Gläser füllen und kühl stellen.

Anwendung:
Man nimmt den Birnhonig bei Migräne und Kopfschmerzen und vor allem bei Migräne dreimal täglich, und zwar 1 Teelöffel morgens vor dem Frühstück, 2 Esslöffel nach dem Mittagessen und 3 Esslöffel unmittelbar vor dem Schlafengehen.

Bohne *Vicia, Phaesolus*

Bei den Bohnenarten handelt es sich um Schmetterlingsblütler, die – wie auch die Erbsen – Schotenfrüchte ausbilden. Hildegard von Bingen bezieht sich in ihrer *Physica* auf die Vicia, eine Wickengattung, die die »dicke Bohne« (auch »Saubohne« genannt) hervorbringt. Die Gartenbohne (Phaesolus) kam erst aus Amerika zu uns. Beiden Sorten ist ihr hoher Eiweißgehalt gemeinsam.
Die dicke Bohne diente schon in der Steinzeit als Nahrungsmittel. Es ist interessant, dass ihre schwarz gefleckte Blüte in der Antike als Todessymbol galt – deshalb durften die ägyptischen Priester keine Bohnen essen. Bohnen wurden bei Totenopfern sowohl in Griechenland und Rom als auch bei den

Slawen und Germanen verwendet. Im Mittelalter war die Bohne eine beliebte – weil nährstoffreiche – Fastenspeise.
Hildegard von Bingen hält die Bohne für heilsamer und gesünder als die Erbse, da sie ihrer Natur nach warm sei. Sogar kranke Menschen könnten sie unbesorgt essen:
> »Denn wenn die Kranken die Bohne essen, schadet sie ihnen nicht sehr, weil sie nicht so viel Flüssigkeit und Schleim in ihnen bereitet wie die Erbse dies tut.« *(Physica)*

Bohne

Besonders schätzt sie das Bohnenmehl:
»Das Bohnenmehl ist gut und gesund für den kranken und den gesunden Menschen, weil es leicht ist und mühelos verdaut werden kann.« *(Physica)*

Bohnenbrühe

So gibt sie die folgende Empfehlung für Menschen, die an Magen-Darm-Beschwerden leiden:
»Wer Schmerzen in den Eingeweiden hat, der koche die Bohne in Wasser unter Beigabe von etwas Öl oder Fett, und er schlürfe nach dem Entfernen der Bohnen die warme Brühe. Dies tue er oft, und es heilt ihn innerlich.« *(Physica)*

Bohnen enthalten reichlich Eiweiß und wirken nachweislich entwässernd. Grüne Bohnen sollten vor allem bei Bluthochdruck gegessen werden.

Brennnessel *Urtica*

Nesselgewächse treten in den gemäßigten Breiten mit über 30 Arten auf. Charakteristisch sind die Brennhaare an Blättern und Stängeln, die – wenn sie zerbrechen – wie eine Kanüle wirken, durch die die brennende Zellflüssigkeit auf die Haut gelangt und dort zu Reizungen bis hin zu Entzündungen führen kann. Beim Sammeln der Brennnesseln sollte man deshalb möglichst Handschuhe tragen, um die lästigen »Verbrennungen« zu vermeiden.
Die wichtigsten bei uns vorkommenden Arten sind die Große Brennnessel *Urtica dioica* und die Kleine Brennnessel *Urtica urens*. Die erste ist mehrjährig und wird bis zu 1 Meter 50 hoch. Aus ihr wurde eine Zuchtform kultiviert zur Gewinnung von Nesselfasern, aus denen Nesselstoffe und Garne hergestellt werden. Die Kleine Brennnessel ist ein einjähriges Gartenkraut, das bis zu 50 Zentimeter groß wird.
Als Teepflanze werden Brennnesselblätter vorwiegend zur Blütezeit gesammelt und getrocknet. Sie enthalten Stoffe mit leicht harntreibender, verdauungsanregender und blutzuckersenkender Wirkung. Junge Brennnesseln werden für Suppen, Salate oder Spinatgemüse vor allem wegen ihres Chlorophyll-, Eisen- und Vitamin-C-Gehaltes geschätzt.

Die Brennnessel wird seit alters her als Heilpflanze geschätzt. Dioskurides, ein berühmter griechischer Arzt, der im 1. vorchristlichen Jahrhundert wirkte, empfiehlt ihre in Wein gekochten Samen als Aphrodisiakum, und bereits der römische Historiker und Schriftsteller Plinius der Ältere (23–79) empfiehlt sie als Gemüse, welches das ganze Jahr über vor Krankheiten schützen könne. Das Peitschen mit Brennnesseln war früher ein weit verbreitetes Rezept gegen mancherlei Krankheiten wie Fieber, Rheumatismus und Schlaganfall. Der römische Dichter Petronius (er starb 66 n. Chr.) preist es als wirksames Mittel zur Wiedererlangung der Manneskraft. Das »Peitschen« wurde übrigens auch von Sebastian Kneipp (1821–1897) gegen Rheuma empfohlen und hat seitdem eine Renaissance erlebt.

Hildegard von Bingen empfiehlt die Brennnessel in erster Linie als magenfreundliches Gemüse:

»Wenn sie frisch aus der Erde sprießt, ist sie gekocht nützlich für die Speisen des Menschen, weil sie den Magen reinigt und den Schleim aus ihm wegnimmt. Und dies bewirkt jede Art der Brennnessel.« *(Physica)*

Allerdings rät Hildegard davon ab, die Brennnessel »wegen ihrer Rauheit« roh zu essen. Rezepte mit der Brennnessel finden Sie im Kapitel *Küche aus der Natur.*

Dinkel *Triticum spelta*

Diesem Lieblingsgetreide der Hildegard von Bingen ist ein ganzes Kapitel – das *Dinkelkochbuch* – gewidmet. Deshalb soll hier nicht weiter auf ihn eingegangen werden.

Eberesche *Sorbus*

Die Eberesche, auch Vogelbeerbaum *(Sorbus aucuparia)* oder – wie bei Hildegard von Bingen – Speierling *(S. domestica)* genannt, gehört zu den Rosengewächsen. Sie wächst in zahlreichen Arten in den nördlichen gemäßigten Zonen der Erde. Charakteristisch sind die unpaarig gefiederten Blätter und vor allem die scharlachroten Scheinfrüchte (Vogelbeeren).

Die Früchte der Eberesche wurden schon von den Griechen und Römern genutzt. Karl der Große (747–814) empfahl den Anbau des Baumes in seiner Schrift »Capitulare de villis«. Seit Anfang des 19. Jahrhunderts wird im Altvatergebirge eine bestimmte Form der Vogelbeere (s. *aucuparia*), die Mährische Eberesche (var. *edulis*), mit süßen Früchten angebaut. Seither ist die Zahl der Ebereschen recht groß geworden. Der Anbau dieses Baumes als Obstgehölz stieg in jüngster Vergangenheit beachtlich an. Die Früchte der Eberesche enthalten pro 100 Gramm Frischgewicht 100 bis 200 Milligramm Vitamin C. Ihr Gehalt an Sorbinsäure bzw. Sorbit macht sie außerdem sehr wertvoll, denn Sorbit ist ein für Diabetiker unschädlicher Süßstoff. Die Beeren der Eberesche werden kaum roh gegessen, sondern zu Kompott, Saft, Sirup und Gelee verarbeitet. Es gibt sogar einen Vogelbeerlikör.

Hildegard von Bingen schreibt über die Eberesche, dass sie ihrer Natur nach warm und trocken sei.
»Aber diese Wärme ist nicht nützlich, und in seinem Protzen symbolisiert der Baum die Heuchelei.« *(Physica)*

Die Früchte des Baumes sind ihrer Meinung nach einem gesunden Menschen weder nützlich noch schädlich, einem Kranken aber unzuträglich. Sie empfiehlt allerdings ein Bekämpfungsmittel gegen Raupen und Schmetterlinge, das als Alternative zur chemischen Schädlingsbekämpfung vielleicht einmal ausprobiert werden sollte:
»Wirf die Erde, die unter dem Speierling und um seine Wurzel liegt, in den Garten und streue sie, wo Raupen und Schmetterlinge das Gemüse fressen und verwüsten. Durch diese Belästigung werden sie wegziehen und dort nicht gedeihen können.« *(Physica)*

Eibisch *Althaea officinalis*

Der Eibisch gehört zu den Malvengewächsen und kann bis zu 1 Meter 50 hoch werden. Die rosafarbenen oder weißen Blüten sind in Büscheln angeordnet, die Blätter fast handgroß und weich behaart. Die süßlich schmeckende Wurzel enthält etwa 20 Prozent Schleimstoffe mit reizmindernder Wirkung und ist (wie auch die Blätter, Blüten und Samen) vor allem Bestandteil vieler husten- und schleimlösender Arzneimittel.

Der botanische Name *Althaea* leitet sich von dem griechischen Wort *althaino* (ich heile) her, denn schon den alten Griechen war die erweichende und mildernde Wirkung dieser Pflanze bekannt. In Mitteleuropa ordneten die fränkischen Könige an, den Eibisch wegen seiner Heilkräfte in den königlichen Gärten anzubauen. Hildegard von Bingen bezeichnet den Eibisch als von Natur »warm und trocken« und empfiehlt ihn vor allem gegen Fieber und Kopfschmerzen.

Fenchel   *Foeniculum vulgare*

Der Fenchel ist eine ein- bis mehrjährige Gewürzpflanze aus der Familie der Doldengewächse und kann bis zu 2 Meter hoch werden. Er hat eine fleischige Wurzel, reich gefiederte, fadendünne Blätter und gelbe Blüten. Die Frucht, eine sog. Spaltfrucht, ist etwa 6 bis 12 Millimeter lang. Heimisch ist der Fenchel im Mittelmeerraum, er kann aber auch bei uns kultiviert werden.
Fenchel enthält einen hohen Anteil des ätherischen Öls Athenol, außerdem das Provitamin A, die Vitamine B und C, zusätzlich Kalzium und Phosphor. Das Kraut riecht schwach nach Heu, daher auch der aus dem Lateinischen abgeleitete Name: *foenum* bedeutet Heu. Der Fenchel war bereits Ägyptern, Griechen und Römern als Gemüse-, Heil- und Gewürzpflanze bekannt. Damals verwendete man Fenchel bei Blähungen, bei uns auch heute noch. Auch eine magenstärkende Wirkung wurde ihm nachgesagt.

Der römische Historiker und Schriftsteller Plinius (23–79) schreibt in seinem Werk »Naturalis historia«:
»Die Schlange bekommt im Winter eine neue Haut und streift die alte mit Hilfe des Fenchels ab. Den Menschen dient der Fenchel als Gewürz, auch wird er zur Stärkung schwacher Augen gebraucht, worauf man durch die Beobachtung gekommen ist, dass ihn die Schlangen zu diesem Zweck verwenden.«

Auch Hildegard von Bingen schreibt, dass jemand seine Augen zum klaren Sehen bringe, wenn er täglich Fenchel essen würde. Auch gegen Magen- und Verdauungsbeschwerden und sogar gegen Melancholie empfiehlt sie den Fenchel, »denn er macht den Menschen fröhlich«. *(Physica)* Insgesamt empfiehlt sie den Fenchel in jeder Form uneingeschränkt

Fenchel

kranken und gesunden Menschen. Im Kapitel *Küche aus der Natur* finden Sie Kochrezepte mit Fenchel.

Galgant *Alpina officinarum*

Beim Galgant handelt es sich um ein in China beheimatetes Ingwergewächs, das auch in Thailand angebaut wird. Der Wurzelstock wird bis zu 1 Meter lang und enthält ätherische Öle. Als Galgantwurzel wird er zur Herstellung von Gewürzmischungen (z. B. Curry), als Likörzutat sowie in der

Homöopathie (vor allem bei Magenleiden) verwendet. Auch im Melissengeist ist er enthalten. In der Hildegard-Medizin spielt Galgant eine wichtige Rolle. Im Fachhandel ist er als Pulver, als Wein und in Tablettenform erhältlich.
In China kennt man den Galgant bereits seit Jahrtausenden als Heil- und Würzmittel. Auch die Ayurveda-Ärzte in Indien verwenden ihn bereits seit langer Zeit. Nach Mitteleuropa gelangte der Galgant durch arabische Händler und war entsprechend teuer und kostbar.

Hildegard von Bingen lobt den Galgant wegen seiner Eigenschaften:
»Er ist ganz warm und hat keine Kälte in sich und ist heilkräftig.«
(Physica)

Deshalb empfiehlt sie Galgant auch gegen die verschiedensten Beschwerden.
– Als Mittel gegen Fieber:
»Ein Mensch, der ein hitziges Fieber in sich hat, pulverisiere Galgant und trinke dieses Pulver in Quellwasser, und er wird so das hitzige Fieber löschen.« *(Physica)*
– Gegen Rückenschmerzen:
»Wer wegen übler Säfte im Rücken oder in den Seiten Schmerzen hat, der siede Galgant in Wein und trinke ihn oft warm, und der Schmerz wird nachlassen.« *(Physica)*
– Bei Herzbeschwerden:
»Wer Herzweh hat und ein schwaches Herz, der esse genügend Galgant, und es wird ihm besser gehen.« *(Physica)*

In der Hildegard-Medizin gilt Galgant als »das universalste Herzmittel«. Der Galgant enthält ätherische Öle und Harze, deren genaue Wirkung heute noch nicht umfassend erforscht ist.

Gerste *Hordeum*

Die Gerste gehört zu den Süßgräsern und ist vor allem in Europa und Amerika verbreitet. Die Gerste ist bei uns selten höher als 1 Meter, ihre Ähren sind besonders wegen der langen Grannen auffallend. Außer als Viehfutter wird sie vor allem als Braugerste verwendet, aber auch viele Vollwertgerichte und -backwaren können daraus hergestellt werden.

Im vorderasiatischen Raum wurde Gerste bereits im 9. vorchristlichen Jahrtausend angebaut. So sind Gerstenähren auf altägyptischen Wandmalereien abgebildet. In Europa ist die Gerste seit der Jungsteinzeit heimisch. Diodorus von Sizilien (er lebte im 1. nachchristlichen Jahrhundert) berichtet, dass bereits die Ägypter ein Bier aus der Gerste brauten, das »in Geschmack und Aroma dem Weine nicht nachstand«. Bis in unser Jahrhundert hinein spielte die geröstete Gerste als (kostengünstiger) Kaffee-Ersatz eine Rolle. Noch heute bevorzugen gesundheitsbewusste Menschen den liebevoll als »Muckefuck« bezeichneten Gerstenkaffee. Sebastian Kneipp empfahl diesen Trank ganz besonders, weil er kräftigend und verdauungsfördernd ist.

Hildegard von Bingen bezeichnet die Gerste als von Natur aus kalt. Deshalb ist sie ihrer Meinung nach auch für die Ernährung des Menschen nicht besonders gut geeignet. Hauptsächlich empfiehlt sie die Gerste für die äußerliche Anwendung. In der Volksmedizin wurden Gerstenpflaster bei Geschwüren, Abszessen und Wunden aufgelegt. So sollen Kranke ein Gerstenbad zur Stärkung nehmen:

> »Der Kranke, der schon am ganzen Körper ermattet, der koche Gerste stark in Wasser, und er gieße jenes Wasser in ein Fass und nehme darin ein Bad. Er tue dies oft, bis er geheilt wird und das Fleisch seines Körpers wiedererlangt und gesundet.« *(Physica)*

Gerstenbad

Für ein solches Bad kochen Sie 500 Gramm Nacktgerste in 5 Litern Wasser auf und lassen das Ganze dann eine Viertelstunde lang köcheln. Abseihen und ins Badewasser geben.

Gewürznelke *Syzygium aromaticum*

Die Gewürznelke stammt von dem tropischen, immergrünen Nelkenbaum, der der Familie der Myrtengewächse angehört und bis zu 15 Meter hoch werden kann. Seine Heimat sind die Molukken. Als Gewürz und Arzneimittel werden die nicht aufgeblühten Knospen verwendet. Sie sind ursprünglich flammenrot, verfärben sich aber beim Trocknen bräunlich bis schwarz.
Der Gewürzname rührt von der nagelförmig gestalteten Form der Knos-

pe und dem bis zu 16 Millimeter langen Knospenstiel her. Die Gewürznelke war den Chinesen schon Jahrhunderte vor Christi Geburt bekannt. Sie benutzten sie nicht nur zum Würzen, sondern kauten sie wegen der örtlich betäubenden Wirkung auch bei Zahnschmerzen. Die Gewürznelke gelangte über Ceylon, das Rote Meer und von dort über die Karawanenstraße nach Alexandria und Konstantinopel. Dort lernten die Römer den feurig würzigen Geschmack kennen. Es gab Zeiten, in denen Nelken mit Gold aufgewogen wurden.

Hildegard von Bingen beschreibt die Nelke folgendermaßen:
»Sie ist sehr warm und hat auch eine gewisse Feuchtigkeit in sich, durch die sie sich angenehm ausdehnt wie die angenehme Feuchtigkeit des Honigs.« *(Physica)*

Sie empfiehlt Nelken vor allem bei Kopfschmerzen, Wassersucht und Gicht.
Die Gewürznelke enthält einen hohen Anteil an Gerbstoffen und ätherischen Ölen.

Gundelrebe   *Glechoma hederaceae*

Bekannter ist die Gundelrebe vielerorts unter dem Namen Gundermann. Sie gehört zur Gattung der Lippenblütler und kommt in den gemäßigten Zonen Europas und Asiens vor. Wir finden sie auf Wiesen und in der Nähe von Gebüschen als 15 bis 40 Zentimeter hohe Staude mit kriechenden Stängeln und violetten oder blauen Blüten.
Bereits im Mittelalter erschien eine Sammlung mit dem Titel »Gegen alle Arten von Fieber« mit verschiedenen Rezepten, in denen die Gundelrebe angegeben wird. Man verwendete sie gegen Bronchial- und Lungenbeschwerden, gegen Kopfschmerzen, Magenschmerzen und zur Wundheilung. Da die Pflanze reich an Vitamin C ist, kann sie ebenfalls als allgemeines Tonikum genommen werden. Deshalb war die Gundelrebe wohl lange Zeit ein wichtiger Bestandteil sog. Kraftsuppen, die dem Patienten zum Wiederaufbau seiner Energie und Lebenskraft gegeben wurden.
Häufig wurde in vergangenen Jahrhunderten die Gundelrebe als Mittel gegen Dämonen und böse Geister verwendet. Dies galt vor allem im Viehstall, damit den Kühen die Milch nicht verdorben wurde. Deshalb

wurden Gundelrebenkränze oder -sträuße in den Ställen aufgehängt oder die Pflanze dem Vieh ins Futter gegeben.

Hildegard von Bingen schreibt über die Gundelrebe, dass »ihre Grünkraft angenehm und nützlich ist«. *(Physica)* So empfiehlt sie sie vor allem bei körperlichen und geistigen Erschöpfungszuständen und gibt dazu folgendes Rezept an:

>»Ein Mensch, der lange kraftlos ist und dem das Fleisch schwindet, soll mit Gundelrebe erwärmtes Wasser trinken und sie so oft wie möglich gekocht in einer Zukost oder mit Fleischspeisen oder mit Törtchen essen. Dies wird ihm viel nützen, weil ihr guter Saft den Menschen innerlich heilt.« *(Physica)*

Speziell empfiehlt sie die Gundelrebe gegen Ohrenbeschwerden und Lungenleiden.

Hafer *Avena*

Der Hafer ist ein Rispengetreide – das einzige, das heute noch in Mitteleuropa in größerem Umfang angebaut wird. Seine Ähren können Schlaffrispen (locker herabhängende Rispen) oder Steilrispen (kurze, steil aufgerichtete Rispen) bilden. Erst in der Bronzezeit gelangte der Hafer aus Asien und Afrika nach Mitteleuropa – zunächst als Unkraut. Da Hafer auch bei schwierigen Witterungsbedingungen überleben kann, war er gerade in der Römerzeit eine wichtige Getreidepflanze der Germanen. Sebastian Kneipp lobte den Haferbrei als »vorzügliches Nahrungsmittel« und versuchte in seinen Schriften, ihm wieder den ihm gebührenden Platz zu verschaffen, denn »er schuf große, kräftige Menschen mit herrlichen Anlagen, und sie erfreuten sich ihrer Gesundheit und eines hohen Alters«. Noch bis in unsere Zeit ist der Haferbrei – als Porridge bekannt – ein beliebtes Frühstück in England und vor allem in Schottland. Übrigens schwören auch viele Hochleistungssportler auf den Hafer als Fitmacher.

Hildegard von Bingen schreibt über den Hafer:
>»Er ist eine beglückende und gesunde Speise für gesunde Menschen, und er bereitet ihnen einen frohen Sinn und einen reinen und klaren Verstand, und er macht ihnen eine gute Farbe und gesundes Fleisch.« *(Physica)*

Auch schwächlichen und mäßig kranken Menschen empfiehlt sie den Hafer, nur Schwerkranke sollten darauf verzichten, weil er ihnen nicht bekömmlich ist.

Haferstrohbad

Gicht- und Rheumakranken empfiehlt Hildegard von Bingen ein Haferstrohbad, das nicht nur die Schmerzen lindert, sondern auch beruhigend auf die Psyche wirkt. Dazu wird Haferstroh (vom Bauern) in einem großen Topf kurz mit Wasser gekocht. Die Flüssigkeit dann ins Badewasser abseihen. Man kann diesen Absud auch als Aufguss für die Sauna verwenden.
Hafer enthält Fett und wertvolles Eiweiß. Seine Linolsäure beugt Herz- und Kreislauferkrankungen vor. Auch das »Nerven-Vitamin« B_1 sowie zahlreiche Mineralstoffe wie Kalzium, Eisen, Phosphor, Magnesium, Mangan, Kupfer und Zink sind im Hafer enthalten.

Hanf *Cannabis sativa*

Hanf war bei uns bis vor kurzem nur als die Pflanze bekannt, aus der Marihuana (ein Rauschmittel) gewonnen wird. Inzwischen entsteht eine ganze Hanfindustrie, wobei Stoffe, Papier und anderes daraus hergestellt werden. Auch ein sehr hochwertiges Speiseöl wird aus der Hanfpflanze gewonnen.
Der Hanf wird bis zu 6 Meter hoch. Bei den weiblichen Pflanzen sitzen vor allem an den Tragblättern die Blüten, die ein Harz – das Haschisch – ausscheiden. Die Stängelfasern des Hanfs werden bereits seit langem zur Herstellung von Garnen, Bindfäden, Schnüren, Seilen und Teppichen verwendet. Hanf wird vor allem in Vorder- und Südasien angebaut.
Hanf war bereits im 3. vorchristlichen Jahrtausend in China bekannt; in Indien wurde er erstmals im 9. Jahrhundert vor Christus angebaut. Der griechische Geschichtsschreiber Herodot (etwa 490–430 v.Chr.) berichtet, dass bereits die Skythen aus den Samen Öl und Rauschmittel gewannen und die Thraker aus den Fasern Kleider webten. Spätestens im 5. vorchristlichen Jahrhundert war Hanf auch den Germanen bekannt. Er wurde dort seit der Karolingerzeit angebaut. Seine betäubende Wirkung wurde jedoch erst durch die arabische Medizin bekannt.

Hildegard von Bingen schreibt recht ausführlich über diese Pflanze, deren Samen »Heilkraft« enthält:
>»Er ist für gesunde Menschen heilsam zu essen. In ihrem Magen ist er leicht und nützlich, sodass er den Schleim einigermaßen aus dem Magen wegschafft. Er kann leicht verdaut werden, vermindert die üblen Säfte und macht die guten Säfte stark.« *(Physica)*

Wie bereits erwähnt, ist ja Hanföl seit langem als hochwertiges Speiseöl bekannt und entspricht sicherlich den von Hildegard gemachten Angaben über dessen gesundheitsfördernde Wirkung. Bei anderen Nahrungsprodukten muss man abwarten – oder selbst ausprobieren, denn in vielen Städten etablieren sich inzwischen »Hanfläden«.
Schwer kranken Menschen und Menschen, die unter Durchblutungsstörungen vor allem im Kopfbereich leiden, rät Hildegard allerdings davon ab, Hanf zu sich zu nehmen, weil sie dadurch leicht Kopf- oder Magenschmerzen bekommen könnten.

Auch zur äußeren Anwendung von Hanf gibt sie Ratschläge.
– Gegen Magenschmerzen:
>»Wer aber einen kalten Magen hat, der koche Hanf in Wasser und, nach dem Ausdrücken des Wassers, wickle er es in ein Tüchlein. Dieses lege er warm auf den Magen. Dies wird ihn stärken.« *(Physica)*

– Zur Wundbehandlung:
>»Ein aus Hanf gefertigtes Tuch ist gut zum Verbinden der Geschwüre und Wunden, weil die Wärme in ihm mäßig ist.« *(Physica)*

Haselnuss *Corylus sativa*

Die Haselnuss gehört zur Gattung der Birkengewächse. Sie kommt hauptsächlich in Eurasien und Amerika als Strauch oder in Form kleiner Bäume vor. Die kugeligen oder länglichen Früchte sind von einer Hülle aus zwei oder drei Hochblättern umgeben. Haselnüsse sind sehr fett- und ölreich.
Im Volksglauben war der Haselstrauch ein Sinnbild der Lebenskraft und wurde häufig für Wünschelruten oder als Mittel gegen Zauberei und Hexerei, aber auch gegen Blitzschlag und Schlangenbiss verwendet. Bei den Kelten zählte die Haselnuss deshalb zu den heiligen Bäumen.

Hildegard von Bingen schreibt über den Haselstrauch, dass er seiner Natur nach mehr kalt als warm sei und nicht viel für medizinische Zwecke tauge. Außerdem sei er das Sinnbild der Ausgelassenheit.
»Die Früchte aber, nämlich die Nüsse, schaden einem gesunden Menschen nicht sehr, wenn er sie isst, aber sie nützen ihm auch nicht. Kranken Menschen aber schaden sie, weil sie ihn auf der Brust dämpfig machen.« *(Physica)*

Hirschzunge *Phyllitis scolopendrium*

Die Hirschzunge ist ein Tüpfelfarngewächs. Sie wächst vor allem auf feuchtem, schattigem Kalkgestein in den Mittelgebirgen und in den Kalkalpen. Die immergrünen Blätter können zwischen 15 und 60 Zentimeter lang sein. Während die meisten Pflanzen viel Sonnenlicht benötigen, um sich entwickeln zu können, kann die Hirschzunge – wie auch manche andere Farne – noch bei 1/300 bis 1/1000 der vollen Taghelligkeit gedeihen.

Wichtig: Die Hirschzunge steht wegen ihrer Seltenheit unter Naturschutz und darf nicht gepflückt oder ausgegraben werden. Für die bei Hildegard angegebenen Rezepte können Sie die benötigte Hirschzunge in der Apotheke erhalten.

Hildegard von Bingen empfiehlt die Hirschzunge vor allem bei Erkrankungen der Leber und der Lunge, außerdem als erste Hilfe bei Schmerzen. Hildegards »Hirschzungen-Elixier« können Sie fertig zubereitet in Apotheken, Reformhäusern und im Fach- und Versandhandel erhalten.

Holunder *Sambucus nigra*

Der Holunder gehört zu den Geißblattgewächsen. Es handelt sich dabei um Sträucher oder kleine Bäume, deren Zweige ein weißes Mark enthalten. Die Blätter sind unpaarig gefiedert, die Blüten wachsen in Dolden. Die Frucht ist eine beerenartige, drei- bis fünfsamige Steinfrucht, die sich aus den Blütendolden bildet. Die Blüten des Holunders haben einen sehr intensiven, charakteristischen Duft.
Blüten, Blätter und Wurzeln enthalten ätherische Öle, Harze, Zucker, Pflanzenschleime und Gerbstoffe. Die Früchte sind reich an Vitamin C.

Bereits in vorgeschichtlicher Zeit dienten die Früchte des Holunders als Nahrungs- und Färbemittel. In der Antike wurden Beeren, Blätter, Blüten und Wurzeln als Arzneimittel verwendet. Die Volksmedizin verwendet viele dieser Rezepte noch heute – nicht von ungefähr wurde der Holunder, der selbst auf dem kärgsten Anwesen freigebig wuchs, »die Apotheke des armen Mannes« genannt. Die Blüten dienten vor allem zur Teebereitung, und man verwendete sie als schweißtreibendes Mittel bei Fieber und Grippe. Der aus den Beeren gewonnene Saft ist zudem ein wohlschmeckendes Mittel bei Husten und anderen Erkältungserkrankungen.

Schon Hippokrates (ca. 460–370 v. Chr.) und später auch der griechisch-römische Arzt Galen (etwa 129–199) verordneten Holunderbeeren zur Entwässerung. Der römische Schriftsteller Plinius (23–79) schreibt in seinem Werk »Naturalis historia«:

»Beeren, Blätter und Wurzeln des Holunders, in altem Wein gekocht, schaden zwar dem Magen, aber sie wirken entwässernd. Die Beeren ... dienen auch zum Haarefärben.« Holunderblüten, in Milch gekocht, galten als Vorbeugungsmittel gegen Gicht und als schmerzlindernd bei akuten Anfällen.

Im Mittelalter wurden dem Holunder magische Kräfte zugeschrieben. Man glaubte, in ihm wohne ein guter Geist oder er sei der Baum der Frau Holle, der mit seiner Heilwirkung den Menschen diene. Deshalb war der Glaube weit verbreitet, dass das Abholzen eines Holunders Unglück und sogar Tod nach sich ziehen könnte.

Es ist erstaunlich, dass Hildegard von Bingen den vielseitigen Heilwirkungen des Holunders kaum Bedeutung beimisst. Sie schreibt sogar, dass er »wenig zum Gebrauch des Menschen« tauge. Lediglich ein Rezept gegen Gelbsucht gibt sie an:

Holunderdampfbad und Holunderwein

»Wer Gelbsucht hat, gehe in ein Dampfbad und lege Blätter dieses Baumes auf erhitzte Steine und gieße Wasser darüber. Außerdem lege er seine Sprossen in Wein, damit dieser den Geschmack annimmt, und trinke mäßig davon während des Bades. Wenn er aus dem Bad kommt, lege er sich ins Bett, um zu schwitzen. Dies tue er oft, und er wird geheilt werden.« *(Physica)*

Huflattich *Tussilago farfara*

Der Huflattich gehört zu den Korbblütlern und kommt nur auf der Nordhalbkugel vor. Es ist eine »Pionierpflanze«, die hauptsächlich auf Schutt und Äckern wächst. Die goldgelben, auf bis zu 25 Zentimeter hohen, schuppig beblätterten Stängeln sitzenden Blüten erscheinen im Frühjahr bereits vor den Blättern. Der Huflattich enthält Schleimstoffe, Bitterstoffe, Gerbstoffe und Mineralsalze. Der deutsche Name bezieht sich wahrscheinlich darauf, dass die Blätter dieser Pflanze einem Hufabdruck gleichen. Der botanische Name setzt sich wohl aus den lateinischen Worten *tussis* (Husten) und *agere* (verjagen, vertreiben) zusammen. Von den ältesten Naturärzten bis zu Kräuterpfarrer Kneipp wird die entzündungshemmende Wirkung des Huflattichs gelobt. Bereits der griechische Arzt Hippokrates (um 460–370 v.Chr.) benutzte die Wurzel (mit Honig und Milch vermischt) zur Behandlung von Lungenleiden. Bis heute verwendet man den Teeaufguss von Huflattichblättern gegen Husten (besonders Reizhusten), Bronchitis und Erkrankungen der oberen Luftwege. Zudem wird der Huflattichtee bei Hautausschlägen und zur Blutreinigung empfohlen.

Hildegard von Bingen empfiehlt Huflattich vor allem zur Behandlung von Hauterkrankungen. Sie begründet dies folgendermaßen:
> »Der großblätterige Huflattich ist kalt und feucht, und deswegen wächst er stark. In dieser Überspitzung und in seiner Kälte zieht er schlechte Säfte aus, wenn er auf Geschwüre gelegt wird.« *(Physica)*

# Ingwer *Zingiber officinale*

Der Ingwer kommt in den Tropengebieten Asiens in etwa 80 verschiedenen Arten vor. Es handelt sich dabei um bis zu 1 Meter 50 hohe Stauden mit einem kurzen, gedrungenen und meist aromatischen Wurzelstock. Die Wurzeln werden vor allem als Gewürz (z. B. für Lebkuchen oder das englische *ginger bread*) und zum Aromatisieren von Getränken – Ginger Ale – verwendet, aber sie werden auch kandiert oder als Konfekt verzehrt. In der Heilkunde gilt Ingwer als appetitanregendes, magenstärkendes und entzündungshemmendes Mittel.
In den ostasiatischen Ländern wird Ingwer seit ältesten Zeiten als Gewürz und Medizin verwendet. In chinesischen Arzneibüchern, in der Ayurveda-Medizin und im jüdischen Talmud wird Ingwer mehrfach erwähnt. Über die Römer wurde der Ingwer etwa im 8. oder 9. nachchristlichen Jahrhundert auch in den germanischen Ländern bekannt.

Hildegard von Bingen schreibt über den Ingwer:
»Er ist warm und ausgedehnt – das heißt: zerfließlich –, und sein Genuss schadet einem gesunden und fetten Menschen, weil er ihn unwissend, unkundig, matt und zügellos macht.« *(Physica)*

Menschen, die eher »von trockener Natur« – also mager – sind, sei er dagegen sehr zu empfehlen, besonders wenn sie sehr geschwächt sind:
»Wer in seinem Körper trocken ist und schon fast stirbt, der pulverisiere Ingwer und nehme nüchtern dieses Pulver mäßig in Suppen und esse es mäßig in Brot, und es wird ihm besser. Aber sobald es ihm besser geht, esse er es nicht mehr, damit er davon nicht Schaden nimmt.« *(Physica)*

Ingwertörtchen

Auch als traditionelles Magenmittel empfiehlt Hildegard den Ingwer:
»Wer unter Verstopfung im Magen und im Bauch leidet, der pulverisiere Ingwer und mische dieses Pulver mit ein wenig Saft der Ochsenzungepflanze. Aus diesem Pulver und Bohnenmehl mache er Törtchen und backe sie im Ofen, dessen Feuerhitze etwas nachgelassen hat. Er esse diese Törtchen oft nach dem Essen und nüchtern. Dies mindert den Unrat im Magen und stärkt den Menschen.« *(Physica)*

Johanniskraut
Hypericum perforatum (Tüpfeljohanniskraut)

Johanniskraut gibt es in den gemäßigten und subtropischen Gebieten in mehreren hundert Arten – als Kräuter, Sträucher und sogar als Bäume. Bei uns ist das Tüpfeljohanniskraut *(Hypericum perforatum)* am meisten verbreitet, eine etwa 30 bis 60 Zentimeter hohe Staude mit gelben Blüten. Früher glaubte man, das Johanniskraut vertreibe böse Geister. Es gab eine Tradition, die vorschrieb, dass es zu diesem Zweck nur am 24. Juni, dem Tag Johannes des Täufers, um die Mittagszeit gepflückt werden durfte, um wirksam zu sein. Dies war bereits in vorchristlicher Zeit der Tag der Sommersonnenwende, der festlich begangen wurde und mit dem verschiedene uralte Bräuche verbunden waren. So trug man etwa beim Tanz um das Sonnwendfeuer Kränze aus dem blühenden Kraut als Zeichen der Verbundenheit mit den Lichtkräften.

Während die alten Kelten und Germanen im Fünfstern der Blüte nicht nur die eingefangene Kraft der Sonne sahen, sondern ihn auch als Symbol der guten Kräfte ansahen (der Fünfstern war das heilige Symbol der Druiden), galten die Blüten für die Christen als die fünf Wundmale des gekreuzigten Christus, vor allem deshalb, weil sie kleine Perforationen aufweisen. Wenn man die Johanniskrautblüten zerreibt, tritt ein blutroter Saft aus.

Altbekannt ist die Wirksamkeit des Johanniskrauts zur Blutstillung und Wundheilung. Heute verwendet man vor allem den Tee als natürliches und nebenwirkungsfreies Mittel gegen Depressionen, der bei 2 Tassen am Tag bereits nach einer Woche eine deutlich gemütsaufhellende Wirkung zeigt. Es ist bedauerlich, dass Hildegard von Bingen über diese Tatsachen noch nichts wusste, denn sie beschäftigte sich ja recht ausführlich mit der Behandlung von depressiven Zuständen.

Hildegard schreibt über das Johanniskraut:
»Für die Medizin taugt es nicht viel, weil es ein verwildertes und vernachlässigtes Kräutlein ist.« *(Physica)*

Dagegen meint sie:
»Es taugt für das Vieh auf der Weide.« *(Physica)*

Aber gerade dabei sollte man vorsichtig sein, denn die Inhaltsstoffe des Johanniskrauts – vor allem der Hauptwirkstoff Hypericin – könnten nach

Johanniskraut

dem Verfüttern an Tiere unter dem Einfluss von Sonnenbestrahlung an unpigmentierten Hautstellen (also vor allem Ohren, Schnauzen, Bauchunterseite usw.) Entzündungen verursachen.

Kampfer *Cinnamomum camphora*

Beim Kampferbaum handelt es sich um ein Lorbeergewächs. Der Kampferbaum ist in Japan und China beheimatet und kann bis zu 40 Meter hoch werden. Alle Pflanzenteile enthalten Kampfer, der durch Wasserdampfdestillation gewonnen wird.
In Ostasien und Indien wurde der Kampfer bereits im Altertum als Heil- und Räuchermittel verwendet, außerdem zum Einbalsamieren von Leichen. Den Römern und Griechen war der Kampfer unbekannt. Erst durch die arabischen Ärzte gelangte er im Mittelalter nach Europa. Kampfer war ein wichtiger Bestandteil der »Riechfläschchen«, die die Frauen vergangener Jahrhunderte gegen Ohnmachten und Unwohlsein verwendeten. Übrigens kann diese Wirkung heute noch genutzt werden, etwa indem man bei Schwächezuständen an einem mit Kampferkristallen gefüllten Fläschchen schnuppert.

So schreibt denn auch Hildegard von Bingen:
»Wenn du krank bist, erhebt es dich auf wunderbare Weise und stärkt dich, wie die Sonne den trüben Tag erhellt.« *(Physica)*

Kastanie *Castania sativa* (Edelkastanie)

Die Kastanie gehört zu den Buchengewächsen. Sie stammt aus Kleinasien, wird aber seit langem in Südeuropa und Nordafrika, seit der Römerzeit sogar in wärmeren Gebieten Deutschlands kultiviert. Die Kastanie kann bis 1000 Jahre alt werden. Die großen Blätter sind stachelig gezähnt. Die weißen Blüten stehen gebüschelt in langen, aufrechten Blütenständen. Die Nussfrüchte (Esskastanien, Maronen) sind von einer stacheligen Fruchthülle umgeben.
Bei der Ausbreitung der Kultur der Edelkastanie haben die Römer, die sie von den Griechen übernahmen, eine wesentliche Rolle gespielt. Später verbreiteten sie die Türken, auf deren kriegerische Einfälle nach Europa viele Vorkommen in Südosteuropa zurückzuführen sind. In seinem »Capitulare de villis« empfiehlt Karl der Große den Anbau der Edelkastanie. In Süddeutschland und Frankreich lebten die Bauern oft monatelang von Kastanien, denn diese stellen ein kräftiges und wohlschmeckendes Nahrungsmittel dar. Esskastanien – die nicht mit den Früchten der in unseren Städten heimischen Rosskastanie *(Aesculus hippocastum)* ver-

wechselt werden dürfen! – sind reich an Stärke und Fett und enthalten die Vitamine B und C.

Für Hildegard von Bingen gehört die Edelkastanie neben Fenchel und Dinkel zu den uneingeschränkt empfehlenswerten Lebensmitteln. Hildegard schreibt:
> »Die Kastanie ist ihrer Natur nach sehr warm, hat aber eine große Kraft in sich, die der Wärme beigemischt ist, und bezeichnet die Weisheit. Was in ihr ist und auch ihre Frucht ist sehr nützlich gegen jede Schwäche des Menschen.« *(Physica)*

So empfiehlt sie die Verwendung von Kastanien zur Linderung und Heilung zahlreicher Krankheiten, z. B. von Gicht, Kopfschmerzen, Herz-, Milz-, und Magenbeschwerden.
Auch in der Tiermedizin kann ihrer Erfahrung nach die Edelkastanie eingesetzt werden:
> »Wenn eine Seuche das Vieh tötet, zerquetsche die Rinde des Kastanienbaumes und lege sie in Wasser, damit dieses den Geschmack davon annimmt, und gib dies oft in die Tränke für Esel und Pferde, Rinder und Schafe und Schweine und für alles übrige Vieh. Die Seuche wird von ihnen weichen, und sie werden geheilt werden.« *(Physica)*

Auch wenn Tiere sich überfressen haben, kann die Edelkastanie Abhilfe schaffen:
> »Wenn ein Pferd oder ein Rind oder ein Esel oder ein anderes Vieh zu viel gefressen hat, gib ihm die Blätter im Futter zu fressen, wenn es geht. Wenn das Tier diese nicht fressen will, pulverisiere die Blätter und gib dieses Pulver ins Wasser. Gib ihm oft diesen Trank, und es wird geheilt werden.« *(Physica)*

Kirsche
Prunus avium (Süßkirsche), *Prunus cerasus* (Sauerkirsche)

Die Kirsche gehört zu den Rosengewächsen und ist eng mit der Pflaume verwandt. Süßkirschen kommen vor allem in Europa und Vorderasien (aber auch in Sibirien) vor. Die Bäume können bis zu 20 Meter hoch werden. Bei Kulturformen, vor allem bei der Herz- und Knorpelkirsche, sind die Früchte größer und wohlschmeckender als bei Wildformen. Sauerkirschen kommen im Kaukasus und in Kleinasien wild oder verwildert vor. Auf der Nordhalbkugel werden sie in vielen Arten kultiviert. Sie ähneln stark den Süßkirschen, besitzen aber hell- oder dunkelrote säuerliche Früchte.

Schon in vorgeschichtlicher Zeit war die Kirsche in fast ganz Europa verbreitet. In Kleinasien kannte man die veredelte Süßkirsche wahrscheinlich schon im 4. vorchristlichen Jahrhundert. Durch die Römer gelangte sie in die germanischen Gebiete und erfuhr im Mittelalter eine intensive züchterische Entwicklung.

Kirschen enthalten in großer Menge verschiedene natürliche Zuckerarten, etwas Ascorbinsäure und Vitamin A. Sie wirken harntreibend und abführend und sind eine Süßigkeit, die wegen ihres niedrigen Kaloriengehalts nicht dick macht.

Hildegard von Bingen empfiehlt hauptsächlich den Verzehr der Kerne, vor allem gegen Würmer und Aussatz. Vom heutigen Stand der Medizin ist dies sicherlich *nicht* mehr vertretbar. Über die Früchte des Kirschbaums schreibt sie:

»Seine Frucht ist mäßig warm und weder sehr nützlich noch sehr schädlich. Dem gesunden Menschen schadet sie beim Essen nicht, aber dem kranken. Und demjenigen, der üble Säfte in sich hat, bereitet sie sogar ziemlichen Schmerz, wenn er viel davon isst.« *(Physica)*

Letzteres trifft allerdings – wie sicherlich viele Menschen aus Erfahrung wissen – auch dann zu, wenn man keine »üblen Säfte« in sich hat. »Allzu viel ist ungesund«, sagt das Sprichwort mit Recht. Und vielleicht meint Hildegard genau dies, wenn sie den Kirschbaum folgendermaßen charakterisiert:

»Er ist mehr warm als kalt, und er ist ganz ähnlich dem Scherz, der Fröhlichkeit zeigt, aber auch schädlich sein kann.« *(Physica)*

Knoblauch *Allium sativum*

Der Knoblauch ist ein stark riechendes Liliengewächs. Die Zwiebel ist im Reifezustand von zahlreichen kleinen Brutzwiebeln, den Knoblauchzehen, umgeben. Die Heimat des Knoblauchs ist Zentralasien, heute wird

er allerdings auch in vielen anderen Ländern als Heil- und Gewürzpflanze angebaut und kann selbst in unseren heimischen Gärten kultiviert werden.
Knoblauch ist ein uraltes Volksheilmittel. Altägyptische Papyri berichten davon, dass die beim Bau der Pyramiden eingesetzten Arbeiter streikten, weil sie nicht genügend Knoblauch und Zwiebeln zu ihrer täglichen Nahrung erhielten. Sie brauchten beides, um sich für ihre Arbeit gesund und leistungsfähig zu erhalten. Diese Tatsache wird durch heutige wissenschaftliche Untersuchungen bestätigt. Aber Knoblauch wirkte auch vorbeugend und heilsam gegen die im ganzen Orient verbreitete Amöbenruhr.
Man verwendete die zerdrückten Knoblauchzehen außerdem zur Linderung und Desinfizierung bei Insekten- und Skorpionstichen. Vielleicht rührt daher der Volksglaube, dass Knoblauch Vampire fern halte. Knoblauch enthält reichlich ätherische Öle (was man an seinem intensiven Geruch merkt), vor allem das schwefelhaltige Alliin. Darüber hinaus konnten im Knoblauch die Vitamine A und B_1, C, Nikotinsäureamid, Jod, Hormone und Fermente festgestellt werden. Bei längerer Lagerung nimmt der Gehalt an wirksamen Substanzen deutlich ab – vor allem derjenige mit einem antibakteriellen Effekt.

Darüber wusste auch Hildegard von Bingen bereits Bescheid, denn in ihrer *Physica* schreibt sie:
»Wenn aber der Knoblauch alt ist, dann vergeht sein gesunder und rechter Saft.«

Außerdem empfiehlt sie, den Knoblauch möglichst roh zu essen:
»Er muss roh gegessen werden, denn wer ihn kochen würde, würde daraus sozusagen verdorbenen Wein machen.« *(Physica)*

Für Gesunde und Kranke ist er ihrer Meinung nach gesünder zu essen als Lauch. Aber Hildegard rät davon ab, zu viel Knoblauch zu essen, »damit das Blut im Menschen nicht übermäßig erwärmt werde«. *(Physica)*

Kümmel *Carum carvi*

Der Kümmel gehört zu den Doldenblütlern und kommt hauptsächlich in Europa, Asien und Nordafrika vor. Bei uns finden wir ihn auf Wiesen und an Wegrändern, können ihn aber auch im Garten kultivieren. Der Kümmel wird 30 Zentimeter bis 1 Meter hoch, hat gefiederte Blätter, rübenförmige Wurzeln und kleine weiße bis rötliche Blüten. Die Samenfrüchte dienen als Gewürz (besonders bei schwer verdaulichen Speisen wie Kohl) und medizinisch vor allem als Mittel gegen Blähungen. Das Kümmelöl wird vielfach für Liköre und Schnäpse verwendet.

Kümmeltee ist ein altes Hausmittel gegen Übelkeit, Magenbeschwerden und Blähungen, das auch Kindern ohne Bedenken gegeben werden kann.

Kümmel

Kümmelöl ist für Erwachsene empfehlenswert, die nach einer schwer verdaulichen Mahlzeit etwa 10 Tropfen davon auf ein Stückchen Zucker geben. So empfiehlt Hildegard von Bingen den Kümmel vor allem zu Käse (deshalb sind wahrscheinlich die mit Kümmel gewürzten Käse besonders bekömmlich!):

»Ein Mensch, der gekochten oder gebratenen Käse essen will, streue Kümmel darauf, damit er nicht davon Schmerzen leidet.« *(Physica)*

Obwohl sie den Kümmel als »von gemäßigter Wärme und trocken« beschreibt, ist er ihrer Meinung nach hauptsächlich für jene Menschen geeignet, die »dämpfig« sind, also unter Lungenbeschwerden leiden. Ihnen ist er »nützlich und gesund zu essen, auf welche Weise auch immer er gegessen wird«. *(Physica)* Dagegen rät sie allen Menschen, die unter Herzbeschwerden leiden, vom Genuss des Kümmels ab:

»Jenem, der Schmerz im Herzen leidet, schadet er, wenn er ihn isst, weil er das Herz nicht vollkommen erwärmt, das immer warm sein muss.« *(Physica)*

Kümmel enthält ätherische Öle und Gerbstoffe.

Lavendel *Lavandula angustifolia*

Der Lavendel gehört zu den Lippenblütlern und kann bis zu 60 Zentimeter hoch werden. Er kommt hauptsächlich im Mittelmeergebiet vor, kann aber auch bei uns kultiviert werden. Charakteristisch sind seine silbergrauen Blätter und die blauvioletten Blüten, vor allem aber der typische Duft. Nicht nur aus diesem Grund, sondern weil er auch für die Hautpflege sehr wirksam einzusetzen ist, erhielt der Lavendel seinen Namen, der vom lateinischen *lavare* (sich waschen oder baden) abgeleitet ist.

Das angenehm duftende ätherische Öl der Lavendelblüten ist seit alters her ein beliebter Badezusatz, der sich beruhigend auf das Nervensystem auswirkt – auch auf das Nervensystem der Luftröhre. Auf letztere Wirkung geht Hildegard von Bingen auch in ihrer *Physica* ein, wo sie einen Lavendelwein gegen Lungenbeschwerden empfiehlt:

Lavendelwein und Lavendelsud

»Wer Lavendel mit Wein oder, wenn er er keinen Wein hat, mit Honig und Wasser kocht und oft lauwarm trinkt, der mildert den Schmerz in der Leber und in der Lunge und die Dämpfigkeit seiner Brust.«

Lein *Linum usitatissimum*

Der Lein, auch Flachs genannt, ist vorwiegend in der nördlichen gemäßigten Zone verbreitet. Er wird zwischen 30 Zentimeter und 1 Meter 20 hoch und hat weiße, meistens aber himmelblaue Blüten, wodurch die Leinfelder in der Landschaft zu einem wunderschönen Blickfang werden. Die Kapselfrüchte enthalten öl- und eiweißreiche Samen mit quellbarer, brauner Schale. Man unterscheidet zwischen Gespinstlein (vor allem zur Fasergewinnung) und Öllein (zur Herstellung von Leinöl).

Der Lein ist eine der ältesten Kulturpflanzen. Aus seinen Stängeln wird schon seit Jahrtausenden Gewebe (Leinen), aus den Samen Leinöl hergestellt. Mit Recht hat diese Pflanze die botanische Bezeichnung *Linum usitatissimum* (mit höchstem Nutzen). Der Mensch lernte schon frühzeitig, alles, was die Leinpflanze durch ihren Öl-, Eiweiß- und Fasergehalt hergab, für seine Zwecke zu nutzen.

Medizinisch genutzt werden vor allem die Samen des Leins. Sie haben krampflösende, reizlos abführende, die Schleimhaut einhüllend schützende und entzündungshemmende Eigenschaften. Der Leinsamen ist faser- und somit ballaststoffreich. Dies ist eine bei unserer heutigen Ernährungsweise sehr wesentliche Eigenschaft. Wer unter Verdauungsbeschwerden leidet, sollte deshalb unbedingt seinem Müsli, den Salaten, aber auch anderen Speisen immer etwas Leinsamen hinzufügen.

Hildegard von Bingen empfiehlt Leinsamen vor allem zur äußerlichen Anwendung, etwa bei Schmerzen, Milzbeschwerden oder bei Brandwunden.

Liebstöckel *Levisticum officinale*

Der Liebstöckel gehört zu den Doldenblütlern und kann bis 2 Meter hoch werden. Die Wurzel ist rübenförmig, die Blätter sind fiederschnittig, die Doldenblüten gelb. Alle Pflanzenteile enthalten ätherische Öle, die dem Liebstöckel den charakteristischen »Maggi«-Geruch geben – er wird deshalb auch Maggikraut genannt. Die Blätter werden als Küchengewürz verwendet, aus den getrockneten Rüben werden Kräuterschnäpse hergestellt. Der Liebstöckel stammt aus dem östlichen Mittelmeerraum und kann bei uns problemlos kultiviert werden.
Im Volksmund nennt man den Liebstöckel »Schluckwehrohr« und »Heiserrehrlich«. Diese Beinamen verdankt er seiner heilsamen Wirkung bei Halsschmerzen. Die hohlen Stängel der Pflanze werden seit Jahrhunderten als Trinkrohre benutzt, um warme Milch dadurch zu schlürfen, wenn es im Hals zu kratzen beginnt. So empfiehlt Hildegard von Bingen den Liebstöckel vor allem bei Halsweh und Husten.
In der Medizin wird vor allem die Wurzel des Liebstöckels verwendet. Der aus der zerkleinerten Rübe gekochte Tee wärmt den Magen, entwässert und lindert Herzleiden. Auch die Blätter werden nicht nur als gesunde Würze, sondern auch als Tee gebraucht – vor allem bei Magenbeschwerden, Verdauungsschwierigkeiten und Blähungen.

Hildegard von Bingen empfiehlt den Liebstöckel zudem in der Tierheilkunde, vor allem bei Pferdekrankheiten. Sie rät z. B. bei Husten, der mit einem Ausfluss aus den Nüstern verbunden ist, zu folgendem Rezept:
»Dann soll der Mensch, der es befreien will, Liebstöckel nehmen und etwas weniger Brennnessel. Das koche er in Wasser. Nach dem

Abgießen des Wassers lasse er den Dampf in seine Nüstern und in sein Maul ziehen, während er es am Zügel hält. Es wird geheilt werden.« *(Physica)*

Auch gegen Beschwerden in den Eingeweiden hilft der Liebstöckel ihrer Erfahrung nach dem kranken Pferd:
>»Wenn aber das Pferd im Bauch wie von Bissen leidet, dann nehme der Mensch Liebstöckel und etwas weniger Brennnessel. Das mische er oft unter sein Futter, damit es das gleichzeitig frisst, und es wird geheilt werden.« *(Physica)*

Lilie *Lilium*

Lilien sind Zwiebelpflanzen, die in über 100 Arten in der gemäßigten Zone der nördlichen Halbkugel vorkommen. Bei vielen davon handelt es sich um zum Teil sehr alte Zierpflanzen.
Die Lilie wird auch Iris genannt – nach der griechischen Göttin des Regenbogens. So gibt es denn auch Lilien in allen Farbschattierungen: Weiß, Blau, Violett, Rosa, Rot, Braun und Gelb. In religiöser Hinsicht wurde die Weiße Lilie, auch Madonnenlilie *(Lilium candidum)* genannt, sehr geschätzt. Schon in ältesten Schriften der Perser und Syrer wird sie erwähnt, außerdem mehrfach im Alten Testament (im Hohenlied Salomos). Bei den Griechen war sie der Göttin Hera geweiht, im alten Rom der Göttin Juno.
In der frühchristlichen Kunst symbolisierte die Madonnenlilie Christus als Licht der Welt, im Mittelalter die Gnade Gottes. Hauptsächlich aber galt – und gilt – sie als Pflanze der Jungfrau Maria und ist als solche auf vielen Mariendarstellungen zu sehen, etwa bei der Verkündigung.
Hildegard von Bingen empfiehlt die Lilie vor allem gegen Ausschläge und Geschwüre. Als Hautpflegemittel war die Lilie zu allen Zeiten, besonders aber im Mittelalter beliebt.

Interessant ist Hildegards Anmerkung zum Duft der Lilie:
>»Auch der Duft des ersten Aufbrechens, das heißt der Lilienblüte, und auch der Duft ihrer Blumen erfreut das Herz des Menschen und bereitet ihm richtige Gedanken.« *(Physica)*

Sie sollten immer wieder einmal eine Lilienblüte in Ihre Vase stellen – um »das Herz zu erfreuen«.
Die Lilie enthält neben Bitterstoffen und Stärke verschiedene Zuckerarten.

Lorbeerbaum *Laurus nobilis*

Der Lorbeerbaum ist eine charakteristische Pflanze des Mittelmeerraums. Die ledrigen Blätter des bis zu 12 Meter hohen Baumes sind immergrün und enthalten ätherische Öle. Getrocknet werden sie als Gewürz verwendet. Die schwarzblauen, beerenartigen Steinfrüchte enthalten neben ätherischem in reichem Maße (30 bis 40 Prozent) auch fettes Öl. Dieses wird ausgepresst und vor allem als Rheumamittel zu Einreibungen verwendet.
Der Lorbeer war im alten Griechenland dem Gott Apollon geweiht. Er ist seit der Antike das Symbol des Sieges und des Ruhms, mit dem man Feldherren, Künstler und Sportler bekränzte. Seit alters her steht der Lorbeer in dem Ruf, vor ansteckenden Krankheiten, Feuer, Blitz und Zauber zu schützen. Im frühen Christentum wurden Verstorbene auf die immergrünen Lorbeerblätter gelegt, die als Lebenssymbol galten. Karl der Große empfahl den Lorbeerbaum in seinem »Capitulare de villis« zum Anbau in den kaiserlichen und Klostergärten. Rinde, Beeren und Blätter galten im ganzen Mittelalter als vielseitiges Heilmittel.

Hildegard von Bingen empfiehlt den Lorbeer gegen verschiedene Krankheiten, z. B. gegen Magenverstimmungen, Kopfschmerzen und Gicht. Sie schreibt über den Lorbeerbaum:
»Er ist seiner Natur nach warm und hat etwas Trockenes. Er bezeichnet die Beständigkeit.« *(Physica)*

Lungenkraut *Pulmonaria officinalis*

Das Lungenkraut gehört zu den Rauhblattgewächsen und kommt in Europa und Asien vor. Die niedrigen, weich behaarten Stauden tragen meist blaue oder purpurfarbene Blüten. Bei uns wächst das Lungenkraut vorwiegend in Laubwäldern. Im Garten wird Lungenkraut am besten im Schutz einer Laubhecke gepflanzt.

In der Volksmedizin galt – wie ja auch der Name schon sagt – diese Pflanze als ein bewährtes Lungenheilmittel. Als solches wird es auch von Hildegard von Bingen beschrieben.

Interessant ist ein Vermerk Hildegards zur Tierheilkunde. Sie empfiehlt das Lungenkraut nämlich auch für Schafe, die ja besonders leicht an Lungenkrankheiten leiden. Von zahlreichen Schafzüchtern wird die Wirksamkeit dieses Mittels bestätigt.

»Wenn die Schafe oft Lungenkraut fressen, werden sie gesund und fett, und es schadet auch ihrer Milch nicht.« *(Physica)*

Melisse *Melissa officinalis*

Die Melisse gehört zu den Lippenblütlern. Die Blätter duften stark nach Zitrone und schmecken würzig. Die ursprünglich in Südeuropa, Nordafrika und Südwestasien beheimatete Melisse wird dort bis zu 1 Meter 25

Melisse

hoch. Bei uns kommt sie mitunter wild an Waldrändern vor, wird aber zumeist im Garten angebaut.
Auffällig ist die Vielzahl ihrer volkstümlichen Namen: Zitronen-, Herz-, Bienen-, Nerven- und Mutterkraut. Einige dieser Namen deuten auf die Krankheiten hin, die mit der Melisse behandelt werden können. Dabei handelt es sich vor allem um nervöse Spannungen (auch der Verdauungsorgane), Herzbeschwerden und alle Arten von Frauenleiden. Da die Melisse auch den Namen Herztrost trägt, ist es kaum verwunderlich, dass der römische Naturwissenschaftler Plinius (23–79) sie gegen Hypochondrie und Hysterie empfahl.

Hildegard von Bingen beschreibt die Melisse als allgemein gemütsaufhellendes Mittel mit den folgenden schönen Worten:
»Die Melisse ist ihrer Natur nach warm. Ein Mensch, der sie isst, lacht gern, weil ihre Wärme die Milz berührt und daher das Herz erfreut wird.« *(Physica)*

Die Melisse enthält Harze, Bitterstoffe und ätherische Öle.

Minze *Mentha*

Die Minze gehört zur Gattung der Lippenblütler und kommt mit etwa 25 Arten in den gemäßigten Zonen vor allem Europas vor. Das bekannteste Anbaugebiet ist wohl England. Da die Minze sehr ausdauernd ist (und sich oft zu einem wahren »Unkraut« entwickeln kann), lässt sie sich sehr gut im Garten kultivieren.
Verschiedene Minzearten waren bereits im Altertum bekannt und wurden als Heilmittel von Ägyptern, Israeliten und Römern verwendet. In Ägypten und Griechenland wurde die Minze ebenfalls zur Herstellung von Schönheitsmitteln und zum Bierbrauen(!) verwendet. Der römische Dichter Ovid (43 v. Chr. – 17 n.Chr.) schreibt in seinen »Metamorphosen« darüber, wie die Minze entstand: Pluto, der Gott der Unterwelt, verliebte sich in die Nymphe Mentha und wurde seiner Gattin Proserpina untreu. Als diese ihren Gatten mit der Geliebten überraschte, verwandelte sie das Mädchen in einen Strauch – eben die Minze. Wahrscheinlich in Erinnerung an diese Strafe glaubte man früher, dass die Minze die Liebesleidenschaft abkühlt.

Plinius der Ältere geht noch weiter, denn er schreibt:
»Man glaubt übrigens, dass sie das Sperma gerinnen lässt und dadurch die Empfängnis verhütet.«

Karl der Große empfiehlt die Minze in seinem »Capitulare de villis« zum Anbau.
Hildegard von Bingen erwähnt in ihrer *Physica* bereits vier verschiedene Minzearten: die Bachminze, die Wilde Minze, die Ackerminze und die Krause Minze. Die heute bekannteste Minze – die Pfefferminze mit ihrem sehr charakteristischen Geruch und Geschmack – war im Mittelalter hier noch nicht bekannt und wird erst um 1700 erwähnt. Wahrscheinlich kam sie aus England zu uns.

Über die verschiedenen Minzearten sagt Hildegard, dass sie zwar eine gewisse Kälte in sich hätten, aber trotzdem ihrer Natur nach eher warm seien. Mäßig gegessen nützten sie zwar dem Menschen nicht viel, schadeten ihm aber auch nicht. Sie empfiehlt sie vor allem zur Behandlung von Gicht, Magen- und Lungenleiden. Die Krause Minze *(Mentha crispa)* ist eine gute Speisewürze, um Verdauungsbeschwerden vorzubeugen:
»Und wie das Salz, mäßig verwendet, jede Speise mäßigt ..., so gibt die Krauseminze, wenn man sie dem Fleisch, dem Fisch oder Speisen oder dem Mus beifügt, jener Speise einen guten Geschmack und eine gute Würze, und so erwärmt sie ... den Magen und sorgt für eine gute Verdauung.« *(Physica)*

Mohn *Papaver*

Mohngewächse kommen in rund 100 Arten in den gemäßigten Gebieten der Nordhalbkugel vor. Die Kräuter führen einen Milchsaft und können weiße, gelbe und violette Blüten haben. Unsere bekanntesten Arten haben rote Blüten. In den Kapselfrüchten sind die Mohnsamen enthalten. Durch die modernen Spritzmethoden der Landwirtschaft findet man heute leider den Klatschmohn kaum noch an den Rändern der Getreidefelder, wo sein Rot neben dem Blau der Kornblumen das Auge erfreute. Die moderne Forschung hat heute längst herausgefunden, dass diese Pflanzen durchaus keine *Ackerunkräuter* sind, sondern im Gegenteil viele Krankheiten vom Getreide fern halten.
Der Klatschmohn *(Papaver rhoeas)* wird bis zu 90 Zentimeter hoch. Früher

wurden die Kronblätter zur Herstellung roter Tinte verwendet. Sein Wirkstoff, das Rhoeadin, wirkt zwar auch beruhigend und schlaffördernd, ist aber im Gegensatz zum aus dem Schlafmohn gewonnenen Morphium ungefährlich und führt nicht zur Gewöhnung. Man kann ihn also unbesorgt als Tee trinken, z. B. in einer Mischung mit Lindenblüten. Im alten Griechenland wurden Klatschmohnblüten auch an Salate gegeben – eine Sitte, die sich in Italien bis ins 16. Jahrhundert hinein gehalten hat. Genau wie andere Blüten (Gänseblümchen, Veilchen) bilden Mohnblüten nicht nur eine gesunde, sondern auch eine ästhetische Bereicherung für einen Salat.
Der Schlafmohn *(Papaver somniferus),* auch Gartenmohn genannt, kann bis zu 1 Meter 50 hoch werden. Seine Blüten sind wesentlich größer, kräftiger und glänzender als die des Klatschmohns. Er wird seit langem im östlichen Mittelmeergebiet, in Vorderasien und Indien und seit dem 18. Jahrhundert auch in Mitteleuropa angebaut. Aus den unreifen Fruchtkapseln wird das Opium gewonnen. Wegen seiner beruhigenden und schmerzstillenden Wirkung wird Opium als Rauschmittel missbraucht. Gereinigtes Opium wird als schmerzstillendes Arzneimittel verwendet, vor allem bei der Herstellung von Morphinen. Nach dem Betäubungsmittelgesetz ist der Anbau von Schlafmohn in Haus- und Kleingärten grundsätzlich verboten.

Allerdings gibt es neben dem Mohn mit weißen und schwarzen Samen auch blausamige Mohnarten. Diese sind opiumfrei und finden vor allem in der Bäckerei Verwendung. Möglicherweise bezieht Hildegard von Bingen sich auf diese Art, wenn sie schreibt:
»Seine Körner führen, wenn man sie isst, den Schlaf herbei.« *(Physica)*

Auch sollen sie den Juckreiz verhindern, der durch »rasende Läuse und Nissen« entstehen kann. Mohn sollte man nach Hildegards Meinung lieber roh als gekocht essen. Das Mohnöl empfiehlt sie nicht, weil es seiner Natur nach kalt sei, während die Körner warm seien.

Muskatnuss *Myristica fragans*

Der Muskatnussbaum wird bis zu 20 m hoch und ist immergrün. Seine pfirsichartigen Früchte enthalten einen einzigen, fälschlich als Nuss bezeichneten Samen – die Muskatnuss. Hauptanbauländer sind heute Indonesien und die Antilleninsel Grenada.

Die Muskatnuss wurde im Mittelalter durch arabische Ärzte eingeführt. Seit dem 12. Jahrhundert dient sie als Gewürz. Bis weit ins 18. Jahrhundert hinein wurde sie ausschließlich auf den Banda-Inseln angebaut, die zur Gruppe der Ost-Molukken gehören. Die europäischen Eroberer im 16. Jahrhundert waren bestrebt, die vorgefundenen Naturschätze für sich zu nutzen und den Export der Muskatnüsse ausschließlich über Portugal zu leiten. Um jede Konkurrenz auszuschließen, ließen sie die Muskatbäume auf den anderen Inseln vernichten. Die Holländer, die ihnen die Inseln später abnahmen, verboten ebenfalls die Anpflanzung in benachbarten Gebieten. Um ganz sicherzugehen, wurden alle Muskatnüsse in Kalkmilch getaucht und dadurch keimunfähig gemacht.

Der weiße Überzug der Nüsse wurde so sehr zum Charakteristikum einer echten Muskatnuss, dass man sie noch bis in unsere Zeit kalkte, obwohl der ursprüngliche Grund dafür längst entfallen war. Denn seit etwa 1800 wird der Muskatbaum fast weltweit in tropischen Gebieten angebaut.

Hildegard von Bingen lobt die Muskatnuss ohne jede Einschränkung:
»Die Muskatnuss hat große Wärme und eine gute Mischung in ihren Kräften. Wenn ein Mensch sie isst, öffnet sie sein Herz, reinigt seinen Sinn und bringt ihm einen guten Verstand.« *(Physica)*

Es empfiehlt sich also, geriebenen Muskat möglichst häufig einzusetzen, vor allem, wenn man an Depressionen leidet.

Törtchen aus Muskat, Zimt und Nelken

Hildegard gibt auch ein Rezept für »gemütsaufhellende« Kekse:
»Nimm Muskatnuss und im gleichen Gewicht Zimt und etwas Nelken und pulverisiere sie. Dann stelle aus diesem Pulver und Mehl und etwas Wasser Törtchen her. Iss diese oft, denn sie dämpfen die Bitterkeit des Herzens und des Sinnes, sie öffnen dein Herz und deine stumpfen Sinne und mindern alle schädlichen Säfte in dir, verleihen deinem Blut einen guten Saft und machen dich stark.« *(Physica)*

Myrrhe *Commiphora*

Bei der Myrrhe handelt es sich um ein Gummiharz, das aus verschiedenen Myrrhesträuchern (z. B. *Commiphoramolmol*) gewonnen werden kann. Diese gehören zur Gattung der Balsamstrauchgewächse und kommen in fast 200 Arten in den trocken-warmen Gebieten Afrikas, Arabiens, Madagaskars, Indiens und Südamerikas vor. Das sich verfestigende Harz der kleinen, dornigen Bäume oder Sträucher wird von den duftenden Stämmen und Ästen auf natürliche Art ausgeschieden. Durch Anritzen kann der Ertrag gesteigert werden.

In den »Metamorphosen« des römischen Dichters Ovid (43 v. Chr.–17 n. Chr.) finden wir die Sage von der Entstehung des Myrrhenstrauches: Danach entbrannte die Königstochter Myrrha in Leidenschaft zu ihrem Vater und verführte ihn, ohne dass er sie erkannte. Als er entdeckte, dass sie seine Tochter war, vertrieb er sie. Aber die Götter erbarmten sich ihrer und verwandelten sie in einen Myrrhenbaum. Als Baum brachte sie ihren Sohn Adonis zur Welt. Zwar weinte sie noch immer über ihr Unglück – aber ihre Tränen wurden zu kostbarem Harz.

Mit der Myrrhe salbten bereits die Juden ihre Bundeslade. Im Neuen Testament gehört das Harz neben Weihrauch und Gold zu den Kostbarkeiten, die die Heiligen Drei Könige dem neugeborenen Jesuskind darbrachten.

Das Harz enthält neben ätherischen Ölen auch Bitterstoffe. Es wird vor allem als Räuchermittel verwendet. In der Medizin dient es – meistens als Myrrhen-Tinktur – zur Behandlung von Entzündungen im Bereich der Mundhöhle. Hildegard von Bingen empfiehlt es – wohl in Anlehnung an die griechisch-römische Mythologie – vor allem als Mittel, um übermäßige sexuelle Begierden zu dämpfen.

Odermennig *Agrimonia eupatoria*

Der Odermennig gehört zur Gattung der Rosengewächse. Es handelt sich dabei um ein ausdauerndes Kraut in den gemäßigten Breiten der nördlichen Halbkugel, das man häufig an Wegrändern und auf Wiesen findet. Es kann bis zu 1 Meter hoch werden und hat goldgelbe Blüten.

Schon im alten Ägypten kannte man den Odermennig. Er wird bereits im 6. Jahrhundert v. Chr. im berühmten Papyrus Ebers als Augenheilmittel erwähnt – eine Anwendung, von der auch Hildegard von Bingen berichtet. Der Zusatz *eupatoria* im botanischen Namen des Odermennigs soll auf Mithridates Eupator (Mithridates den Großen), den König von Pontus, zurückgehen, der ihn als Arzneimittel bekannt machte. Mithridates

Pflanzen- und Kräuterkunde

Odermennig

war seit 120 v. Chr. König. Der griechische Arzt Dioskurides (er lebte im 1. vorchristlichen Jahrhundert) empfahl den Odermennig, um den Organismus von allen bösen Säften zu reinigen.

Auch Hildegard von Bingen rät zum Odermennig, um Schleim und Speichel aus dem Organismus zu entfernen. Da sie geistige Erkrankungen auf ein Ungleichgewicht der bösen Säfte zurückführt, soll ein Wahnsinniger mit Odermennigwaschungen und -kompressen behandelt werden.

Ein weiteres Rezept über die Behandlung von »Aussatz« bezieht sich wahrscheinlich auf Geschlechtskrankheiten. Es mutet heute in der Tat etwas »mittelalterlich« an, soll aber der Kuriosität wegen hier erwähnt werden:

»Wenn ein Mensch von Begierde und Unenthaltsamkeit aussätzig wird, dann koche er in einem Kochtopf Odermennig, und entsprechend dessen drittem Teil Ysop sowie Gundelrebe, zweimal so viel wie die vorigen zwei. Daraus bereite er ein Bad und mische Menstruationsblut darunter, soviel er bekommen kann, und setze sich dann in das Bad.« *(Physica)*

Ölbaum/Olivenbaum *Olea europaea*

Der Olivenbaum, der übrigens mit unserem heimischen Flieder verwandt ist, kommt in etwa 20 Arten in den tropischen und warmen Gebieten der Alten Welt vor. Er kann bis zu 20 Meter hoch werden, und seine Krone erreicht mitunter einen Umfang von 50 Metern. An der Basis seines Stammes behält er bis ins höchste Alter ein Gewebe, das in der Lage ist, sowohl Schösslinge als auch Wurzeln zu entwickeln, während der ursprüngliche Stamm im Innern allmählich abstirbt. So erreicht der Ölbaum oft ein sehr hohes Alter von bis zu 2000 Jahren.
Seine Blätter, die an der Oberseite graugrün und auf der Unterseite weißlich sind, werden erst abgeworfen, wenn sich im Frühjahr die neuen Blätter entfaltet haben. So erscheint der Ölbaum das ganze Jahr über grün. Die Frucht des Ölbaums ist die Olive, eine Steinfrucht mit weißlicher bis dunkelblauer Oberhaut, einem ölreichen Fruchtfleisch und einer harten Steinschale, die den Keimling umschließt.

Der Ölbaum wird schon seit uralten Zeiten kultiviert. Er stammt aus dem Mittelmeerraum. Den alten Ägyptern, Hebräern und Griechen war er bekannt, und er genoss bei ihnen große Verehrung. Die griechische Göttin Athene soll ihn eigenhändig auf die Akropolis gepflanzt haben. Er galt als ein Symbol des Friedens – die von Noah von der Arche ausgesandte Taube brachte einen Ölzweig zurück. Auch die Sieger der Olympischen Spiele wurden für ihren Erfolg im friedlichen Wettstreit mit einem Kranz aus Ölbaumzweigen belohnt. Der römische Schriftsteller Plinius (23–79) schreibt in seiner »Naturalis historia«:
> »Zwei Flüssigkeiten gibt es, die dem menschlichen Körper angenehm sind: innerlich der Wein, äußerlich das Öl. Beide kommen von Bäumen.«

Es ist interessant, dass Hildegard von Bingen das Olivenöl ebenfalls nur zur äußeren Anwendung empfiehlt, denn »das Olivenöl taugt nicht viel zum Essen, weil es Übelkeit hervorruft und andere Speisen schlecht genießbar macht«. *(Physica)* Dabei ist kaltgepresstes Olivenöl nach den ernährungswissenschaftlichen Erkenntnissen unserer Zeit ein besonders wertvolles, den Körper nicht belastendes Fett, das sowohl zum Braten und Kochen als auch zum Anmachen von Salaten verwendet werden kann. Hildegard empfiehlt es vor allem zur Behandlung von Gicht und Kopfschmerzen.

Petersilie *Petroselinum*

Die Petersilie ist das bei uns wohl am häufigsten verwendete Küchenkraut. Sie gehört zur Familie der Doldenblütler und kommt vor allem im Mittelmeergebiet und in Mitteleuropa vor. Sie hat eine rübenförmige, schlanke Wurzel, die neben den Blättern ebenfalls als Küchenwürze verwendet wird (etwa im »Suppengrün«). Die Petersilie wird vor allem wegen ihres Gehalts an ätherischem Öl und wegen ihres Vitamin-C-Gehaltes als Heil- und Gewürzpflanze geschätzt. Außerdem enthält sie Eisen, Kalzium, Magnesium, Phosphor und Mangan sowie zahlreiche Spurenelemente.

Bei den Isthmischen Spielen, die in vorchristlicher Zeit alle zwei Jahre auf der Landenge von Korinth ausgetragen wurden, wurden die Sieger mit Petersilienkränzen geschmückt. Die Petersilie galt zudem als Aphrodisiakum. Schon der griechische Schriftsteller Homer (er lebte im 8. vorchristlichen Jahrhundert) beschreibt in seiner *Odyssee,* dass die Insel Ogygia von einem wahren Petersilienteppich bedeckt gewesen sei. Auf dieser Insel hielt die Göttin Calypso Odysseus sieben Jahre lang gefangen.

Der griechische Arzt Hippokrates erwähnt die Petersilie als ein vorzügliches harntreibendes Mittel. Sein Kollege Dioskurides beschreibt sie als stark menstruationsfördernd. Deshalb wurde seit Jahrtausenden die Petersilie dafür verwendet, Abtreibungen vorzunehmen oder zu versuchen. Weil die Menge mitunter nicht richtig dosiert war, konnte dies tödliche Folgen haben. Im Limburgischen wurde unkeuschen Mädchen noch bis vor nicht allzulanger Zeit zum Zeichen der Missbilligung ein Strauß Petersilie an die Tür gesteckt. Und noch heute finden sich in einigen – vor allem norddeutschen – Städten Straßen, die Petersiliengasse heißen – für

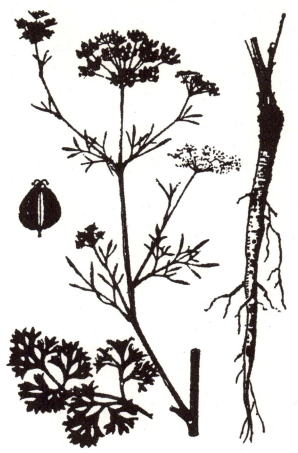

Petersilie

Kenner einst ein untrügliches Indiz dafür, dass hier Freudenmädchen anzutreffen waren.

Hildegard von Bingen empfiehlt die Petersilie vor allem gegen leichtes Fieber, gegen Herz- und Milzbeschwerden, Gicht und vor allem bei Magenleiden. Wichtig ist die Zubereitungsform:
   »Sie ist für den Menschen besser und nützlicher roh als gekocht zu essen.« *(Physica)*

Deshalb sollte Petersilie den Speisen erst kurz vor dem Verzehr beigefügt werden. So wird nicht nur ihr Aroma, sondern auch ihre Heilkraft am besten bewahrt.

Pfirsichbaum *Prunus persica*

Der Pfirsichbaum ist ein Rosengewächs und stammt ursprünglich aus China – deshalb ist der botanische Beiname *persica* etwas irreführend. Er wird in vielen Ländern der Erde angepflanzt, z. B. in Südeuropa, Kalifornien und Südamerika. Seine Frucht ist seidig behaart. Eine glattschalige Art ist die Nektarine.
Bereits im 3. vorchristlichen Jahrtausend wurde der Pfirsich nachweislich in China kultiviert und in verschiedenen Sorten angebaut. Um 200 v. Chr. finden wir ihn auch in Vorderasien. Von den Persern (deshalb der botanische Beiname) lernten die Römer den Pfirsich kennen, die ihn bald im gesamten Römischen Reich verbreiteten. Karl der Große (747–814) empfahl den Pfirsichbaum bereits in seiner Schrift »Capitulare de villis« zum Anbau in Schloss- und Klostergärten.
Der Pfirsich enthält neben verschiedenen Zuckerarten, Zitronen- und Apfelsäure und Pektinen auch die Vitamine A, B und C. Er wirkt krampflösend, harntreibend und abführend. Im Mittelalter wurden die Blätter, die Rinde und der Kern als Wurmmittel verwendet. Seltsamerweise geriet gerade zu dieser Zeit die Frucht in den Ruf, roh nicht genießbar zu sein, sondern nur nach dem Einlegen in Wein.

Auch Hildegard von Bingen schreibt:
»Die Frucht des Baumes ist weder dem Gesunden noch dem Kranken bekömmlich, denn sie verursacht, dass die guten Säfte im Menschen unterdrückt werden und Schleim im Magen entsteht. Wer diese Frucht essen will, werfe die äußere Haut fort und ebenso den Kern. Was übrig bleibt, lege er in Wein, füge Salz und ein wenig Pfeffer hinzu – die so zubereitete Frucht wird ihm dann nicht schaden.«
(Physica)

Hildegard empfiehlt vor allem die Blätter, die Rinde und den Saft des Pfirsichbaumes zur medizinischen Anwendung – z. B. gegen Kopfschmerzen und Bronchialleiden.

Pflaumenbaum *Prunus domestica*

Der Pflaumenbaum gehört zur Familie der Rosengewächse und ist sehr nahe mit dem Schlehdorn verwandt. Er ist in zahlreichen Zuchtformen weit verbreitet. Der Pflaumenbaum kann zwischen 3 und 10 Meter hoch werden. Die Früchte können je nach Sorte gelblich/grün bis violett sein. Ihr Fruchtfleisch ist meistens gelblich grün und sehr süß.
Schon in der Antike verwendeten Griechen und Römer die Pflaume nicht nur als Obst, sondern auch als Heilmittel vor allem bei Verdauungsbeschwerden. Dörrpflaumen sind eines der sanftesten und dabei wirksamsten Abführmittel, die es gibt. Man weicht einfach einige zerschnittene Trockenpflaumen am Vorabend in Wasser ein und isst sie morgens auf nüchternen Magen – die Wirkung ist meistens sehr viel überzeugender als die eines Abführmittels. Statt die Pflaumen zu essen, kann man auch Dörrpflaumensaft trinken, den es in Reformhäusern, aber auch in vielen Supermärkten gibt. Frische Pflaumen werden auch heute noch in der Volksmedizin gegen Rheumatismus, Gicht, Steinerkrankungen und Leberleiden verordnet.

Hildegard von Bingen erwähnt in ihrer *Physica* eher die Heilkraft der Kerne, etwa als Wurmmittel. Wegen ihres Blausäuregehaltes sollte man allerdings *keine* Pflaumenkerne verwenden. Auch für magische Zwecke empfiehlt sie den Pflaumenbaum bzw. die Erde, in der er wächst:

»Wenn jemand durch magische oder verwünschende Worte von Sinnen gekommen ist, dann nimm Erde, die um die Wurzeln eines Pflaumenbaums liegt, und wärme sie stark am Feuer, bis sie glüht. Dann lege Raute und Flohkraut darauf, damit die Erde den Saft und den Duft dieser Kräuter aufnehmen kann. ... Mit diesen Kräutern umkleide den Kopf und den nackten Bauch und die nackten Seiten jenes Menschen, nachdem er gegessen hat, und binde ein Tuch darüber. Lege ihn ins Bett und decke ihn gut zu, damit er mit dieser Erdmischung gut schwitzt. Tue dies drei oder fünf Tage lang, und es wird ihm besser gehen. Denn wenn die alte Schlange magische und verwünschende Worte hört, nimmt sie diese auf und stellt jenem nach, über den sie ausgesprochen werden, wenn Gott ihn nicht schützt.«
(Physica)

Quitte *Cydonia oblonga*

Der Quittenbaum ist – wie auch der Apfelbaum – ein Rosengewächs. Er wird bis zu 8 Meter hoch und trägt birnen- oder apfelförmige Früchte. Das Fruchtfleisch ist hart und sehr aromatisch, aber roh nicht zu genießen. Deshalb werden die Früchte meistens zu Saft oder Konfitüre verarbeitet. Die Samen der Quitte enthalten Schleimstoffe, die zur Herstellung von Husten-, Magen- und Darmmitteln sowie von kosmetischen Emulsionen verwendet werden.
Die Quitte stammt ursprünglich aus Vorderasien. Ihr Name *Cydonia* weist auf die gleichnamige antike Stadt auf Kreta hin. Seit etwa dem 9. Jahrhundert wird sie auch nördlich der Alpen angepflanzt. Neben Apfel und Granatapfel galten auch die Früchte der Quitte im Altertum als Symbol der Liebe und der Fruchtbarkeit.

Hildegard von Bingen empfiehlt die Quitte für Gesunde und Kranke, vor allem, wenn sie gekocht oder gebraten wird. Sie schreibt:
»Sein Holz und seine Blätter sind nicht sehr nützlich zum Gebrauch des Menschen. Seine Frucht ist warm und trocken und hat eine gute Mischung. Wenn sie reif ist, schadet sie roh gegessen weder dem gesunden noch dem kranken Menschen. Aber vor allem gekocht oder gebraten ist sie dem Kranken und dem Gesunden sehr bekömmlich.« *(Physica)*

Sie empfiehlt die Quitte vor allem bei Gicht (innerlich) und gegen Geschwüre (äußerlich).

Raute *Ruta graveolens*

Die Wein- oder Gartenraute ist ein etwa 50 Zentimeter hohes, aromatisch duftendes Strauchgewächs. Heimisch ist sie auf der Balkanhalbinsel und in Italien. Bei uns findet man sie auch verwildert. Man kann diese alte Heil- und Gewürzpflanze sehr gut im Garten anbauen.

Hildegard von Bingen schreibt von der Raute, dass sie »gut ist gegen die trockenen Bitterkeiten, die in jenen Menschen wachsen, in denen die richtigen Säfte fehlen«. *(Physica)* Sie empfiehlt, die Raute eher roh als pulverisiert zu essen. Das sollte leicht fallen, denn die Weinraute ist nicht nur ein gesundes, sondern auch ein sehr wohlschmeckendes Gewürz, das sich vor allem für Salate und Gemüsegerichte eignet und – wenn man sie nach dem Essen zu sich nimmt – alle Speisen bekömmlicher macht. Hildegard rät vor allem Menschen, die zu Melancholie und Depressionen neigen, zur Verwendung der Raute:

»Denn die Wärme der Raute vermindert die unrechte Kälte der Melancholie. Und so wird es dem Menschen, der melancholisch ist, besser gehen, wenn er sie nach anderen Speisen isst.« *(Physica)*

Ringelblume *Calendula officinalis*

Die Ringelblume gehört zu den Korbblütlern und ist vor allem im Mittelmeerraum und in Vorderasien heimisch. Es handelt sich dabei um einjährige oder ausdauernde Kräuter mit gelben bis orangefarbenen Blütenkörbchen, die auch gerne in Ziergärten angebaut werden.

Gesichert ist die Beschreibung der Ringelblume erst in mittelalterlichen Handschriften, wie bei Hildegard von Bingen. Früher wurde die Ringelblume mit ihrem kräftigen Farbstaub zum Gelbfärben von Butter und Käse, aber auch zum Verfälschen des damals sehr kostbaren Safrans verwendet. So heißt ja auch ein altes Kinderlied: »Ringel-Ringelrose, Butter aus der Dose!«

In der Volksmedizin wurde und wird Ringelblumensalbe vor allem zur Behandlung schlecht heilender Wunden und Geschwüre verwendet. In diesem Zusammenhang ist es interessant, dass die Ringelblume im letzten Jahrhundert während des amerikanischen Sezessionskrieges (1861–1865) noch einmal zu besonderen Ehren gelangte: Die Feldärzte, denen es sehr häufig an Nachschub an Medikamenten und Arzneien mangelte, mussten sich häufig auf die Methoden der »alten Medizin« besinnen, um die Verwundeten zu versorgen. Sie verwendeten deshalb zur Behandlung von Wunden häufig den Saft der frischen Ringelblume – und rühmten begeistert deren Heilkraft.

Hildegard von Bingen hebt die Ringelblume vor allem deshalb hervor, weil sie »eine starke Grünkraft« – die von ihr so geschätzte *viriditas* – enthält. So empfiehlt sie sie gerade bei schwierigen Hautproblemen.
Die starken Kräfte glaubt sie sogar gegen Gifte einsetzen zu können – auch in der Tierheilkunde. Sie schreibt:
»Wenn Rinder oder Schafe etwas Übles gefressen haben, sodass sie davon Blähungen bekommen, dann werde die Ringelblume zerstoßen und ihr Saft werde ausgedrückt. Dann werde ihnen mit etwas Wasser der Saft in ihre Mäuler eingeflößt, sodass sie davon kosten, und sie werden geheilt werden.« *(Physica)*

Und sie fährt fort:
»Wenn ein Rind oder ein Schaf hustet, dann flöße Ringelblumensaft ohne Wasser in ihre Nüstern ein, und alsbald speien sie die schädlichen Säfte aus, und es wird besser mit ihnen.« *(Physica)*

Roggen   *Secale*

Der Roggen gehört zu den Süßgräsern. Er wird hauptsächlich in Nordeuropa und Sibirien angebaut. Er kann bis zu 2 Meter hoch werden und hat eine lange, vierkantige, während der Blütezeit leicht überhängende Ähre. Fast die Hälfte des angebauten Roggens wird als Viehfutter verwendet, aber er hat auch eine große Bedeutung als gesundes Brotgetreide. Das liegt daran, dass Roggenbrot nur langsam austrocknet und deshalb auch auf Vorrat gebacken werden kann – was vor allem von Bedeutung war, als es noch keine Gefriergeräte gab.
Der Roggen gelangte in der Jungsteinzeit als Unkraut von Anatolien nach Mitteleuropa. Da er die Klimaverschlechterung besser vertrug als z. B. der Weizen, wurde er bald zum wichtigsten Brotgetreide der Germanen. In vielen Sagen heißt es, dass Roggenbrei die Lieblingsspeise der Zwerge sei. Außerdem sollten Hexen nackt in Roggenfeldern baden, weil der darauf liegende Tau kräftigte und verjüngte.

Auch Hildegard von Bingen empfiehlt den Roggen – in Form von Roggenbrot – als hautverbessernde Maßnahme:
> »Wer Furunkeln an seinem Körper hat, welcher Art sie auch sind, lege Roggenbrot, das vorher am Feuer gewärmt oder warm vom Ofen gebracht und gebrochen wird, auf die Furunkeln. Die Wärme der darin enthaltenen Kräfte verzehrt sie und lässt sie verschwinden.« *(Physica)*

Auch gegen Krätze und andere Kopfausschläge gibt sie ein Rezept mit Roggenbrot an:
> »Wenn jemand die Krätze auf dem Kopf hat, pulverisiere er die Kruste des Roggenbrots und streue das Pulver darauf, weil es dieses Übel wegnimmt.« *(Physica)*

Nach drei Tagen soll als ergänzende Maßnahme die Kopfhaut mit Olivenöl eingerieben werden.

Rose *Rosa*

Wildarten der Rose kommen in Europa, Asien und Amerika (mit Ausnahme der tropischen und arktischen Gebiete) vor. Es gibt als Kulturformen inzwischen mehrere hundert Unterarten und Varianten der Rose. Ursprünglich stammt die Rose aus dem Orient und wurde zur Zeit der Kreuzzüge (11.–13. Jahrhundert) nach Europa eingeführt, wo sie schnell heimisch wurde. Es ist nicht ganz klar, ob Hildegard von Bingen sich in ihrem Text auf diese Rose bezieht oder ob sie die Heckenrose meint. Allerdings widmet sie dieser ein eigenes Kapitel, sodass es durchaus möglich sein kann, dass sie bereits die Damaszenerrose aus dem Orient kannte.

Schon in der Antike wurde die Rose als »Königin der Blumen« besungen. So findet sich in einem Fragment der griechischen Dichterin Sappho (um 600 v. Chr.) der Satz:
> »Wollte Jupiter eine herrschende Blume erwählen in erhabener Schönheit auf Feldern und Auen, so gäbe die Menschheit der Rose den Preis, so würde die Rose Königin sein.«

Also war in Griechenland die Rose denn auch Aphrodite, der Göttin der Schönheit und Liebe, gewidmet.

In der christlichen Symbolik ist die Rose das Sinnbild des Paradieses. Als »Rose ohne Dornen« gilt sie als Symbol der Gottesmutter. Sie ist auch Attribut von verschiedenen Heiligen, vor allem der Heiligen Elisabeth von Thüringen, für die durch ein Wunder das gegen das Verbot ihres Mannes an die Armen verteilte Brot in Rosen verwandelt wurde.
Hildegard von Bingen empfiehlt die Rose unter anderem gegen Augenleiden und Geschwüre. Aber auch in der Schönheitspflege fand die Rose zu allen Zeiten – und vor allem im Mittelalter – vielfältige Verwendung.

Rose-Salbei-Riechpulver

Besonders interessant ist folgender Hinweis Hildegards:
»Wer jähzornig ist, der nehme die Rose und weniger Salbei und zerreibe es zu Pulver. Und in jener Stunde, wenn der Zorn in ihm aufsteigt, halte er es an seine Nase. Denn der Salbei tröstet und die Rose erfreut.« *(Physica)*

Aus den getrockneten Pflanzen lässt sich ein besänftigendes Riechpulver herstellen, das Sie in einem hübschen Flakon oder Keramiktöpfchen aufheben und bei Bedarf öffnen können. Aber Sie können beide Pflanzen auch trocknen und die Blätter und Blüten in einer hübschen Schale als wohltuendes Potpourri im Wohnraum aufstellen.

Salbei *Salvia officinalis*

Der Salbei gehört zu den Lippenblütlern und ist – vor allem in den Tropen und Subtropen – mit rund 900 Arten (!) vertreten. Als Heil- und Gewürzpflanze kann der Salbei auch bei uns im Garten kultiviert werden. Er wird bis zu 70 Zentimeter hoch. Seine graufilzigen, immergrünen Blätter duften aromatisch.
Karl der Große (747–814) empfahl diese Heilpflanze bereits für den Anbau in Klöstern und kaiserlichen Gütern (»Capitulare de villis«). Die berühmte medizinische Schule im italienischen Salerno prägte den Spruch: »Wie kann jemand sterben, der Salbei im Garten hat?« Salbei galt über Jahrhunderte geradezu als Universalmittel und wurde auch zu Räucherungen während der Pestepidemien eingesetzt.

Hildegards Kräuter und Pflanzen

Hildegard von Bingen schreibt über den Salbei, dass er von warmer und trockener Natur sei und in seinem Wachstum mehr durch die Sonnenwärme als durch die Feuchtigkeit der Erde beeinflusst werde.
»Und er ist nützlich gegen die kranken Säfte, weil er trocken ist. Roh und gekocht ist er gut für alle, die schädliche Säfte plagen, weil er diese unterdrückt.« *(Physica)*

Neben dieser allgemeinen Empfehlung rät Hildegard zur Verwendung von Salbei vor allem bei Gicht und Appetitlosigkeit..
Salbei enthält Gerbsäure, Bitterstoffe, ätherische Öle und ein östrogenähnliches Hormon.

Salbei

Schachtelhalm *Equisetum arvense* (Ackerschachtelhalm)

Schachtelhalme gehören – wie auch die Farne – zu den wenigen Pflanzen, die ihre Erscheinungsform seit den frühesten Erdzeitaltern nicht verändert haben. Es handelt sich dabei um ausdauernde Pflanzen mit Wurzelstöcken und aufrechten, einfachen oder verzweigten Halmen. Sie werden 20 bis 25 Zentimeter hoch und tragen keine Blüten; ihre Vermehrung findet durch Sporen statt. Als Kulturfolger findet man sie häufig auf feuchten Wiesen und an Wegrändern. Der Schachtelhalm enthält Kieselsäure, Kalzium, Eisen und Vitamin C.
Der botanische Name Equisetum leitet sich von zwei lateinischen Wörtern her: *equus* für Pferd und *setum* für Rosshaar. So wird der Schachtelhalm heute noch in Frankreich *queue-de-cheval,* also Pferdeschweif genannt. Hildegard von Bingen nannte ihn übrigens »Katzenzagel«, also Katzenschwanz. Oft wird er auch als Zinnkraut bezeichnet. Wegen seiner Sprödigkeit und Härte benutzten ihn nämlich Goldschmiede und andere Handwerker, um ihre Werkstücke zu polieren. Diese Eigenschaft der Stängel kann man sich zunutze machen, um Silber- und Zinngeschirr zu putzen, ohne dass dieses Schrammen bekommt.
In der Medizin wurde Schachtelhalm vor allem wegen seiner harntreibenden und blutstillenden Kräfte geschätzt. Allerdings schreibt Hildegard von Bingen nichts darüber. Sie meint vielmehr, dass er »aus den lauen Kräften« der Erde entsteht, denn er hat »weder vollkommene Wärme noch vollkommene Kälte«. *(Physica)* Deshalb könne er dem Menschen auch keine Kraft vermitteln.
Aber sie hält den Schachtelhalm für geeignet, um Fliegen zu vertreiben – eine Tatsache, die vor allem viele Landbewohner bestätigen können. Der Schachtelhalm wird in Büscheln in Haus und Stallungen aufgehängt. Man kann ihn aber auch in einem großen Topf mit Wasser kochen – der Dampf wirkt gegen Fliegen.

Schafgarbe Achillea millefolium

Die Schafgarbe gehört zur Gattung der Korbblütler und kommt in den gemäßigten Gebieten der Nordhalbkugel vor. Man findet sie besonders auf trockenen Böden, an Wegrainen, auf Wiesen und am Ackerrand. Sie wird etwa 50 Zentimeter hoch und hat hübsche, meistens weiße, mitunter aber auch rosafarbene Blütenstände.

Schafgarbe

Der botanische Name der Schafgarbe, *Achillea,* stammt aus der griechischen Mythologie: Als Achill bei der Belagerung von Troja durch den von Paris geschleuderten vergifteten Pfeil tödlich an der Ferse verwundet wurde (daher auch der Ausdruck »Achillesferse«), riet ihm die Göttin Aphrodite, die Schafgarbe zu verwenden, um wenigstens seine Schmerzen lindern zu können.

In China wurden – und werden – übrigens Schafgarbestängel für das Orakel, das berühmte *I Ging,* verwendet.

Die Schafgarbe enthält ätherische Öle, darunter eine Vorstufe des kostbaren Azulens (das in der Kamille enthalten ist), Gerbstoffe, Bitterstoffe und Mineralsalze, vor allem Kalium.

In der Volksmedizin wird Schafgarbentee vor allem gegen Leber- und Magenleiden verwendet. Aber auch gegen Menstruationsbeschwerden wird er – vor allem in der Zubereitung mit der selteneren rosafarbenen Schafgarbenblüte – eingesetzt.

Wie in der griechischen Mythologie wird die Schafgarbe auch von Hildegard von Bingen empfohlen, besonders für die Wundbehandlung, denn »sie hat gesonderte und feine Kräfte für Wunden.« *(Physica)* Gerade der Wundreinigung mit Schafgarbe misst sie besondere Bedeutung bei.

Schlüsselblume *Primula veris*

Die Schlüsselblume (auch Primel oder Himmelsschlüssel genannt) gehört zur Gattung der Primeln. Sie wächst auf Wiesen und an sonnigen Waldrändern Eurasiens. Ihre dottergelben Blüten sind wohlriechend, ihre Blätterrosetten behaart.
Um die Schlüsselblume ranken sich viele Geschichten und Mythen. So gilt sie seit jeher als eine Pflanze, die besonders mit der weiblichen Kraft verbunden ist. Im germanischen Kulturbereich war sie zunächst der Göttin Freya geweiht, danach der Jungfrau Maria. Nach letzterer erhielt sie auch den Namen »Himmelsschlüssel«, weil man glaubte, dass Maria mit dieser Blume die Pforten des Himmels öffnen könnte.

Aber sie hat offensichtlich auch Kraft genug, um »den Himmel auf Erden« zu öffnen, denn Hildegard von Bingen empfiehlt die Schlüsselblume vor allem gegen Depressionen. Sie beschreibt die Schlüsselblume folgendermaßen:
»Sie ist warm, und sie hat ihre ganze Grünkraft vom Scheitelstand der Sonne. Gewisse Kräuter werden ja vornehmlich von der Sonne, andere aber vom Mond, einige aber von Mond und Sonne gleichermaßen gestärkt. Aber die Schlüsselblume empfängt ihre Kräfte hauptsächlich von der Sonne.« *(Physica)*

Schwarzkümmel *Nigella sativa*

Der Schwarzkümmel gehört zu den Hahnenfußgewächsen und kommt vor allem im Mittelmeerraum vor. Er hat feine, gefiederte Blätter und einzeln stehende Blüten. Mitunter finden wir den Schwarzkümmel unter den Namen »Braut in Haaren«, »Jungfer im Grünen« oder »Gretel im Busch« auch in unseren Ziergärten. Zurzeit erlebt der Schwarzkümmel als gesundheitsförderndes Mittel bei uns geradezu eine Renaissance.

Hildegard von Bingen rät allerdings davon ab, ihn innerlich anzuwenden:
»Er ist keinem Menschen in einer Speise bekömmlich, weil er davon Schmerz hätte.« *(Physica)*

Nur als Viehfutter sei er geeignet, weil er dort zwar nicht viel nütze, aber auch nicht viel Schaden anrichten könne.

Aber sie empfiehlt den Schwarzkümmel als eine Art Fliegenfänger: »Zerstoße Schwarzkümmel und mische ihm Honig bei. Streiche dies an die Wand, wo viele Fliegen sind. Und die Fliegen, die das kosten, werden krank und fallen und sterben.« *(Physica)*

Dieses umweltfreundliche Rezept ist es sicherlich wert, ausprobiert zu werden – wobei man natürlich die Kümmel-Honig-Mischung nicht direkt auf die Wand auftragen sollte. Ein damit imprägnierter Stoffstreifen oder ein Teller mit dieser Mischung tut sicherlich denselben Dienst.

Süßholz *Glycyrrhiza glabra*

Beim Süßholz handelt es sich um einen Schmetterlingsblütler, der hauptsächlich in Europa und Asien angebaut wird. Der Strauch kann bis zu 2 Meter hoch werden. Von Bedeutung ist aber vor allem die Wurzel, die sehr süß ist und viele Meter lange Ausläufer haben kann. Aus dieser Wurzel werden z. B. die Grundstoffe für die Herstellung von Lakritze gewonnen.

In China und Japan wird das Süßholz seit Jahrtausenden als leichtes Abführmittel, vor allem aber zur Schleimlösung bei Erkältungen und grippalen Infekten verwendet. Es heißt, dass das Süßholz in diesen Ländern noch immer das am meisten verwendete Naturheilmittel ist. (Die berühmte Ginsengwurzel belegt dabei nur den dritten Platz.)

Hildegard von Bingen empfiehlt das Süßholz in ihrer *Physica* gegen verschiedene Beschwerden.
– Gegen Heiserkeit, denn »es bereitet dem Menschen eine klare Stimme, auf welche Weise es auch immer gegessen wird«.
– Gegen Depressionen, denn »es macht den Sinn des Menschen mild«.
– Für eine gute Verdauung, denn »es erweicht den Magen zur Verdauung«.

Süßholz enthält Bitterstoffe, die gut für den Magen und die Verdauung sind, außerdem Süßstoffe, die 50-mal (!) süßer sind als Rohrzucker und heilsame ätherische Öle.

Tanne   *Abies alba* (Weißtanne)

Die Weißtanne (auch Edel- oder Silbertanne genannt) ist in den Gebirgen Mittel- und Südeuropas heimisch. Sie wird über 50 Meter hoch und bis 500 Jahre alt. Die Tanne lieferte bereits in der jüngeren Steinzeit Nutzholz, das auch später für Bau-, Böttcher-, Schnitz- und Drechselarbeiten verwendet wurde. Aus den Stämmen wurden Schiffsmasten hergestellt. Heute wird die Weißtanne häufig als Weihnachtsbaum verwendet.
Rinde, Harz, Nadeln und Samen der Tanne werden schon von alters her zur Behandlung verschiedener Krankheiten genutzt – beispielsweise gegen Atemwegserkrankungen, Blasenkatarrh, Leberbeschwerden und Ausfluss. Hildegard von Bingen empfiehlt Präparate, die aus der Tanne hergestellt werden, vor allem gegen Kopfschmerzen, Magen- und Milzbeschwerden, aber auch bei Atemwegsproblemen.

Über die Tanne schreibt Hildegard von Bingen:
»Sie ist ihrer Natur nach mehr warm als kalt und enthält viele Kräfte. Sie bezeichnet die Tapferkeit. Denn an welchem Ort auch immer Tannenholz ist, hassen und meiden es die Luftgeister mehr als andere Orte. Zauber und Magie haben dort weniger Kraft und herrschen weniger vor als an anderen Orten.« *(Physica)*

So heilsam die Tanne auch sein mag – es kann »Risiken und Nebenwirkungen« geben. Gerade der Duft des Tannenharzes kann zu Übelkeit und Schwindelgefühlen führen. Dazu schreibt Hildegard:
»Ihr Geruch peitscht die Säfte im Menschen auf, sodass sie geradezu eine Überschwemmung erzeugen. Der Mensch sollte deshalb den Geruch der Tanne nicht aufnehmen, es sei denn, dass andere Spezereien [Gewürze] und andere duftende Kräuter ... beigegeben werden. So toben die Säfte im Menschen nicht übermäßig, sondern werden in Schranken gehalten und gestärkt, damit diese nicht zu einer Sturmflut aufgewühlt werden.« *(Physica)*

Tannenharz sollte als Rauchwerk auf keinen Fall ungemischt verbrannt werden. Der Spaziergang durch einen duftenden Nadelwald dagegen wird wohl für kaum einen Menschen schädlich sein.

Thymian *Thymus vulgaris* und *Th. zygis*

Bei den Thymianarten, zu denen auch der bei Hildegard erwähnte Quendel (eine wilde Thymianart) gehört, handelt es sich um kleine Halbsträucher aus der Familie der Lippenblütler, die bis zu 20 Zentimeter hoch werden. Die Pflanzen bilden geradezu ein Gewirr von verholzten Stängeln mit rötlichen bis blauroten Blüten.

Der Thymian stammt aus dem Mittelmeerraum und steht dort seit Jahrtausenden in hohem Ansehen. Die Ägypter verwendeten ihn neben Weihrauch, Myrrhe und anderen Kräutern zum Einbalsamieren der Leichen hoher Würdenträger. In Griechenland war er der Liebesgöttin Aphrodite geweiht (deshalb wird er noch heute oft als Aphrodisiakum an viele Gerichte gegeben). Auch in Mitteleuropa lässt sich der Thymian kultivieren, muss allerdings gegen Frost geschützt werden. Man baute ihn bereits im Mittelalter in den Klostergärten an.

Thymian

Für die Medizin ist vor allem interessant, dass der Thymian stark antiseptisch wirkt – also auch für die äußerliche Anwendung, z. B. durch Kompressen bei Wunden, geeignet ist. Doch er wirkt auch innerlich – vor allem als Nervenmittel gegen Ermüdungserscheinungen und Schwächezustände und ganz gezielt gegen Angst und Depressionen.
Hildegard von Bingen empfiehlt den Thymian als Würzmittel gegen alle schlechten Säfte im Menschen, die beispielsweise Lepra und Lähmungen verursachen können.

Veilchen   *Viola odorata* (Wohlriechendes Veilchen)

Die Gattung der Veilchengewächse kommt in rund 400 Arten in der nördlichen gemäßigten Zone sowie in den Gebirgen der tropischen und subtropischen Regionen vor. Das Wohlriechende Veilchen, das auch Märzveilchen genannt wird, findet sich hauptsächlich in Ziergärten, kommt aber auch wild häufig an Bachufern und in lichten Laubgehölzen vor. Die Staude wird 5 bis 10 Zentimeter hoch und hat dunkelviolette, duftende Blüten.
In der Antike wurden die Götterbildnisse mit Veilchen bekränzt. In der christlichen Symbolik ist das Veilchen als Zeichen der Demut Maria zugeordnet, wie etwa auf dem berühmten Gemälde »Die Veilchen-Madonna« von Stefan Lochner, das um das Jahr 1439 entstand. In der Volksmedizin wurden vor allem Hustenmittel aus Veilchen hergestellt. Noch heute gibt es in Apotheken und Reformhäusern hustenmildernde Veilchenpastillen zu kaufen.
Das kostbare, stark duftende Veilchenöl wurde Parfüms und Körperpflegemitteln zugesetzt. Dies geschah offensichtlich schon im antiken Griechenland, denn der griechische Lyriker Pindar (etwa 522–446 v. Chr.) besang bereits das »veilchenduftende Athen«. Den Veilchenduft liebte auch Josephine de Beauharnais, Napoleons erste Frau, besonders – weshalb das bescheidene Veilchen zur Lieblingsblume des gar nicht bescheidenen Herrschers wurde und gleichzeitig zum Wahrzeichen der Bonapartisten.

Hildegard von Bingen schreibt über das Veilchen:
> »Seiner Natur nach ist es zwischen warm und kalt, aber vornehmlich von gemäßigter Wärme, und es wächst von der Lieblichkeit und Milde der Luft.« *(Physica)*

Sie empfiehlt es vor allem gegen Kopfweh, Fieber und Depressionen. Aber auch als milde Augencreme kann es verwendet werden.

Walnuss *Juglans regia*

Die Walnuss finden wir in Eurasien, Nordamerika und in den nördlichen Anden. Die Bäume werden 15 bis 20 Meter hoch und haben unpaarig gefiederte Blätter, die durch ihre harzabscheidenden Drüsen aromatisch

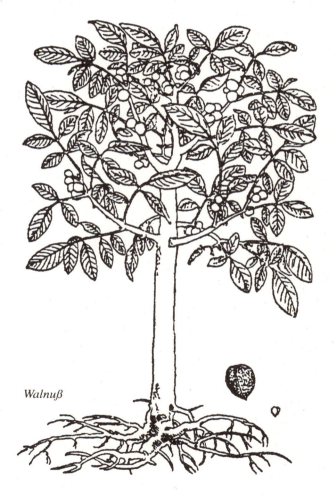

Walnuß

duften. Die Nüsse sind zunächst von der hellgelben, später braunen Samenschale umgeben. Ertragsfähig sind Walnussbäume erst ab ihrem 15. Jahr. Zwischen dem 30. und 60. Jahr liegt die Hauptertragszeit, in der je Baum etwa 50 Kilogramm Nüsse geerntet werden können.
Der schon von den Römern geschätzte Baum kam angeblich erst durch diese aus Asien nach Mitteleuropa. Ausgrabungsfunde aus Österreich sowie in der Nähe von oberitalienischen und süddeutschen Pfahlbauten zeigen aber, dass die Walnuss nicht erst durch die Griechen nach Italien kam und später durch die Römer nördlich der Alpen eingeführt wurde. Die Hauptanbaugebiete liegen allerdings auch heute noch in Frankreich, Italien, Rumänien und Kalifornien.
Karl der Große (747–814) empfiehlt in seinem »Capitulare de villis« die Anpflanzung des Walnussbaumes. Dieser scheint sich im Mittelalter vor allem in Süddeutschland rasch ausgebreitet zu haben. Schon die Griechen schrieben den Walnüssen geradezu wunderbare Kräfte zu. So genasen schwächliche Kinder und gebrechliche Greise oft erstaunlich schnell, wenn sie regelmäßig Walnüsse aßen. Belegt ist, dass bei der Belagerung Wiens die türkischen Heerführer die Kampfkraft ihrer Soldaten mobilisierten, indem sie ihnen reichlich Walnüsse zu essen gaben. Die Türken pflanzten damals sogar einen ganzen Wald von Walnussbäumen vor den Toren Wiens an.
Inzwischen hat man die Walnuss auf ihre Inhaltsstoffe hin analysiert und festgestellt, dass sie ein hochwertiger Eiweißspender ist. Ihr Nährwert ist enorm, und auch ihr Reichtum an Vitamin B, Phosphor und Kalzium erklärt, warum sie gerade nervösen, erschöpften und genesenden Menschen neue Kräfte verleihen kann. Schon innerhalb kurzer Zeit fühlt man sich durch eine »Walnusskur« nervlich robuster. Außerdem stärken Walnüsse auch die Konzentrationsfähigkeit und aktivieren die Gehirntätigkeit. Damit wird die alte Weisheit früherer Ärzte bestätigt, dass »Ähnliches Ähnliches heilt«: Da das Innere der Walnuss an ein Gehirn erinnert, kann es auch positiv auf dieses einwirken.

Hildegard von Bingen empfiehlt die Walnuss allerdings zur Behandlung anderer Beschwerden, z. B. der Gicht, der damals auch in Europa noch auftretenden Lepra, des Kopfgrindes und des Wurmbefalls. Allerdings kann sie die Walnuss nicht ganz uneingeschränkt empfehlen, weil es bei manchen Menschen zu Nebenwirkungen kommen kann:
»In einem Menschen, der viel Nüsse isst …, entsteht leicht Fieber. Gesunde Menschen können es überstehen, kranke dagegen neh-

men Schaden. Das aus den Nüssen gepresste Öl ist seiner Natur nach warm, und es macht das Fleisch fett und macht den Esser fröhlich. Allerdings nimmt davon der Schleim zu, sodass die Brust sich damit füllt. Jedoch Kranke wie Gesunde können diese Kost überstehen und ertragen.« *(Physica)*

Wegerich *Plantago*

Die weltweit verbreiteten Wegerichgewächse kommen in etwa 250 Arten vor. Die Blätter sind meistens rosettenartig angelegt. Die bei uns am häufigsten vorkommenden Arten sind der Große Wegerich *(Plantago major)*, auch Breitwegerich genannt, und der Spitzwegerich *(Plantago lanceolata)*.
Der Wegerich galt bei Griechen, Römern und Germanen als Herrscher auf dem Weg in die Unterwelt und aus der Unterwelt. So hielten die Germanen die unscheinbaren Pflanzen für die Verkörperung der wieder ans Licht tretenden Seelen der Verstorbenen. Deshalb hatte die Pflanze auch die Macht, viele durch Kriegshandlungen, Unfälle und Anschläge entstandene Fleisch- und Knochenwunden zu heilen. Das galt vor allem für den Spitzwegerich, der wegen seiner lanzenförmigen Blätter (daher der botanische Beiname *lanceolata*) nach dem Ähnlichkeitsprinzip am geeignetsten zu diesem Zweck erschien. Während des Mittelalters und später gab es denn auch verschiedene Tränke, Tinkturen und Wundheilmittel, die aus Wegerich hergestellt wurden, beispielsweise das berühmte »Musketenwasser« der Barockzeit.
In der Volksmedizin wird der Wegerich vorwiegend gegen Erkrankungen der Atmungsorgane und der Blase verwendet. Es ist interessant, dass Hildegard von Bingen diese Anwendungsmöglichkeiten nicht erwähnt. Sie empfiehlt den Wegerich vor allem gegen Gicht- und Drüsenerkrankungen, aber auch gegen Insektenstiche.

Aber auch zur Unterstützung des Heilungsprozesses nach einem Knochenbruch rät sie zu dieser Pflanze:
»Wenn einem Menschen an irgendeiner Stelle ein Knochen durch einen Unfall zerbrochen wird, dann schneide er Wegerichwurzeln in Honig und esse täglich auf nüchternen Magen etwas davon. Er koche auch mäßig die grünen Blätter der Malve und fünfmal so viel Blätter oder Wurzeln von Wegerich mit Wasser in einem neuen

Topf, und er lege sie warm auf die Stelle, wo es schmerzt, und der gebrochene Knochen wird geheilt werden.« *(Physica)*

Auch zur Abwehr eines Liebeszaubers soll der Wegerich helfen:
»Wenn ein Mann oder eine Frau einen Liebeszauber isst oder trinkt, dann sollen sie Wegerichsaft mit oder ohne Wasser trinken und danach ein starkes Getränk zu sich nehmen. Danach werden sie sich leichter fühlen.« *(Physica)*

Weihrauchbaum/Olibanum *Boswellia*

Der Weihrauch ist ein an der Luft getrocknetes Gummiharz, das aus mehreren Weihrauchstraucharten gewonnen ist. Dabei wird die *Boswellia* verwendet. Sie gehört zu den Balsambaumgewächsen und kommt hauptsächlich in den Trockengebieten Ostafrikas, der arabischen Halbinsel und Indiens vor. Es handelt sich um kleine Bäume oder Dornsträucher.
Das getrocknete Harz bildet gelbliche, rötliche oder bräunliche Körner, die bei normaler Temperatur fast geruchlos sind. Beim Erhitzen auf glühenden Kohlen entwickeln sie jedoch einen aromatischen Duft. Aus Weihrauch gewonnene ätherische Öle spielen etwa bei der Parfümherstellung und in der Aromatherapie eine Rolle.
Schon im 5. vorchristlichen Jahrtausend wurde Weihrauch zu Ehren orientalischer Götter geopfert. Die Ägypter verwendeten ihn außerdem als Heilmittel und zum Einbalsamieren der Leichen hoch gestellter Würdenträger. Der Weihrauch bildete vor allem den Reichtum südarabischer Völker wie der Minäer und Sabäer (Königin von Saba). Von dort aus gelangte das kostbare Harz auf der Weihrauchstraße über Mekka und Medina auf der westlichen arabischen Halbinsel nach Ägypten, Phönizien, Mesopotamien, Kleinasien und in den Mittelmeerraum.
Im Neuen Testament gehört Weihrauch neben Myrrhe und Gold zu den kostbaren Gaben der Weisen aus dem Morgenland. In der christlichen Kirche wurde er ab dem späten 4. Jahrhundert als Ehrenerweis vor Bischöfen in Prozessionen, aber auch zur Luftverbesserung in Kirchen verwendet. Heute wird Weihrauch in der katholischen Kirche bei der Aussetzung des Allerheiligsten geschwenkt.

Hildegard von Bingen schreibt vom Weihrauch, dass er »die Augen erhellt und das Gehirn reinigt«. *(Physica)* So gibt sie folgendes Rezept an:

Weihrauchtörtchen

»Nimm Weihrauch und pulverisiere ihn, füge etwas Feinmehl und auch Eiweiß bei und stelle daraus Törtchen her. Trockne diese an der Sonne oder auf einem warmen Ziegelstein und bringe sie oft an deine Nase. Der Geruch stärkt dich, erhellt deine Augen und füllt dein Gehirn.« *(Physica)*

Weinrebe *Vitis*

Bei der Weinrebe handelt es sich um eine Schlingpflanze. Ihr Stamm wird 10 bis 20 Meter lang. Daraus wachsen neben den Blättern die charakteristischen Ranken hervor. Der Wein stammt in seinen Wildformen aus dem östlichen Mittelmeergebiet und Vorderasien. Bei den heutigen Kulturformen werden inzwischen über 5000 Sorten unterschieden.
Weinbau ist in der gesamten gemäßigten Zone der Nord- und Südhalbkugel möglich. So gibt es inzwischen hervorragende Weine auch aus Übersee – etwa aus Kalifornien, Chile und Australien. Bei uns wird der Wein hauptsächlich in Süddeutschland angebaut, aber auch in Ostdeutschland – etwa in Sachsen-Anhalt und Thüringen – gibt es kleine (wenn auch leider bedeutungslose) Anbaugebiete.
Die Kultur der Weinrebe ist uralt. So kennen wir bildliche Darstellungen des Weinbaus aus dem alten Ägypten um 3500 v. Chr. und wissen, dass dort um 3000 bereits sechs verschiedene Sorten bekannt waren. Dort war – wie auch in Mesopotamien – damals die Weinbereitung schon bekannt. Die Griechen lernten den Wein wahrscheinlich durch die Phönizier kennen, von ihnen übernahmen die Römer den Weinbau.
Bei uns förderten die karolingischen und merowingischen Könige vor allem jene Klöster, durch die der Weinbau nach Mittel- und Norddeutschland gelangte. Dadurch sollte zunächst die Versorgung mit Messwein gesichert werden. Dann aber gewann der Wein – wenn auch zunächst erst durch Zusatz von Honig und Gewürzen genießbar gemacht – als Getränk an Bedeutung.
Der Wein war zunächst also kein Genussmittel, sondern ein mit der Reli-

gion verbundenes Rauschgetränk. Während er in östlichen Religionen (etwa im Buddhismus oder vom Islam) abgelehnt wird, gab es z. B. bei den Griechen einen Weingott, Dionysos, dem kultische Feste gewidmet waren. Im Alten Testament galt Wein als Gottesgabe. Der Weinstock wurde zum Symbol des jüdischen Volkes. Auch in der christlichen Liturgie hat er – als Symbol für das Blut Christi – eine wichtige Bedeutung während der Abendmahlsfeier.

Viele Ärzte haben seit Jahrhunderten auch auf die Heilkräfte des Weines hingewiesen. Hildegard von Bingen empfiehlt den Wein nicht nur als Getränk – wobei sie immer darauf hinweist, das »rechte Maß« zu wahren und möglichst keine schweren Weine unverdünnt zu trinken. Viele ihrer Rezepturen gegen die unterschiedlichsten Krankheiten werden mit Wein zubereitet. Über die Weinrebe und ihre Entstehung schreibt sie:
»Die Weinrebe hat eine feurige Wärme und enthält Feuchtigkeit. Dieses Feuer ist so stark, dass es ihren Saft zu einem anderen Geschmack umwandelt als ihn andere Bäume oder Kräuter haben. Daher macht auch diese starke Feurigkeit ihr Holz so trocken, dass es anderen Hölzern beinahe unähnlich ist. Die Weinrebe ist ein der Erde abgerungenes Gehölz und ähnelt mehr den Bäumen. Weil die Erde vor der Sintflut brüchig und weich war, brachte sie keinen Wein hervor. Erst als sie durch die Sintflut begossen und gestärkt wurde, brachte sie Wein hervor.« *(Physica)*

Weizen *Triticum*

Der Weizen gehört zu den Süßgräsern. Hauptsächlich wird er in Europa, Asien und Nordamerika angebaut. Unser Kulturweizen ist gekennzeichnet durch eine zähe, vielzellige Ährenspindel. Er wird in zahlreichen Sorten als Sommer- und Winterweizen kultiviert. Man verwendet ihn hauptsächlich als Brotgetreide, aber auch zur Herstellung von Grieß, Graupen und Teigwaren sowie zur Bier- und Branntweinherstellung.
Die ältesten Weizenarten wurden bereits in der Jungsteinzeit angebaut. Man findet sie beispielsweise als Grabbeigabe in altägyptischen Gräbern. Der Weizen in der Form, wie wir ihn heute kennen, entstand in Europa vor etwa 2500 Jahren. Da Weizen als das Brotgetreide schlechthin gilt, sind mit seinem Säen und Ernten vielerorts noch heute alte Bräuche verbunden. Damit das Vieh gesund bleibt, wird oft zu Weihnachten etwas

Weizen verfüttert (welchen man möglichst während des Gottesdienstes in der Tasche getragen hat).
Hildegard von Bingen räumt ihm in ihrer *Physica* die erste Seite im Band *Von den Pflanzen* ein. Der Weizen ist für sie eine vollkommene Frucht, denn das aus ihm hergestellte Brot ist für Gesunde und Kranke gleichermaßen geeignet. Allerdings rät sie von Feinbrot ab, weil dieses dem Menschen »weder rechtes Blut noch rechtes Fleisch bereitet«.

Sie empfiehlt den Weizen außerdem als Heilmittel gegen Durchblutungsstörungen im Kopfbereich, gegen Rückenschmerzen sowie gegen Hundebisse.
»Wenn aber ein Hund mit den Zähnen einen Menschen beißt, dann nehme jener einen Teig aus Semmelmehl, der mit Eiweiß bereitet ist, und lege ihn drei Tage und ebenso viele Nächte auf den Hundebiss, damit er diesen giftigen Biss herausziehe.« *(Physica)*
Sofern man sicher ist, dass der betreffende Hund keine Tollwut hat, ist dieses Verfahren sicherlich einen Versuch wert. Bei schweren Verletzungen sollte man auf jeden Fall einen Arzt aufsuchen. Da Weizen mildernd und kräftigend wirkt, ist Hildegards Rezept zu einem besseren Verheilen einer Wunde sicherlich empfehlenswert.
Weizen enthält neben Stärke, Fetten und verschiedenen Zuckerarten auch die Vitamine A, B, E und D, dazu Kalium, Mangan und Eisen.

Wermut *Artemisia absinthium*

Der Wermut ist ein Korbblütler der Gattung Beifuß. Er kommt hauptsächlich in den Trockengebieten Europas und des westlichen Asiens vor. Der aromatisch duftende Strauch wird bis zu 1 Meter hoch und enthält neben Bitterstoffen und ätherischen Ölen auch das giftige Thujon. Dabei handelt es sich um ein starkes Nervengift.
Aufgrund des Thujongehalts kommt es immer wieder zu Vergiftungen bei Menschen, die häufig Absinth (aus der Wermutpflanze hergestellten Likör oder Trinkbranntwein) zu sich nehmen. Auch bei der übermäßigen Einnahme des Wermuts (z. B. als Tee, um Eingeweidewürmer zu vertreiben – ein Verfahren, das in der Volksmedizin früher weit verbreitet war) – kam es zu Vergiftungen. Deshalb soll an dieser Stelle vor einer unvorsichtigen Verwendung des Wermuts ausdrücklich gewarnt werden. Übrigens

enthält auch der von Hildegard als Wurmmittel empfohlene Rainfarn in hohem Maße den Inhaltsstoff Thujon.

Der bei uns als Wermut (Cinzano, Campari, Martini usw.) bekannte Wein wird unter Zusetzung der Wermutblüten hergestellt, die ungiftige Bitterstoffe enthalten und so den typischen Geschmack erzeugen. Die Grundlage ist immer ein feiner Muskatellerwein. Schon in alten Zeiten war der Wermut als appetitanregendes Getränk sehr geschätzt.

Seinen botanischen Namen, *Artemisia,* erhielt der Wermut nach Artemis, der griechischen Göttin der Jagd. Seit Hippokrates ist er in der griechischen Medizin als wirksames Heilmittel bekannt. Aber bereits lange zuvor kannten die Ägypter ihn. Ein Papyrus aus der Zeit um 1500 v. Chr. nennt bereits verschiedene Rezepte mit Wermut.

Hildegard von Bingen lobt den Wermut als Heilpflanze, denn »er ist sehr warm und sehr kräftig und ist einer der wichtigsten Meister gegen alle Erschöpfungen«. *(Physica)* Sie empfiehlt ihn vor allem gegen Gicht, Kopfschmerzen, Husten, Ohrenschmerzen, Zahnschmerzen und auch gegen Melancholie. Besonders den Wermutwein empfiehlt sie gewissermaßen als Allheilmittel.

»Den Nierenschmerz und die Melancholie unterdrückt er, er macht die Augen klar, er stärkt das Herz, er lässt nicht zu, dass die Lunge erkrankt, er wärmt den Magen, er reinigt die Eingeweide, und er bereitet eine gute Verdauung.« *(Physica)*

Ysop *Hyssopus officinalis*

Der Ysop gehört zu den Lippenblütlern und ist vom Mittelmeergebiet bis zum Altaigebirge verbreitet. Man kann ihn aber auch bei uns sehr gut im Garten anbauen. Der Strauch wird zwischen 20 und 70 Zentimeter hoch und hat hübsche dunkelblaue (ganz selten auch rosafarbene) Blüten. Die Blätter werden vor allem zum Würzen von Suppen und Salaten verwendet. Im jüdischen und christlichen Brauchtum diente der Ysopstrauch zum Aussprengen des Weihwassers. In der Medizin fand er vor allem als Heilmittel gegen Lungenkrankheiten, Wassersucht, Epilepsie und Pest sowie zu Umschlägen bei der Wundbehandlung Anwendung. In der medizinischen Schule von Salerno, die stark von arabischen Ärzten beeinflusst wurde (welche wiederum das Erbe der antiken griechischen Medizinwissenschaft weitertrugen), gab es über den Ysop einen Spruch:

»Trinkst du Ysop mit Honig und Wein,
So macht er die Lunge ganz frei dir und rein.
Er lässt den bösesten Husten vergehn
Und macht dir dein Antlitz jugendlich und schön.«

Hildegard von Bingen misst dem Ysop eine sehr große Kraft bei:
»Er ist von so großer Kraft, dass sogar der Stein ihm nicht widerstehen kann, der dort wächst, wo der Ysop hingesät wird.« *(Physica)*
Vor allem empfiehlt sie ihn gegen Leber- und Magenbeschwerden.

Auch gegen die Melancholie (Depressionen), die ja nach Meinung der antiken Ärzte ihren Sitz in der Leber hat, ist ihrer Meinung nach der Ysop gut:
»Wenn die Leber infolge der Traurigkeit des Menschen krank ist, soll er, bevor die Krankheit in ihm überhand nimmt, junge Hühner mit Ysop kochen, und er esse oft sowohl den Ysop als auch die jungen Hühner. Aber auch den in Wein eingelegten Ysop esse er oft, und diesen Wein trinke er.« *(Physica)*

Zimt *Cinnamomum zeylanicum*

Der Zimtbaum gehört zu den Lorbeergewächsen und kommt in etwa 250 Arten in Südostasien und Australien vor. Am wichtigsten für die Weltwirtschaft ist der Ceylon-Zimt, dessen Rinde besonders reich an ätherischen Ölen ist und den bei uns erhältlichen Stangenzimt liefert. Zimt ist übrigens in vielen Likören enthalten, z. B. in Angostura, Boonekamp und Chartreuse.
Der Zimt gehört zu den ältesten Gewürzen, die uns auch in der Literatur überliefert werden. So wird er beispielsweise schon im »Hohenlied Salomos« den »erwählten Gerüchen« zugerechnet. Moses nennt die Zimtrinde als Bestandteil des Salböls für Hohepriester, dessen Rezept er auf dem Sinai erhielt. Auch in der Offenbarung des Johannes wird er als den »Herrlichkeiten der Welt« zugehörig geschildert.
Die Gewinnung der Zimtrinde war lange Zeit von Legenden umgeben. So hieß es im Altertum, dass der sagenhafte Vogel Phönix sie zum Nestbau benutzt habe und man diesem nur unter großen Schwierigkeiten das Material habe stehlen können. Der römische Geschichtsschreiber Plinius (23–79), aus dessen Feder viele naturwissenschaftliche Werke hervor-

gingen, meint allerdings schon damals, dass diese Geschichten erfunden seien. Er nennt auch den Grund: um nämlich die Preise für den Zimt in die Höhe zu treiben.

Hildegard von Bingen schreibt über den Zimt, dass er
»starke Kräfte« habe und die üblen Säfte im Körper mindern, dagegen aber die guten Säfte unterstützen könne. Sie empfiehlt ihn vor allem gegen Gicht und Rheuma. Ein Mensch, der unter Gicht- und Rheumabeschwerden leidet, »nehme ein aus Stahl hergestelltes Gefäß und gieße guten Wein hinein und lege Holz und Blätter des Zimtbaumes dazu, lasse es am Feuer kochen und trinke es oft warm – so wird er geheilt werden«. *(Physica)*
Da Zimtblätter bei uns kaum erhältlich sind, sollte man die wirksamere Zimtrinde – in Form von Zimtstangen – verwenden.

Auch gegen Erkältungen und grippale Infekte, bei denen es zu Atemschwierigkeiten kommt, empfiehlt Hildegard den Zimt.
»Ein Mensch, dem der Kopf schwer und stumpf ist, sodass er den Atem schwer durch die Nase ausstößt und einzieht, der pulverisiere Zimt und esse dieses Pulver oft mit einem Bissen Brot, oder er lecke es einfach aus seiner Hand. Dies löst die schädlichen Säfte auf, die den Kopf stumpf machen.« *(Physica)*

Zitwerwurzel *Curcuma zedoaria*

Bei der Zitwerwurzel handelt es sich um den Wurzelstock eines asiatischen Ingwergewächses. Als Zitwer wird und wurde aber auch der »deutsche Ingwer«, nämlich der Kalmus, bezeichnet. Die Hildegard-Medizin geht zwar davon aus, dass es sich bei Hildegards Angaben um den asiatischen Ingwer gehandelt hat – doch dieser war im Mittelalter sehr kostbar und teuer. Möglicherweise griff sie aber auf die bei uns heimischen Kalmuswurzeln zurück.
Kalmus *(Acorus calamus)* ist ein Aronstabgewächs, das – ursprünglich in Ostasien heimisch – in Mitteleuropa verwildert vorkommt und häufig an Gräben und Bachläufen zu finden ist. Es enthält ein ätherisches Öl, das als Magen-, Nieren- und Gallenmittel verwendet wird.

Hildegard von Bingen schreibt über den Zitwer, dass er »eine große Kraft« in sich habe. So empfiehlt sie ihn denn auch als Heilmittel gegen verschiedene Beschwerden.

Zitwer-Galgant-Wein

– Gegen Gliederzittern und allgemeine Schwäche:
»Ein Mensch, der an seinen Gliedern zittert und dem es an Kraft mangelt, der schneide Zitwer in Wein und füge etwas weniger Galgant bei. Dies koche er mit ein wenig Honig in Wein. Er trinke es lauwarm, und das Zittern wird von ihm weichen und er wird seine Kraft wiedererlangen.« *(Physica)*

Zitwertörtchen

– Gegen Magenbeschwerden:
»Wem der Magen mit schlechten Speisen angefüllt und arg beschwert ist, der pulverisiere Zitwer und mache mit diesem Pulver und etwas Semmelmehl und Wasser ein Törtchen. Dieses koche er in der Sonne oder im abgekühlten Backofen. Dann pulverisiere er dies Törtchen und lecke das Pulver oft nüchtern, auch abends, wenn er schlafen geht, und sein Magen wird weich.« *(Physica)*

Zitwerkompresse

– Auch zur äußeren Anwendung empfiehlt Hildegard den Zitwer.
Gegen Kopfschmerzen:
»Wer sehr oft unter Kopfschmerzen leidet, der befeuchte Zitwerpulver und gebe es in ein feuchtes Tuch. Dieses binde er um Stirn und Schläfen, und es wird ihm besser gehen.« *(Physica)*

Küche aus der Natur

Kochen mit Hildegard von Bingen

Da Hildegard von Bingen nie ein Kochbuch geschrieben hat – obwohl dies bei ihrer Vielseitigkeit nicht weiter erstaunlich gewesen wäre –, ist die »Hildegard-Küche« auf viele Vermutungen und Annahmen angewiesen. In ihrem großen naturwissenschaftlichen Werk *Physica* geht Hildegard ausführlich auf Pflanzen und Tiere ein, die in der Küche verwendet werden können. Sie gibt sogar das eine oder andere Rezept an – allerdings immer im Zusammenhang mit der körperlichen oder seelischen Befindlichkeit des Menschen.

Damit kommen wir zu zwei wesentlichen Punkten, die Hildegard für die Ernährung des Menschen wichtig waren:
- Alles, was wir zu uns nehmen, baut nicht nur unseren Körper auf, sondern trägt auch zu dessen Gesundung bei – vorausgesetzt, wir nehmen die richtigen Lebensmittel zu uns.
- Aber nicht nur unser Körper wird ernährt, sondern auch unsere Seele. So gibt es Kräuter, Früchte und verschiedene Fleischsorten, die uns fröhlich machen oder niederdrücken können.

Hildegards Theorien über die Ernährung sind einerseits sehr eng mit den »Küchenkenntnissen« ihrer Zeit (denen sie übrigens oft weit voraus ist) verbunden. Andererseits spielt für sie aber auch die spirituelle Seite der Ernährung eine große Rolle. Sie betont, wie wichtig es ist, dass ein Mensch Körper, Geist und Seele durch eine ausgewogene Ernährung stärkt (sich also beispielsweise auch nicht durch übermäßiges Fasten kasteit), denn nur so kann er mit einem fröhlichen Gemüt Gott und seinen Mitmenschen dienen.

In diesem Sinne ist *Küche aus der Natur* geschrieben. Hildegard von Bingen war eine Frau, die einerseits mitten im Leben stand, andererseits aber auch die spirituelle Seite des Lebens nicht vergaß. Deshalb geht dieses Buch detailliert auf ihre Ansichten über die verschiedenen Lebensmittel ein, setzt aber andererseits die praktische Zubereitung in unser heutiges Leben mit den entsprechenden Möglichkeiten (Konserven, Elektroherd, Tiefkühltruhe, Mixer usw.) um.

Dieses Buch möchte Ihnen Hildegards Ideen über die dem Menschen gemäße Ernährung – die Körper, Geist und Seele gleichermaßen versorgt – nahe bringen. Wie immer in ihren Anleitungen sollte auch hier die *discretio*, das rechte Maß, gewahrt werden.

Salate

Rohkostsalate sind ein idealer Auftakt für eine vollwertige Mahlzeit. Sie sind, wenn man sie mit ein wenig Fantasie serviert, ein Augenschmaus. Und sie sind auch eine Gaumenfreude, denn frische Kräuter und Gemüse haben ihren vollen Eigengeschmack, der durch Öl, Essig, Quark oder Sahne noch unterstrichen werden kann.

Darüber hinaus sind Salate gut für die Gesundheit:
– Sie enthalten reichlich Vitamine und Mineralien.
– Sie regen den Kreislauf an.
– Sie entschlacken den gesamten Organismus.
– Wer vor der Hauptmahlzeit einen Rohkostsalat isst, führt dem Körper Ballaststoffe zu, die für eine gute Verdauung notwendig sind, gleichzeitig aber auch schon den »Magen füllen«. Das bedeutet, dass das erste Hungergefühl durch kalorienarme Nahrung befriedigt wird und vom – eventuell kalorienreicheren – Hauptgericht nicht mehr so viel gegessen werden muss. So wird Übergewicht auf angenehme Art vermieden.

Um den optimalen Salatgenuss zu erzielen, sollten Sie einige wichtige Punkte beachten:
– Verwenden Sie Salate und Gemüse so frisch wie möglich. Das bedeutet, dass Sie sie erst unmittelbar vor der Mahlzeit vorbereiten, denn der Sauerstoff in der Luft kann wertvolle Vitamine schon in kurzer Zeit zerstören.
– Am besten ist natürlich gartenfrisch geerntetes Gemüse. Beim Anbau von Gemüsen und Kräutern sollten Sie Kunstdünger und chemische Pflanzenschutzmittel möglichst vermeiden.
– Wenn Sie Ihr Gemüse nicht selbst anbauen, kaufen Sie es stets am Tag des Verbrauchs ein, damit es frisch ist.
– Bevorzugen Sie Gemüse aus biologisch kontrolliertem Anbau, damit Sie sicher sein können, dass diese nicht mit Kunstdünger oder chemischen Pflanzenschutzmitteln behandelt wurden. Naturkostläden, Wochenmärkte und viele Reformhäuser halten solche Gemüse bereit, die zwar etwas teurer, aber wesentlich gesünder sind.
– Wurzelgemüse sollten möglichst nicht geschält, sondern mit einer Gemüsebürste unter fließendem Wasser gereinigt werden – wichtige Vitalstoffe befinden sich nämlich in der Schale.

– Verwenden Sie zum Anmachen der Salate möglichst hochwertige, kaltgepresste Öle. Neben Olivenöl (dabei ist die so genannte »Jungfernpressung«, also die Erstpressung, zu bevorzugen) empfehlen sich auch Distel- und Nussöle, die von hohem gesundheitlichem Wert und von besonders gutem Geschmack sind, desgleichen Sonnenblumenkernöl.

Fenchel

Der Fenchel ist Hildegards Lieblingsgemüse, das sie sowohl gesunden als auch kranken Menschen empfehlen kann:
> »Der Fenchel hat eine angenehme Wärme. Er ist seiner Natur nach weder trocken noch kalt. ... Wie immer er auch gegessen wird – er macht den Menschen fröhlich und gibt ihm eine angenehme Wärme und guten Schweiß, wodurch eine gute Verdauung gefördert wird.«
> *(Physica)*

Für Salate verwendet man den Knollenfenchel, der eine Gemüseform der beliebten Heil- und Würzpflanze ist. Er wird vor allem in Italien, in Westeuropa und in den USA kultiviert. In Essig eingelegt wurde der Fenchel bereits im Mittelalter als Speise verwendet. Auch Karl der Große empfahl den Anbau dieser Pflanze.
Fenchel enthält Vitamine und ätherische Öle, die beispielsweise Blähungen vorbeugen.

Fenchelsalat mit Orangen

Zutaten:
2 kleine Fenchelknollen
2 kleine Äpfel
Saft einer Zitrone
2 Orangen
2 EL gehackte Haselnüsse
½ Banane
200 g saure Sahne
2 EL Öl
etwas frisch geriebener Meerrettich
einige Zweige Estragon
Salz und Pfeffer, etwas Honig

Zubereitung:
Die saure Sahne mit dem Öl glatt rühren.
Die Banane schälen und mit der Gabel zerdrücken. Mit dem Meerrettich und dem fein gehackten Estragon unter die Soße mischen und diese mit Salz, Pfeffer und etwas Honig abschmecken.
Die Fenchelknollen putzen, waschen und in feine Streifen schneiden.
Das Fenchelgrün hacken und beiseite stellen. Die Äpfel waschen und fein würfeln. Beides mit Zitronensaft beträufeln und unter die Salatsoße mischen.
Die Orangen schälen und mit einem scharfen Messer die Spalten heraustrennen.
Den Salat mit den Orangenspalten, den Nüssen und dem Fenchelgrün garnieren.

Eingelegter Fenchel

Dieses Rezept könnte dem im Mittelalter verwendeten Fenchelgemüse entsprechen und ist sowohl als Vorspeise wie auch als Beilage geeignet.

Zutaten:
1 kg Fenchelknollen
100 g kleine weiße Zwiebeln
3 Knoblauchzehen
2 kleine rote Chilischoten
2 Blüten Sternanis oder 1 TL Anissamen
1 TL schwarze Pfefferkörner
1 Lorbeerblatt
1 mittelgroße, unbehandelte Orange
Salz
$3/8$ l Weißweinessig

Zubereitung:
Vom Fenchel harte Stängel und Außenblätter abschneiden. Dann die Knollen waschen und der Länge nach – je nach Größe – vierteln oder achteln.
$3/4$ Liter Wasser mit 1 Teelöffel Salz aufkochen.
Den Fenchel darin 10 Minuten blanchieren, kalt abschrecken und gut abtropfen lassen. Das Fenchelwasser aufheben.
$1/4$ Liter Fenchelwasser mit Essig und etwas Zucker aufkochen.

Zwiebeln und Knoblauchzehen schälen und in Scheibchen schneiden. Mit den Chilischoten, den Gewürzen und dem Lorbeerblatt in den Sud geben und einmal kurz aufkochen.
Die Orange heiß abwaschen und in dünne Scheiben schneiden – dabei die Kerne entfernen.
Ein großes Einmachglas von $1\frac{1}{2}$ Litern Inhalt gründlich reinigen und gut abtropfen lassen.
Den Fenchel abwechselnd mit Zwiebeln, Knoblauch, Orangenscheiben und Gewürzen einschichten und den Sud darübergießen.
Das Glas verschließen und drei Tage kühl stellen.
Gut verschlossen, ist der eingelegte Fenchel im Kühlschrank 2 bis 3 Wochen lang haltbar.
Den Fenchel vor dem Servieren abtropfen lassen und auf einer Platte anrichten.

Sellerie

Sellerie empfiehlt Hildegard eher in gekochter als in roher Form:
»Der Sellerie ist warm. Seiner Natur nach ist er eher grün als trocken. Er enthält viel Saft. Roh gegessen ist er für den Menschen nicht geeignet, weil er üble Säfte in ihm bereitet.« *(Physica)*

Wer sich auf Hildegards »Säfte-Theorie« bezieht, sollte also auf rohen Sellerie verzichten und dieses Gemüse nur in gekochter Form genießen. Andererseits empfiehlt die moderne Ernährungslehre den Sellerie auch als Rohkost, denn er hat einen hohen Gehalt an Mineralien und den Vitaminen A, B_1 und C. Da er harntreibend und nierenreizend wirkt, sollten Nierenkranke keinen Sellerie essen oder einen Arzt hinzuziehen.
Schon im Altertum galt Selleriesaft als Tonikum für zerrüttete Nerven und wurde in diesem Zusammenhang auch von dem griechischen Arzt Hippokrates (460–370 v. Chr.) empfohlen. Bei Ausgrabungen in Ägypten wurden Mumien gefunden, die neben Lotosblüten auch Sellerieblätter im Haar trugen. Auch im antiken Griechenland gehörten Sellerieblätter zum Schmuck der Verstorbenen. Den Siegern von Sportwettkämpfen wurden nicht nur Kränze aus Lorbeerblättern, sondern auch von Sellerie verehrt. Im Mittelalter wurde der Sellerie auch in unseren Klostergärten angebaut.
Bis heute gilt Sellerie als potenzsteigernd. Er wurde Jahrhunderte hin-

durch als Aphrodisiakum (Liebesmittel) verwendet. Nachgewiesen ist seine stark harntreibende Wirkung. Außerdem regt Sellerie den Appetit an und stabilisiert Kreislauf, Stoffwechsel und Verdauung.
Die Heimat des Selleries ist Italien. Die Hauptanbaugebiete sind heute Mittel- und Osteuropa. Während bis vor nicht allzu langer Zeit bei uns nur der Knollensellerie bekannt war, finden wir heute auch den (oft aus Amerika importierten) Staudensellerie. Dieser bildet keine Knollen und ist deshalb besonders zart.

Waldorf-Salat

Zutaten:
350 g säuerliche Äpfel
200 g Sellerie
3 EL Walnusskerne
125 g Mayonnaise (Fertigprodukt oder selbst hergestellt)

Zubereitung:
Die Äpfel schälen und die Kerngehäuse entfernen. In feine Streifen schneiden.
Sellerie schälen und ebenfalls in feine Streifen schneiden.
Die abgezogenen Walnüsse hacken.
Alle Zutaten miteinander vermengen, mit der Mayonnaise verrühren und 2 Stunden ziehen lassen.

Kresse

Wir kennen zwei Kressearten: die Brunnen- und die Gartenkresse. Erstere wächst entweder in Feuchtbeeten oder an frei fließenden Gewässern. Die Gartenkresse kann man nicht nur im Garten, sondern auch in der Küche anbauen – etwa indem man die Kressesamen auf ein stets feucht gehaltenes Küchenpapier legt, bis sie keimen.

Hildegard von Bingen stuft die beiden Kressearten recht unterschiedlich ein. Sie schreibt über die Gartenkresse:
>»Die Gartenkresse ist mehr warmer als kalter Natur. Außerdem ist sie feucht. Sie wächst mehr aus dem Grün der Erde als von der Sonne. Wenn man sie isst, werden dadurch die üblen Säfte im Menschen vermehrt.« *(Physica)*

Dagegen hebt sie hervor, dass die Brunnenkresse weder schadet noch nützt:
> »Von Natur aus ist die Brunnenkresse warm. Gegessen nutzt sie dem Menschen nicht viel, aber sie schadet ihm auch nicht viel.« *(Physica)*

Die Gartenkresse wurde schon im alten Ägypten kultiviert. Die Brunnenkresse ist eine an Bächen, Gräben und Quellwässern weit verbreitete Pflanze und wird besonders in England als Salatgemüse kultiviert. Beide Kressearten zeichnen sich durch einen hohen Vitamin-C-Gehalt aus.

Brunnenkressesalat

Zutaten:
200 g Brunnenkresse
4 EL Sahne
2 TL Zitronensaft
Salz und Pfeffer

Zubereitung:
Die Kresse verlesen, gründlich waschen und gut abtropfen lassen.
Sahne und Zitronensaft vermischen und mit Salz und Pfeffer (nach Geschmack auch mit etwas Honig) abschmecken.
Die Soße über die abgezupften Brunnenkresseblätter verteilen.

Kohl

Über den Kohl ist Hildegard von Bingen eher gespaltener Meinung: Sie glaubt, dass schwachen Menschen der Kohl schadet (was ja auch den Erkenntnissen der modernen Ernährungsforschung entspricht: Kohl bläht). Auch für fettleibige Menschen hält sie ihn für ungeeignet. Sie schreibt:
> »Nur wenn gesunde Menschen, die starke Adern haben und nicht sehr fett sind, Kohl essen, können sie diesen durch ihre Kräfte bewältigen.« *(Physica)*

In Mitteleuropa war Kohl bereits in der Jungsteinzeit (etwa 9. Jahrtausend v. Chr.) ein verbreitetes Nahrungsmittel. Er wurde von antiken Ärzten als gesunde Speise und sogar als Allheilmittel empfohlen. Kopfkohl war in der Antike noch nicht bekannt – er wird erst im Mittelalter

(etwa um 1000 n. Chr.) erwähnt. Viele Nationalgerichte bestehen hauptsächlich aus Kohl, z. B. der russische Schtschi oder das deutsche Sauerkraut.
Es gibt viele verschiedene Kohlsorten – beispielsweise Weiß-, Rot- und Wirsingkohl, Blumenkohl, Brokkoli und Chinakohl.

Weißkohlsalat mit Speck

Zutaten:
1 kleiner Weißkohlkopf
100 g durchwachsener Speck
1 große Zwiebel
5 EL Weinessig
5 EL Öl
etwas Zucker
1 TL Kümmel

Zubereitung:
Den Weißkohl vierteln, von den Strünken befreien und in feine Streifen schneiden. Danach in kochendem Salzwasser etwa 8 Minuten blanchieren und in einem Sieb abtropfen lassen.
Den Speck in kleine Würfel schneiden und in einer Pfanne knusprig ausbraten.
Die Zwiebel schälen und sehr fein hacken.
Den Essig mit dem Öl und dem Zucker verrühren und mit Speckwürfeln und Zwiebel unter den Weißkohl mischen.
Den Kohl mit dem Kümmel bestreuen.
Vor dem Servieren 20 Minuten zugedeckt kühl stellen.

Rettich

Vom rohen Rettich sagt Hildegard von Bingen, dass er »das Gehirn reinigt«:
> »Der Rettich ist mehr warm als kalt. ... Gegessen reinigt er das Gehirn und vermindert die schädlichen Säfte in den Eingeweiden. ...«
> *(Physica)*

Hildegard empfiehlt, den Rettich nach dem Ausgraben möglichst, mit Erde bedeckt, zwei oder drei Tage liegen zu lassen, bevor man ihn verzehrt – »damit sein Grün gemäßigt werde«.

Rettiche – wie auch die zu derselben Familie gehörenden Radieschen – sind beliebte Wurzelgemüse. Kulturgeschichtlich älter ist allerdings der Rettich. Radieschen haben ein zarteres und weniger scharfes Fleisch und eine rötliche Rinde.
Der Rettich wurde bereits im Babylonischen und Ägyptischen Reich vor mehr als fünf Jahrtausenden als wichtiges Gemüse angebaut. Auch in Griechenland und Rom wurde er kultiviert und durch die Römer nach Mitteleuropa eingeführt.

Rettichsalat mit Zwiebeln

Zutaten:
1 großer Rettich
1 Bund Radieschen
2 rote Zwiebeln
2 Bund Schnittlauch
Salz
2 EL Rotweinessig
1 EL Senf
1 EL frisch geriebener Meerrettich
Honig nach Geschmack
4 EL Öl

Zubereitung:
Das Salz in eine Schüssel geben und mit dem Rotweinessig verrühren.
Mit Senf, Meerrettich, Honig und Pfeffer abschmecken.
Das Öl darunterrühren.
Den Rettich putzen, waschen und in sehr dünne Scheiben schneiden.
Die Radieschen putzen, waschen, trockentupfen und ebenfalls in dünne Scheiben schneiden.
Die Zwiebeln schälen und in dünne Scheiben schneiden.
Den Schnittlauch waschen, trockentupfen und in Röllchen schneiden.
Den Salat mit der Soße vermischen und eine Viertelstunde lang im Kühlschrank ziehen lassen.

Grüne Salate

Über den grünen Salat (Lattich) schreibt Hildegard von Bingen:
»Die Lattiche sind kalt. Wenn man sie ohne Würze isst, verursachen sie Gehirnleere und Magenkrankheiten. Deshalb soll man sie vor dem Essen mit Dill oder Essig beizen oder mit etwas anderem. ... So gegessen, stärken sie das Gehirn und sorgen für eine gute Verdauung.« *(Physica)*

Wichtig ist also eine gute Salatsoße, um den grünen Salat bekömmlich zu machen. Wie bereits eingangs erwähnt wurde, sind gute Öle, aber auch Essig und Sahne, Joghurt oder Dickmilch eine hervorragende Ergänzung zu allen, besonders aber zu grünen Salaten. Diese werden dadurch nicht nur besser bekömmlich – ihr Eigengeschmack wird auf diese Art hervorgehoben und unterstrichen.

Der Lattich oder Salat gehört zu den drei größten Familien der höheren Pflanzen. Er entstand aus Wildpflanzen, die in Kultur genommen wurden. Der Kopfsalat wurde schon im alten Rom angebaut, wo es spezielle Salatgärtner gab, die bereits verschiedene Sorten kultivierten. Heute wird dieser Salat hauptsächlich in West- und Mitteleuropa sowie in den USA angebaut.

Salat ist sehr vitaminreich und enthält auch die von Hildegard von Bingen so sehr geschätzte »Grünkraft« *(viriditas).*

Bei der Zubereitung von Blattsalaten sollten Sie einige Dinge beachten, um den Salat wirklich frisch und vollwertig auf den Tisch zu bringen:
– Waschen Sie die sorgfältig abgelösten Blätter sehr gründlich, um Schmutz und Ungeziefer zu entfernen.
– Danach den Salat gut abtropfen lassen oder mit einem Küchenpapier trockentupfen. Am besten geeignet zum Trocknen des Salats ist eine Salatschleuder.
– Geschnittener oder zerpflückter Salat sollte nie längere Zeit im Wasser liegen, sonst verliert er seine wertvollen Inhaltsstoffe.
– Blattsalate werden unansehnlich, wenn sie fertig angerichtet zu lange stehen gelassen werden. Bereiten Sie deshalb den Salat möglichst erst kurz vor dem Servieren vor!

Grüner Salat

Zutaten:
1 Kopf grüner Salat
125 g Sahne
Salz und Pfeffer
etwas Zitronensaft
etwas Honig

Zubereitung:
Den Salatstrunk herausschneiden, die Blätter unter fließendem Wasser abspülen und trockenschleudern.
Die Blätter in mundgerechte Stücke schneiden oder zupfen.
Sahne mit Honig und Zitronensaft zu einer Salatsoße verrühren, mit Salz und Pfeffer abschmecken.

Variationen:
– Verwenden Sie statt der Sahnesoße eine Marinade aus Öl und Essig.
– Würzen Sie den Salat mit Kräutern nach Belieben – beispielsweise mit Schnittlauch oder Petersilie.
– Mischen Sie dünne Radieschenscheiben oder Tomatenstücke unter den Salat.
– Bestreuen Sie den Salat mit gerösteten Brotwürfeln (Croûtons).

Pastinake

Über dieses bei uns zu Unrecht fast in Vergessenheit geratene Gemüse schreibt Hildegard von Bingen:
»Die Pastinake ist eine reine Erfrischung für den Menschen. Sie nützt ihm weder zur Gesundheit noch schadet sie ihm. Aber sie füllt den Bauch.« *(Physica)*

Letzteres macht die Pastinake besonders geeignet für Salate, denn sie enthält in reichem Maße Ballaststoffe, die zwar sättigen, aber kalorienarm sind.
Pastinaken waren bereits in der Antike bekannt. Heute werden sie fast nur in West- und Osteuropa kultiviert. Die weißlich gelben Rüben haben einen höheren Zuckergehalt als Möhren, schmecken aber strenger. Die

dünne graue Schale wird entweder in einem Tuch mit Salz kräftig abgerieben oder die Wurzel wird zuerst gekocht und dann mit einem Messer abgeschabt. Je nach Größe brauchen Pastinaken 1–1½ Stunden Kochzeit. Man kann sie aber auch roh wie Salzkartoffeln schneiden und entsprechend kürzere Zeit in Salzwasser kochen.

Pastinakensalat

Zutaten:
250 g Pastinaken
Salz und Pfeffer
etwas Zucker
Öl und Essig für die Marinade oder Salatmayonnaise
1 kleine Zwiebel
frische Kräuter

Zubereitung:
Die gekochten und geschälten Pastinaken in Scheiben schneiden.
Eine Marinade aus Essig, Öl, Salz, Pfeffer und Zucker herstellen. Wahlweise kann auch eine Salatmayonnaise verwendet werden.
Die Zwiebel schälen und fein hacken.
Frische Kräuter hacken.
Alle Zutaten miteinander vermischen.

Hildegard von Bingen beschreibt in ihrer *Physica* auch verschiedene *Wildkräuter.* Diese waren besonders im Mittelalter eine beliebte Frischkost, die vor vielen Vitaminmangelkrankheiten schützte. Heute besinnt man sich wieder auf den Wohlgeschmack und die heilsamen Eigenschaften dieser Kräuter, die allzu lange Zeit als »Unkräuter« bezeichnet wurden.

Brennnessel

»Ihrer Natur nach ist die Brennnessel sehr warm. Wegen ihrer Rauheit nützt sie dem Menschen nicht, wenn sie roh gegessen wird. Aber wenn sie frisch aus der Erde sprießt, ist sie dem Menschen als Speise nützlich, denn sie reinigt den Magen.« *(Physica)*

Hildegards Hinweis auf die »Rauheit« der Brennnessel bezieht sich auf die Brennhaare der Blätter, die nicht nur die Hände, sondern auch die Zunge »verbrennen« können. Wenn Sie die Brennnesseln für den Salat verwenden, sollten Sie sie zuvor zunächst eine Viertelstunde lang in kaltes Wasser legen oder kurz mit heißem Wasser überbrühen. Beim Anrichten des Salats sollten die Nesseln außerdem gut mit der Soße verrührt werden – so werden die feinen Brennnesselhärchen geknickt und können im Mund nicht mehr brennen.
Die Brennnessel ist reich an Mineralien (vor allem an Eisen) und den Vitaminen A und C.

Brennnesselsalat

Zutaten:
100 g zarte Brennnesselblätter
2 EL Joghurt
1 TL Zitronensaft
etwas Zucker und Salz
1 EL fein gehackte Petersilie

Zubereitung:
Die Brennnesselblätter putzen, waschen und für eine Viertelstunde in kaltes Wasser legen.
Die Blätter abtropfen lassen und fein schneiden.
Den Joghurt mit Zitronensaft, Zucker und Salz zu einer Soße verrühren. Die gehackte Petersilie unter die Brennnesselblätter mischen und alles mit der Soße übergießen.

Wegerich

Der Wegerich ist nach Hildegards Worten »warm und trocken« *(Physica)*. Sie empfiehlt ihn vor allem bei gesundheitlichen Problemen. Aber auch als Salatzutat ist er hervorragend geeignet – hierfür wird vor allem der Spitzwegerich verwendet, aus dessen Rosetten man die zartesten Blätter herauszupft. Die Blätter schmecken leicht bitter und enthalten neben Vitaminen auch Schwefel und Kieselsäure.

Spitzwegerichsalat

Zutaten:
150 g Spitzwegerichblätter
Salz und Pfeffer
2 EL Öl
Saft einer halben Zitrone
1 TL frischer oder getrockneter Thymian

Zubereitung:
Die Spitzwegerichblätter verlesen, abspülen und 15 Minuten lang in leicht gesalzenes kaltes Wasser legen.
Die Blätter abtropfen lassen und klein schneiden.
Das Öl mit Salz, Pfeffer, Thymian und Zitronensaft zu einer Soße verrühren und über den Salat geben.

Melde

Über die Melde, die wie die Brennnessel zu Unrecht als lästiges »Unkraut« betrachtet wird, schreibt Hildegard:
»Ihrer Natur nach ist die Melde eher kalt als warm, aber doch etwas gemäßigt. Wenn man sie isst, bewirkt sie eine gute Verdauung.«
(Physica)

Im Alpenraum wurde die Melde noch bis in unsere Zeit als Gemüsepflanze kultiviert.

Meldesalat

Zutaten:
150 g Meldeblätter
4 EL Öl
1–2 EL Apfelessig (wahlweise Zitronensaft)
Salz
2 EL fein gehackte Kräuter (Schnittlauch, Petersilie, vor allem sind Wildkräuter wie Sauerampfer und Löwenzahn geeignet)

Zubereitung:
Die Meldeblätter verlesen, waschen und trockenschleudern.
Aus Öl, Essig und Salz eine Marinade herstellen.
Die gehackten Kräuter unter die Melde mischen und alles mit der Salatsoße übergießen.

Variationen:
- Mischen Sie einige Paprika-, Tomaten- oder Radieschenwürfel unter den Salat.
- Bestreuen Sie den Salat mit gerösteten Brotwürfeln (Croûtons).

Veilchen

Das Veilchen wird von Hildegard von Bingen vor allem im medizinischen Zusammenhang erwähnt. Allgemein weiß sie über diese Pflanze Folgendes zu sagen:
»Das Veilchen ist seiner Natur nach zwischen warm und kalt, aber vornehmlich von gemäßigter Wärme, denn es wächst von der Lieblichkeit und Milde der Luft.« *(Physica)*

Das Veilchen ist nicht nur eine hübsche und mit vielen symbolischen Eigenschaften belegte Pflanze, die darüber hinaus noch einen gesundheitlichen Wert hat – man kann es auch neben anderen Blüten und Kräutern für Salate verwenden.

Wildkräutersalat mit Veilchenblüten

Zutaten:
150 g Wildkräuter (Himmelschlüsselblätter, Sauerampfer, Löwenzahn, Brunnenkresse, Minze, Zitronenmelisse, Wegerich, Gänseblümchenblüten und Veilchenblüten)
2 EL Öl
1 EL Essig oder Zitronensaft
1 TL Senf
Pfeffer und Salz
2 EL gewürfelter Schinkenspeck

Zubereitung:
Die sorgfältig geputzten und gewaschenen Salatkräuter gut abtropfen lassen. Größere Blätter eventuell klein schneiden.
Aus Öl, Essig (oder Zitronensaft), Senf, Pfeffer und Salz eine Marinade herstellen und den Salat daruntermischen.
Zum Schluss mit frisch ausgelassenen Schinkenspeckwürfeln und dem Bratenfett übergießen.

Suppen

Neben Salaten gelten auch Suppen als »Magenöffner« – sie bereiten den Magen für die Aufnahme des Hauptgerichts vor, haben aber gleichzeitig die Eigenschaft, den größten Hunger zu befriedigen. Oft reicht schon eine Suppe – etwa zusammen mit einer Scheibe Brot – als Mahlzeit aus. Die Vielfalt der Suppen ist unendlich und reicht von klaren Fleisch- oder Gemüsebrühen über gebundene, cremige Suppen bis hin zu deftigen Eintöpfen. Suppen können aus Nudeln, Reis oder anderen Getreiden, aus den verschiedensten Gemüsen und aus Fisch und Fleisch hergestellt werden.

Suppen sind vor allem dann geeignet, wenn gesundheitliche Probleme vorliegen – etwa Magen- und Darmverstimmungen, aber auch Erkältungen und grippale Infekte. Hildegard empfiehlt deshalb für die Behandlung von Kranken stets aufs Neue eine heilende Suppe. Suppen waren zu ihrer Zeit geradezu ein Volksnahrungsmittel: Man brauchte dafür nur wenige Küchengeräte, konnte Reste verwerten und musste nicht ständig am Herd stehen – alles Pluspunkte, die besonders für die arme Bevölkerung von großer Bedeutung waren.

Getreidesuppen

Von allen Getreiden war der Dinkel Hildegard von Bingen das liebste. Deshalb ist dem Dinkel in diesem Buch auch ein besonderes Kapitel gewidmet: das *Dinkelkochbuch*.

Aber auch aus anderen Getreiden lassen sich sehr schmackhafte Suppen herstellen, von denen hier einige vorgestellt werden sollen.

Weizenschrotsuppe mit Gemüse

Zutaten:
1 Zwiebel
1 EL Öl
1 EL Wasser
50 g Weizen
1 l Gemüsebrühe (eventuell aus Gemüsebrühwürfeln herstellen)

400 g Gemüse (Erbsen, Möhren, Kohlrabi, Sellerie, Kohl, Pastinaken usw.)
30 g Butter
4 EL Sahne
2 EL weißer Landwein
1 TL getrockneter Majoran
etwas frisch geriebene Muskatnuss
Salz
1 EL gehackte Petersilie

Zubereitung:
Die Zwiebel schälen und fein würfeln.
Das Öl mit 1 EL Wasser erhitzen und die Zwiebelwürfel darin andünsten.
Den Weizen mittelfein mahlen. Über die Zwiebeln streuen und kurz rösten (dabei immer wieder umrühren).
Die Gemüsebrühe zum Kochen bringen.
Das Gemüse waschen, putzen und in feine Streifen oder Würfel schneiden (die Erbsen ganz lassen) und unter die heiße Brühe geben, aber nicht mehr kochen.
Die Butter, die Sahne und den Wein unter die Suppe ziehen.
Mit den Gewürzen abschmecken und die gehackte Petersilie über die Suppe streuen.

Variationen:
- Statt Weizen können Sie auch Gerste oder Mais (den Hildegard von Bingen allerdings noch nicht kannte) als Grundlage dieser Suppe verwenden.
- Im Frühjahr können Sie statt des Gemüses oder als Ergänzung auch frische, fein gehackte Wildkräuter (Brennnesseln, Sauerampfer, Löwenzahn usw.) in die Suppe geben.
- Besonders pikant schmeckt die Suppe, wenn Sie die Butter durch eine Ecke Schmelzkäse ersetzen.

Graupensuppe mit Dörrpflaumen

Gedörrte Früchte waren zu Hildegards Zeiten willkommene Vitaminspender während der Winterzeit. Außerdem konnten sie den Appetit nach Süßem – das ja in Form von Honig oder Zucker nicht immer vorhanden oder sehr teuer war – stillen. Dörrpflaumen sind außerdem sehr gut für die Regulierung der Verdauung.

Allerdings schreibt Hildegard über die Früchte des Pflaumenbaums:
»Die Früchte des Baumes sind sowohl für den gesunden wie auch für den kranken Menschen schädlich und gefährlich. Sie erregen die Melancholie und vermehren die bitteren Säfte. ... Wer Pflaumen essen will, sollte sie nur mäßig essen. Der Gesunde kann sie gut verkraften, der Kranke allerdings wird dadurch geschädigt.« *(Physica)*

Zutaten:
75 g Vollkorn-Gerstengraupen
1 ½ l Gemüsebrühe
100 g Dörrpflaumen (entsteint)
2 EL Honig
etwas Salz
die abgeriebene Schale einer unbehandelten Zitrone

Zubereitung:
Die Dörrpflaumen halbieren und mit den Graupen in der Gemüsebrühe etwa ½ Stunde lang weich kochen.
Honig und die abgeriebene Zitronenschale hinzufügen.
Falls die Suppe zu dick geworden ist, Wasser hinzufügen und nochmals kurz aufkochen lassen.

Gemüsesuppen

Bohnensuppe

Im Mittelalter war die Vorratshaltung durch getrocknete Gemüse besonders wichtig. Zu diesen Trockengemüsen gehörten selbstverständlich auch weiße Bohnen. Über die Bohnen schreibt Hildegard von Bingen:
»Die Bohne ist ihrer Natur nach warm. Gesunde und starke Menschen können sie gut vertragen, sie bekommt ihnen besser als die Erbse. Auch wenn Kranke Bohnen essen, schaden diese ihnen nicht sehr.« *(Physica)*

Besonders empfiehlt Hildegard als Schonkost Suppe aus Bohnenmehl, das aus getrockneten weißen Bohnen gewonnen wird:
»Das Bohnenmehl ist leicht und kann mühelos verdaut werden. Wer Schmerzen in den Eingeweiden hat, koche Bohnen in Wasser mit etwas Fett oder Öl, gieße die Bohnen ab und schlürfe die warme Brühe. Wenn er dies oft tut, wird er innerlich geheilt werden.« *(Physica)*

Zusammen mit Kohl, Reis und Salbei ist die folgende Bohnensuppe nicht nur ein überaus schmackhaftes, sondern auch gesundes Gericht.

Zutaten:
250 g weiße Bohnen
1 Schinkenknochen
2 Zweige Salbei
1 kleiner Weißkohl
2 kleine Zucchini
2 Zwiebeln
2 Möhren
Salz und Pfeffer
1 EL Öl

Zubereitung:
Die Bohnen über Nacht in $1\frac{1}{2}$ Liter Wasser einweichen.
Mit dem Einweichwasser, dem Schinkenknochen und einem Zweig Salbei $1\frac{1}{2}$ Stunden kochen.
Die äußeren Blätter des Weißkohls und den Strunk entfernen. Den Kohl in Streifen schneiden.
Die Zucchini waschen und würfeln.
Die Möhren putzen und würfeln.
Die Zwiebeln schälen und würfeln.
Das Gemüse in $\frac{1}{8}$ Liter Wasser 10 Minuten lang auf kleiner Flamme dünsten.
Den Schinkenknochen aus der Suppe nehmen. Das Fleisch vom Knochen lösen und würfeln.
Das Fleisch und das abgetropfte Gemüse zu den Bohnen geben.
Mit Salz und Pfeffer kräftig abschmecken.
Die restlichen Salbeiblätter in heißem Öl knusprig anbraten, auf Küchenpapier abtropfen lassen und zum Eintopf geben.

Kürbissuppe

Der Kürbis ist nicht – wie oft angenommen wird – eine Obstart, sondern ein Gemüse:

> »Seiner Natur nach ist der Kürbis trocken und warm; er wächst von der Luft. Für Gesunde und Kranke ist er gleichermaßen gut zu essen.« *(Physica)*

Zutaten:
400 g Kürbis
200 g Möhren
1 Zwiebel
2 EL Butter
etwas Currypulver
2 EL fein gemahlenes Hirsemehl
1 l Gemüsebrühe
etwas frisch gemahlener Ingwer
Pfeffer und Salz
1 EL Mandelblättchen
4 EL Creme fraîche

Zubereitung:
Den Kürbis schälen, die Kerne entfernen und das Kürbisfleisch in kleine Stücke schneiden.
Die Möhren putzen, waschen und in Würfel schneiden.
Die Zwiebel schälen und fein hacken.
Die Butter erhitzen und die Zwiebelwürfel darin glasig dünsten.
Die Gemüsewürfel dazugeben und ebenfalls anschwitzen.
Currypulver und Hirsemehl darüberstreuen und mit anschwitzen.
Die kalte Gemüsebrühe dazugießen und unter Rühren aufkochen lassen.
Die Suppe auf kleiner Flamme etwa 10 Minuten köcheln lassen, dann pürieren.
Die Suppe mit Ingwer, Pfeffer und Salz abschmecken.
Die Mandelblättchen ohne Fettzugabe in einer Pfanne leicht bräunen.
Die Creme fraîche auf die Suppe geben und mit den gerösteten Mandelblättchen bestreuen.

Kräutersuppen

Suppen, die mit frischen Kräutern (vor allem mit den heilkräftigen Wildkräutern) zubereitet wurden, galten – und gelten – nicht nur als Magenwärmer und als besondere Delikatesse, die heute in zahlreichen mit Sternen versehenen Restaurants serviert wird, sondern sie hatten auch einen gesundheitlichen Wert.

Brennnesselsuppe

Zutaten:
1 EL Butter
1 kleine Zwiebel
250 g Brennnesselblätter
1 l Gemüsebrühe
1 EL Tomatenmark
1 TL Oregano (frisch oder getrocknet)
Salz und Pfeffer

Zubereitung:
Die Zwiebel schälen und fein hacken. In der Butter andünsten.
Die Brennnesselblätter verlesen, waschen und trockentupfen. Fein hacken und einige Minuten lang ebenfalls andünsten lassen.
Die Gemüsebrühe dazugeben, Tomatenmark und Oregano unterrühren und alles 10 Minuten lang auf kleiner Flamme köcheln lassen.
Die Suppe mit Salz und Pfeffer abschmecken.

Variationen:
– Die Suppe mit etwas Sahne verfeinern.
– Geröstete Brotwürfel (Croûtons) über die Suppe geben.

Gründonnerstagssuppe

Der Gründonnerstag – also der Donnerstag vor Ostern – ist einer der traditionellen »Kräutertage«. Im Frühjahr sind die jungen Kräuter besonders beliebt – und besonders heilkräftig. Deshalb ist es eine alte Tradition – die aus vorchristlicher Zeit von der Kirche übernommen wurde –, im Frühjahr eine Suppe aus möglichst vielen Kräutern herzustellen. Dazu können die Küchenkräuter gehören, die jetzt schon im Garten sprießen:

Petersilie, Schnittlauch, Zitronenmelisse und Pfefferminze. Auch die Wildkräuter können für diese Suppe verwendet werden: Löwenzahn, Sauerampfer, Wegerich, Ehrenpreis, Gänseblümchen usw.

Zutaten:
150 g Wild- und Gartenkräuter
1½ l Gemüsebrühe
50 ml Sahne
4 hart gekochte Eier

Zubereitung:
Alle Kräuter verlesen, waschen, abtropfen lassen und fein hacken.
Die Gemüsebrühe zum Kochen bringen. Die Kräuter etwa 5 bis 10 Minuten darin ziehen lassen.
Die Sahne unterrühren.
Die hart gekochten Eier halbieren und je zwei Eihälften in einen Suppenteller legen. Mit der Suppe auffüllen.

Eintöpfe

Eintöpfe sind keine Vorsuppen, sondern vollwertige Mahlzeiten. Grundlage ist Gemüse, oft auch Fleisch und Kartoffeln (die Hildegard allerdings noch nicht kannte), daneben auch Reis und Nudeln.
Eine gemischte Gemüsesuppe ist immer etwas Köstliches, das nicht nur den Magen füllt, sondern auch der Gesundheit dient und lecker schmeckt.

Gemüseeintopf

Zutaten:
100 g Spinat
1 kg Wirsingkohl
250 g Kartoffeln
2 Möhren
1 Zwiebel
2 Zucchini
125 g grüne Bohnen
1 Zweig Rosmarin

3 EL Öl
1½ l Gemüsebrühe (kann auch mit Gemüsebrühwürfeln hergestellt werden)
Salz und Pfeffer
4 Scheiben Graubrot
2 Knoblauchzehen
30 g Butter
50 g frisch geriebener Parmesankäse

Zubereitung:
Den Spinat verlesen, waschen und grob hacken.
Die äußeren Blätter und den Strunk vom Kohl entfernen. Den Kohl dann in Streifen schneiden.
Kartoffeln und Möhren schälen und würfeln.
Die Zwiebel schälen und würfeln.
Die Zucchini waschen und würfeln.
Die Bohnen putzen, waschen und eventuell in 4 Zentimeter lange Stücke schneiden.
Die Rosmarinnadeln hacken.
Zwiebeln und Rosmarin in heißem Öl andünsten.
Die Gemüse hinzugeben und andünsten.
Die Brühe dazugießen und im geschlossenen Topf alles etwa 20 Minuten lang köcheln lassen.
Mit Salz und Pfeffer abschmecken.
Die Brotscheiben in Würfel schneiden und mit den zerdrückten Knoblauchzehen in zerlassener Butter rösten.
Die Brotwürfel mit dem Parmesankäse über die Suppe streuen.

Linseneintopf

Hildegard von Bingen schreibt, dass die Linse von Natur aus kalt ist.
»Sie vermehrt weder das Mark des Menschen, noch das Blut, noch sein Fleisch. Sie verleiht ihm auch keine Kräfte. Sie sättigt nur den Bauch und füllt ihn mit wertloser Masse.« *(Physica)*

Die moderne Ernährungswissenschaft sieht Linsen in einem ganz anderen Licht, nämlich als wertvollen Eiweißspender.

Zutaten:
400 g Linsen
400 g gemischtes Gemüse
(Sellerie, Möhren, wer mag, kann auch Porree – ein von Hildegard nicht geschätztes Gemüse – dazugeben)
600 g Wasser
1 Zwiebel
2 EL Tomatenmark (wobei zu bedenken ist, dass Hildegard die Tomate noch nicht kannte)
1 Gemüsebrühwürfel
2 TL frischer oder getrockneter Majoran
1 TL gehackter Thymian
1 Knoblauchzehe
50 g Butter
2 EL trockener Rotwein
½ TL mildes Paprikapulver (Rosenpaprika)
Salz
2 EL gehackte Petersilie
1 EL gehacktes Selleriekraut

Zubereitung:
Die Linsen über Nacht zugedeckt in dem Wasser quellen lassen.
Das Gemüse waschen und putzen. Dabei den Porree in feine Streifen schneiden und Sellerie und Möhren grob raspeln.
Die Zwiebel schälen und fein hacken.
Die Linsen im Einweichwasser aufkochen, das Gemüse und das Tomatenmark daruntermengen. Alles etwa 15 Minuten lang köcheln lassen.
Brühwürfel, Majoran und Thymian dazugeben und einige Minuten lang in der Suppe ziehen lassen.
Den Knoblauch schälen, zerdrücken und mit der Butter und dem Rotwein unter das Linsengemüse mischen.
Mit Paprika und Salz abschmecken und die Kräuter über die Suppe streuen.

Geflügelsuppen

Geflügel – also »weißes« Fleisch – ist besonders milde. Deshalb wird es auch seit alten Zeiten als kräftigende, aber nicht belastende Kost für kranke Menschen empfohlen – insbesondere in Form von Suppen.

Hildegard von Bingen vergleicht die Vögel mit der Seele des Menschen: »Wie die Vögel durch ihre Flügel in die Luft emporgehoben werden und sich überall in der Luft aufhalten können, so wird auch die Seele, solange sie sich im Körper des Menschen befindet, von ihren Gedanken emporgehoben und breitet sich überall aus.« *(Physica)*

Diese »beflügelnde« Eigenschaft sollen auch Geflügelspeisen dem Menschen vermitteln.

Klare Gänsesuppe

Zutaten:
1,5 kg Gänseklein (Innereien, Flügel)
1 Zwiebel
1 Lorbeerblatt
2 Bund Suppengrün
Salz und Pfeffer
30 g Butter
100 g Vollkornmehl
2 Eier
1 Bund Liebstöckel

Zubereitung:
Das Gänseklein waschen und mit einer abgezogenen, in Viertel geschnittenen Zwiebel und dem Lorbeerblatt in 2 Litern leicht gesalzenem Wasser zum Kochen bringen und 2 Stunden lang köcheln lassen.
Das Suppengrün putzen, würfeln und nach 1 Stunde dazugeben.
Die Suppe mit Salz und Pfeffer würzen.
125 Milliliter Wasser mit 30 Gramm Butter und etwas Salz aufkochen lassen.
100 Gramm Vollkornmehl darunterrühren, sodass sich ein Kloß bildet.
Unter diesen nun mit dem Handmixer 2 Eier und den gehackten Liebstöckel rühren.

Mit 2 Teelöffeln von dieser Masse kleine Klößchen abstechen (die Löffel immer wieder unter Wasser halten) und in kochendem Salzwasser 15 Minuten lang garen.
Die Gänsebrühe durch ein Sieb gießen.
Das Fleisch von den Knochen lösen und mit den Klößchen in die Suppe geben.
Einige frische, zerhackte Liebstöckelblättchen über die Suppe streuen.

Fleischsuppen

Eine Brühe aus Fleischknochen ist nicht nur leicht verdaulich, sondern gibt einem geschwächten Organismus auch neue Kraft. Deshalb empfiehlt Hildegard von Bingen auch immer wieder Fleischsuppen zur Wiederherstellung der Gesundheit.

Hildegard rät, was die Ernährung anbelangt, vor allem zu Rind, Ziege und Lamm. Vom Rind schreibt sie:
> »Seiner Natur nach ist das Rind kalt und trocken. Einem kalten Menschen taugt dieses Fleisch nicht, aber jemandem, der von Natur aus warm ist, schadet es auch nicht viel.« *(Physica)*

Aber sie schreibt auch, dass das Rind von Natur aus »rein« sei. Schaffleisch ist ihrer Ansicht nach zwar auch »kalt«, aber dennoch wärmer als das Rind:
> »Das Fleisch ist feucht und einfach und enthält weder Bitterkeit noch Herbheit. Es kann von gesunden wie von kranken Menschen gut gegessen werden.« *(Physica)*

Das Ziegenfleisch enthält nach Hildegards Ansicht »eine sehr plötzliche Wärme«. Aber:
> »Es ist für gesunde und kranke Menschen sehr gut zu essen. Wenn es oft gegessen wird, heilt es die zerbrochenen und gequetschten Eingeweide und heilt und stärkt den Magen.« *(Physica)*

Irish Stew
Eines der traditionellen Gerichte der anglo-irischen Bevölkerung Großbritanniens ist das Irish Stew, das aus einer Gemüsesuppe mit Kartoffeln

(die Hildegard von Bingen allerdings noch nicht kannte) und Hammelfleisch besteht.

Zutaten:
750 g Hammelfleisch (möglichst von Hals und Schulter)
4 Zwiebeln
500 g Möhren
80 g Räucherspeck
1 kleiner Weißkohl
500 g Kartoffeln
Pfeffer und Salz
1 TL Kümmel

Zubereitung:
Das Hammelfleisch in Würfel schneiden, knapp mit Wasser bedecken und aufkochen.
Die Zwiebeln schälen und in dünne Scheiben schneiden.
Die Möhren putzen und in Streifen schneiden.
Vom Weißkohl die welken Außenblätter abnehmen und den Strunk herausschneiden. Den Kohl in Streifen schneiden.
Die Kartoffeln schälen und in Scheiben schneiden oder würfeln.
Den Boden eines großen Kochtopfes mit den Scheiben des Räucherspecks belegen, dann abwechselnd Gemüse und Fleisch einschichten. Jede Lage leicht salzen und pfeffern und etwas Kümmel dazwischenstreuen.
Etwa $1/4$ Liter Hammelbrühe auffüllen, den Topf zudecken, alles zum Kochen bringen. Dann auf kleiner Flamme etwa $1\frac{1}{2}$ Stunden köcheln lassen – falls nötig, etwas Brühe oder Wasser hinzugeben.

Wildsuppen

Hildegard von Bingen schätzt das Wild wegen seiner guten Eigenschaften. So schreibt sie in ihrer *Physica* über den Hirsch, er sei »mehr warm als kalt, und frisst reines Futter. Sein Fleisch ist für Gesunde und Kranke gleichermaßen bekömmlich.« Über das Reh heißt es: »Es ist gemäßigt und sanft und hat eine reine Natur.« Und über den Hasen merkt Hildegard an, dass er »die Sanftheit des Schafes und die Sprünge des Rehes« habe.

Wildsuppen werden meistens aus den Kleinteilen zubereitet, die für einen Braten nicht zu verwenden sind – beispielsweise aus den Läufen. Früher gab man auch die Innereien zur Suppe (denen Hildegard übrigens besondere Heilwirkungen zuschreibt); heute kommen Wildinnereien nicht mehr in den Handel, weil die Gefahr von Krankheitsübertragungen zu groß ist.

Hasensuppe

Zutaten:
Karkasse eines Hasen mit Hals und Vorderläufen
2 Bund Suppengrün
je 1 TL Pfeffer- und Pimentkörner
12 Wacholderbeeren
1 Stückchen Ingwerwurzel
4 Lorbeerblätter
Salz
150 g Sahne
25 g Butter
1 Zitrone
1 Stückchen Muskatblüte
1 EL sehr fein gehackte Petersilie

Zubereitung:
Die Hasenkarkasse klein hacken. Mit kaltem Wasser bedeckt aufsetzen. Das Suppengrün putzen und zerkleinern. Mit den Gewürzen zur Suppe geben.
Die Suppe ohne Deckel zum Kochen bringen, dann den Deckel auflegen und 4 Stunden leise köcheln lassen.
Die Brühe abseihen.
Das weiche Fleisch von den Knochen lösen, dabei Sehnen und Häute entfernen. Im Mixer pürieren (dabei eventuell etwas Brühe hinzugeben). Das Fleischpüree durch ein Haarsieb streichen und die Suppe damit binden.
Sahne und eiskalte Butter darunterrühren.
Die Zitrone waschen und in hauchdünne Scheiben schneiden, dabei die Kerne entfernen. Die Muskatblüte im Mörser zerstoßen. Zitronenscheiben, Muskatblüte und Petersilie über die Suppe geben.

Fischsuppen

Wie bei den Wildsuppen können auch hier Reste verwertet werden, die für einen gebratenen oder gedünsteten Fisch nicht geeignet sind – sie sind letztlich nur für das Aroma der Suppe wichtig.
Hildegard von Bingen nennt in ihrer *Physica* hauptsächlich Süßwasserfische. Als für den Menschen wertvoll sieht sie Wels, Hecht und Barsch, mit Einschränkungen Karpfen und Forelle an. Andere Fische dagegen lehnt sie als schädlich ab – beispielsweise Lachs, Barbe, Scholle, Schleie, Steinbeißer und vor allem Aal.

Bouillabaisse

Zutaten:
500 g Fischabfälle vom Fischhändler
2 Zwiebeln
1 Lorbeerblatt
¼ l Weißwein
Salz und Pfeffer
je 250 g Seelachs- und Kabeljaufilet
250 g Scampi
Zitronensaft
300 g Möhren
1 Fenchelknolle
2 Knoblauchzehen
2 EL Öl
1 Msp. Safran
glatte Petersilie zum Garnieren

Zubereitung:
Die Fischabfälle waschen.
Mit einer geschälten Zwiebel, dem Lorbeerblatt, 1 Liter Wasser und dem Wein aufsetzen.
Salzen, pfeffern und ½ Stunde lang köcheln lassen.
Die Brühe durch ein Haarsieb abgießen.
Die Fischfilets unter kaltem Wasser abspülen, trockentupfen.
Die Scampi auslösen. Beides mit Zitronensaft beträufeln.
Möhren und Fenchel putzen und waschen. Die Möhren in Scheiben und den Fenchel in Streifen schneiden.

Die zweite Zwiebel und die Knoblauchzehen schälen, fein würfeln und in Öl glasig dünsten.
Das Gemüse kurz mitdünsten, die Fischbrühe dazugeben und den Safran einrühren.
Das Gemüse in etwa 10 Minuten bissfest garen.
Die Fischfilets in Stücke schneiden, die Scampi längs halbieren. Zur Suppe geben und 10 Minuten ziehen lassen (nicht kochen).
Die Suppe mit Salz und Pfeffer abschmecken und mit Petersilienblättchen garnieren.

Stockfischsuppe

Stockfische werden im Freien getrocknet. Am besten geeignet für diese Konservierungsart sind Dorsche und Plattfische. Sie müssen vor dem Verbrauch ausgiebig gewässert werden, denn sie enthalten nur 12–15 Prozent Wasser. Stockfische werden vor allem an der Nord- und Ostseeküste, aber auch an den Mittelmeerküsten und in Japan getrocknet.

Zutaten:
1 kg Stockfisch (Achten Sie darauf, dass der Fisch weiß und nicht gelblich ist!)
1 Zwiebel
2 Knoblauchzehen
4 Fleischtomaten (die Hildegard von Bingen allerdings noch nicht kannte)
2 Fenchelknollen
8 EL Öl
Salz und Pfeffer
1 Bund Petersilie

Zubereitung:
Den Stockfisch über Nacht in kaltem Wasser einweichen. Dabei das Wasser mehrfach erneuern. (So wird der Fisch nicht nur weich, sondern auch kräftig entsalzt.)
Die Zwiebel und den Knoblauch schälen, die Tomaten häuten und entkernen, die Fenchelknollen putzen. Alles fein würfeln.
Die halbe Menge der Tomaten- und Fenchelwürfel beiseite stellen. Die übrigen Gemüsewürfel in 4 Esslöffeln Öl andünsten.
Den Stockfisch häuten, entgräten und in Stückchen teilen.

Etwa 2 Liter Wasser dazugeben und alles ½ Stunde leise köcheln lassen. Dabei immer wieder umrühren und den Stockfisch zerdrücken.
Zum Schluss die zurückbehaltenen Tomaten- und Fenchelwürfel sowie das restliche Olivenöl einrühren.
Die Suppe mit Salz und Pfeffer abschmecken. Die Petersilie hacken und untermischen.

Milchsuppen

Milch ist eines der wichtigsten Lebensmittel. Deshalb sollte man möglichst vollwertige Milch verwenden – entweder von einem Bauern Ihres Vertrauens (wichtig ist, dass die Kühe Weidegang haben und nicht mit Silagefutter ernährt werden, das der Milch einen säuerlich-bitteren Beigeschmack gibt) oder aus dem Naturkostladen oder Reformhaus, wo Sie Milch von kontrollierten Höfen erhalten.

Milchsuppen kann man mit Nudeln oder mit Reis zubereiten. Aber auch Wildkräuter sind dafür geeignet – diese wurden auch im Mittelalter gerne verwendet. Das folgende Rezept ist gerade im Sommer empfehlenswert.

Sauerampfersuppe

Diese Suppe wird in England gerne gegessen. Bei uns wird sie nur in teuren Spezialitäten-Restaurants angeboten. Sie können Sauerampfer auf manchen Wochenmärkten kaufen, ihn im Garten kultivieren oder auf ungedüngten Wiesen sammeln.

Hildegard von Bingen ist der Meinung, dass der Sauerampfer nicht für die menschliche Ernährung geeignet ist: »Wenn der Mensch ihn äße, würde er ihn traurig machen«, heißt es in ihrer *Physica*. Die moderne Ernährungswissenschaft hat allerdings andere Erkenntnisse: Sauerampfer ist reich an Vitamin C und Provitamin A (Karotin) und enthält außerdem Kalzium, Kalium, Eisen und Phosphor.

Zutaten:
¾ l Milch
4 EL Haferflocken (Schmelzflocken)
etwas Salz und Zucker
2 hart gekochte Eier
1 Tasse fein gehackte Sauerampferblätter
2 EL fein gehackter Schnittlauch und Dill
geröstete Brotwürfel (Croûtons)

Zubereitung:
Die Milch erhitzen und die Haferflocken einrühren.
Mit Zucker und Salz würzen.
Kurz aufkochen lassen, bis die Milch gebunden ist.
Die Milchsuppe auf Handwärme abkühlen lassen.
Die Eier hacken und mit den Kräutern auf vier Teller verteilen.
Vor dem Servieren die Milchsuppe darübergießen und mit den gerösteten Brotwürfeln bestreuen.

Gemüse

Im Mittelalter war die Auswahl an Gemüse – verglichen mit unserem heutigen Angebot – vergleichsweise gering. Von den wenigen zur Verfügung stehenden Gemüsen lehnt Hildegard den Porree als »Küchengift« ab:
> »Dem Menschen verursacht der Porree Unruhe und Begierde. Roh gegessen ist er für den Menschen so schädlich wie ein giftiges Unkraut.« *(Physica)*

Eingeschränkt gelten lässt sie Linsen, Kohl, Gurken, Pastinaken und Saubohnen. Zu den einzelnen Gemüsen einige Zitate aus Hildegards *Physica:*
> »Die Linse gibt dem Menschen keine Kraft. Sie sättigt nur den Bauch.«
> »Gesunde Menschen mit starken Adern und wenig Fett können Kohl essen und durch ihre eigene Kraft bewältigen. Für fette Menschen ist er schädlich …, ebenso für Kranke.«
> »Die Pastinaken nützen der Gesundheit des Menschen nicht, schaden aber auch nicht. Sie füllen den Bauch.«

Über die Saubohne berichtet Hildegard lediglich, dass sie »kalt« sei und eine aus ihrem Mehl hergestellte Speise Eingeweideschmerzen lindern könne.

Zu den von Hildegard von Bingen empfohlenen Gemüsen gehören die Bohnen, der Sellerie, der Kürbis, die Kichererbse, manche Pilzarten und vor allem ihr Lieblingsgemüse, der Fenchel. Zu diesen Gemüsen ist in der *Physica* Folgendes zu lesen:
– »Die Bohne ist warm und für gesunde und kranke Menschen eine gute Speise.«
– »Gekocht schadet der Sellerie dem Menschen nicht, sondern verschafft ihm gesunde Säfte.«
– »Kürbisse sind für Gesunde und Kranke gut zu essen.«
– »Die Kichererbse ist warm und angenehm und leicht zu essen. Sie vermehrt nicht die üblen Säfte.«

- Von den Pilzen lässt Hildegard von Bingen lediglich die auf Bäumen wachsenden Exemplare gelten.
- Der Fenchel ist Hildegards Lieblingsgemüse und gilt für sie neben den Edelkastanien und dem Dinkel als wertvollstes Lebensmittel:
 »Wie *auch immer der Fenchel* gegessen wird, macht er den Menschen fröhlich und vermittelt ihm eine angenehme Wärme.« *(Physica)*

Linsen

Die Linse gehört zu den ältesten Kulturpflanzen der Menschheit. Schon in der Bibel wird sie erwähnt, als Esau sein Erstgeburtsrecht für ein Linsengericht an Jakob veräußerte. In Mitteleuropa ist ihre Bedeutung für die menschliche Ernährung nicht sehr hoch. In vielen Ländern des Mittelmeerraums und Asiens dagegen trägt sie wesentlich zur Eiweißversorgung bei. Im antiken Ägypten waren Linsen das Hauptnahrungsmittel ärmerer Volksschichten. Auch in Rom waren sie ein Volksnahrungsmittel. Die Germanen lernten die Linsen erst durch die Römer kennen. Aber bereits Karl der Große empfahl die Linse zum Anbau in Klostergärten. Linsen sind eiweiß- und kohlenhydratreich. Außerdem enthalten sie Vitamin A und B-Vitamine, Eisen, Phosphor und Kalium.

Linsengemüse süß-sauer

Zutaten:
375 g grüne Linsen
¾ l Wasser
1 Bund Suppengrün
50 g gewürfelter Schinkenspeck
1 Zwiebel
1 EL Mehl
2 EL Essig
etwas Salz und Zucker

Zubereitung:
Die Linsen waschen und über Nacht in kaltem Wasser einweichen.
Das Suppengrün putzen und würfeln und mit den Linsen im Einweichwasser zum Kochen bringen.
Auf kleiner Flamme gar kochen lassen.

Den Speck auslassen. Die in Würfel geschnittene Zwiebel und das Mehl hinzugeben und leicht anbräunen lassen.
Die Linsen dazugeben und alles kurz durchkochen.
Das Linsengemüse mit Essig, Salz und Zucker pikant abschmecken.

Weißkohl

Hildegard gibt genaue Anweisungen, wer Kohl essen sollte:
»Die Kohlarten wachsen von der Flüssigkeit des Taus und der Luft. Davon haben sie gewissermaßen Kräfte und Eingeweide. Ihr Saft ist eher unnütz. Er kann im Menschen Krankheiten verursachen und schwache Eingeweide verletzen. Aber gesunde Menschen, die nicht sehr fett sind und starke Adern haben, können den Kohl durch ihre eigenen Kräfte bewältigen. Aber für fette Menschen ist Kohl schädlich, denn ihr Fleisch hat Saft im Überfluss, deshalb ist ihnen der Kohl ebenso schädlich wie kranken Menschen.« *(Physica)*

Weißkohl in Dillsahne

Zutaten:
1 kleiner Weißkohl
2 Zwiebeln
3 EL Öl
Salz und Pfeffer
125 g Sahne
50 g Frischkäse
2 Bund Dill

Zubereitung:
Den Weißkohl putzen, waschen und in schmale Streifen schneiden.
Die Zwiebeln schälen und würfeln.
Das Öl in einem Topf erhitzen und Kohl und Zwiebeln darin unter häufigem Wenden anschmoren.
Salz, Pfeffer und Sahne hinzugeben und alles im geschlossenen Topf 15 bis 20 Minuten lang bei kleiner Hitze schmoren.
Den Frischkäse in Flöckchen und den fein gehackten Dill unterrühren.
Dazu passen gebratene ganze Kartoffeln.

Sauerkraut im Römertopf

Kohl ist – besonders in Form von Sauerkraut – sehr Vitamin-C-haltig. Nicht umsonst wurden in früheren Jahrhunderten auf Schiffen Fässer mit Sauerkraut mitgeführt, um so die Besatzung vor dem gefürchteten Skorbut – einer Vitamin-C-Mangelkrankheit – zu schützen. Auch heute ist Sauerkraut ein beliebtes Mittel, um den Körper zu entschlacken und ihn vor Erkrankungen zu schützen.

Zutaten:
750 g Sauerkraut
1 säuerlicher Apfel
4 Wacholderbeeren
1 Lorbeerblatt
2 Gewürznelken
$\frac{1}{2}$ Zwiebel
2 EL Butter
1 EL Mehl
750 g Eisbein oder Schulterbraten

Zubereitung:
Das Fleisch etwa 1 Stunde lang vorkochen, bis es halbgar ist. Den Römertopf eine Viertelstunde lang wässern.
Dann das Sauerkraut hineingeben.
Den Apfel schälen, vom Kernhaus befreien.
Eine Apfelhälfte schnitzeln und unter das Sauerkraut rühren.
Die andere Hälfte mit den Wacholderbeeren, dem Lorbeerblatt und den Gewürznelken bestecken und auf das Kraut legen.
Mit der Fleischbrühe aufgießen.
Die gewürfelte Zwiebel und das Fleisch in eine Vertiefung auf das Sauerkraut legen.
Den Römertopf schließen und Sauerkraut und Fleisch etwa $1\frac{1}{2}$ bis 2 Stunden bei 200 Grad im Backofen schmoren lassen. Vor dem Anrichten das Kraut mit dem Mehl binden und mit der Butter verfeinern. Außerdem Lorbeerblatt, Nelken und Wacholderbeeren herausnehmen.
Dazu passen Knödel oder Pellkartoffeln.

Gurken

Gurken kann man nicht nur roh als Salat, sondern auch als Gemüse essen. Gurken gehören zu den Kürbisgemüsen, die vor allem in Europa als deren bedeutendste Kulturform angebaut werden. Gurken haben nur einen sehr geringen Nährwert, denn sie bestehen zu über 90 Prozent aus Wasser. Außerdem enthalten sie auch kaum Vitamine und Mineralstoffe. Trotzdem sind sie wegen ihres erfrischenden Geschmacks sehr beliebt und können – bei niedrigster Kalorienzahl – gerade als Gemüsebeilage sättigen, ohne dick zu machen.

»Sie sind feucht und kalt und wachsen von der Feuchtigkeit der Erde. Sie bringen die Bitterkeit der Säfte im Menschen in Bewegung. Für kranke Menschen sind sie nicht geeignet.« *(Physica)*

Gurkengemüse

Zutaten:
1 kleine Zwiebel
20 g Butter
500 g Gurken
40 ml Weißwein
Salz und Pfeffer
1 Prise Kurkuma
1 EL Creme fraîche
1 EL fein gehackter Dill

Zubereitung:
Die Zwiebel schälen und fein würfeln. In der Butter andünsten. Die Gurke schälen, entkernen und in grobe Würfel oder in Scheiben schneiden. Zu den Zwiebeln geben und kurz mit andünsten.
Den Weißwein aufgießen.
Bei mittlerer Hitze etwa 10 Minuten lang garen, bis die Flüssigkeit verdampft ist.
Mit Salz, Pfeffer und Kurkuma würzen.
Zum Schluss die Creme fraîche und den fein gehackten Dill einrühren.

Gurken-Sülze

Zutaten:
1 Salatgurke Salz
2 Möhren
Zitronensaft
1 Bund Dill
0,4 l Wasser
6 Blatt Gelatine
2 Knoblauchzehen
1 TL Senf
1 kleine Zwiebel
1 EL grüner Pfeffer
3 EL Öl

Zubereitung:
Die Gurke schälen, entkernen und fein raspeln. Mit etwas Salz bestreuen, damit die Gurkenraspel Wasser ziehen.
Die Möhren schälen, raspeln, salzen und mit Zitronensaft beträufeln, damit sie nicht braun werden.
Nach 15 Minuten beide Gemüse in einem sauberen Küchentuch auspressen.
Aus Wasser, Gelatine, Salz, 4 Esslöffeln Zitronensaft und einer geschälten und ausgepressten Knoblauchzehe ein Aspik nach den Angaben auf der Gelatinepackung zubereiten. Dieses ein wenig abkühlen lassen.
Eine Schüssel mit einer dünnen Schicht Gelatine ausgießen, kalt stellen und das Gelee erstarren lassen.
Auf diesen »Spiegel« einige Dillblättchen legen.
Die Hälfte der Gurken, dann die Möhren und schließlich den Rest der Gurken auf dem Gelee verteilen.
Das restliche Aspik darübergießen und erstarren lassen.
Zum Servieren die Gurkensülze auf einen kalten Teller stürzen.
Dazu eine Vinaigrette aus 4 Esslöffeln Zitronensaft, 1 Teelöffel Senf, 1 ausgepressten Knoblauchzehe, 1 sehr fein gehackten Zwiebel, grünen Pfefferkörnern, Öl, Salz und Dill reichen.
Als Beilage passt Baguette mit Butter.

Pastinaken

Pastinaken können wie Kartoffeln (die Hildegard von Bingen allerdings noch nicht kannte) verwendet werden. Wegen des geringen Gehalts an Kohlenhydraten eignen sie sich gut als Kartoffelersatz für Diabetiker. Achten Sie beim Einkauf von Pastinaken darauf, möglichst kleine bis mittelgroße Rüben zu kaufen, die fest sind und eine »samtige« Oberfläche haben. Größere Pastinaken können hart oder holzig sein.

Pastinakengemüse

Zutaten:
500 g Pastinaken
1 EL Butter
1 EL Mehl
⅛ l Gemüsebrühe
Salz und Pfeffer, etwas geriebener Muskat
1 Bund Petersilie

Zubereitung:
Die Pastinaken kochen, schälen und in Scheiben schneiden.
Das Fett im Topf erhitzen und das Mehl leicht darin anschwitzen.
Die heiße Gemüsebrühe darunterrühren.
Die Pastinaken hineingeben, mit Salz, Pfeffer und Muskat abschmecken.
Die Petersilie fein hacken und über das Gemüse streuen.

Gebackene Pastinaken

Zutaten:
500 g Pastinaken
Salz und Pfeffer
1 TL Senf
1 Ei
Paniermehl
Butter

Zubereitung:
Die Pastinaken kochen, schälen und in Scheiben schneiden.
Salzen und pfeffern.

Das Ei mit dem Senf verschlagen.
Die Pastinakenscheiben zunächst in dieser Mischung, dann in Paniermehl wenden.
In der Butter goldgelb ausbacken.

Saubohnen

Die Saubohne wird von Hildegard von Bingen als »kalt« bezeichnet. Sie empfiehlt das Bohnenmehl bei Magenbeschwerden. Wer daran leidet,
>»der mache Saubohnen zu Mehl und füge dem ein wenig geriebenes Brot zu, außerdem etwas Fenchelsamen oder etwas Liebstöckelsaft. Daraus koche er mit Wasser eine Speise und esse öfter ein wenig davon, so werden die kranken Eingeweide geheilt.« *(Physica)*

Die Saubohne (auch Acker-, Puff- oder Dicke Bohne genannt) wird in Mitteleuropa in der Hauptsache als Futterpflanze angebaut. Vor der Verbreitung des Kartoffelanbaus war der daraus hergestellte Bohnenbrei allerdings ein Hauptnahrungsmittel unserer Vorfahren. Ihre Kultivierung ist zwar nicht so alt wie die anderer Hülsenfrüchte, reicht aber im Mittelmeerraum bis ins 4. vorchristliche Jahrtausend zurück. In vielen südeuropäischen, nordafrikanischen und orientalischen Ländern werden die reifen Bohnen zu Brei (in Ägypten noch heute eines der alltäglichen Gerichte) oder zu Mehl als Zusatz zum Brotmehl verarbeitet. Aber auch bei uns erfreuen sich zarte Saubohnen – nicht zuletzt wegen ihres hohen Eiweißanteils von bis zu über 30 Prozent – einer immer höheren Wertschätzung.

Saubohnen süß-sauer

Zutaten:
500 g dicke Bohnen (enthülst)
Bohnenkraut
1–2 EL Mehl
4 EL Sahne
Salz und Zucker
Essig

Zubereitung:
Die Bohnen mit Wasser in etwa 20 Minuten bissfest garen.
Kurz vor dem Garwerden das Bohnenkraut hinzufügen.
Das Mehl unter die Sahne rühren und unter die Bohnen mischen.
Mit Salz, Zucker und Essig pikant abschmecken.

Variation:
– Wer mag, kann gewürfelten Räucherspeck mit den Bohnen kochen.

Saubohnengemüse mit Käsekruste

Zutaten:
1 Knoblauchzehe
1 Zwiebel
400 g Saubohnen (enthülst)
2 EL Butter
1 Tasse Gemüsebrühe
Salz, Pfeffer, Cayennepfeffer
Bohnenkraut
1 Tasse Creme fraîche
1 TL Mehl
½ Bund Petersilie
4 EL eingeweichte Haferflocken
125 g geriebener Emmentaler Käse

Zubereitung:
Die Knoblauchzehe und die Zwiebel schälen und fein hacken.
Die Butter in einem Topf erhitzen und die Knoblauchzehe und die Zwiebel darin anschwitzen.
Die Bohnen dazugeben und kurz mitschwitzen, dann die Gemüsebrühe angießen.
Mit Salz, Pfeffer, Cayennepfeffer und Bohnenkraut kräftig würzen und in etwa 20 Minuten bei mäßiger Hitze bissfest garen.
Die Creme fraîche mit dem Mehl verrühren und mit der fein gehackten Petersilie unter die Bohnen geben.
Nochmals abschmecken und die Bohnen in eine Auflaufform geben.
Die Haferflocken mit dem geriebenen Käse mischen und über die Bohnen streuen.
Im Backofen bei 200 Grad so lange überbacken, bis sich eine goldgelbe Kruste gebildet hat.

Bohnen

In ihrer *Physica* schreibt Hildegard von Bingen über die Bohne, dass diese von Natur aus »warm« sei. Gesunde und Kranke könnten sie gleichermaßen gut vertragen. Gerade das Bohnenmehl sei empfehlenswert, »weil es leicht ist und mühelos verdaut werden kann«. Bohnen können sogar ein wahres Heilmittel sein:

> »Wer Schmerzen in den Eingeweiden hat, der koche Bohnen unter Zugabe von etwas Öl oder Fett mit Wasser und schlürfe nach dem Entfernen der Bohnen die warme Brühe. Wenn er dies oft tut, wird er innerlich geheilt.« *(Physica)*

Leider wissen wir nicht genau, auf welche Bohnenart Hildegard sich dabei bezieht – der Saubohne widmet sie in der *Physica* ein eigenes Kapitel, und die uns heute bekannte Gartenbohne gelangte erst aus Amerika zu uns. Um 1528 erhielt der Kanonikus Pietro Valeriano von Papst Clemens VII. einige Bohnen aus dem neuen Kontinent zum Geschenk. Er zog diese botanische Sehenswürdigkeit in Töpfen heran und entdeckte, dass es sich dabei um ein nützliches Gemüse handelte. Er setzte sich für dessen Verbreitung ein und überredete sogar Alexander von Medici, seiner Schwester Katharina, die damals mit dem französischen Thronfolger verlobt war, einige Säcke mit Bohnen mitzugeben.

Bohnen gibt es in vielen Varietäten – weltweit zählt man etwa 200 Arten. In Mittel- und Südamerika gehört die Bohne zu den Hauptnahrungsmitteln, was nicht zuletzt auf ihren hohen Eiweiß- (22 Prozent) und Kohlenhydratgehalt (58 Prozent) bei einem sehr niedrigen Fettgehalt (1,5 Prozent) zurückzuführen ist. Bei uns werden vorwiegend grüne Bohnen, aber auch die getrockneten weißen und braunen Bohnen gegessen.

Grüne Bohnen mit Schalottenzwiebeln

Zutaten:
500 g junge grüne Bohnen
200 g Schalottenzwiebeln
2 Knoblauchzehen
50 g Butter
Salz

Pfeffer
2 EL Weißweinessig
1 Bund glatte Petersilie

Zubereitung:
Die Bohnen in kochendem Salzwasser in etwa 5 Minuten knapp gar kochen.
Die Schalotten abziehen, größere Zwiebeln halbieren.
Knoblauch abziehen und fein würfeln.
Schalotten und Knoblauch in der Butter andünsten.
Die Bohnen abgießen und untermischen.
Mit Salz und Essig würzen.
Den Essig dazugeben und alles noch einmal aufkochen lassen.
Die Petersilienblättchen von den Stielen zupfen und untermischen.

Sellerie

Sellerie ist sehr vitaminreich und enthält außerdem Kalium und Kalzium. Knollensellerie ist durch seine gute Lagerfähigkeit ein ideales Wintergemüse.

Ausgebackene Selleriescheiben

Zutaten:
600 g Sellerieknollen (geputzt gewogen)
1 l Gemüsebrühe
Salz und Pfeffer
1 Ei
Paniermehl
Öl zum Ausbacken

Zubereitung:
Die Sellerieknollen in gut fingerdicke Scheiben schneiden und in der Gemüsebrühe in etwa 10 Minuten bissfest garen.
Abtropfen lassen und mit Salz und Pfeffer bestreuen.
Das Ei verquirlen.
Die Selleriescheiben zunächst in Ei, dann im Paniermehl wenden. Im heißen Öl goldgelb ausbacken.

Überbackener Staudensellerie

Zutaten:
600 g Staudensellerie
300 ml Gemüsebrühe
2 Zwiebeln
1 TL Öl
etwas geriebene Muskatnuss
Salz und Pfeffer
6 EL saure Sahne
30 g geriebener Emmentaler Käse
2 EL eingeweichtes grobes Dinkelschrotmehl
2 Tomaten
einige Basilikumblättchen

Zubereitung:
Den Staudensellerie putzen, waschen und in 10 cm lange Stücke schneiden.
In der Gemüsebrühe in etwa 10–15 Minuten bissfest garen.
Die Zwiebeln schälen und fein würfeln.
Das Öl erhitzen und die Zwiebeln darin andünsten, dann Fett und Zwiebeln in eine Auflaufform geben.
Den Sellerie abtropfen lassen und darauf legen.
Mit Muskatnuss, Salz und Pfeffer würzen.
Die Sahne mit dem Käse und dem Dinkelschrot verrühren und über den Sellerie geben.
Die Tomaten waschen, den Stielansatz entfernen.
Die Tomaten würfeln, mit fein gehacktem Basilikum vermischen und über den Käse streuen.
Den Sellerie bei 220 Grad etwa 10 Minuten lang überbacken.

Kürbis

Wie bereits vorher erwähnt wurde, gehört der Kürbis nicht zu den Obst-, sondern zu den Gemüsesorten. Der Speisekürbis, wie wir ihn heute kennen, gelangte aus Amerika zu uns. Der Kürbis, den Hildegard erwähnt, muss eine melonenartige Varietät gewesen sein, die im Mittelmeerraum und in Asien und Afrika beheimatet ist.

Hildegard von Bingen schreibt über den Kürbis:
»Kürbisse sind trocken und kalt. Sie wachsen von der Luft. Für Gesunde und Kranke sind sie gleichermaßen gut zu essen.« *(Physica)*

Das faserige, süßliche Fleisch der Kürbisse hat einen hohen Gehalt an Provitamin A (Karotin). Die indianischen Anbauer kannten den Kürbis schon 5000 Jahre v. Chr. und schätzten ihn vor allem wegen seiner vielfältigen Verwendungsmöglichkeiten: Unreif ist er als Gemüse zu nutzen und reif in gekochter, gedünsteter, gerösteter Form als nahrhafte, stärke- und zuckerreiche Speise. Auch die gehaltvollen und gesunden Kürbiskerne sind – vor allem in Osteuropa – beliebt.

Kürbisgemüse

Zutaten:
600 g Kürbis (geschält und entkernt gewogen)
1 Zwiebel
1 Knoblauchzehe
2 EL Öl
2 EL Gemüsebrühe
etwas Zitronensaft
Salz
etwas frisch geriebener Ingwer

Zubereitung:
Das Kürbisfleisch in kleine Würfel schneiden.
Zwiebel und Knoblauchzehe abziehen und fein hacken.
Das Öl erhitzen, Zwiebel- und Knoblauchwürfel darin goldgelb andünsten.
Den Kürbis und die Gemüsebrühe hinzugeben und zugedeckt in etwa 10 Minuten bissfest garen.
Das Gemüse mit Zitronensaft, Salz und Ingwer würzen.

Kürbisgemüse mit Sahne und Pilzen

Zutaten:
1 kg Kürbisfleisch (geschält und entkernt gewogen)
100 g Champignons
1 Zwiebel

4 EL Öl
2 EL Weißwein
Salz und Pfeffer
1 Prise Piment
1 Becher Creme fraîche
2 TL Senf
½ TL Honig
1 Kästchen Kresse

Zubereitung:
Den Kürbis in etwa 2 Zentimeter große Würfel schneiden.
Die Champignons putzen und fein hacken.
Die Zwiebel abziehen und ebenfalls fein hacken.
Champignons und Zwiebel in heißem Öl andünsten.
Die Kürbiswürfel und den Wein hinzufügen. Im geschlossenen Topf bei milder Hitze 20 Minuten dünsten.
Mit Salz, Pfeffer und Piment würzen. Creme fraîche mit Senf und Honig gut verrühren und mit Salz und Pfeffer abschmecken.
Kürbisgemüse mit der Senfsahne anrichten und mit Kresse überstreuen.

Kichererbsen

Während Hildegard von Bingen die grüne Erbse eher für schädlich hält, weil sie die »schädlichen Schleime« im menschlichen Körper vermehrt, hat die Kichererbse ihrer Meinung nach diese Eigenschaft nicht.

»Die Kichererbse ist warm und angenehm und gut zu essen.« *(Physica)*

Fieberkranken empfiehlt sie die Kichererbse sogar als Heilmittel, und zwar sollen solche Patienten die Erbsen über offenem Feuer braten.

Wegen ihrer Dürrefestigkeit sind Kichererbsen hauptsächlich in den niederschlagsarmen Gebieten des Mittelmeerraums, Vorder- und Mittelasiens bis zum westlichen Himalaja verbreitet. Drei Viertel der Gesamtanbaufläche befinden sich in Indien. Die Kultivierung der Kichererbse hat eine lange Tradition. So konnte man sie durch Grabungen schon für das 7. Jahrtausend v. Chr. in Vorderasien nachweisen. Die Römer exportierten sie später in ihre germanischen Kolonien. Während die Kichererbsen besonders im Vorderen Orient geschätzt werden – der türkische Dichter Rumi schrieb im 13. Jahrhundert sogar ein Gedicht über sie –, erlangten sie bei uns zu Unrecht nie diese Beliebtheit.

Kichererbsen haben einen hohen Eiweiß- (bis 25 Prozent) und Kohlenhydratgehalt (40–60 Prozent), aber nur wenig Fett (5–8 Prozent). Außerdem enthalten sie reichlich Vitamine – vor allem die Vitamine A und E – sowie die Mineralstoffe Eisen, Mangan und Kalzium. Kichererbsen sind in Dosen und getrocknet erhältlich. Aus den getrockneten Erbsen lassen sich in wenigen Tagen wohlschmeckende Keimlinge heranziehen.

Kichererbsentarte

Zutaten:
1 Dose Kichererbsen (560 g)
$\frac{1}{8}$ l Sahne
2 Eier
2 Eigelbe
Salz
etwas gemahlener Kreuzkümmel
1 Knoblauchzehe
2 Bund glatte Petersilie
1 EL Koriandergrün
150 g Schafskäse
30 g geriebener Parmesan

Zubereitung:
Die Kichererbsen abspülen und abtropfen lassen.
Etwa ¾ davon mit Sahne, Eiern und Eigelb mischen und im Mixer pürieren.
Mit Salz, Kreuzkümmel und dem gepressten Knoblauch verrühren.
Petersilie und Koriandergrün fein hacken.
Den Schafskäse grob raspeln.
Die Hälfte des Schafskäses mit den Kräutern und dem geriebenen Parmesan unter das Püree mischen.
Eine Tarteform (flache runde Auflaufform von etwa 24 Zentimetern Durchmesser) mit Backpapier auslegen. Die Püreemasse einfüllen und glatt streichen.
Die restlichen Kichererbsen auf dem Püree verteilen und leicht eindrücken.

Die Tarte bei 200 Grad etwa 30 Minuten backen.
Dazu passt ein Salat – beispielsweise aus Wildkräutern und Kichererbsenkeimlingen.

Kichererbsenklößchen

Zutaten:
500 g Kichererbsen
1 Zwiebel
1 TL Koriander
½ TL gemahlener Kreuzkümmel
3 EL Salz
Pfeffer
2 EL Mehl
Fett zum Fritieren oder Ausbacken

Zubereitung:
Die Kichererbsen über Nacht in reichlich Wasser einweichen. Am nächsten Tag abtropfen lassen.
Die Zwiebel schälen und zerkleinern.
Kichererbsen und Zwiebelstücke im Mixer pürieren.
Koriander, Kreuzkümmel, Salz, Pfeffer und Mehl unterkneten.
Aus dem Teig kleine Kugeln formen und im heißen Fett fritieren oder ausbacken, bis sie goldgelb sind.
Die Klößchen auf Küchenpapier abtropfen lassen.
Dazu passt Gemüse der Saison in einer Soße aus Creme fraîche oder Sahne.

Pilze

Früher nannte man bei uns die Pilze wegen ihres hohen Eiweißgehaltes »das Fleisch des armen Mannes«. In der Tat sind sie wohlschmeckend, nahrhaft und – jedenfalls früher noch – billig zu haben oder, wenn man sie selbst sammelte, ganz umsonst. Hildegard von Bingen hat in ihrer *Physica* ein längeres Kapitel über die Pilze geschrieben. Darin hält sie vor allem die an Bäumen wachsenden Pilze für eine gute Speise für den Menschen. Im Garten kann man solche Pilze auf Baumstücken oder auch Strohballen selbst ziehen. Champignons lassen sich auf einem speziellen Substrat auch im Keller anbauen. In vielen Geschäften und Supermärkten gibt es frische Pilze zu kaufen – beispielsweise Stockschwämmchen und Austernpilze, die ja an Bäumen wachsen. Wenn Sie selbst Pilze suchen, sollten Sie unbedingt Kenntnisse über die Giftpilze besitzen und im Zweifelsfalle die Pilze einem Pilzberater vorlegen, der während der Pilzsaison in den meisten Städten (oft auf den Gemüsemärkten) für entsprechende Fragen zur Verfügung steht.

Pilze sind zwar kalorienarm, aber dennoch sehr sättigend. Zu etwa 90 Prozent bestehen sie aus Wasser. 100 Gramm frische Pilze enthalten lediglich 37 Kalorien.

Champignon-Zwiebel-Gemüse

Zutaten:
400 g Zwiebeln
400 g Möhren
400 g kleine Champignons
3 EL Öl
3 EL Weißwein
½ TL gemahlener Koriander
1 TL fein gehackter Thymian
30 g Butter
2 EL fein gehackte Petersilie
Salz und Pfeffer

Zubereitung:
Die Zwiebeln schälen und vierteln.
Die Möhren unter fließendem Wasser abbürsten und in Scheiben schneiden.
Öl und 1 Esslöffel Wein erhitzen. Darin die Zwiebeln glasig andünsten.
Die Möhren und den restlichen Wein dazugeben und 15 Minuten lang bei milder Hitze dünsten. Dabei einige Male umwenden.
Die Champignons putzen und halbieren. Mit dem Koriander und dem Thymian zum Gemüse geben. 10 Minuten bei milder Hitze garen.
Die Butter und die Petersilie untermischen.
Mit Salz und Pfeffer abschmecken.

Pfifferlinggemüse

Zutaten:
1 Zwiebel
400 g Pfifferlinge (frisch oder abgetropft aus der Dose)
40 g Butter
Salz und Pfeffer

Zubereitung:
Die Zwiebel schälen und sehr fein würfeln.
Die Pfifferlinge putzen oder gut abtropfen lassen. Große Pilze halbieren.
Die Butter in einer Pfanne erhitzen.
Zunächst die Zwiebeln darin glasig dünsten, dann die Pilze dazugeben und unter Wenden rasch braten.
Mit Salz und Pfeffer würzen.

Varianten:
– Mit den Zwiebeln fein gewürfelten Räucherspeck andünsten.
– Das Pfifferlinggemüse mit Sahne verrühren oder mit gehackten Kräutern (Schnittlauch, Petersilie oder Thymian) bestreuen.

Fenchel

Neben dem Dinkel und den Edelkastanien gehört der Fenchel zu den bevorzugten Lebensmitteln der Hildegard von Bingen, die sie jedem Menschen – ob gesund oder krank – uneingeschränkt empfehlen kann.
Fenchel war und ist bei uns hauptsächlich als Heil- und Würzpflanze bekannt. Aber auch der Gemüsefenchel, dessen Knollen gegessen werden, ist schon seit dem Altertum in Kultur. Gemüsefenchel ist sehr leicht verdaulich und gilt vor allem als Diätkost für Leber-, Magen- oder Darmkranke.

Fenchelgemüse mit Nuss-Käse-Soße

Zutaten:
3–4 Fenchelknollen
½ l Gemüsebrühe zum Kochen
½ l Gemüsebrühe für die Soße
2 Ecken Sahneschmelzkäse
2 EL gemahlene Wal- oder Haselnüsse
1 Knoblauchzehe
2 EL trockener Weißwein
2 TL Zitronensaft
etwas geriebene Muskatnuss
1 EL fein gehackte Kräuter (beispielsweise Dill, Petersilie, Schnittlauch)

Zubereitung:
Die Fenchelknollen waschen, putzen und halbieren. Das Fenchelgrün aufheben.
Den Fenchel in der heißen Gemüsebrühe etwa 20 Minuten garen.
Danach die Fenchelhälften auf eine feuerfeste Platte legen und im Backofen warm stellen.
Nun für die Soße die Gemüsebrühe erhitzen (nicht kochen!) und den Schmelzkäse und die geriebenen Nüsse kräftig darin verrühren.
Den Knoblauch schälen, zerdrücken und mit dem Wein und dem Zitronensaft zur Soße geben. Eventuell noch einige Löffel Gemüsebrühe darunterrühren.
Mit den Gewürzen abschmecken und die Kräuter unterziehen.
Dabei auch das gehackte Fenchelgrün verwenden.
Das Fenchelgemüse mit dieser Soße übergießen.

Überbackener Fenchel

Zutaten:
4 Fenchelknollen
¼ l Weißwein
½ TL Fenchelsamen (kann auch aus einem Teebeutel entnommen werden)
2 Knoblauchzehen
1 kleine Zwiebel
2 EL Öl

6 Tomaten (die Hildegard noch nicht kannte, die aber wunderbar zur Ergänzung dieses Gerichtes passen)
Salz und Pfeffer
2 Bund frische Kräuter (Petersilie, Oregano, Thymian, Basilikum usw.)
etwas Butter zum Fetten der Auflaufform
2 EL eingeweichtes Dinkelschrotmehl
50 g geriebener Parmesankäse
die abgeriebene Schale von $\frac{1}{2}$ unbehandelten Zitrone
10 g Butter

Zubereitung:
Die Fenchelknollen putzen, waschen und halbieren. Das Fenchelgrün beiseite legen.
Den Fenchel zusammen mit dem Fenchelsamen in Weißwein in etwa 10 Minuten bissfest garen.
Die Knoblauchzehen und die Zwiebel abziehen und fein würfeln. Im erhitzten Öl glasig andünsten.
Die Tomaten waschen und trockentupfen, den Stielansatz herausschneiden. Die Tomaten in Würfel schneiden und mit den Zwiebeln dünsten.
Die Fenchelstücke aus dem Topf nehmen und warm stellen.
Die Tomatensoße salzen und pfeffern, mit der Hälfte der gehackten Kräuter würzen und etwas einkochen lassen.
Eine Auflaufform mit Butter ausfetten, die Fenchelknollen hineinlegen und mit der Tomatensoße übergießen.
Das Dinkelschrotmehl mit den restlichen Kräutern, dem Käse und der abgeriebenen Zitronenschale mischen und über die Fenchelknollen verteilen.
Die Butter in Flöckchen darauf verteilen.
Bei 225 Grad im Backofen etwa 15 Minuten überbacken und anschließend das Gericht mit dem gehackten Fenchelgrün garnieren.

Fleischgerichte

Fleisch kam in früheren Jahrhunderten – und das gilt natürlich auch für das Mittelalter – nur recht selten auf den Tisch. In Klöstern und Schlössern wusste man allerdings recht gut zu leben, was sicher auf die Abgaben der bäuerlichen Bevölkerung und die eigenen bewirtschafteten Betriebe zurückzuführen ist. Hier entwickelte sich auch eine eigene Küchenkultur, die allerdings mitunter merkwürdige Blüten trieb. So hatte man aus der Antike den Brauch übernommen, möglichst selten Fleischgerichte zu servieren, und auch in Hildegards *Physica* werden einige Tiere genannt, die wir heute durchaus nicht mehr gerne in unseren Kochtöpfen sehen würden. Dazu einige Beispiele, bei denen allerdings auch Hildegard meistens vom Verzehr solcher Fleischarten abrät:

– So hat das Pferd zwar »eine gute Natur«. Aber:
 »Sein Fleisch ist zäh und schwer zu essen und nachteilig für den Menschen. Wegen seiner Stärke kann es kaum verdaut werden.«
– Der Esel dagegen ist von Natur aus dumm.
 »Sein Fleisch ist für die menschliche Ernährung nicht geeignet, weil es stinkend ist von jener Dummheit, die der Esel in sich hat.«
– Über den Hund schreibt Hildegard von Bingen in einem speziellen Kapitel Verschiedenes, das ihren tiefen Einblick in die Tierpsyche zeigt. Glücklicherweise hält sie auch Hundefleisch nicht für geeignet als Bestandteil des menschlichen Speisezettels:
 »Das Hundefleisch taugt dem Menschen in keiner Weise. Seine Leber und Eingeweide sind fast giftig.«
– Die Maus kann laut Hildegard zwar zu einigen Heilzwecken (beispielsweise bei der Behandlung von Epilepsie) verwendet werden. Essen sollte man sie aber besser nicht:
 »Die Maus hat lauernde Manieren, weil sie immer flieht. Daher ist auch ihr Fleisch für den Menschen von keinem Vorteil.«
– Auch die Ratte kann zu allerlei Heilzwecken verwendet werden, sollte aber nicht gegessen werden.

Glücklicherweise gibt es aber einige Fleischsorten, die wir auch heute noch gerne akzeptieren – vorausgesetzt, dass wir die Möglichkeit haben, uns mit Fleisch von Biohöfen oder wenigstens von einer Schlachterei unseres Vertrauens zu versorgen. Das ist gerade in einer Zeit, da Hormone und andere dem Menschen schädliche Mittel in der Mast eingesetzt werden, besonders wichtig.

Hildegard von Bingen hat in ihren Schriften durchaus nicht vom Fleischverzehr abgeraten. Aber wie alles andere sollte auch Fleisch »im rechten Maß« genossen werden. Wer das Bedürfnis verspürt, mitunter Fleisch zu essen, sollte diesem ruhig und ohne schlechtes Gewissen nachgeben – noch immer wird ja in der Wissenschaft darum gestritten, ob der Mensch von Natur aus ein pflanzen-, fleisch- oder allesessendes Wesen ist. Wer aus Überzeugung oder aus gesundheitlichen Gründen Vegetarier ist, sollte es ohne Bedenken sein – zumindest ist inzwischen nachgewiesen, dass der Mensch für eine ausreichende und gesunde Ernährung nicht unbedingt tierisches Eiweiß benötigt, sondern seinen Proteinbedarf auch durch pflanzliche Nahrung decken kann.

Zu den von Hildegard von Bingen als unbedenklich empfohlenen Fleischsorten gehören Schaf, Ziege, Rind und – mit Einschränkungen – Schwein.

Schaffleisch

Schaffleisch ist nach den Worten Hildegards in ihrer *Physica* ein gutes Essen für gesunde und kranke Menschen. »Es ist feucht und einfach und enthält keine Bitterkeit und Herbheit.« Interessant ist, dass Hildegard empfiehlt, Schaffleisch vor allem im Sommer zu essen, »weil die Hitze es wärmt. Im Winter aber taugt es nicht zum Essen, weil es kalt ist.« Feinschmecker wissen, dass das zarte Lammfleisch wesentlich schmackhafter ist als das in Geschmack und Geruch oft sehr viel strengere Fleisch von älteren Schafen. Am liebsten ist ihnen das Lammfleisch »presalé«; das bedeutet, dass es von Schafen stammt, die an der Meeresküste, etwa an der Nordsee oder am Atlantik, geweidet wurden.

Traditionell wird Lamm zu Ostern gegessen – im Andenken an das Passahmahl, das Jesus mit den Jüngern feierte, aber auch an das »Lamm Gottes«, wie in der katholischen Kirche der unschuldig für die Sünden der Menschen am Kreuz gestorbene Jesus bezeichnet wird.

Lammfleisch ist sehr eiweißreich (schon eine Portion kann den täglichen Proteinbedarf eines erwachsenen Menschen decken) und enthält wenig

Fett und Kalorien. Außerdem sind im Lammfleisch drei wichtige B-Vitamine – Thiamin, Riboflavin, Niazin – und reichlich Eisen enthalten.

Lammkoteletts

Zutaten:
4 Lammkoteletts
2 Äpfel
1 Glas Kalbsfond
4 TL Essig
Pfeffer und Salz
Öl
2 EL kalte Butter

Zubereitung:
Die Äpfel schälen, entkernen und würfeln. Zusammen mit dem Kalbsfond und dem Essig aufkochen.
5 Minuten ziehen lassen.
Die Lammkoteletts von beiden Seiten mit Pfeffer einreiben und in heißem Öl von jeder Seite 3 Minuten braten.
Die Apfelsoße im Mixer pürieren, nochmals erhitzen und die kalte Butter darunterschlagen.
Die Soße salzen und pfeffern. Das Fleisch salzen.

Lammpastete

Zutaten:
500 g Zwiebeln
2 Knoblauchzehen
1 TL Pfefferkörner
½ TL Wacholderbeeren
1 kg Lammfleisch ohne Knochen (am besten aus der Schulter oder der Keule)
Öl
2 Lorbeerblätter
Salz
1 Bund Thymian
300 g Mehl
1 Glas Wildfond

125 g kalte Butter
1½ Bund Frühlingszwiebeln
3 EL Portwein
1 Eigelb
1 EL Sahne

Zubereitung:
Zwiebeln und Knoblauch schälen.
Pfeffer- und Wacholderkörner im Mörser zerstoßen.
Das Lammfleisch von Haut, Fett und Sehnen befreien und in etwa 4 Zentimeter große Würfel schneiden.
Das Öl in einer Pfanne erhitzen und das Fleisch darin portionsweise kräftig anbraten und herausnehmen.
Im selben Fett die Zwiebeln anbraten.
Knoblauch auspressen und dazugeben.
Lorbeerblätter und Fleisch darunterrühren.
Mit der Wacholder-Pfeffer-Mischung bestreuen und mit Salz würzen.
Den Thymian grob hacken und ebenfalls dazugeben.
1 EL Mehl dazugeben, dann den Wildfond darunterrühren. Alles zugedeckt etwa 45 Minuten schmoren.
Für den Pastetenteig die Butter zu Flöckchen zerkleinern. Mit dem restlichen Mehl, Salz und 3 Esslöffeln eiskaltem Wasser vermischen und zu einem glatten Teig verkneten.
Den Teig zu einer Kugel formen, in Alu- oder Frischhaltefolie wickeln und für ½ Stunde in den Kühlschrank legen.
Die Frühlingszwiebeln putzen und schräg in Streifen schneiden. Unter das Lammfleisch geben und den Portwein hinzugießen.
Den Pastetenteig etwa ½ Zentimeter dick ausrollen und in eine Bratenschüssel legen. Dabei die Ränder fest andrücken.
Eigelb und Sahne verrühren und die Pastete damit bestreichen.
Im Backofen bei 200 Grad etwa 25 Minuten backen.

Variation:
– Wenn Sie Teigreste übrig behalten, rollen Sie diese aus und schneiden Sie sie in Lammform aus. Setzen Sie das Teiglamm auf die Pastete.

Ziegenfleisch

Das Ziegenfleisch hält Hildegard von Bingen sowohl für gesunde als auch für kranke Menschen für empfehlenswert. Sie meint in der *Physica* sogar, dass es Magenbeschwerden heilen kann, wenn man es häufig isst. Wie beim Schaffleisch empfiehlt sie auch beim Ziegenfleisch, dieses nur bis in den August hinein zu essen.

Vom ernährungsphysiologischen Standpunkt gilt für das Ziegenfleisch das Gleiche, was auch für das Schaffleisch angegeben wurde. Es ist allerdings nicht sehr einfach, Ziegenfleisch (vor allem von jungen Zicklein) zu erhalten. Fachgeschäfte und Zuchtbetriebe können hier oft weiterhelfen.

Zickleinbraten

Zutaten:
Keule oder Rücken einer jungen Ziege
1 Knoblauchzehe
4 EL Butter
1 Scheibe Speck
1 Brotrinde
1 Möhre
1 Zwiebel
1 Lorbeerblatt
Salz und Pfeffer
etwas Gemüsebrühe
½ Glas Weißwein

Zubereitung:
Das Ziegenfleisch von Fett- und Hautresten befreien und mit der zerdrückten Knoblauchzehe einreiben.
Die Butter in eine Bratform geben und im Backofen bei 250 Grad erhitzen.
Den Ziegenbraten mit der fleischigen Seite nach oben hineinlegen.
Speck, Brot, Zwiebel, Karotte und Lorbeerblatt hinzugeben.

Alles mit heißer Butter beschöpfen und anbräunen lassen.
Nach etwa 15 Minuten das Fleisch wenden, rundum mit Salz und Pfeffer würzen und etwas heiße Brühe hinzugeben.
Etwa 50 Minuten lang braten, dabei nach Bedarf Brühe angießen. Das Fleisch tranchieren und warm stellen.
Den Bratenfond mit Brühe und Weißwein loskochen und eventuell mit etwas Sahne verfeinern.

Rindfleisch

Vom Rind schreibt Hildegard von Bingen:
> »Es ist seiner Natur nach kalt und trocken. … Sein Fleisch ist wegen der Kälte, die es in sich trägt, nicht für Menschen geeignet, die ihrer Natur nach kalt sind. Für jene aber, die ihrer Natur nach warm sind, ist es gerade wegen dieser Kälte gut zu essen.« *(Physica)*

Die Skandale, die es in den letzten Jahren gerade um Rinder gab, die aufgrund nicht artgerechter Fütterungsmethoden zu Überträgern des »Rinderwahns« wurden, und um Kälber, die unter Zugabe von Hormonen unter schändlichsten Haltungsbedingungen gemästet wurden, haben selbst passionierten Fleischessern den Appetit verdorben. Dabei galt Rind- und Kalbfleisch immer als besonders wertvoll und kalorienarm. In der Tat hat es reichlich Proteine bei einem relativ niedrigen Kaloriengehalt. Außerdem enthält es wichtige Spurenelemente wie Zink und Eisen sowie Vitamine, vor allem das für eine gesunde Funktion des Nervensystems bedeutsame B 12. Wie jedes andere Fleisch sollten Sie auch Rindfleisch bei einem Schlachter Ihres Vertrauens kaufen, der Ihnen garantieren kann, dass es aus artgerechter Haltung stammt.

Gekochtes Rindfleisch mit Frankfurter grüner Soße

Zutaten:
1 kg Rindfleisch (ohne Knochen)
Salz
2 Lorbeerblätter
einige Pfefferkörner
1 Bund Suppengrün
1 Zwiebel

4 hart gekochte Eier
8 EL Öl
2–3 EL Weinessig
1 großes Bund gemischte Kräuter (Schnittlauch, Dill, Petersilie, Borretsch, Kerbel, Estragon, Sauerampfer, Pimpinelle, Zitronenmelisse)
1 Zwiebel
75 g saure Sahne
Pfeffer

Zubereitung:
Das Suppengrün putzen und zerkleinern.
Die Zwiebel abziehen und würfeln.
Beides mit Salz, Lorbeerblättern, Pfefferkörnern und dem Rindfleisch in 2 Litern Wasser bei schwacher Hitze etwa 1½ bis 2 Stunden garen.
Für die Soße die hart gekochten Eigelbe durch ein Haarsieb streichen.
Das Öl nach und nach darunterrühren.
Essig zufügen und das Ganze mit Salz würzen.
Die Kräuter waschen, trockentupfen und sehr fein hacken.
Die Zwiebel schälen und ebenfalls fein hacken.
Das Eiweiß fein hacken.
Alles unter die Soße geben und mit Salz und Pfeffer abschmecken.
Die Soße mit der sauren Sahne verfeinern.
Das Fleisch in Scheiben schneiden und mit der Soße anrichten.

Wild

Unter der Überschrift »Wildsuppen« finden sich bereits einige der von Hildegard von Bingen empfohlenen Wildarten. In ihrer *Physica* weist sie selbstverständlich noch auf zahlreiche weitere Arten hin – beispielsweise auf Löwen, Panther und Tiger, die sie aber mehr wegen heilsamer Eigenschaften verschiedener Körperteile schätzt denn als Sonntagsbraten.
Wildfleisch ist nicht nur eine besondere Delikatesse, sondern auch überaus gesund. Wie das Rindfleisch enthält es viel Eiweiß, außerdem Eisen und einige wichtige B-Vitamine (Riboflavin, Thiamin und Niazin). Im Wildfleisch findet sich allerdings wesentlich weniger Fett – nur etwa 4 Gramm auf 100 Gramm Fleisch! Es ist also in der Jagdsaison eine gesunde und schmackhafte Alternative zu anderen Fleischsorten.

Flambierte Hasenrücken

Zutaten:
2 tiefgefrorene, gespickte Hasenrücken
300 ml Rotwein
1 Lorbeerblatt
1 Zwiebel
5 zerdrückte Wacholderbeeren
Salz und Pfeffer
500 g frische Pilze (Champignons, Pfifferlinge o. ä.)
1 Zwiebel
60 g Butter
4 cl Weinbrand
⅛ l Sahne

Zubereitung:
Die aufgetauten Hasenrücken waschen und trockentupfen.
Das Fleisch vorsichtig von den Knochen lösen.
In einer Marinade aus Rotwein, Lorbeerblatt, Wacholderbeeren und der geschälten zerkleinerten Zwiebel 2 Stunden zugedeckt ziehen lassen.
Die Hasenrücken herausnehmen, trockentupfen und mit Salz und Pfeffer würzen.
Inzwischen die Pilze putzen, waschen und – wenn nötig – halbieren oder vierteln.
Eine Zwiebel schälen und fein würfeln.
30 Gramm Butter in einer Pfanne erhitzen und die Pilze mit den Zwiebeln darin braten.
Mit Salz u. Pfeffer würzen und in einer Schüssel beiseite stellen.
Nochmals 30 Gramm Butter in die Pfanne geben und das Fleisch darin in etwa 15 Minuten braun braten. Dabei häufig wenden, damit es nicht hart wird.
Zum Flambieren den Weinbrand in einer Kelle über der Flamme eines Rechauds erwärmen, über das Fleisch gießen und anzünden.
Nun mit der Sahne ablöschen und die Pilze dazugeben.
Alles noch einmal gut durchkochen lassen.

Rehragout

Zutaten:
1 kg Rehschulter
0,7 l roter Landwein
1 EL Wacholderbeeren
2 Knoblauchzehen
1 EL Tomatenmark
1 Bund Suppengrün
1 große Zwiebel
1 TL getrockneter Thymian
2 Lorbeerblätter
1 Bund Petersilie
3 EL Öl

für die Soße:
50 g Mehlbutter (mit etwas Mehl zerdrückte Butter, als Soßenbinder)
100 g Sahne
je 1 Schnapsglas Weinbrand und Kirschwasser

für die Beilagen:
500 g frische Pilze
100 g Räucherspeck
50 g Butter zum Anschwitzen
1 kleine Zwiebel
½ TL getrockneter Estragon

Zubereitung:
Zwei Tage vor dem Servieren muss das Fleisch vorbereitet werden.
Das Rehfleisch würfeln und in eine Steingutschüssel geben.
Das Suppengrün putzen, waschen und grob zerkleinern.
Die Zwiebel und die Knoblauchzehen abziehen.
Alles unter die Fleischstücke mischen.
Mit dem Thymian und den zerdrückten Wacholderbeeren bestreuen.
Mit Öl beträufeln und mit dem Rotwein übergießen.
Unter Alufolie bei Kellertemperatur marinieren.
Danach das Fleisch abtropfen lassen und mit Küchenpapier trockentupfen.
In rauchend heißem Öl scharf anbraten.

Dann das ebenfalls abgetropfte Gemüse mitrösten.
Inzwischen die Marinade aufkochen und durch ein Haarsieb zum Ablöschen auf das Fleisch geben.
Den Bratensatz loskratzen.
Die Lorbeerblätter und das Tomatenmark dazugeben.
Die abgewaschene und abgetropfte Petersilie als Sträußchen zwischen die Fleischstücke stecken.
Die Kasserolle oder den Bratentopf gut verschließen (falls kein Deckel vorhanden ist, wieder Alufolie verwenden) und etwa 3 Stunden lang bei 180 Grad im Backofen garen.
Den in Streifen geschnittenen Speck 2 Minuten lang in kochendem Wasser blanchieren, dann in Butter anbraten.
Estragon einstreuen und die feinblättrig geschnittenen Pilze dazugeben.
In einer offenen Pfanne 10 Minuten garen.
Pfeffern und salzen, dann warm stellen.
Das Ragout mit einer Schaumkelle herausnehmen und ebenfalls warm stellen.
Das Petersiliensträußchen entfernen.
Die Soße bei großer Hitze einkochen, nach und nach die Sahne dazugeben.
Die Mehlbutter mit dem Schneebesen einschlagen.
Wenn die Soße sämig ist, Weinbrand, Kirschwasser, Pfeffer und Salz dazugeben.
Das Fleisch in der Soße wieder anwärmen.

Hirschragout mit Herbstfrüchten

Zutaten:
750 g Hirschfleisch ohne Knochen (Schulter oder Keule)
200 g kleine Zwiebeln
Butter und Öl zum Braten
1 kleines Stückchen Zimtrinde
3 Pimentkörner
1 Gewürznelke
Salz und Pfeffer
1 Lorbeerblatt
$3/8$ l roter Landwein
1 Spirale Zitronenschale (von einer unbehandelten Zitrone)
50 g gehackte Haselnüsse

¼ l Sahne
4 Quitten
8 Essigpflaumen (vorher in Würzessig marinieren)

Zubereitung:
Das Hirschfleisch waschen, trockentupfen und in etwa 4 Zentimeter große Würfel schneiden.
Das Fett im Bräter erhitzen.
Die Zwiebeln schälen, dazugeben und von allen Seiten anbräunen. Dann herausnehmen.
Das Fleisch in den Bräter geben, kräftig anbraten und salzen und pfeffern.
Die Zwiebeln, Gewürze, den Rotwein und die gehackten Nüsse dazugeben.
Das Ganze erhitzen, dann zugedeckt im Backofen bei 180 Grad etwa 80 Minuten schmoren.
Den Schmorfond abgießen, durch ein Haarsieb geben.
Die Flüssigkeit mit der Sahne zusammen cremig einkochen, abschmecken und wieder zum Fleisch geben.
Die Quitten waschen, vierteln und das Kernhaus entfernen.
In Rotwein und Wasser weich kochen.
Quitten und Essigpflaumen abtropfen, zum Ragout geben und alles gemeinsam erwärmen.

Geflügel

In ihrer *Physica* nimmt Hildegard von Bingen auch zu den verschiedenen Geflügelarten Stellung. Adler, Kuckuck, Nachtigall und Schwan werden darin genauso erwähnt wie beispielsweise der Strauß, dessen Fleisch Hildegard besonders empfehlenswert erscheint. Da auch bei uns mitunter Straußenfleisch erhältlich ist (es kann wie Pute zubereitet werden), hier einige Anmerkungen Hildegards:
»Für fette und starke Menschen ist sein Fleisch gesund, weil es das überflüssige Fleisch mindert. Für Magere und Kranke dagegen ist es nicht geeignet, weil es für sie zu stark ist.« *(Physica)*

Im Wesentlichen sind es die auch bei uns heute bevorzugten Geflügelarten – Gans, Ente und Huhn –, die von Hildegard für die menschliche Ernährung empfohlen werden.

Über die Gans schreibt sie:
> »Sie ernährt sich von reiner und unreiner Nahrung. Wegen dieser doppelten Natur ist ihr Fleisch für Kranke nicht geeignet. ... Aber Menschen, die gesund sind, können das Fleisch durchaus verkraften.« *(Physica)*

Hildegard empfiehlt die Gans gebraten mit einer Füllung.

Über die Ente heißt es:
> »Sie ernährt sich von unreinem Futter. Aber dieses Unreine wird durch das Wasser, in dem sie oft schwimmt, in ihr gereinigt und wieder ausgeschieden. Gesunde Menschen können ihr Fleisch gut essen. Kranke allerdings nicht.« *(Physica)*

Auch Enten sollen nach Hildegards Meinung eher gebraten als gekocht genossen werden. Übrigens zieht sie die Wildente der Hausente vor. Wenn Sie also die Möglichkeit haben, Wildente zu kaufen, sollten Sie sich für diese entscheiden – Hildegards Meinung nach ist ihr Fleisch reiner als das der Hausente.

Hühnerfleisch kann Hildegard uneingeschränkt empfehlen:
> »Es ist gut für gesunde Menschen und macht sie nicht fett. Kranke Menschen werden dadurch ein wenig erquickt.« *(Physica)*

Kranke Menschen sollten allerdings gebratenes Hühnerfleisch meiden und es lieber gekocht essen.

Gans und Ente sind sehr fetthaltig, während Hühner oder Hähnchen recht mager und kalorienarm sind. Alle Geflügel sind sehr eiweißreich und enthalten auch wichtige Spurenelemente wie beispielsweise Eisen und Zink. Am wenigsten Fett enthalten die Bruststücke – allerdings sollte man sie dann möglichst ohne die Haut essen.

Gefüllte Gans

Zutaten:
1 küchenfertige Gans (etwa 4 kg)
Salz und Pfeffer
getrockneter Majoran
1 Dose Esskastanien (850 ml)
2 EL Butter

2 kleine Zwiebeln
250 g Rosinen
2–3 EL Mehl

Zubereitung:
Die Gans waschen und trockentupfen.
Innen kräftig mit Salz, Pfeffer und Majoran einreiben, außen nur mit Pfeffer und Majoran.
Die Esskastanien abtropfen lassen und trockentupfen.
Die Butter in einer Pfanne zerlassen und die Kastanien darin bei schwacher Hitze andünsten.
Die Zwiebeln abziehen und würfeln und hinzufügen.
Mit Salz und Pfeffer würzen.
Die Rosinen hinzugeben.
Alles gut miteinander vermischen und die Gans damit füllen und mit Rouladenspießen zustecken.
Die Gans auf den Bratrost des Backofens legen.
Die Fettpfanne darunterschieben und etwa $\frac{1}{4}$ Liter kochendes Wasser hineinfüllen.
Bei 200 Grad 3 bis 3½ Stunden braten. Zwischendurch immer wieder Wasser nachgießen und die Gans mit dem Bratenfond beschöpfen.
10 Minuten vor Ende der Bratzeit die Gans mit kaltem Salzwasser bepinseln und die Temperatur auf 250 Grad erhöhen – so wird die Gans schön knusprig.
Die Gans herausnehmen und warm stellen.
Den Bratfond in einen Topf gießen und gut entfetten.
Den Bratensatz in der Fettpfanne mit $\frac{1}{2}$ bis $\frac{3}{4}$ Liter kochendem Wasser lösen und hinzugießen.
Aufkochen und mit dem Mehl (dieses am besten vorher mit etwas Butter verkneten) binden.
Abschmecken und weitere 10 Minuten leise köcheln lassen.

Poularde in Weißweinsoße

Zutaten:
1 Poularde (etwa 1,5 kg)
3 EL Öl
Salz und Pfeffer
3 TL Kräuter der Provence

3 TL Senf
⅛ l Gemüsebrühe
⅛ l Weißwein
2 TL Speisestärke
6 EL Sahne
1 Dose Champignons
Zitronensaft

Zubereitung:
Die Poularde waschen, trockentupfen und in 4 Teile zerlegen.
Das Öl mit den Gewürzzutaten und dem Senf verrühren und die Hähnchenteile damit einpinseln.
In einer heißen Pfanne rundherum kräftig anbraten.
Gemüsebrühe und Wein angießen und etwa 40 Minuten schmoren lassen.
Dann die Hähnchenteile herausnehmen und warm stellen.
Die Stärke mit der Sahne verrühren und den Fond damit binden.
Die abgetropften Champignonhälften in der Soße erwärmen.
Alles mit Salz, Pfeffer und Zitronensaft abschmecken und die Soße über die Hähnchenteile geben.

Fisch

In ihrer *Physica* widmet Hildegard von Bingen den Fischen einen ganzen eigenen Band. Dabei unterscheidet sie – je nach der Nahrung, die sie zu sich nehmen – zwischen »reinen« und »unreinen« Fischen. Als Rheinländerin ist sie naturgemäß hauptsächlich an den Süßwasserfischen interessiert, nennt aber u. a. auch Hering und Scholle.
Zu den von Hildegard bevorzugten Fischen gehören beispielsweise Wels, Hecht, Forelle und Barsch. Karpfen empfiehlt sie nur gesunden Menschen. Heringe hält sie für schädlich, wenn sie frisch gegessen werden. Dagegen seien gesalzene Heringe nur für kranke Menschen nicht unbedenklich. Lachs, Scholle und vor allem den Aal lehnt Hildegard ab.
Obwohl im Mittelalter die Fischereirechte meistens bei den Grundherren, also den Adligen oder Klöstern, lagen, werden auch Angehörige der ärmeren Stände (und aus diesen bestand ja der Großteil der Bevölkerung) hin und wieder ihren Küchenzettel aus solchen Gewässern ergänzt haben. Fische hatten eine wichtige Bedeutung wegen der vielen Fastentage des katholischen Kirchenjahres, an denen ja kein Fleisch gegessen wer-

den durfte. Da es sich bei Hof, aber auch in vielen Klöstern gerne gut lebte, waren natürlich auch die auf den Tisch gebrachten Fische keine »Schmalkost«.

In unserer Zeit werden Fische – trotz gelegentlicher Meldungen über verseuchte Fanggründe und Wurmbefall – immer beliebter. Das liegt zum einen sicherlich daran, dass die meisten von ihnen leicht verdaulich sind und es viele wohlschmeckende Zubereitungsvarianten gibt. Ein weiterer wichtiger Grund ist aber ihr positiver Einfluss auf die Gesundheit. Um Erkrankungen der Herzkranzgefäße vorzubeugen, wird deshalb von Ernährungswissenschaftlern und zahlreichen Ärzten empfohlen, pro Woche wenigstens eine Fischmahlzeit zu essen. Fische enthalten viel Kalium, aber wenig Natrium – sind also besonders bei Blutdruckerkrankungen ein wichtiges Lebensmittel.

Fisch enthält viel leicht verdauliches Eiweiß, aber wenig Fett. Selbst fette Fische (beispielsweise Lachs, Hering und Makrele) sind magerer als das meiste Fleisch. Am kalorienärmsten sind Hecht, Kabeljau, Schellfisch und Scholle. Fischfett enthält überwiegend die lebensnotwendigen ungesättigten Fettsäuren.

Barschröllchen mit grüner Soße

Zutaten:
6 Barschfilets (je 90 g)
Zitronensaft
Salz und Pfeffer
2 Stangen Lauch
Thymian
200 ml Fischfond aus dem Glas
1 Lorbeerblatt
3 Cornichons (kleine Gewürzgürkchen)
1 Sardellenfilet
4 Stängel glatte Petersilie
1 EL Kapern
½ Bund Schnittlauch
50 g kalte Butter

Zubereitung:
Die Fischfilets längs halbieren.
Mit Zitronensaft, Salz und Pfeffer würzen.
Den Lauch putzen und waschen, die Blätter einzeln ablösen.
Von den grünen Teilen 24 Blätter in der Länge der Fischfilets zurechtschneiden.
In kochendem Salzwasser kurz blanchieren, eiskalt abschrecken und auf Küchenpapier abtropfen lassen.
Auf jedes halbierte Fischfilet ein Lauchblatt legen und mit etwas Thymian bestreuen.
Die Filets einrollen und jedes von außen mit einem Lauchblatt umwickeln. Mit Küchengarn festbinden und zugedeckt kalt stellen.
Den Fischfond, den restlichen grob gewürfelten Lauch und das Lorbeerblatt in einen weiten, flachen Topf geben und zugedeckt bei leichter Hitze köcheln lassen.
Die Cornichons fein würfeln.
Das Sardellenfilet abspülen und fein zerschneiden.
Die Petersilienblättchen zerzupfen, den Schnittlauch in feine Röllchen schneiden und beides mit den Kapern beiseite stellen.
Die Fischröllchen in den Topf setzen und im Sud bei sanfter Hitze 5 oder 6 Minuten ziehen lassen. Dann aus dem Topf nehmen und zugedeckt warm stellen.
Den Fischsud durch ein Haarsieb gießen, dann im Topf etwas einkochen lassen.
Die kalte Butter in kleinen Stücken nacheinander kräftig unterschlagen, um die Soße zu binden.
Die übrigen Zutaten einrühren, abschmecken und zu den Fischröllchen servieren.

Da dieses Rezept den von Hildegard nicht sehr günstig bewerteten Lauch enthält, ist er als Rezept eventuell nicht für alle Menschen geeignet, die sich nach der Hildegard-Küche richten möchten. Allerdings war Hildegard von Bingen nie dogmatisch, und die Erkenntnisse der modernen Ernährungswissenschaft empfehlen den Lauch, so sei das Rezept trotzdem in diesem Buch verzeichnet.

Forelle im Gemüsebett

Zutaten:
500 g Möhren
250 g Staudensellerie
2 Äpfel
1 Becher (150 g) Creme double
Salz und Zucker
4 küchenfertige Forellen
30 g Butter

Zubereitung:
Sellerie und Möhren putzen und waschen. In Scheiben schneiden.
Das Gemüse in kochendem Salzwasser einige Minuten blanchieren.
Die Äpfel schälen, achteln und das Kerngehäuse entfernen.
Gemüse und Äpfel mit der Creme double und etwas Salz und Zucker verrühren und in eine gefettete Auflaufform geben.
Die Forellen waschen, trockentupfen und auf das Gemüse legen. Mit zerlassener Butter bestreichen und bei 180 Grad im Backofen etwa 40 Minuten garen.

Eierspeisen

Gänse- und Enteneier lehnt Hildegard von Bingen in der *Physica* für den menschlichen Verzehr ab. Letztere finden auch bei uns nur in Bäckereien Verwendung. Hühnereier dagegen können, wenn man sie in Maßen isst, ohne Schaden genossen werden. Vor allem empfiehlt Hildegard gekochte Eier. Auch bei manchen Erkrankungen können Hühnereier heilsam wirken.
Eierspeisen waren in der Fastenzeit beliebt, ergänzten sie doch den in dieser Zeit fleischlosen Speisezettel. Zudem begannen die Hühner nach dem dunklen Winter auch wieder besser zu legen, sodass meistens ausreichend Eier zur Verfügung standen, aus denen sich nahrhafte und wohlschmeckende Gerichte herstellen ließen.

Auch heute stellen Eier einen wichtigen Bestandteil unserer Ernährung dar. So wird mit einem einzigen Ei der Tagesbedarf an Eiweiß zu 10 Prozent gedeckt, an Vitamin A zu 13 Prozent, an den Vitaminen der B-Gruppe zu 10 Prozent, an Vitamin D sogar zu 24 Prozent. Außerdem liefert es Mineralien und Spurenelemente wie Kalium, Kalzium, Phosphor, Eisen, Zink, Magnesium und Jod. Obendrein enthält es Nährstoffe wie Lezithin und Cholin, die den Aufbau der Hirnzellen anregen, und schließlich das lebenswichtige Cholesterin.
Letzteres wurde von der Ernährungswissenschaft viele Jahre für bedenklich gehalten, weil man es für erhöhte Blutfettwerte verantwortlich machte. Inzwischen aber ist das im Eigelb reichlich vorhandene Cholesterin rehabilitiert: Es wurde festgestellt, dass das mit der Nahrung dem Körper zugeführte Cholesterin das körpereigene durchaus nicht in dem Maße beeinflusst, wie man lange glaubte. Es hat im Gegenteil eine lebenswichtige und biologisch unentbehrliche Funktion beim Bau der Nervenbahnen, bei der Produktion von Gallensäure und wichtigen Hormonen und Vitaminen.

Russische Eier

Zutaten:
6 Eier
100 g Butter

2 EL Senf
Salz und Pfeffer
50 g Creme fraîche

Zum Garnieren:
roter und schwarzer Kaviar, Lachs, Krabben, Anchovis, Trüffel

Zubereitung:
Die Eier 10 Minuten kochen, kalt abschrecken, pellen und halbieren.
Das Eigelb auslösen, mit der Butter und dem Senf schaumig rühren.
Die Hälfte der Farce mit der Creme fraîche verrühren.
Beide Farcen in die ausgehöhlten Eier spritzen.
Die Eier nach Geschmack garnieren.

Schaumomelett

Zutaten (pro Person):
3 Eier
3 EL Wasser
etwas Butter zum Backen

Zubereitung:
Das Eigelb mit dem Wasser kräftig durchschlagen.
Das Eiweiß zu sehr steifem Schnee schlagen.
Beides vorsichtig untereinander mischen.
Das Fett in einer großen Pfanne leicht anbräunen, die Eimasse hineingießen und bei schwacher Hitze etwa 10 Minuten ohne Umrühren backen.
Das Omelett wird besonders hoch und locker, wenn man die Pfanne mit dem Deckel verschließt.
Das fertige Omelett zusammenklappen und sofort servieren.
Dazu passen gut leicht gezuckerte Früchte, Eingemachtes, Pilze oder andere Gemüse.

Rührei mit Kräutern

Zutaten:
6 Eier
2 EL Sahne
Salz und Pfeffer

2 Hand voll gemischte Kräuter (Liebstöckel, Schnittlauch, Petersilie, Kerbel, aber auch Wildkräuter sind gut geeignet)
2 EL Butter

Zubereitung:
Die Eier mit der Sahne verquirlen, durch ein Sieb streichen und würzen.
Die Kräuter waschen, trockentupfen, fein hacken und unter die Eiermasse rühren.
Die Butter in der (möglichst beschichteten) Pfanne eben zergehen lassen, die Eiermasse hineingießen.
Sehr langsam stocken lassen. Dabei mit einem Holzspatel schieben, bis das gerade eben gestockte Ei große Flocken bildet.

Milch und Milchprodukte

Über die Milch schreibt Hildegard von Bingen:
»Die Milch der Kühe, Schafe und Ziegen und überhaupt jede Milch ist im Winter heilsamer als im Sommer. Wer nicht gesund ist, dem kann Milch im Sommer etwas schaden. Ist er allerdings schwach, soll er etwas davon trinken.« *(Physica)*

Während Hildegard die Eigenschaften der verschiedenen Milchsorten nicht bewertet, zieht sie bei der Butter eindeutig solche aus Kuhmilch vor.
»Milch und Butter und Käse, die aus Kuhmilch bestehen, können von Gesunden und Kranken, Kalten und Warmen mäßig gegessen werden.« *(Physica)*

Milch- und Milchprodukte waren zu allen Zeiten beliebte und nahrhafte Lebensmittel. Da Milch nicht unbegrenzt haltbar ist, wurde sie vor allem zu haltbaren Produkten verwandelt: Butter, Käse, Quark, Joghurt usw. Heute haben wir Methoden, um auch Frischmilch haltbar zu machen, beispielsweise das Pasteurisieren. Dabei handelt es sich um eine Kurzzeiterhitzung, die zwar einen gewissen Anteil der in der Milch enthaltenen Vitalstoffe zerstört, aber immer noch so viel davon übrig lässt, dass auch keimfrei gemachte Milch ein wertvolles Lebensmittel ist.

Ein Liter Vollmilch deckt den Tagesbedarf eines Erwachsenen an Eiweiß, ein Drittel des Tagesbedarfs an Fett, den Tagesbedarf an Vitamin B_{12} (wichtig für einen gesunden Stoffwechsel) sowie an anderen B-Vitaminen, fast die Hälfte des Tagesbedarfs an Vitamin A und D, den Tagesbedarf an Phosphor und Kalzium (besonders wichtig für Heranwachsende), 60 Prozent des Magnesiumbedarfs – dazu enthält Milch eine Vielzahl von Spurenelementen wie Zink, Eisen, Mangan, Jod und Kupfer.
Mit Milch- und Milchprodukten lassen sich so gut wie alle Speisen verfeinern – Fisch und Fleisch, Obst und Gemüse, Suppen und Soßen. Milch zum Müsli, Milch als Frucht-Mixgetränk oder in Quark-, Käse- und Joghurtsoßen zu Salaten ... der Fantasie sind keine Grenzen gesetzt.

Obst

Obstarten waren bereits vor Jahrtausenden eine beliebte Ergänzung der Mahlzeiten, zumal man schon früh um die heilsamen Wirkungen wusste. Deshalb wurden Obstbäume und -sträucher auch bereits sehr früh in Kultur genommen und ihr Ertrag, ihr Aussehen und ihr Geschmack durch Züchtung immer weiter verbessert. Der Obstanbau kann bis zu den großen Reichen der Ägypter, Perser, Assyrer und Babylonier zurückverfolgt werden. Schon der Römer Plinius (23–79 v. Chr.) berichtet in seinen naturwissenschaftlichen Schriften nicht nur über den Anbau, sondern auch über Techniken der Veredelung von Obstgehölzen.

Aus den Reichen des Altertums gelangten sehr viele Obstsorten – meistens durch die Römer, die sie in ihren Kolonien ansiedelten – nach Europa. Dort breiteten sie sich im Laufe der Jahrhunderte aus. Klöster und Feudalherren spielten dabei eine wichtige Rolle. Karl der Große (742–814) gab in seinem »Capitulare de villis et cortis imperialibus« Anweisungen darüber, welche Kulturpflanzen in seinen Gärten angepflanzt werden sollten – darunter befanden sich bereits 17 Obstarten.

Äpfel

Hildegard misst dem Apfelbaum viele Heilkräfte zu – und zwar nicht nur seinen Früchten, sondern auch den Blättern, den Knospen und der Rinde. Über die Äpfel schreibt sie:

»Diese Früchte sind zart und leicht verdaulich. Roh gegessen schaden sie dem gesunden Menschen nicht. ... Den Kranken aber schaden rohe Äpfel eher, eben weil sie schwächlich sind. Aber gekocht und gebraten sind sie sowohl für Kranke als auch für Gesunde geeignet.« *(Physica)*

Besonders interessant ist, dass Hildegard alte, runzlige – also abgelagerte – Äpfel empfiehlt, weil diese auch von Kranken ohne Bedenken gegessen werden können.

Gerade mit dem Apfel verbinden sich die Mythen vieler Völker – man denke nur an den Paradiesapfel, den Eva dem Adam zu essen gab, oder an den Streitapfel des Paris, der zum Trojanischen Krieg führte. Deshalb ist es auch nicht erstaunlich, dass der Apfel im Lateinischen *malum*, also »das Böse« heißt.

Bei Ausgrabungen fanden sich bereits in Siedlungen der Jungsteinzeit und Bronzezeit Apfelreste. Die Römer hatten die Kultur des Apfels voll entwickelt: Sie kannten das Okulieren und Pfropfen und konnten sogar Apfelwein herstellen. Durch sie wurde der Kulturapfel auch im germanischen Raum bekannt, wo bis dahin nur der kleine, saure Holzapfel verbreitet war.

»An apple a day keeps the doctor away« (Wer jeden Tag einen Apfel isst, braucht keinen Arzt) sagt ein englisches Sprichwort. Und in der Tat gehört der Apfel zu den gesündesten Obstarten überhaupt. Er enthält zwar nicht so viel Vitamin C wie die Zitrusfrüchte und auch nicht so viele Mineralstoffe wie manche anderen Obstarten. Aber die Ballaststoffe, die er in löslicher Form aufweist, sind sehr wichtig für eine gesunde und geregelte Verdauung. Durch diese kann beispielsweise auch der Cholesterinspiegel im Blut erheblich gesenkt werden. Insgesamt enthält der Apfel etwa 20 verschiedene Vitamine, beispielsweise Vitamin C (11 bis 22 Milligramm auf 100 Gramm). Auch der Kaliumgehalt ist relativ hoch: 130 Milligramm auf 100 Gramm.

Apfeldatschi

Zutaten:
2 säuerliche Äpfel
Zitronensaft
2 Eier
1 Tasse Mehl
½ Tasse Weißwein
1 EL flüssige Butter
etwas Salz
Zimt und Zucker

Zubereitung:
Die Äpfel waschen und mit der Schale grob reiben, danach mit etwas Zitronensaft beträufeln.
Eigelb und Eiweiß trennen.
Das Eigelb mit dem Mehl und dem Wein verquirlen. Dann die flüssige Butter einrühren.
Das Eiweiß mit einer Prise Salz schnittfest schlagen und unter den Teig heben.

Die Apfelspäne portionsweise mit einem Schaumlöffel in den Teig tauchen.
In heißem Fett die Datschis backen. Dabei zwischendurch wenden und die Hitze drosseln.
Mit Zimtzucker bestreuen.

Tipp: Die Apfeldatschis eignen sich sehr gut als Beilage zu Schweinebraten und Wild, aber auch als warmes Dessert – beispielsweise mit Kirschkompott.

Bratäpfel

Zutaten:
4 Äpfel (am besten geeignet sind Boskop, Glockenäpfel und Goldparmänen)
Zitronensaft
4 EL Johannisbeergelee
4 EL gemahlene Mandeln
2 EL in etwas Rum eingeweichte Rosinen
2 EL Butter
etwas Butter für die Form

Zubereitung:
Die Äpfel waschen und abtrocknen.
Mit einem Apfelausstecher durchbohren, um das Kerngehäuse, den Stiel und den Blütenansatz zu entfernen.
Die Schnittflächen mit Zitronensaft einpinseln, damit sie sich nicht braun verfärben.
Für die Füllung das Gelee gut mit Mandeln, Rosinen und Butter vermischen.
Die Füllung in die Äpfel verteilen und diese nebeneinander in eine dick ausgebutterte Auflaufform setzen.
Bei 200 Grad 20 bis 25 Minuten lang im Backofen garen, bis die Äpfel innen zu brodeln beginnen.

Tipp: Geben Sie heiße Vanillesoße oder gut gekühlte Creme fraîche zu den Äpfeln.

Birnen

Auch für die Birnen merkt Hildegard von Bingen an, dass sie besser gebraten oder gekocht genossen werden:
»Die Birne ist schwer und gewichtig und herb. Wenn man zu viel davon roh isst, kann Migräne oder Dämpfigkeit der Lunge entstehen. ... Wer Birnen essen will, soll sie in Wasser kochen oder am Feuer braten. Jedoch sind die gekochten besser als die gebratenen.« *(Physica)*

Obwohl die Birne als Obst nicht so verbreitet ist wie der Apfel, ist ihre Kultur ebenso alt. Sie gelangte aus Persien und Armenien über Kleinasien zu den Griechen und durch diese zu den Römern. Die Römer kultivierten die Birnen auch in ihren germanischen Kolonien nördlich der Alpen. Weltweit werden heute etwa 1500 Birnensorten angebaut, von denen einige sehr berühmt geworden sind, etwa die Abate- oder die Williams-Christ-Birne.

Wie der Apfel enthält auch die Birne gesunde Ballaststoffe, die der Verdauung zugute kommen. Aber auch Vitamine und Mineralstoffe sind in Birnen in reichem Maße enthalten.

Birnen im Teig

Zutaten:
1 Würfel Hefe
80 g Zucker
¼ l lauwarme Milch
500 g Mehl
Salz
3 EL Öl
200 g Frühstücksspeck in Scheiben
2 EL Öl
3 Dosen Williamsbirnen

Zubereitung:
Die Hefe mit 1 Teelöffel Zucker, 5 Esslöffeln Milch und 3 Esslöffeln Mehl verrühren und bei Zimmertemperatur zugedeckt 30 Minuten lang gehen lassen.

Zucker, Milch, Öl und restliche Milch verrühren und mit dem gegangenen Vorteig verkneten.
Den Teig nochmals einige Minuten gehen lassen.
Eine gefettete Auflaufform mit der Hälfte des Specks auslegen. ⅓ des Teigs ausrollen und auf den Speck geben.
Die Birnen aus einer Dose abtropfen lassen, in Scheiben schneiden und auf dem Teig verteilen.
Eine weitere Lage Teig und Birnen in die Form füllen.
Die Birnen mit dem letzten Drittel des Teigs abdecken.
Mit Wasser bestreichen und den restlichen Speck darauf verteilen.
Bei 220 Grad im Backofen etwa 20 bis 30 Minuten backen.
Heiß servieren und die restlichen Birnen gekühlt dazu reichen.

Birnen in Rotwein

Zutaten:
6 reife Birnen
0,7 l fruchtiger Rotwein
150 g Zucker
1 Stange Zimt
2 Gewürznelken
1 TL schwarze Pfefferkörner
je 2 Orangen- und Zitronenscheiben (unbehandelte Früchte)
Creme fraîche nach Belieben

Zubereitung:
Für den Sud den Wein mit allen Gewürzen und den Orangen- und Zitronenscheiben aufsetzen und 15 Minuten leise köcheln lassen.
Die Birnen schälen – dabei aber den Stiel dranlassen. In den Sud legen und 15 Minuten leise weich köcheln lassen. Dann die Birnen herausnehmen und abkühlen lassen.
Den Sud sirupartig um etwa die Hälfte einkochen.
Die Birnen einlegen und erneut abkühlen lassen. Dabei immer wieder einmal umwenden.
Die Birnen nach Geschmack zimmerwarm oder eiskalt im Sud servieren.
Nach Belieben die Creme fraîche dazu reichen.

Quitten

Über die bei uns leider zu Unrecht in Vergessenheit geratene Quitte schreibt Hildegard von Bingen in ihrer *Physica,* dass zwar weder Blätter noch Rinde als Heilmittel taugen, dass aber die Frucht sowohl Gesunden wie Kranken nur von Nutzen sein kann:

»Die Frucht ist warm und trocken und hat eine gute Mischung in sich. Wenn sie reif ist, schadet sie roh genossen weder dem kranken noch dem gesunden Menschen. Gekocht und gebraten ist sie beiden sogar sehr bekömmlich.« *(Physica)*

Die Quitte gehört in die Verwandtschaft von Apfel und Birne, wird aber sehr viel seltener angebaut und kultiviert. Bereits die Griechen und Römer nutzten diese Frucht. Nördlich der Alpen wurde die Quitte allerdings erst seit dem 9. Jahrhundert angebaut. Das Fruchtfleisch der Quitte ist hart, sehr aromatisch – aber roh nicht sonderlich gut genießbar. Deshalb wird es vorwiegend gekocht – auch als Kompott und Marmelade – verwendet.

Die Quittensamen enthalten Schleimstoffe, die vor allem zur Herstellung von Hustenmitteln und Medikamenten zur Magen- und Darmbehandlung genutzt werden.

Quittenstrudel

Zutaten:
für den Teig:
100 g Mehl
1 Ei
etwas Salz
3–4 EL lauwarmes Wasser
1 EL Öl
100 g flüssige Butter zum Bestreichen

für die Füllung:
750 g Quitten
¼ l Weißwein
50 g Zucker
100 g Butter
80 g Paniermehl

100 g Zucker
50 g gehackte Mandeln
50 g gehackte Walnüsse
2 Eiweiße
Butter für die Form

für den Rosenhonig:
¼ l durchgesiebter Kochsud von den Quitten
100 g Zucker
Schale einer unbehandelten Orange, in Streifen geschnitten
2 EL Sahne
150 g Honig
1 EL Rosenwasser (in der Apotheke erhältlich)
1 EL Johannisbeergelee
Puderzucker

Zubereitung:
Für den Strudelteig eine Mulde in das Mehl drücken und Ei, Salz und Wasser in die Mitte geben.
Die Zutaten leicht verrühren und von der Mitte aus mit dem Mehl zu einem glatten, weichen Teig verkneten.
Den Teig zu einer Kugel formen, dünn mit Butter bestreichen und zugedeckt bei Zimmertemperatur 30 Minuten ruhen lassen.
Ein sauberes Küchentuch mit Mehl bestäuben und darauf den Teig zu einem Quadrat so dünn wie möglich ausrollen. Mit den bemehlten Handflächen den Teig nach allen Seiten hin vorsichtig hauchdünn ausziehen.
Den Teig mit Butter bestreichen und in 4 Quadrate schneiden.
Für die Füllung die Quitten waschen und abtrocknen, halbieren, Kernhaus, Stiel und Blütenansatz entfernen.
Die Quitten in einen Topf geben, mit Wein und Wasser knapp bedecken, Zucker und 50 Gramm Butter dazugeben.
In etwa 15 Minuten bissfest garen.
In den restlichen 50 Gramm Butter das Paniermehl anrösten und abkühlen lassen. Dann auf dem Teig verteilen.
Die Quitten gut abtropfen lassen, schälen und in dünne Scheiben schneiden.
Mit Zucker, Mandeln und Walnüssen und dem steif geschlagenen Eiweiß locker vermischen und auf dem Strudelteig verteilen.

Die belegten Quadrate zusammenlegen und mit Küchenzwirn zusammenbinden.
In eine gebutterte Auflaufform setzen und mit flüssiger Butter bestreichen.
Bei etwa 200 Grad im Backofen in 35 bis 40 Minuten goldgelb backen. Die Strudel zwischendurch immer wieder mit flüssiger Butter bestreichen.
Für den Rosenhonig den Kochsud von den Quitten mit Zucker zu leichtem Sirup einkochen.
Die Orangenschalen dazugeben, 5 Minuten kochen lassen und mit einem Schaumlöffel herausheben.
Sahne und Honig in den Sirup rühren und nochmals einkochen.
Das Rosenwasser einrühren und mit dem Johannisbeergelee zartrosa einfärben.
Die Strudel auf Tellern anrichten, mit dem Rosenhonig beträufeln, mit Puderzucker bestreuen und mit den Orangenschalenstreifen garnieren.

Quitten-Chutney

Zutaten:
1 kg Quitten
300 g Zwiebeln
500 g Birnen
1 Limette
20 g frischer Ingwer
Salz
400 ml Rotweinessig
Zimt
Muskat
1 TL Tabasco
650 g brauner Zucker

Zubereitung:
Die Quitten schälen und vierteln, dabei das Kerngehäuse herausnehmen.
Die Zwiebeln und die Birnen schälen und achteln.
Die Limette heiß abwaschen, abtrocknen und würfeln.
Die Ingwerwurzel schälen und reiben.
Alles mit Salz, Rotweinessig, Rosinen, Zimt, frisch geriebener Muskatnuss und Tabasco 1 Stunde lang sanft köcheln lassen.

650 Gramm braunen Zucker hinzugeben und weitere 30 Minuten kochen lassen. Zwischendurch ab und zu umrühren.
Das Chutney noch heiß in vorbereitete (mit kochendem Wasser ausgewaschene und abgetropfte) Schraubdeckelgläser (Twistoff-Gläser) geben und sofort verschließen.

Tipps:
– Im Kühlschrank hält sich das Chutney zwei Monate.
– Es passt sehr gut zu kurz gebratenem Fleisch und zu Getreidebratlingen.

Die Gewürze der Hildegard-Küche

Salz und Pfeffer sind uns als Gewürze selbstverständlich, auch Zucker, Senf, dazu Kräuter wie Petersilie und Schnittlauch. Hildegard von Bingen, die – wie bereits zu Anfang betont – nie ein Kochbuch geschrieben hat, aber immer in dem Bewusstsein lebte, wie wichtig die Ernährung für die körperliche und geistige Entwicklung des Menschen ist, weist in ihren Schriften – vor allem in der *Physica* – stets aufs Neue darauf hin, dass Kräuter sowohl für gesunde als auch für kranke Menschen eine Bedeutung haben. Dabei handelt es sich nicht nur um die im Garten kultivierten Würzpflanzen, sondern auch um die Wildkräuter.

Die Kräuter runden nicht nur den Geschmack einer Speise ab, machen sie bekömmlicher und besser verdaulich – sie enthalten auch Kräfte, die bei den verschiedensten Erkrankungen heilsam wirken können.

Für unsere Vorfahren, die noch keine Viehzucht und keinen Ackerbau kannten, war die Ernährungsgrundlage das Jagen und Sammeln. Sammeln bedeutete nicht nur das Auffinden von nährstoffreichen Wurzeln und Früchten, sondern auch von Kräutern, die den Speisen einen gewissen »Pfiff« gaben und sie außerdem bekömmlicher machten. Die auf diese Entwicklungsphase der Menschheit folgenden Hochkulturen legten ebenfalls großen Wert auf die Kräuter, die bei ihnen – etwa in Ägypten, Griechenland und Rom – bereits kultiviert wurden. Ihnen war nicht nur die Gesundheit wichtig – sie waren zudem auch Feinschmecker. Durch Ausgrabungen, aber auch durch viele literarische Quellen wissen wir heute vieles über die Anwendungsbereiche wilder und angebauter Würzpflanzen.

Da Kräuter ein wichtiger Bestandteil der mittelalterlichen Heilkunst waren, wurden sie auch in den Klöstern angebaut bzw. systematisch in der freien Natur gesammelt. Es ist nicht zuletzt Hildegard von Bingen, die diese Kräuter ausführlich beschrieben hat – auch für Küchenzwecke. In dem umfangreichsten Band ihrer *Physica*, den sie *Von den Pflanzen* nennt, beschreibt Hildegard von Bingen eine große Zahl von Pflanzen, bei denen es sich auch um viele Würzkräuter handelt, die früher wie heute wild wachsend oder aus kultiviertem Anbau verwendet werden.

Natürlich können in diesem begrenzten Rahmen nicht alle Kräuter angeführt werden, aber im Zusammenhang mit der »Hildegardküche« sind doch verschiedene Kräuter von so großem Interesse, dass hier näher auf sie eingegangen werden soll.

Minze

Hildegard von Bingen unterschied verschiedene Minzesorten, von denen wir auch heute noch einige verwenden. Sie empfiehlt Minze vor allem bei fetten Speisen (so geben ja auch die Engländer ihrem Hammelbraten die berühmte englische Minzsoße bei):

»Wenn der Magen eines Menschen von vielen Speisen und Getränken beschwert ist …, dann esse er oft Minze roh oder gekocht mit Fleisch oder in Suppen oder in Mus gekocht …, weil sie die fetten und warmen Eingeweide etwas abkühlt.« *(Physica)*

In der Tat ist die Minze ein gutes Mittel gegen Blähungen, regt den Gallefluss an und wirkt – so paradox dies klingt – anregend und beruhigend zugleich. Deshalb ist die Pfefferminze äußerst vielseitig anwendbar: zunächst einmal im klassischen Pfefferminztee, der gegen Völlegefühl und Übelkeit hilft, aber auch als Beigabe zu Salaten und Suppen. Auch viele Gemüse, beispielsweise Erbsen, profitieren von ihrem Geschmack.
Die Minze enthält neben ätherischem Öl (das ihr den typischen Mentholgeschmack verleiht) auch Vitamine und verdauungsfördernde Bitterstoffe.

English Mintsauce

Zutaten:
$\frac{1}{8}$ l Weißweinessig
4 EL Wasser
4 EL Zucker
1 großes Bund frische Minze

Zubereitung:
Den Essig mit Wasser und Zucker erhitzen, bis sich der Zucker gelöst hat. Die Minze waschen, trockentupfen und sehr fein hacken. Dann unter die Flüssigkeit mischen und mit etwas Salz abschmecken.

Basilikum

Das Basilikum ist uns heute vor allem aus der italienischen Küche bekannt – beispielsweise aus Tomatensalaten, denen es seinen besonderen mediterranen Reiz gibt, oder auch in einer klassischen Soße zu Spaghetti, dem Pesto. Hildegard von Bingen erwähnt das Basilikum in ihrem Buch *Von den Pflanzen* ausschließlich als Heilmittel. Aber da ein alter Spruch sagt, dass unsere Lebensmittel unsere Heilmittel sein sollten, sollte Basilikum auch in unserer Küche Verwendung finden. Basilikum enthält nicht nur ätherische Öle, sondern auch Mineralstoffe und – in frischem Zustand – Vitamine.

Pesto

Zutaten:
50 g abgezogene Mandeln
50 g Parmesan
3 abgezogene Knoblauchzehen
1 Bund Basilikum
3–4 EL Öl
Salz

Zubereitung:
Basilikum waschen, trockentupfen und fein hacken.
Mit allen anderen Zutaten – außer dem Öl – fein zerhacken (am besten in der Küchenmaschine).
Dann das Öl unter Rühren in die Mischung geben und alles mit Salz abschmecken.
Pesto kann warm oder kalt als Soße zu Fisch- und Fleischgerichten und vor allem zu Spaghetti gegessen werden.

Dill

Über den Dill schreibt Hildegard von Bingen in der *Physica,* dass er – wenn er roh gegessen wird – den Menschen traurig mache. Heute ist er für uns das klassische Gewürz für Fisch und Gurken in jeder Form. Dill enthält außer ätherischen Ölen auch Mineralstoffe und viel Vitamin C.

Fenchel

Fenchel ist nicht nur das Lieblingsgemüse der Hildegard von Bingen. Seine Samen waren und sind auch ein wichtiges Heilmittel. Mit ihnen lassen sich außerdem die verschiedensten Gerichte gesund und pikant würzen.

»Der Samen des Fenchels ist von Natur aus warm und nützlich für die Gesundheit des Menschen. ... Und wenn jemand gebratenes Fleisch oder gebratene Fische oder etwas anderes Gebratenes gegessen hat und davon Beschwerden hat, dann sollte er Fenchel oder Fenchelsamen essen und es wird ihn weniger schmerzen.« *(Physica)*

Fenchel macht viele Speisen besser verdaulich. Entweder würzt man sie mit zerstoßenem Fenchelsamen (besonders bei Fischgerichten geeignet) oder trinkt zum Essen oder danach einen Fencheltee. Das wirkt magenberuhigend und kann schmerzhafte Blähungen verhindern.

Beifuß

Der Beifuß ist nach Hildegards Angaben vor allem heilsam für den Magen, weshalb man ihn auch allen fetten Gerichten beigeben sollte, um diese leichter verdaulich zu machen.
Die Germanen und Kelten nannten den Beifuß die »Mutter aller Kräuter« und verwendeten ihn als menstruationsförderndes und -regulierendes Mittel. Aber ebenso wurde (und wird) er auch bei körperlicher Schwäche, bei Appetitlosigkeit und Verdauungsstörungen empfohlen. Beifuß findet sich bei uns wild wachsend an Wegrändern. Man kann ihn aber auch im Garten anbauen.

Knoblauch

In der *Physica* bescheinigt Hildegard von Bingen dem Knoblauch, dass er die »richtige Wärme« habe. Für Gesunde und Kranke sei er besser verträglich als der Lauch. Knoblauch sollte möglichst frisch und ungekocht gegessen werden.

Knoblauch ist nach der Küchenzwiebel das am weitesten verbreitete Zwiebelgewächs. Die Heimat seiner Kultur liegt in Mittelasien, und be-

reits in Ägypten war er ein beliebtes, gesundheitsförderndes Würzmittel. Schon vor 2000 Jahren wurden am persischen Königshof in Susa täglich über 50 Pfund Knoblauch und Zwiebeln verspeist. Bei uns verwendete man im Mittelalter den Knoblauch vor allem zur Geschmacksverbesserung von Salzfleisch und Salzfisch.
Noch heute wird er in vielen Ländern des Mittelmeerraums und Osteuropas das »Allheilmittel des armen Mannes« genannt. Er wird nicht nur als Gewürz, sondern auch als Medikament verwendet – beispielsweise bei Insektenstichen, die durch das Abreiben mit einer aufgeschnittenen Knoblauchzehe abschwellen und sich nicht entzünden.

Grünes Knoblauchbrot

Zutaten:
4 Baguette-Brötchen (oder 1 großes Baguette-Brot)
1 Bund glatte Petersilie
½ Bund Dill
2 Knoblauchzehen
1 TL Salz
½ TL Zucker
100 g Sahne
Butter zum Bestreichen

Zubereitung:
Baguette-Brötchen oder -Brot zweimal waagerecht durchschneiden.
Die Kräuter waschen, trockentupfen und zerkleinern.
Die Knoblauchzehen schälen und grob zerkleinern.
Kräuter, Knoblauch, Salz, Zucker und Sahne im Mixer pürieren.
Jeweils die beiden unteren Schnittflächen des Brotes mit der Masse bestreichen und die Brote zusammensetzen. Die Oberflächen dünn mit Butter bestreichen.
Bei 200 Grad etwa 10 Minuten lang im Backofen backen.
In Scheiben schneiden und warm servieren – beispielsweise zu Salaten oder Grillfleisch.

Kümmel

Über den Kümmel schreibt Hildegard von Bingen:
»Er ist von gemäßigter Wärme und trocken. ... Für den gesunden Menschen ist er angenehm zu essen, weil er ihm einen guten Verstand bereitet.« *(Physica)*

Nur den Kranken, besonders den Herzleidenden, rät sie vom Genuss des Kümmels ab. Lungenkranke allerdings können ihrer Meinung nach Hilfe vom Kümmel erwarten. Interessant ist Hildegards Anmerkung, dass gekochter oder gebratener Käse durch Kümmel bekömmlicher wird.

Der Kümmel, der bei uns auch wild vorkommt – etwa an Weg- und Wiesenrändern – wird vorwiegend in Europa, Afrika und Asien kultiviert. Er wird gerne für Verdauungsschnäpse verwendet und macht auch schwere Speisen wie beispielsweise Kohlgerichte bekömmlicher.

Kochkäse mit Kümmel

Zutaten:
250 g Harzer Käse (nicht zu reif)
50 ml trockener Weißwein
1 Ei
50 g Sahne
½ bis 1 TL Kümmel
40 g Butter

Zubereitung:
Den Käse in Würfel schneiden.
In einen Mixbecher geben, den Wein dazugeben und im Wasserbad schmelzen. Dabei immer wieder kräftig umrühren.
Das Ei verquirlen und mit dem Schneebesen unter die Käsemasse rühren. Sahne und Kümmel untermengen.
Die Butter schmelzen und nach und nach mit der Käsemasse verrühren.
Den Kochkäse in eine Form streichen und über Nacht im Kühlschrank fest werden lassen.

Melisse

Die Melisse – wegen ihres zitronenartigen Geschmacks auch Zitronenmelisse genannt – ist für Hildegard von Bingen ein natürlicher Gemütsaufheller:

»Die Melisse ist warm. Ein Mensch, der sie isst, lacht gerne, weil ihre Wärme die Milz beeinflusst und daher das Herz erfreut wird.« *(Physica)*

Die heilsamen Eigenschaften dieser Gewürzpflanze waren auch in den Klöstern bekannt – nicht von ungefähr entstand mit der Melisse als Zutat der berühmte »Klosterfrau Melissengeist«, der nicht nur gegen Erkältungen, Kopfschmerzen usw. hilft, sondern eben auch »das Herz erfreut«. Ursprünglich ist die Zitronenmelisse im Orient beheimatet, aber inzwischen hat sie längst ihren Weg auch in unsere Küchengärten gefunden. Am besten passt die Zitronenmelisse zu Salaten und frischen Suppen, und natürlich ist sie eine hervorragende Teepflanze.

Petersilie

Hildegard von Bingen empfiehlt die Petersilie nicht nur als Medikament, sondern auch als gesundes Gewürz:

»Die Petersilie ist von kräftiger Natur und enthält mehr Wärme als Kälte. ... Für den Menschen ist es besser und nützlicher, sie roh als gekocht zu essen.« *(Physica)*

Natürlich kann man Petersilie auch in Suppen und anderen Gerichten mitkochen – aber es geht nichts über den Duft und den Geschmack der frischen Petersilie. Ursprünglich stammt die Petersilie aus dem östlichen Mittelmeergebiet, aber inzwischen ist sie das wohl am weitesten verbreitete Küchenkraut überhaupt. Bereits Karl der Große empfahl sie zum Anbau in den Gärten seiner Residenzen.

Die Petersilie ist sehr vitaminreich, denn sie enthält das Provitamin A (Karotin), die Vitamine B_1 und B_2 und Vitamin C. Außerdem versorgt sie uns mit Kalium, Kalzium, Schwefel und Eisen.

Petersilienbutter

Zutaten:
1 Bund Petersilie
125 g weiche Butter
Salz und Pfeffer

Zubereitung:
Die Petersilie abspülen, trockentupfen und klein hacken.
Mit der weichen Butter verrühren und mit Salz und Pfeffer abschmecken.

Salbei

»Roh und gekocht ist der Salbei gut für alle, die an schädlichen Säften leiden«, steht in der *Physica*. In der berühmten medizinischen Schule von Salerno, die zwischen dem 11. und 13. Jahrhundert großen Einfluss auf die europäische Heilkunst hatte, gab es den Spruch: »Wie kann jemand sterben, in dessen Garten Salbei wächst?« Dieses Kraut wurde – und nicht selten mit Erfolg – sogar gegen die Pest eingesetzt.

Salbei stammt ursprünglich aus dem Mittelmeerraum, kann aber problemlos auch bei uns angebaut werden. Das Gewürz wirkt verdauungsfördernd und mildert Magenbeschwerden. In der Küche kommt der Eigengeschmack am besten zur Geltung, wenn man Salbei mit dem Fleisch braten lässt.

Gewürznelke

Gewürznelken sind für Hildegard ein wichtiges Heilmittel, z. B. gegen Kopfschmerzen und Wassersucht:
»Die Gewürznelke ist ihrer Natur nach sehr warm und enthält auch eine gewisse Feuchtigkeit, durch die sie sich angenehm ausdehnt wie die angenehme Feuchtigkeit des Honigs.« *(Physica)*

Bei den Gewürznelken handelt es sich um die getrockneten Blüten des Nelkenbaumes, der ursprünglich auf den Molukken beheimatet ist, heute aber in tropischen Gebieten weltweit kultiviert wird. Mit den Römern gelangte das damals sehr kostbare und teure Gewürz nach Mitteleuropa. Es ist besonders gut geeignet, um fette Speisen bekömmlicher zu machen.

Ingwer

»Der Ingwer ist seiner Natur nach sehr warm und ausgedehnt, das heißt zerfließend. Einem gesunden und fetten Menschen schadet sein Genuss, weil er ihn unwissend, unkundig, matt und zügellos macht.« *(Physica)*

Dagegen empfiehlt Hildegard den Ingwer sehr kranken Menschen und vor allem jenen, die unter Magenbeschwerden aller Art zu leiden haben.

Ursprünglich stammt der Ingwer aus China, wird heute aber in tropischen Gebieten weltweit angebaut. Chinesische Ärzte wie auch indische Ayurveda-Heilkundige verwendeten ihn bereits als Medikament. Nach Rom gelangte er über den Handelsweg durch das Rote Meer. In Deutschland wurde Ingwer erst im 8. Jahrhundert bekannt und war noch teurer als das Luxusgewürz Pfeffer.

Ingwerbirnen

Zutaten:
50 g frischer Ingwer
½ l Weißweinessig
150 g Zucker
3 rote Chilischoten
4 Gewürznelken
6 Pimentkörner
2 Zimtstangen
1,5 kg kleine, feste Birnen

Zubereitung:
Den Ingwer schälen und in Scheiben schneiden.
Den Essig mit Wasser auf 1 Liter auffüllen. Mit dem Zucker, dem Ingwer und den übrigen Gewürzen aufkochen.
Die Birnen schälen (dabei den Stiel dranlassen) und in dem Sud aufkochen.

Den Topf vom Herd nehmen und die Birnen über Nacht im Sud stehen lassen.
Die Birnen in ein Glas legen.
Den Sud etwas einkochen lassen, über die Birnen gießen und alles gut verschlossen aufbewahren.
Ingwerbirnen sind eine delikate Beilage zu Lamm- und Schweinefleisch.

Muskat

Besonders lobend äußert sich Hildegard von Bingen über die Muskatnuss:
»Sie hat große Wärme, und ihre Kräfte sind gut gemischt. Wenn ein Mensch die Muskatnuss isst, öffnet sie sein Herz, reinigt seinen Sinn und bringt ihm guten Verstand.« *(Physica)*

Bei diesem Gewürz handelt es sich nicht um eine Nuss, sondern um den Fruchtkern einer großen Beere. Muskatbäume sind auf den Molukken beheimatet, werden aber inzwischen im ganzen tropischen Asien und Afrika angebaut. Wie viele andere tropische Gewürze wurde auch Muskat zunächst als Medikament verwendet und gelangte so im Mittelalter durch arabische Ärzte nach Europa.

Zimt

Nach Hildegards Angaben ist auch der Zimt seiner Natur nach sehr warm und hat starke Kräfte.
»Er hält auch eine mäßige Feuchtigkeit in sich. Aber seine Wärme ist so stark, dass diese Feuchtigkeit unterdrückt wird. Wer ihn oft isst, dem mindert er die üblen Säfte und bereitet gute Säfte in ihm.« *(Physica)*

Der Zimt ist für Hildegard vor allem ein Heilmittel, etwa bei Gicht und Kopfschmerzen.

Die Innenrinde des Zimtstrauches ist eins der ältesten Gewürze der Welt. Bereits in der Bibel wird sie erwähnt. Zu den »Herrlichkeiten« von Babylon, wie sie in der Offenbarung des Johannes geschildert werden, gehörte Zimt. Auch das Rezept des Salböls, das Moses auf dem Sinai erhielt,

nennt die aromatische Rinde. Ebenso brannte Zimt im Räucherwerk der ägyptischen Tempel, und in den römischen Kultstätten verströmte er seinen aromatischen Duft. Allein sein Besitz galt als Zeichen von Reichtum und Luxus und verhalf zu einem erhöhten Ansehen. In mittelalterlichen Apotheken wurde Zimt für verdauungsanregende Mittel verwendet.
Zimt stammt ursprünglich aus Sri Lanka, wo auch heute noch sein Hauptanbaugebiet ist. Der Zimtbaum ist mit unseren Lorbeergewächsen verwandt.

Zimtreis-Klößchen mit Kardamom-Milch

Zutaten:
100 g Butter
½ Stange Zimt
50 g gehackte Mandeln
200 g Milchreis
je ½ l Milch und Wasser
Salz
2 EL gehackte Pistazien
60 g fein geriebenes Zitronat

für die Kardamom-Milch:
½ l Milch
400 g Zucker
die ausgelösten Samen von 2 Kapseln hellem Kardamom
1 Prise Zimt

Zubereitung:
Die Butter schmelzen, die halbe Zimtstange hinzugeben und unter Rühren leicht rösten.
Die Mandeln dazugeben und ebenfalls anrösten.
Den Reis trocken hineinstreuen und unter Rühren glasig braten. So viel Wassermilch hinzugießen, dass der Reis gerade bedeckt ist.
Eine Prise Salz hinzugeben und unter Rühren kochen, bis die Flüssigkeit verdampft ist.
Diesen Vorgang wiederholen, bis der Reis klebrig weich ist.
Die Pistazien daruntermischen, den Reis auf Handwärme abkühlen lassen und die Zimtstange entfernen.
Aus dem Reis kleine Kugeln formen.

In jedes Bällchen etwas Zitronatmasse drücken. Die Füllung mit Reis verschließen und glatt streichen, 1 Stunde kalt stellen.
Für die Kardamom-Milch aus Zucker und Milch einen leichter Sirup kochen, die grob zerdrückten Kardamom-Samen hinzugeben und bei milder Hitze 10 Minuten darin ziehen lassen.
Die Reiskugeln einlegen, vorsichtig in der Milch wenden und erwärmen.
Die Klößchen zart mit Zimt bestreuen.

Pfeffer

In der *Physica* warnt Hildegard von Bingen davor, Speisen zu stark mit Pfeffer zu würzen, weil Pfeffer ein »gewisses Verderben« in sich trage und »üble Säfte« bereiten könne. Andererseits empfiehlt sie ihn, wenn Menschen einen Ekel vor dem Essen haben.
Die Warnung, Speisen zu stark zu pfeffern, kommt nicht von ungefähr. Zum einen war Pfeffer ein Luxusgewürz (daher auch der Name »Pfeffersäcke« für die reichen Kaufleute, die die begehrten Gewürze importierten) und wurde bei der Zubereitung der Speisen gewissermaßen als Statussymbol verwendet. Andererseits versuchte man, da es im Mittelalter kaum Kühlmöglichkeiten für frisches Fleisch gab, den Geschmack von überlagertem Fleisch zu überdecken. Alte Kochrezepte geben z.B. einen Teelöffel zerstoßenen schwarzen Pfeffer für ein halbes Pfund Schweinefleisch an!
Schon die alten Griechen importierten aus Indien über 50 verschiedene Pfeffersorten (heute sind etwa 700 im Handel). Bis heute stammt ein Großteil des bei uns erhältlichen Pfeffers aus Indien, aber auch in Indonesien und Afrika wird er angebaut.
Pfeffer gehört wohl zu den ältesten Gewürzen überhaupt – er wird bereits in der altindischen Sanskritliteratur erwähnt. Durch den Vorstoß Alexanders des Großen nach Indien lernte man den Pfeffer dann auch im Mittelmeerraum und bald darauf in ganz Europa kennen. Zeitweise wurde der Pfeffer wegen seines Wertes sogar als Zahlungsmittel verwendet.

Pfeffersuppe

Zutaten:
1 große Zwiebel 50 g
Butter 1 EL Mehl

1 l Hühner- oder Gemüsebrühe
¼ l Sahne
4 EL grüner Pfeffer (aus dem Glas)
abgeriebene Schale einer unbehandelten Zitrone
2 EL Zitronensaft
⅛ l Sherry (trocken)
4 Eigelbe

Zubereitung:
Die Zwiebel abziehen und würfeln. In Butter goldgelb dünsten und mit Mehl bestäuben. Die Hühnerbrühe dazugießen, gut verrühren und bei milder Hitze kochen lassen.
Die Hälfte der Sahne unterrühren.
3 EL Pfefferkörner zerdrücken und mit Zitronenschale und -saft zur Suppe geben.
Aufkochen lassen, Sherry dazugeben und den Topf von der Herdplatte nehmen.
Die restliche Sahne steif schlagen.
Die Suppe auf vorgewärmte Teller verteilen, in jeden ein rohes Eigelb, einen Schlag Sahne und die restlichen grünen Pfefferkörner geben.

Ysop

Dieses zu Unrecht bei uns in Vergessenheit geratene Küchenkraut ist eines von Hildegards Lieblingskräutern, das nicht nur als Arzneimittel, sondern vor allem auch bei der Zubereitung der Nahrung besonders heilsam ist.

»Der Ysop ist von Natur aus trocken und er ist gemäßigt warm. Und er ist von so großer Kraft, dass sogar ein Stein ihm nicht widerstehen kann, der dort liegt, wo man den Ysop hingesät hat.« *(Physica)*

Das Ursprungsgebiet des Ysops ist der Mittelmeerraum. Aber auch bei uns kann diese hübsche blau blühende Gewürzpflanze problemlos angebaut werden. Die Blättchen sind eine pikante Soßenwürze und passen auch gut zu Fleischgerichten wie etwa Lammbraten.

Bertram

Über den Bertram, der ebenfalls zu Hildegards Lieblingswürzen gehört, schreibt sie:
> »Er ist seiner Natur nach von gemäßigter und etwas trockener Wärme. Diese gute Mischung ist rein und von guter Frische. ... Auf welche Weise er auch gegessen wird, trocken oder in einer Speise, ist er nützlich und gut sowohl für den kranken als auch für den gesunden Menschen. Wenn ein Mensch ihn oft isst, vertreibt er die Krankheit von ihm und verhindert, dass er überhaupt erkrankt.« *(Physica)*

Leider ist der Bertram bei uns so gut wie unbekannt. Auf jeden Fall kann man ihn in Versandhandlungen, die sich auf die Hildegard-Küche spezialisiert haben, sowie in Apotheken und auch in manchen Reformhäusern und Naturkostläden erhalten. Der Bertram gehört zu den Korbblütlern und wird vorwiegend im Mittelmeerraum kultiviert. Die Pflanze gedeiht auch bei uns und kann über Spezialgärtnereien bestellt werden. Verwendet werden vorwiegend die Wurzeln.

Honig

Der Honig gehört zwar im Grunde nicht zu den Gewürzen, aber da er im Mittelalter zum Süßen verwendet wurde, muss er hier angeführt werden – zumal auch in der Hildegard-Küche eher Honig als Zucker verwendet werden sollte. Um auf Informationen über den Honig zu treffen, muss man in Hildegards *Physica* in Band 6, *Von den Vögeln,* nachschauen. Dort heißt es:
> »Ein Mensch, der dick ist und viel Honig isst, bekommt davon eine Verschleimung oder sogar Auszehrung. Aber wenn ein dürrer und magerer Mensch gekochten Honig isst, tut ihm dies keinen Schaden. Gerade gekochter Honig schadet weder Fetten noch Mageren und weder Gesunden noch Kranken.«

In Griechenland verwendete schon der berühmte Arzt Hippokrates Honig zur Heilung – man sagt, er hätte über 300 verschiedene Rezepte verfügt. Auch in der Bibel ist bereits von Kanaan als dem Land, »wo Milch und Honig fließen«, die Rede.
Natürlich enthält Honig, der ja vorwiegend aus Zucker, also aus Kohlen-

hydraten besteht, sehr viele Kalorien. Deshalb ist er ein Energiespender sondergleichen. Wenn Honig in Maßen verwendet wird, ist er nicht nur als süßendes Würzmittel, sondern auch als gesundheitsspendende Leckerei eine Bereicherung für die Küche. Neben Zucker enthält er nämlich auch lebenswichtige Enzyme, Mineralstoffe und Vitamine, Honig ist das ideale Süßmittel zum Frühstücksmüsli, aber selbst in gekochter Form enthält er noch viele wertvolle Inhaltsstoffe.

Zucker war in der Antike noch weitestgehend unbekannt – nur in den Anbauländern des Zuckerrohrs, wie z. B. Indien, wurde bereits mit Zuckerrohrsaft gesüßt. Die Kristallisation von reinem Zucker wurde dort wahrscheinlich erst im 4. nachchristlichen Jahrhundert entdeckt. Die Araber vermittelten diese Kenntnis dann – neben vervollkommneten Methoden – nach Mitteleuropa. Zucker galt zunächst als Arznei – besonders in der arabischen Medizin. Aber auch in europäischen Apotheken wurde er erst einmal nur als Heil- und Stärkungsmittel verwendet. Heute ist der Zucker in der Medizin umstritten – aber als sparsam eingesetztes Würzmittel kann er vielen Gerichten den speziellen »Pfiff« geben. Wo es möglich ist, sollte man allerdings Honig verwenden.

Honigschaum

Zutaten:
6 Eier
1½ Tassen Honig (möglichst Tannenhonig)
2 EL Sahne
2 EL gehackte Pistazien

Zubereitung:
Eigelb und Eiweiß trennen.
3 Eiweiße steif schlagen.
6 Eigelbe mit dem Honig im Wasserbad verrühren, bis die Masse dicklich wird. Vom Herd nehmen und abkühlen lassen.
Die Sahne steif schlagen und mit dem Eischnee unter die Masse ziehen.
Die Masse in Portionsschälchen füllen und im Tiefkühlfach gefrieren lassen.
Eine Viertelstunde vor dem Servieren herausnehmen und mit den gehackten Pistazien garnieren.

Salz

Über das Salz, das wohl zu allen Zeiten das wichtigste Mittel war, um Speisen zu würzen und haltbar zu machen, schreibt Hildegard von Bingen:
>»Das Salz ist nützlich zu allerlei. Wenn ein Mensch die Speisen ohne Salz isst, macht ihn dies innerlich lau. Aber wenn er sie mäßig mit Salz würzt, stärkt und heilt dieses ihn.« *(Physica)*

Außerdem gibt sie einen sehr wichtigen Küchentipp:
>»Jede Speise muss so gesalzen werden, dass die Speise selbst mehr Geschmack hat als das Salz in ihr!« *(Physica)*

Schon in prähistorischer Zeit spielte das Salz eine wichtige Rolle. In vielen Kulturen galt es sogar als heilig. Der Bedarf an Salz wurde zunächst durch Eindampfen von Meerwasser oder von Salzquellen gedeckt. Aber bereits in der Bronzezeit wurde das Salz auch aus Lagerstätten bergmännisch abgebaut. Für die Küche am besten geeignet sind Meersalz und Kräutersalz.

Dinkelkochbuch

Hildegard von Bingen und der Dinkel

Hildegard von Bingen hat niemals eine systematische Ernährungslehre geschrieben. Auf ihr Lieblingsgetreide, den Dinkel, geht sie häufig an verschiedenen Stellen in ihren Werken ein. Neben dem Fenchel und der Esskastanie gehört für sie der Dinkel zu den Nahrungsmitteln, die von Gesunden und Kranken ohne Einschränkung und mit Nutzen verzehrt werden können.

Der Dinkel war im Mittelalter vor allem im süddeutschen Raum ein weit verbreitet angebautes Getreide, das jedoch in späteren Jahrhunderten seine wirtschaftliche Bedeutung verlor.

Erst in unserem Jahrhundert besinnt man sich wieder auf die ernährungsphysiologischen und gesundheitlichen Vorteile dieses zu Unrecht in Vergessenheit geratenen Getreides. Dinkelprodukte – Dinkelkörner, -mehl, -flocken, -kaffee, aber auch Fertigprodukte wie beispielsweise Suppen – sind heute in jedem Reformhaus und Naturkostladen erhältlich.

Dinkel lässt sich wie Weizen verwenden. Beim Backen empfiehlt sich aber in vielen Fällen die Mischung mit Weizen, weil letzterer durch seinen hohen Gehalt an Klebereiweiß die besseren Backeigenschaften aufweist. In diesem Buch werden Dinkelrezepte und Rezepte für Grünkern vorgestellt. Zwar erwähnt Hildegard diesen nicht ausdrücklich, aber beim Grünkern handelt es sich um den unreif geernteten und danach gedarrten Dinkel.

Hildegard von Bingen schreibt:
»Der Dinkel ist das beste Getreide, denn er ist warm, fett und kräftig. Dabei ist er milder als alle anderen Getreidesorten. Er bereitet dem Menschen rechtes Fleisch und rechtes Blut und schenkt ihm außerdem ein frohes Gemüt. Wie auch immer er zubereitet wird – ob als Brot oder in anderen Speisen: Der Dinkel ist gut und mild.« *(Physica)*

Besonders den Kranken empfiehlt Hildegard den Dinkel:
»Wenn jemand so krank ist, dass er nicht essen oder kauen kann, sollte er die ganzen Dinkelkörner in Wasser kochen und etwas Fett oder Eigelb dazugeben, damit er einen besseren Geschmack erhält. Wenn der Kranke dieses Gericht isst, heilt es innerlich wie eine gute und gesunde Salbe.« *(Physica)*

Das Mittelalter:
Brot und andere Getreidegerichte

Zur Zeit Hildegard von Bingens stellten Getreidegerichte in jeder Form – hauptsächlich als Brot oder Brei – das Hauptnahrungsmittel dar. Dabei handelte es sich vor allem um Roggen, denn nur sehr wohlhabende Menschen konnten sich den feineren Weizen leisten. Aber auch der von Hildegard so geschätzte Dinkel wurde viel verwendet.
In der christlichen Welt hatte das Brot nicht nur als (Über-)Lebensmittel seinen Stellenwert, sondern auch in der religiösen Überlieferung. Im Vaterunser wird um das »täglich Brot« gebeten, und beim Abendmahl heißt es, dass das Brot (in diesem Fall die Hostie oder Oblate) der »Leib des Herrn« sei. Das gemeinsame Brechen des Brotes ist aber schon aus viel früheren Zeiten überliefert: So wird im Alten Testament von Melchisedek, der zur Zeit Abrahams Priesterkönig war, berichtet, dass er Abraham mit Wein und Brot entgegenkam. Heute noch ist es in vielen Gegenden, vor allem in Osteuropa üblich, dass man Gäste mit Brot und Salz begrüßt.
Selbst im alten Ägypten spielte Brot eine sehr große Rolle. Dort brauchten sogar die Götter neben Bier und Fleisch ihre Opfergaben an Brot. Von Pharao Ramses III. (1184–1154 v.Chr.) weiß man, dass er während der rund dreißig Jahre seiner Regierungszeit die Tempel seines Reiches mit 6,5 Millionen Broten und fast 300 000 Kuchen versorgt hat. Auch der Königshof hatte einen überaus großen Brotbedarf: Wenn der Pharao mit seinem Gefolge auf Reisen ging, mussten in den Orten, wo er Halt machte, 16 000 »gute« Brote (also wahrscheinlich Feinmehlbrote), 13 200 Brote anderer Sorten und 4000 Kuchen bereitgehalten werden. Deshalb wurden die Ägypter damals auch als »Brotesser« bezeichnet. Eine Anstandsregel, die man schon den Kindern beibrachte, besagte: »Iss kein Brot, wenn einer dabeisteht, ohne dass du die Hand ausstreckst, um ihm etwas davon anzubieten.«
Bevor es das Brot in der uns bekannten Form – also als Brotlaib – gab, wurden aus dem gesammelten Wild- oder Kulturgetreide zunächst Fladenbrote gebacken. So backten die Sumerer im 2. vorchristlichen Jahrtausend ihr Brot noch auf folgende Weise: Sie stampften das Getreide und siebten das so entstandene grobe Mehl, um die Kleie zu entfernen. Danach vermischten sie es mit Wasser. Daraus formten sie Fladen und

rösteten diese auf der Herdplatte oder über dem niedergebrannten Feuer von beiden Seiten.
Es ist unbekannt, wann erstmals ein Sauerteigbrot – also ein »aufgegangenes« Brot, wie wir es heute kennen – gebacken wurde. Aber bereits in der Bibel ist von gesäuerten Broten die Rede. Als Erinnerung an den Auszug aus dem »Brotland« Ägypten feiern die Juden bis in unserer Zeit hinein ihr Passahfest mit dem Genuss von ungesäuerten Broten, denn nur solche konnten sie während ihres langen Marsches herstellen.
Heute könnte man die Deutschen als »Brotesser« bezeichnen, denn bei uns gibt es die meisten Brotsorten – mehrere hundert verschiedene Arten sind bekannt, vom Baguette bis zum Pumpernickelbrot. Manche dieser Brotarten sind so alt wie das Brot selbst, sehr viele haben sich aber auch erst in unserem Jahrhundert entwickelt – nicht zuletzt durch das zunehmende Gesundheitsbewusstsein der Menschen.

Aber schon in der »Edda«, dem altisländischen Götter- und Helden-Epos, wird über drei verschiedene Brotsorten berichtet. Bei der Hochzeit von Knechten und anderen sozial niedriger gestellten Schichten gab es nur das einfachste Brot:
»Grobes Brot brachte Edda/Hartes, Schweres/Von Spelzen voll.«

Da ging es bei einer Bauernhochzeit schon anders zu:
»Lockeres Brot brachte Anna, Käse und Butter.«

Und wenn ein Adliger heiratete, wurde natürlich das feinste Brot aufgetischt:
»Dünne Brote/Brachte sie dann/Lichte aus Weizen legt sie aufs Tuch.«

Ähnliches gilt sicherlich für das Mittelalter. Damals entstanden die ersten Brötchen und vor allem die so genannten »Gebildbrote«. Dabei handelt es sich um geformte Gebäcke, die zu bestimmten Gelegenheiten gebacken wurden. Damit wurde eine Sitte der Ägypter und Römer übernommen, die ebenfalls zu religiösen Festtagen, Hochzeiten usw. Gebäck in bestimmten Formen herstellten. Wir kennen beispielsweise den Osterzopf, auch das Osterlamm und die Weckenmänner zu Weihnachten und zur Fastnachtszeit. Die Brezeln sollen überhaupt erst in einem Kloster »erfunden« worden sein und einen Mönch mit demütig gekreuzten Armen darstellen. Viele Früchtekuchen und -brote entstanden ebenfalls in den Klosterbäckereien, wo man im Winter auf das entsprechend eingelagerte Dörrobst zurückgreifen konnte, um die eintönigen Mahlzeiten (ohne frisches Gemüse) abwechslungsreicher zu gestalten.

Hildegard von Bingen empfiehlt vor allem Weizen- und Dinkelbrot. Für letzteres finden Sie Rezepte in diesem Kapitel.

Vom Wildgras zum Kulturgetreide
Die Entwicklung der Getreide im Laufe der Jahrtausende

Bei unseren modernen Getreiden, die durch jahrtausendelange Züchtung entstanden sind, handelt es sich um landwirtschaftlich kultivierte Süßgräser mit relativ großen Körnern. Im botanischen Sinn sind diese Körner im Grunde keine Samen, sondern nussartige Früchte, bei denen Frucht- und Samenschale miteinander verwachsen sind und so gemeinsam den Keimling schützen.
Insgesamt gibt es sieben Getreidearten. Vier von ihnen kommen hauptsächlich in gemäßigten Klimagebieten vor:
– Weizen, Gerste, Roggen, Hafer.
Die drei anderen Getreidearten finden sich hauptsächlich in warmen Gebieten:
– Mais, Reis, Hirse.

Während des Wachstums durchläuft die Getreidepflanze vom Samenkorn bis zur »fertigen« Körnerfrucht verschiedene Wachstums- und Entwicklungsstadien, die sehr stark durch die Bodenbeschaffenheit, das Klima, die Witterungsverhältnisse und die Kultivierung (Düngen, Hacken, Jäten usw.) beeinflusst werden.
– Das in die Erde gelegte Samenkorn (heute durch Drillmaschinen durchgeführt, aber früher in die gepflügte und geeggte Erde ausgeworfen – denken Sie an das biblische Bild vom »Sämann«!) quillt durch Wasseraufnahme aus der Bodenfeuchtigkeit auf.
– Das Samenkorn beginnt, so genannte »Primärwurzeln« zu bilden (je nach Art drei bis acht Keimwurzeln).
   Das Keimblatt entsteht.

Bei der darauf folgenden »Bestockung« entsteht unterirdisch das sekundäre Wurzelsystem (also die Wurzeln, die nicht mehr für das Keimen, sondern für die weitere Ernährung und das Haltevermögen im Boden zuständig sind). Über der Erde entwickeln sich die Blätter und ein oder mehrere Nebentriebe neben dem Haupttrieb.

Nach dieser Entwicklungsphase setzt ein intensives Längenwachstum bei der Getreidepflanze ein. Sie können dies beobachten, wenn Sie im Frühsommer durch die Felder gehen.

Danach bildet sich der Blüten- oder Fruchtstand: Die Ähren entstehen. Um Früchte bzw. Körner zu tragen, muss die Pflanze natürlich befruchtet werden. Dies geschieht in vielen Fällen – beispielsweise bei Weizen, Gerste und Hafer – durch Selbstbefruchtung, in einigen Fällen aber auch durch Fremdbefruchtung (Windbestäubung), so beim Roggen.

Getreidekörner durchlaufen verschiedene Reifestadien:
- Die *Milchreife:* Aus den Körnern tritt unter Druck ein milchartiger Saft aus.
- Die *Gelbreife:* Das frische Korn zerbricht, wenn man es mit dem Fingernagel eindrückt.
- Die *Vollreife:* Das Korn ist so hart, dass es kaum noch zerbrechlich ist und erst in einer Mühle zerkleinert werden kann.
- Die *Totreife:* Das Korn ist auch hier schwer zu brechen und hat eine gute Lagerfähigkeit erreicht.
- Außerdem gibt es noch die *Notreife,* was bedeutet, dass die Körner klein und schmal und unvollständig ausgereift sind. Die Notreife tritt bei anhaltender Trockenheit oder Nährstoffmangel ein.

Geerntet wird das Getreide bei Voll- oder Totreife. Zu diesem Zeitpunkt sind die Körner am besten lagerfähig.

Ein Getreidekorn besteht im Wesentlichen aus drei Teilen.
- Die *Schale* macht ungefähr 14 Prozent der Kornmasse aus. Außen besteht sie aus der ballast- und mineralstoffreichen Fruchtschale. Dann folgt die eiweiß- und mineralstoffreiche Samenschale, darauf die eiweiß- und fetthaltige Aleuronschicht, die außerdem Enzyme und Vitamine enthält.
- Der *Mehlkörper* nimmt die Hauptmasse (etwa 83 Prozent) ein. Der kohlenhydratreiche Mehlkörper ist das Nährgewebe für den Keimling.
- Der *Keimling* macht etwa 3 Prozent der Kornmasse aus. Er ist sehr fett- und eiweißreich.

Die bei uns beheimateten Getreidearten sind Gerste, Roggen, Hafer und vor allem Weizen.

Gerste

Die Gerste ist eng verwandt mit Weizen und Roggen. Die Entwicklung der Gerste zur Kulturpflanze begann vor etwa 10000 Jahren im Gebiet von Mesopotamien. Durch Züchtung konnte die brüchige Beschaffenheit des Gerstenkorns verändert werden, sodass die Körner nicht schon vor der Ernte herausfielen. So konnte sich die Gerste nicht mehr selbst aussäen, sondern musste durch den Menschen ausgestreut werden. Dafür gab es aber wesentlich höhere Erträge. Im Grunde begann so der aktive Pflanzenanbau und damit die Ackerwirtschaft, also der Übergang des Menschen vom Sammler zum Bauern.

Die ersten Funde von angebauter Gerste in Mitteleuropa datieren aus dem 3. Jahrtausend vor Christus! In dieser Zeit bildeten sich nicht nur verschiedene Ähren- und Körnerformen heraus, sondern auch an unterschiedliche Klimazonen angepasste Arten. So wird Gerste als das nördlichste Getreide angebaut. In Finnland wird Gerste noch bei 70 Grad nördlicher Breite angebaut und braucht doch nur etwa 48 Tage zu ihrer Entwicklung vom Aufgang bis zur Reife. Im Himalaya-Gebirge wird Gerste sogar noch in Höhen von 4 000 Metern über und am Toten Meer bei etwa 300 Metern unter dem Meeresspiegel angebaut. Sie gedeiht in sommertrockenen Gebieten mit hohen Temperaturen, in Kalifornien, aber auch bei künstlicher Bewässerung. Durch ihre Anpassungsfähigkeit ist die Gerste heute fast auf der ganzen Welt verbreitet.

Der größte Teil der Gerstenproduktion wird als Viehfutter verwendet. Wirtschaftliche Bedeutung hat die Gerste aber auch als Braugerste, also für die Bierherstellung. Dafür wird in Mitteleuropa vor allem Sommergerste angebaut (Gerste, die erst im Frühjahr ausgesät wird). Diese ist sehr stärkereich und eiweißarm und eignet sich gut zur Herstellung von *Malz* – so nennt man die vorgekeimten, gedarrten Gerstenkörner, die den wichtigsten Bestandteil des Biers darstellen.

Der Verbrauch an Braugerste nimmt weltweit ständig zu – dagegen nimmt die Verwendung als Brotgerste immer weiter ab. In Spezialitätenbäckereien wird sie allerdings in Mehrkornmischungen für die Vollkornbäckerei verwendet. Nimmt man zur Brotherstellung nur Gerstenmehl, so entsteht ein fladenartiges, sehr festes Brot von schwerer Verdaulichkeit.

Hildegard von Bingen schreibt über die Gerste:
»Gerste ist schwächender als alle anderen Getreidearten. Gerste, als Brot oder Mehlspeise gegessen, kann sowohl gesunden als auch im Besonderen ausgekühlten (blutarmen) Menschen schaden.« *(Physica)*

Andererseits kann Gerste in Verbindung mit Hafer durchaus ein Gesundungsmittel sein:
»Wenn jemand so krank ist, dass er kein Brot vertragen kann, sollte er Gerste und Hafer im gleichen Verhältnis mischen, etwas Fenchelsamen beifügen und alles gut durchkochen. Den Saft abseihen und wie Brühe trinken anstelle des Brotessens. Der Kranke soll dies tun, bis er gesundet.« *(Physica)*

Auch heute sind Gerstengrütze, Gerstenmehl und Graupen beliebte und wichtige Lebensmittel bei vielen Völkern, wo sie auf die verschiedenste Art als Suppen, Soßen und Puddings zubereitet werden. Außerdem dienen Gerstenprodukte auch als Kindernahrung.

Roggen

Der Roggen ist ebenfalls ein Ährengetreide, das zu den Süßgräsern gehört. Im Gegensatz zu Gerste und Weizen muss er fremdbefruchtet werden. Das bedeutet, dass zur Zeit der Befruchtung entsprechende Windverhältnisse herrschen sollten, um eine zufrieden stellende Ernte zu gewährleisten.
Roggen wurde erst viel später als Weizen und Gerste in Kultur genommen. Kurioserweise verdankt er seine Rolle als Kulturpflanze der Tatsache, dass seine wilden Urformen als Unkraut in Weizen- und Gerstenfeldern wuchsen. So lauten die vorderasiatischen Bezeichnungen für den Roggen übersetzt »Unkraut im Weizen« bzw. »Unkraut in der Gerste«. Wenn unter ungünstigen Witterungsbedingungen die Kulturgetreide Weizen und Gerste geschädigt wurden, überlebte der widerstandsfähige Roggen und wurde ersatzweise geerntet.
Der Roggen hatte – ebenso wie die Gerste – in seiner Ur-

form brüchige Körner. Aber da immer nur die Körner solcher »Unkräuter« geerntet wurden, deren Ähren nicht auseinander fielen und die Körner verstreuten, entstand in jahrtausendelanger Entwicklung eine Kulturform.

Nach Mitteleuropa gelangte der Roggen aus dem heutigen Iran, Anatolien und Transkaukasien etwa tausend Jahre vor Christus. Seine »Unkrautqualitäten« – nämlich die Widerstandsfähigkeit gegen Trockenheit, Kälte und Nährstoffmangel – erwiesen sich als Vorteil gegenüber den anderen Getreiden. Als sich im 1. und 2. Jahrhundert unserer Zeitrechnung die Klimabedingungen in Europa verschlechterten, drang der Roggen wieder nach Süden vor. Im Mittelmeergebiet hat er sich stellenweise bis in die heutige Zeit gehalten, wurde und wird aber als Brotgetreide nicht besonders geschätzt, weil dort nach wie vor die hellen Brotsorten bevorzugt werden.

Am häufigsten wird Roggen heute in den nördlichen Gebieten Europas und Amerikas angebaut – insbesondere als Winterroggen (die Samenkörner werden bereits im Herbst ausgesät). Selbst ohne den Schutz einer Schneedecke kann der Roggen kurzfristige Fröste bis zu minus 30 Grad schadlos überstehen. Roggen wird nördlicher als der Weizen angebaut und gedeiht in den Alpenregionen noch bis in Höhen von über 2000 Metern.

Bis in unsere Zeit ist der Roggen in den nördlichen und östlichen Gebieten das wichtigste Brotgetreide, was sich allerdings durch die modernen Transportmöglichkeiten ändert. Andererseits gelten auch bei Menschen, die nicht unbedingt gesundheitsbewusst sind, dunkle Brotarten als Delikatesse. Zur Zeit Hildegard von Bingens jedenfalls bestand das »Normalbrot« aus reinem Roggenmehl, während die reicheren Schichten das feine Weizenbrot bevorzugten.

Außer Brot wird aus Roggen auch Kornbranntwein bester Qualität hergestellt. Gelegentlich wird dieses Getreide auch vermälzt und zur Bereitung von Spezialbieren verwendet. Für die Viehfütterung ist das Korn nicht so gut geeignet, während die Grünmasse ein beliebtes, frühreifes Futter ist, das auch als Silage verfüttert werden kann.

Hildegard von Bingen schreibt über den Roggen:
»Der Roggen erwärmt den Menschen, ist aber kühler als der Weizen. Dafür hat er viele andere Werte. Gesunde Menschen werden durch Roggenbrot gestärkt. Dieses sollte auch das tägliche Brot solcher Menschen sein, die zu stärkerem Fettansatz neigen, weil es sie zwar kräftig macht, aber das Fett vermindert.

Menschen mit ausgekühltem (schwachem) Magen ist von Roggenbrot abzuraten. Durch ihre Magenschwäche haben sie nicht die Kraft, das Roggenbrot richtig zu verdauen. Es würde bei ihnen zu Verdauungsbeschwerden führen.« *(Physica)*

Ein kerniges Schwarzbrot ist eine gesunde und wohlschmeckende Abwechslung zu den normalerweise verwendeten Feinbroten. Roggenbrötchen zeichnen sich durch ihren intensiveren Geschmack aus. Darüber hinaus gibt es zahlreiche Rezepte, wie Roggen in der Küche eingesetzt werden kann, beispielsweise für Brotsuppen, Schrotbreie oder Aufläufe.

Hafer

Der Hafer unterscheidet sich von Gerste, Roggen und Weizen dadurch, dass er *kein Ähren-,* sondern ein *Rispengetreide* ist. Er ist übrigens das einzige Rispengetreide, das heute noch in Mitteleuropa in größerem Umfang angebaut wird.
Wie bei den anderen Getreidearten leiten sich die Kulturformen des Hafers von verschiedenen Wildformen ab, so sind sie heute noch in Europa und Asien verbreitet, und der Flughafer tritt in unseren hiesigen Getreidefeldern beispielsweise als Unkraut auf.
In Mitteleuropa tauchte der Hafer erst in der Bronzezeit (etwa 2500 bis 1000 vor Christus) auf. Da Hafer eine kühle und feuchte Witterung bevorzugt, konnte er sich durch die Klimaverschlechterung in jener Zeit leicht ausbreiten. Die anspruchsvolleren Getreide wie Gerste und Weizen litten durch ungünstige Witterungsbedingungen Schaden, der Hafer aber blieb erhalten. Während der römischen Besetzung war der Hafer für die Germanen eine der wichtigsten Kulturpflanzen.
Da der Hafer eine relativ lange Zeit braucht, um vom Aufgehen bis zur Reife zu gelangen, ist er für nördliche Gebiete nicht so gut geeignet. Durch seinen hohen Wasserbedarf kann Hafer auch nicht an trockenen Roggen-Standorten angebaut werden. Normalerweise wird Hafer als Sommergetreide kultiviert, weil seine Widerstandsfähigkeit gegen Kälte

nicht sehr hoch ist. Auf der anderen Seite ist Hafer aber sehr robust und kann beispielsweise auch auf frisch gepflügten Wiesen angebaut werden. Hauptsächlich wird Hafer als Viehfutter verwendet, denn sowohl sein Korn als auch die Grünmasse sind ein bekömmliches und schmackhaftes Futtermittel für alle Tiere. Sein hoher Fettgehalt macht den Hafer besonders energiereich – deshalb wird er ganz gezielt etwa in der Pferdefütterung eingesetzt.

Hildegard von Bingen schreibt über den Hafer:
>»Hafer sorgt für einen guten Geschmacks- und Geruchssinn. Gesunden Menschen wird Hafer eine Freude zur Gesundheit. Er fördert ein fröhliches Gemüt und eine helle Aufgeschlossenheit. Die Haut wird schön und das Fleisch kernig gesund. Kranken allerdings ist der Hafer nicht zu empfehlen, weil er in ihrem Magen verklumpt und zur Verschleimung führen kann.« *(Physica)*

Für die menschliche Ernährung sind vor allem die aus geschältem und gequetschtem Hafer hergestellten Haferflocken von besonderer Bedeutung. Diese Flocken gibt es in verschiedenen Formen – von Schmelzflocken bis hin zu »kernigen« Haferflocken. Aber auch Hafergrütze und Hafermehl lassen sich zu schmackhaften Gerichten verarbeiten.

Weizen

Das weltweit inzwischen wichtigste Getreide ist der Weizen. Auch er entstand aus den wild wachsenden Süßgräsern und ist mit dem Roggen und der Gerste verwandt. Beim Weizen gibt es mehrjährige und einjährige Arten – unser Kulturweizen stammt von letzteren ab. Es gibt sehr viele verschiedene Arten und Formen des Weizens. Der Grund dafür liegt sicherlich darin, dass dieses Getreide schon sehr lange vom Menschen kultiviert wird. Durch archäologische Funde konnte der Kulturweizen schon für das 7. Jahrtausend vor Christus nachgewiesen werden.
Weizen kommt ursprünglich aus Vorderasien. Damals hatte er noch ein sehr brüchiges Korn, verlor aber durch planmäßigen Anbau diese ungünstige Eigenschaft. Daraus entstand zunächst der *Emmer*, ein Getreide, das noch bis über

das Mittelalter hinaus in Mitteleuropa angebaut wurde. Aus diesem wiederum entwickelten sich die heute bekannten Weizenarten – beispielsweise der Hart- und der Weichweizen.

Inzwischen wird der Weizen fast weltweit kultiviert und ist wohl die am weitesten verbreitete Kulturpflanze der Welt. Aufgrund der weltweiten Verbreitung des Weizens wird dieses Getreide praktisch in jedem Monat des Jahres irgendwo auf der Erde geerntet. Als Sommerweizen kann es bis etwa 68 Grad nördlicher Breite angebaut werden. Allerdings liegt der Anbauschwerpunkt in der gemäßigten Zone, denn Wintertemperaturen unter minus 22 Grad kann der Weizen kaum ohne Schaden überstehen. In subtropischen Gegenden wird er hauptsächlich als Sommerweizen angebaut. Aber auch in den Tropen wird Weizen angebaut. In den Alpen kultiviert man verschiedene Sorten bis in Höhen von 2000 Metern und im Himalaya sogar bis 3400 Meter.

Weizen stellt andererseits sehr hohe Ansprüche an die Bodenbeschaffenheit und an die Versorgung mit Nährstoffen. Karge Böden scheiden deshalb für seinen Anbau aus. Durch sein schnelles Wachstum unterdrückt er das Wachstum von Feldunkräutern, sodass kaum Pflegemaßnahmen wie Hacken oder Spritzen nötig sind.

Während in früheren Zeiten die Ernte des Getreides meistens mit Sense oder Sichel vorgenommen wurde, werden heute Mähdrescher eingesetzt, die mähen, dreschen und die Körner reinigen. Nicht nur zu Hildegards Zeiten – also im Mittelalter –, sondern auch bis in unser Jahrhundert hinein wurden die durch Sichel oder Sense geschnittenen Halme zu Garben zusammengebunden und in Hocken zum Nachreifen auf dem Feld aufgestellt. Nach dem Trocknen wurden die Garben dann in die Scheune gefahren und im Laufe des Winters mit Dreschflegeln oder in späterer Zeit mit einer Dreschmaschine ausgedroschen, d. h., Körner und Stroh wurden voneinander getrennt. Mit zunehmender Mechanisierung der Landwirtschaft setzte man Mähmaschinen ein, wodurch die schwere Arbeit des Mähens und Bindens von Hand durch Maschinenkraft ersetzt wurde.

Was die verschiedenen Getreidearten anbelangt, so wurden wohl beim Weizen die meisten Züchtungsversuche unternommen, um vor allen Dingen kurze und standfeste (also gegen Unwetterschäden »resistente«) Sorten zu entwickeln. Allerdings haben diese Weizensorten wiederum ihre Nachteile, weil sie weniger kältebeständig und anfälliger gegen Krankheiten sind.

Hildegard von Bingen schreibt über den Weizen:
»Der Weizen erwärmt den Menschen und ist so vollkommen in sich, dass er keine Ergänzungsstoffe braucht. Das aus Weizenmehl hergestellte Brot ist gut für gesunde und kranke Menschen und führt zum rechten Fleisch und zum rechten Blut.« *(Physica)*

Weizen wird fast ausschließlich zur Herstellung von verschiedenen Brotprodukten verwendet, außerdem aber auch für Graupen und Grieß. Selbst Nudeln (Makkaroni, Spaghetti usw.) werden daraus gemacht – vor allem aus Hartweizen.
Weichweizen wird wegen seiner ausgezeichneten »Klebereigenschaften« hauptsächlich zu Brot- und anderen Backwaren verarbeitet, denn er lässt ein feinporiges, lockeres Brot entstehen.
Bei der Weizenverarbeitung fallen Nebenprodukte an – etwa die Frucht- und Samenschale. Daraus wird Weizenkleie gewonnen, die nicht nur ein gutes Viehfutter ist, sondern auch für die menschliche Ernährung wertvoll ist (u. a. zur Verbesserung der Verdauung). Übrigens wird die reine Weizenstärke zum Stärken von Wäsche und zur Zubereitung von Kleister verwendet. Für die Herstellung von Kornbranntweinen und von bestimmten Bierarten (dem hellen Weizenbier oder dem englischen *ale*) wird Weizen ebenfalls verwendet.

Dinkel

Der Dinkel ist das Lieblingsgetreide der Hildegard von Bingen. Neben Fenchel und Esskastanien gehört er für sie zu den Nahrungsmitteln, die jedem Menschen – ob gesund oder krank – nur nützen und nie schaden können.
Beim Dinkel handelt es sich um eine *Weizenart,* bei der im Unterschied zum Kulturweizen die Spelzen bei der Reife das Korn noch umschließen. Dinkel wurde früher in Vorderasien und im Rheintal kultiviert. Er ist besonders gut an das kühle nördliche Klima angepasst, denn er ist anspruchslos und winterhart. In rauen Lagen kann er den Weizen ersetzen und bringt auf guten Böden zufrieden stellende Erträge. Außerdem ist der Dinkel widerstandsfähig gegen Getreidekrankheiten.
Die Samenkörner sind auch nach dem Dreschen noch von Hüllspelzen umgeben. Für den menschlichen Verzehr muss Dinkel also entspelzt werden. Das geschieht durch so genannte »Gerbgänge«. Dabei durchläuft

das Korn weit gestellte Mühlsteine, wodurch die Hüllspelzen abbrechen und sich abreiben. Das Korn wird also nur grob gemahlen. Das so gewonnene *nackte* Korn behält bei diesem Vorgang seine volle Keimfähigkeit. Der Spelzen»abfall« macht etwa 25 bis 30 Prozent aus.
Diese aufwändige Prozedur ist der Grund dafür, dass in vielen Ländern Dinkel für den Getreideanbau uninteressant geworden ist.

Die ältesten Funde von Dinkel stammen aus steinzeitlichen Siedlungen, also aus dem 5. und 6. Jahrtausend vor Christus. Man entdeckte sie am Südrand des Kaukasus und im nördlichen Mesopotamien. Später breitete sich der Dinkel dann über den Balkan nach Mitteleuropa aus. Einige Jahrtausende war der Dinkel für die menschliche Ernährung sehr bedeutsam. Heute erfolgt sein Anbau hauptsächlich in der Schweiz, im Südwesten Deutschlands (weshalb er auch »Schwabenkorn« genannt wird) und in Belgien, aber auch im Hochland von Iran, Afghanistan und Turkmenien.

Hildegard von Bingen meint:
»Der Dinkel ist das beste Getreide. Er ist warm, fett und kräftig und milder als alle anderen Getreidearten. Er bereitet dem, der ihn isst, rechtes Fleisch und rechtes Blut, und er macht einen frohen Sinn. Wie immer man den Dinkel auch zubereitet, als Brot oder in anderen Speisen ist er immer gut und mild.« *(Physica)*

Weiterhin schreibt sie:
»Wenn jemand so krank ist, dass er nicht essen oder kauen kann, so nehme er die ganzen Dinkelkörner und koche sie in Wasser unter Beigabe von Fett oder Eidotter, sodass man ihn wegen des besseren Geschmacks besser essen kann. Wenn ein Kranker diese Speise isst, heilt sie ihn innerlich wie eine gute und gesunde Salbe.« *(Physica)*

Grünkern ist ein Dinkelprodukt. Hierfür werden die Dinkelkörner im milchreifen Zustand geerntet und anschließend gedarrt. Dies geschieht heute meistens durch Heißluft. Früher wurde das Darren der grüngelben, noch unreifen Dinkelkörner in großen flachen Wannen über Buchenholzfeuer bei etwa 110 bis 150 Grad durchgeführt.
Der Grünkern ist weder keim- noch backfähig. Aber durch seinen würzigen Geschmack und die Möglichkeit, feines Mehl daraus herzustellen, eignet er sich sehr gut als Einstieg in die Getreideküche –

etwa für die Zubereitung von Suppen, Soßen, Klößen, Bratlingen, Aufläufen usw. Das ganze Korn kann wie Reis oder Hirse zubereitet werden.
Zum Dinkel wie auch zum Grünkern bietet Ihnen dieses Kapitel eine Fülle von schmackhaften und gesunden Rezepten.

Wertvolle Inhaltsstoffe unserer Getreide

Unsere Nahrung besteht aus einigen wenigen Hauptnährstoffen, die allerdings in der richtigen Balance zueinander stehen müssen. Nur dann nämlich können sie unserem Organismus die lebensnotwendige Energie liefern und ihn gesund erhalten.
Die Grundelemente unserer Nahrung sind

> Eiweiß, Fett, Kohlenhydrate, Ballaststoffe, Vitalstoffe.

Eiweiß

Eiweißstoffe (Proteine) sind in der belebten Natur außerordentlich verbreitet: Sie stellen mehr als die Hälfte der Bestandteile des Zellplasmas dar.
– Als Enzyme (so bezeichnet man Eiweißstoffe, die chemische Reaktionen im menschlichen Körper beschleunigen; letztlich beruht die gesamte Steuerung des Stoffwechsels auf der Tätigkeit der Enzyme) sind sie nicht nur unverzichtbar für einen geregelten Ablauf der Stoffwechselreaktionen, sondern auch für deren Regulation durch körpereigene Hormone.
– Als Gerüstsubstanzen (beispielsweise Keratin für den Aufbau von Haaren und Nägeln und Kollagen für den Knochenaufbau) tragen die Proteine wesentlich zum Aufbau der Organe und Gewebe bei.
– Muskel-Proteine verleihen die Fähigkeit zur aktiven Bewegung.
– Proteine dienen zudem dem Transport der Atemgase, sind »Träger« der Immunabwehr und spielen eine wichtige Rolle u. a. bei der Blutgerinnung oder bei der Steuerung der Genaktivitäten, die für die Vererbung wichtig sind.

Tierisches Eiweiß findet sich in
– Milch und Milchprodukten,
– Eiern (dabei enthält das Eigelb mehr Eiweiß als das Eiklar!),
– Fleisch,
– Fisch.

Pflanzliches Eiweiß ist in hohem Maße enthalten in
– Hülsenfrüchten (Erbsen, Linsen, Bohnen, besonders in Sojabohnen),
– Nüssen und Mandeln,
– in geringerem Umfang in Kartoffeln, Obst und Gemüse,
– in reichem Maße in Getreide.

Noch immer halten die Diskussionen nicht nur unter Laien, sondern auch unter Ernährungswissenschaftlern an, ob der Mensch zu seiner Ernährung unbedingt auch tierisches Eiweiß (vor allem Fleisch) braucht oder ob er seinen Proteinbedarf auch über pflanzliches Eiweiß decken kann. Hildegard von Bingen hat weder Fleisch noch Fisch abgelehnt, sondern bestimmte Arten sogar empfohlen. Wer aus Überzeugung oder aus gesundheitlichen Gründen Vegetarier ist, sollte sich um seinen Eiweißbedarf keine Gedanken machen, solange er sich bei seiner rein pflanzlichen Ernährung gut und *gesund fühlt*. Es gibt inzwischen viele wissenschaftliche Untersuchungen, die belegen, dass pflanzliches Eiweiß ebenso wertvoll ist wie tierisches, vor allem dann, wenn verschiedene pflanzliche Lebensmittel wie Getreide und Salate oder Gemüse miteinander kombiniert werden. Wer auf Fleisch nicht verzichten möchte, kann sich dennoch gesund ernähren, wie viele Rezepte im Kapitel *Küche aus der Natur* zeigen, wo auch Fleisch und Fisch verwendet wird.

Fett

Tierische Fette und Öle werden aus den Fettgeweben ausgeschmolzen und beispielsweise zu Schmalz verarbeitet. Eine Ausnahme stellt die Butter dar, die aus Milch hergestellt wird. *Pflanzliche* Fette und Öle werden vor allem aus Samen (insbesondere aus Ölsaaten wie etwa Raps), aber auch aus anderen Pflanzenteilen (beispielsweise aus dem Fruchtfleisch der Oliven) durch Pressung oder Extraktion gewonnen. Die Kaltpressung als schonendste Methode liefert dabei die ernährungsphysiologisch und geschmacklich wertvollsten Öle.
Der menschliche Körper benötigt Fette als eine wichtige Energiequelle für viele Stoffwechselprozesse. So sind z. B. viele Vitamine nur *fett*löslich, z. B. die Vitamine A, D und E. Der Fettanteil der Ernährung sollte etwa 25 bis 30 Prozent der gesamten Nahrungszufuhr betragen. Dabei ist der Fettanteil in Milch, Fleisch, Getreide und auch in den verschiedenen Obst- und Gemüsesorten zu berücksichtigen.

Wenn man Fett in naturbelassener Form und in vernünftigen Mengen verwendet, macht es weder dick noch ist es gesundheitsschädlich. Das gesündeste und bekömmlichste Fett ist die Butter. Hildegard von Bingen bevorzugt dabei die Kuhmilch-Butter, weil diese besser und heilsamer sei als Schaf- oder Ziegenbutter. Der Streit um den Cholesteringehalt, bei dem es darum ging, ob nun Margarine oder Butter gesünder ist, ist zwischen Ernährungswissenschaftlern inzwischen beigelegt, seit man weiß, dass es »gute« und »schlechte« Cholesterine gibt. Eine naturbelassene Butter ist also ebenso empfehlenswert wie eine gute Reformmargarine. Zum Braten, Dünsten und Kochen sind auch naturbelassene, kaltgepresste Öle (z. B. Oliven-, Distel- und Nussöl) geeignet. Alle diese Öle haben nicht nur einen gesundheitlichen Wert, sondern können eine Mahlzeit oder einen Salat auch geschmacklich abrunden.

Kohlenhydrate

Im wissenschaftlichen Sinn sind Kohlenhydrate eine Sammelbezeichnung für eine weit verbreitete Gruppe von in der Natur vorkommenden Stoffen, zu denen vor allem die Zucker-, Stärke- und Zellulosearten gehören. Sie sind in jeder tierischen und pflanzlichen Zelle enthalten und stellen mengenmäßig den größten auf der Erde vorkommenden Anteil organischer Verbindungen dar. Dadurch sind sie ein Hauptbestandteil der menschlichen Ernährung und die wichtigsten Energielieferanten für die Körperzellen.
In der Ernährung sollten Kohlenhydrate mindestens 50 Prozent der gesamten Energiezufuhr ausmachen. Der größte Teil der vom Menschen aufgenommenen Kohlenhydrate ist pflanzlichen Ursprungs (hauptsächlich aus Brot und anderen Getreideerzeugnissen). Wichtig dabei ist, dass kohlenhydratreiche Lebensmittel so weit wie möglich noch ihre natürlichen Vitalstoffe enthalten. Dies ist der Fall bei frischem Obst und Gemüse, bei Kartoffeln und vor allem bei Vollkorngetreide. Bei *Weißmehlen* und *Weißmehlprodukten* nämlich werden Keim und Randschichten – in welchen die wertvollsten Vitalstoffe enthalten sind – entfernt, um so ein feineres Mehl zu gewinnen. Diesen Produkten fehlen also alle jene Stoffe, die für unsere Gesundheit besonders wichtig sind.
Auch der *Zucker* ist ein solches »isoliertes« Kohlenhydrat, dem alle wichtigen Inhaltsstoffe entzogen wurden und dem nur noch seine Süßkraft erhalten geblieben ist. In vielen natürlichen Lebensmitteln ist von Natur

aus Zucker enthalten – beispielsweise in Obst, Gemüse und Getreide. Der Zucker ist aber noch mit den Vitalstoffen – Vitaminen, Mineralstoffen, Spurenelementen usw. – verbunden. Wenn dies nicht der Fall ist, wie bei isolierten Zuckerarten, kann es zu verschiedenen Erkrankungen wie Karies, Übergewicht, Verdauungsproblemen oder Diabetes kommen.

Ballaststoffe

Hierbei handelt es sich um unverdauliche und durch Enzyme nicht abbaubare Anteile pflanzlicher Nahrung, z. B. Zellulose. Die Ballaststoffe werden im Darm nur teilweise durch die dort angesiedelten Mikroorganismen zerlegt. Aber gerade deshalb regen sie die Darmtätigkeit an und verhindern dadurch Zivilisationskrankheiten wie Verstopfung und Hämorrhoiden.

Da Ballaststoffe stark aufquellen können, füllen sie Magen und Darm und führen zu einem schnelleren und länger andauernden Sättigungsgefühl, regen den Darm zu einer stärkeren Aktivität an und fördern außerdem die Entwicklung einer gesunden Darmflora (gemeint sind die Mikroorganismen, die unsere Nahrung »verdauen«). Sie binden die im Darm befindlichen Gifte und sorgen durch eine schnellere und bessere Verdauung dafür, dass diese Gifte gar nicht erst vom Körper aufgenommen werden können.

Ballaststoffe sind vor allem in Vollkornprodukten, Obst, Gemüse und Salaten vorhanden. Bekannt als natürliche Abführmittel, die sich auch als wohlschmeckende Bereicherung in verschiedenen Gerichten verwenden lassen, sind vor allem Leinsamen und Weizenkleie.

Vitalstoffe

Mit diesem Begriff bezeichnet man mehrere Gruppen von Wirkstoffen, die für den Aufbau und die physiologische Funktion der Zellen und des gesamten Organismus wichtig sind:

Vitamine, Mineralstoffe, Spurenelemente.

Unser Körper kann die zuvor genannten Hauptnährstoffe Eiweiß, Fett und Kohlenhydrate nur dann in der richtigen Weise aufnehmen und verarbeiten, wenn Vitalstoffe in der Nahrung in ausreichender Menge und in einem ausgewogenen Verhältnis vorhanden sind. Dies ist der Fall bei Vollkornprodukten, Obst, Gemüse, Kartoffeln und Milchprodukten. Künstliche Vitamine, wie sie heute oft als »Nahrungsergänzung« angeboten werden, können einen eventuellen Mangel nicht ausgleichen, da sie synthetisch hergestellt werden. Außerdem können sie auf die Dauer sogar zu Gesundheitsschäden führen, weil das natürliche Gleichgewicht fehlt.

Vitamine

Obwohl Hildegard von Bingen von Vitaminen noch nichts wissen konnte – diese wurden ja erst in unserem Jahrhundert entdeckt –, hatte sie ein *feines Gespür* für die wichtigen und wertvollen Lebensmittel. Bis heute ist die »Vitaminforschung« zu keinem Ende gelangt, aber wir wissen doch schon einiges über die Wirkungsweise der bekannten Vitamine und über deren Vorkommen in den einzelnen Nahrungsmitteln.

Wenn unsere Nahrung nicht die ausreichende Menge an Vitaminen enthält oder diese nicht in der richtigen Kombination vorhanden sind, kann es zu Vitaminmangelkrankheiten kommen. Selbst heute, da uns frisches Obst und Gemüse in jeder Jahreszeit zur Verfügung steht, kann das leicht der Fall sein, wenn man allzu oft Fertiggerichte verwendet oder Fastfood zu sich nimmt. Zu den wichtigsten Vitaminmangelkrankheiten gehören Stomatitis (entsteht durch Vitamin-C-Mangel und war früher hauptsächlich bei Seeleuten verbreitet, die monatelang keine Frischkost erhielten), Rachitis (entsteht durch Vitamin-D-Mangel, wobei zu bedenken ist, dass früher in den lichtarmen Wohnungen der armen Leute Kinder selten genug Sonnenbestrahlung erhielten; Vitamin D wird u. a. durch Sonnenlicht gebildet!), Beriberi (Vitamin-B_1-Mangel, der durch das Abschälen der nährstoff- und vitaminhaltigen Silberhäutchen von Reis entstand, der ja auch heute noch ein Hauptnahrungsmittel vieler Völker vor allem in Asien ist) und Nachtblindheit (die auf einen Vitamin-A-Mangel zurückzuführen ist).

Vitamine sind für den Stoffwechsel des Menschen und natürlich auch der meisten Tiere unentbehrlich. Dieser Begriff bezeichnet eine Gruppe chemisch sehr unterschiedlicher Substanzen, die vor allem von Pflanzen und Bakterien erzeugt werden. Die meisten Vitamine können vom menschli-

chen Organismus nicht selbst erzeugt werden, sondern müssen über die Nahrung zugeführt werden.
Es gibt fett- und wasserlösliche Vitamine. Zu den ersteren gehören die Vitamine A, D, E und K, zu letzteren die Vitamine der B-Gruppe und Vitamin C. Einige andere Substanzen werden ebenfalls als Vitamine bezeichnet, etwa die zum Vitamin P zusammengefassten essenziellen (unentbehrlichen) Fettsäuren, die vom Körper nicht hergestellt werden können, sondern über die Nahrung aufgenommen werden müssen. Der durchschnittliche Tagesbedarf eines erwachsenen Menschen ist in »Internationalen Einheiten« (I. E.) festgelegt, oder man misst ihn in Milligramm.

Vitamin A
ist wichtig für den Aufbau und die Punktion der Hautzellen und der Schleimhäute, außerdem für die Regeneration des Sehpurpurs des Auges, der unter anderem die Nachtblindheit verhindert.

Vitamin A ist unter anderem enthalten in Tierleber, Eingeweiden, Eigelb, Milch- und Milchprodukten, Fischleberölen (z. B. im berühmt-berüchtigten Lebertran) und als Provitamin A (Karotin) in zahlreichen Gemüsen, vor allem in Möhren. Der Tagesbedarf an Vitamin A beträgt etwa 5000 I. E.

Vitamin-A-Gehalt einiger Nahrungsmittel:
20 g Rinderleber	8780 I.E.
50 g Möhren	6000 I.E.
75 g Grünkohl	5650 I.E.
60 g Spinat	3800 I.E.
5 g Lebertran	5000 I.E.

Vitamin B_1
aktiviert vor allem den Kohlenhydrat-Stoffwechsel des Körpers und ist auch sehr wichtig für die Funktionen des Verdauungs- und des Nervensystems. Vitamin B_1 wirkt nicht nur gegen Appetitlosigkeit, sondern auch gegen Müdigkeit und Störungen des seelischen Gleichgewichts. Der durchschnittliche Tagesbedarf eines Menschen an Vitamin B_1 beträgt etwa 1,6 Milligramm.

Vitamin B_1 ist unter anderem enthalten in Getreide, Hefe, in Gemüsen, Früchten und Kartoffeln, Eigelb, Milch und Milchprodukten, in Reis und Nüssen sowie in Tierleber und -nieren.

Vitamin-B_1-Gehalt einiger Nahrungsmittel:
100 g Schweinefleisch	0,70 mg
200 g frische Erbsen	0,70 mg
100 g Rinderherz	0,60 mg
100 g Haferflocken	0,60 mg
300 g Weizenvollkornbrot	0,60 mg
300 g Roggenvollkornbrot	0,45 mg

Vitamin B_2
ist wichtig für die Atmungsvorgänge in den Körperzellen sowie für den gesamten Stoffwechsel. Vitamin-B_2-Mangel kann zu Entzündungen der Haut, der Augenlider und Schleimhäute sowie zu brüchigen Nägeln führen. Eine besondere Bedeutung kommt diesem Vitamin im Entwicklungsalter des Menschen zu, da es das Wachstum und die Zunahme des Körpergewichts fördert. Der durchschnittliche Tagesbedarf eines Erwachsenen an Vitamin B_2 beträgt etwa 1,8 Milligramm.

Vitamin B_2 ist unter anderem enthalten in Leber, Niere, Hefe, Fleisch und Fisch, Käse, Eiern, Gemüse, Milch und Milchprodukten.

Vitamin-B_2-Gehalt einiger Nahrungsmittel:
75 g Nieren	1,90 mg
60 g Leber	1,90 mg
500 g Vollmilch	0,75 mg
300 g Weizenvollkornbrot	0,45 mg
100 g Camembert-Käse	0,45 mg

Vitamin B_6
regelt u. a. den Eiweiß-Stoffwechsel, die Blutbildung und die Vorgänge im Nervensystem. Bei Mangelerscheinungen kann es zu Entzündungen der Haut, der Augenlider und der Schleimhäute kommen, außerdem zu Haarausfall. Auch nervöse Störungen sind möglich.

Vitamin B_6 ist enthalten in Muskelfleisch, Leber und Nieren, Fischleber und -rogen, Eigelb, Milch und Milchprodukten, Getreide, Hefe und grünen Gemüsen.

Vitamin B_{12}
trägt bei zum Aufbau der roten Blutkörperchen und ist auch beim Entstehen der Kernsubstanz der Körperzellen beteiligt. Bei Vitamin-B_{12}-Mangel kann es zu Blutarmut bis hin zur Anämie und auch zu nervösen Erkrankungen kommen.

Vitamin B_{12} findet sich vor allem in Leber und Nieren sowie im Eigelb.

Biotin
wurde früher als Vitamin H bezeichnet. Es ist ein Harnstoffprodukt (so seltsam es klingen mag: Harnstoff ist ebenfalls lebenswichtig für unsere Gesundheit) und gehört zu den wasserlöslichen Vitaminen. Biotin kann vom Körper selbst hergestellt werden, und zwar durch einige in der Darmflora vorkommende Bakterien. Mangel an Biotin kann zu Hautveränderungen (z. B. zu fettiger und unreiner Haut) führen. Aber auch Müdigkeit und Muskelschmerzen können auftreten.

Biotin findet sich etwa in Gemüsen und Früchten, in ungeschältem Reis, in Milch und Milchprodukten, außerdem in Hefe, verschiedenen Pilzarten (beispielsweise Champignons) und in Haselnüssen.

Vitamin C
ist besonders wichtig für den Aufbau von Knochen und Zähnen, stärkt das Bindegewebe und erhöht die körpereigenen Abwehrstoffe. Außerdem ist es wichtig für den Eisentransport und die Blutbildung. Wichtig ist Vitamin C vor allem in den Winter- und Frühjahrsmonaten, in denen oft nicht so viel frisches Obst und Gemüse zur Verfügung steht, wie der Körper gerade während dieser Jahreszeiten benötigen würde. Eine gute Möglichkeit, dies auszugleichen, sind gerade während dieser Zeit Kartoffeln (die einen sehr hohen Vitamin-C-Gehalt haben) und Sauerkraut. Der Vitamin-C-Bedarf eines Erwachsenen beträgt täglich etwa 75 Milligramm.

Vitamin-C-Gehalt einiger Nahrungsmittel:
70 g Grünkohl	80 mg
40 g schwarze Johannisbeeren	75 mg
100 g Blumenkohl	70 mg
100 g Erdbeeren	50 mg
100 g Zitronen	50 mg (nur!)
100 g Spinat	57 mg

Vitamin D
ist vor allem wichtig zur Knochenbildung, besonders im jugendlichen Alter, denn es ist für den Kalk- und Phosphorstoffwechsel verantwortlich. Bei Vitamin-D-Mangel kann deshalb leicht Rachitis entstehen, eine früher vor allem bei Säuglingen und Kleinkindern sehr gefürchtete Erkrankung. Bei Erwachsenen kann eine ungenügende Versorgung mit Vitamin D zu einer Entkalkung (und damit Brüchigkeit) von Knochen und Zähnen führen.
Die Bildung von Vitamin D wird durch Sonnenlicht begünstigt. In unserer Zeit bedeutet das allerdings nicht, dass man sich und die Kinder dem vollen Sonnenlicht aussetzen soll! Das wäre bei den schädlichen Einflüssen, die durch das sich ständig vergrößernde Ozonloch entstehen, der Gesundheit eher unzuträglich. Trotzdem sind frische Luft und Tageslicht unbedingt wichtig für kleine und große Menschen. Nur muss dabei die entsprechende Vorsorge getroffen werden: Außer beim Baden sollte man den Körper möglichst bedeckt halten (leichte Stoffe wie Baumwolle und Seide wirken kühlend). Es sollte immer eine Kopfbedeckung getragen werden. Und: Ein angemessener Sonnenschutz durch Cremes oder Lotionen ist ein absolutes »Muss«. Halten Sie sich so viel wie möglich im Schatten auf – auch dort wirken die Sonnenstrahlen noch bräunend.

In Lebensmitteln finden wir das Vitamin D vorwiegend in Fischleberölen, Pilzen, Eiern, Milch und Milchprodukten, Käse mit höherem Fettgehalt und Seefischen.

Der Vitamin-D-Gehalt einiger Nahrungsmittel:
30 g Hering	500 I.E.
5 g Lebertran	500 I.E.
10 g Lachs	400 I.E.
1 Ei	400 I.E.
100 g Kalbfleisch	140 I.E.
100 g Sahne	50 I.E.

Vitamin E
hat wichtige Funktionen bei der Verwertung von Sauerstoff durch den menschlichen Organismus. Außerdem hat es einen günstigen Einfluss auf den Fettstoffwechsel. Es unterstützt die Leber in ihren entgiftenden Funktionen und fördert die Durchblutung der Haut und des Bindegewebes, was vor allem im Alter regenerierend wirkt. Bei Vitamin-E-Mangel

kann es zur Erschlaffung des Bindegewebes und zu Durchblutungsstörungen kommen. Auch Hautveränderungen wie Akne oder vorzeitige Hautalterung können die Folge sein.

Vitamin E findet sich in reichem Maße in Getreidekeimen, pflanzlichen Ölen, in Salaten, Spinat, Kohl, Lauch, Milch und Milchprodukten, Nüssen, Muskelfleisch, Leber und Nieren.

Folsäure
Hierbei handelt es sich um eine Substanz aus der Gruppe der B-Vitamine. Sie wurde von dem lateinischen Wort *folium* (Blatt) abgeleitet, weil sie zuerst im Spinat entdeckt wurde. Aber sie befindet sich auch in vielen anderen grünen Pflanzenblättern, außerdem in Leber und Hefe sowie in der Muttermilch.
Die Folsäure hat eine wichtige Bedeutung für die Zusammensetzung des Blutes und der Darmschleimhaut. Bei Folsäuremangel kann es zu Blutarmut und krankhaften Veränderungen des Blutbildes kommen. Auch Schleimhautveränderungen in der Mundhöhle sowie Durchfall können die Folge sein.

Folsäure findet sich hauptsächlich in grünen Gemüsen, in Hefe sowie in Leber und Nieren.

Vitamin K
beeinflusst vor allem die Blutgerinnung. Bei Mangelerscheinungen kann eine Neigung zu Blutungen in Gewebe und Organen des Körpers entstehen.

Vitamin K findet sich hauptsächlich in Kohl und Spinat, reichlich auch in Brennnesseln, außerdem in Kartoffeln, Tomaten, Hagebutten und tierischen Leberölen.

Nikotinsäure
gehört zum Vitamin-B_2-Komplex (und hat *nichts* mit Tabak und Zigaretten zu tun!). Sie ist an vielen Stoffwechselreaktionen des Organismus beteiligt, außerdem beeinflusst sie die Aktivitäten des Nervensystems. Darüber hinaus wirkt Nikotinsäure als Hautschutz gegen Sonneneinwirkung. Bei einem Nikotinsäuremangel kann es zu Hautveränderungen (Schuppen, weiße Flecken usw.) kommen. Aber auch Nervosität und Depressionen können auftreten.

Nikotinsäure ist vor allem enthalten in Vollkornprodukten und Hefe (auch Bierhefe), außerdem in der Leber und im Fleisch von Huftieren.

Pantothensäure
gehört ebenfalls zum Vitamin-B_2-Komplex. Die Säure ist wichtig für den Stoffwechsel und für die Funktionen des Nervensystems. Bei Mangel an Pantothensäure kann es zu Hautschädigungen (Akne, Unreinheit) und zu einem frühzeitigen Ergrauen der Haare kommen. Störungen im Nervensystem sind möglich.

Pantothensäure findet sich etwa in frischen Früchten und Blattgemüse, außerdem in Hülsenfrüchten und Getreide, in Eigelb und Hefe sowie in Leber, Nieren und Muskelfleisch.

Mineralstoffe

In jedem Nahrungsmittel – sei es nun pflanzlicher oder tierischer Herkunft – sind auch Mineralstoffe enthalten. Diese erfüllen im Körper schützende und regulierende Funktionen. Sie kommen im Körper – und auch in den Nahrungsmitteln – in unterschiedlichen Mengen vor, manche nur in Spuren, weshalb man sie auch als »Spurenelemente« bezeichnet.

Zu den *Mineralstoffen* gehören in erster Linie

    Natrium, Kalium, Kalzium, Magnesium, Phosphor.

Zu den *Spurenelementen* gehören

    Eisen, Kupfer, Zink, Mangan, Jod, Selen.

Obwohl Mineralstoffe und Spurenelemente nur in sehr geringer Konzentration für den menschlichen Organismus notwendig sind, ist ihre Ausgewogenheit doch sehr wichtig. Ein Mangel an bestimmten Stoffen kann bereits zu gravierenden Gesundheitsstörungen führen. Eine vollwertige Ernährung mit hohem Getreideanteil kann den meisten Erkrankungen dieser Art vorbeugen.

Natrium

ist ein lebenswichtiges Mineral für Menschen und Tiere und wird vor allem in Form von Kochsalz verwendet. Der Mindestbedarf eines erwachsenen Menschen liegt bei 0,5 Gramm am Tag, sollte aber etwa 1,5 Gramm täglich betragen. Diese Menge wird allerdings leicht überschritten, wenn man viele Fertiggerichte zu sich nimmt oder häufig auswärts isst, wo es nicht selten vorkommt, dass Speisen zu stark gesalzen werden. Natriummangel kann Appetitlosigkeit, Übelkeit und Muskelschwäche verursachen.

Natrium ist in fast allen Lebensmitteln, außer in frischem Obst, enthalten. Da Getreide von Natur aus einen geringen Natriumgehalt aufweist, ist es besonders gut geeignet, den Salzhaushalt des Körpers im Gleichgewicht zu halten.

Kalium

Kalium ist für den Menschen wichtig, weil es u. a. die Atmung der Gewebe reguliert. Gemeinsam mit Natrium, zu dem es im rechten Verhältnis stehen muss, wirkt es auf den Blutdruck ein. Im Körper eines Erwachsenen sind etwa 140 Gramm Kalium in gebundener Form enthalten. Der Tagesbedarf eines erwachsenen Menschen an Kalium beträgt etwa 0,8 Gramm – bei normaler Ernährung wird ihm eine mehr als ausreichende Menge von diesem Mineralstoff zugeführt, nämlich etwa 4 Gramm. Kaliummangel kann zu Appetitlosigkeit, Muskelschwäche und Herzrhythmusstörungen führen.

Kalium ist vor allem enthalten in frischem Gemüse, Milch und Milchprodukten, in Fleisch und Fisch, Kartoffeln und Nüssen.

Kalzium

Für die Gesundheit ist ein gleich bleibender Kalziumspiegel im Blut von größter Bedeutung. So ist er für die Knochengesundheit und für die Festigkeit von Zähnen und Fingernägeln wichtig und reguliert außerdem den Blutdruck. Bei Kalziummangel kann es zu lebensgefährlichen Muskelkrämpfen (auch der Atemmuskulatur) kommen. Ein zu hoher Kalziumgehalt dagegen verursacht z. B. Nierensteine.

Kalzium ist enthalten in Milch und Milchprodukten, in Hülsenfrüchten und in Vollkorngetreide.

Magnesium

ist ein lebenswichtiger Bestandteil des tierischen und menschlichen Organismus. Es weist viele Ähnlichkeiten mit dem Kalzium auf, denn es hat ebenfalls eine wesentliche Funktion für den Skelettaufbau. Auch das Nervensystem ist von einer geregelten Magnesiumzufuhr abhängig. Möglicherweise ist Magnesium in der Lage, zur Verhinderung von Osteoporose und Herzinfarkten beizutragen. Mangelerscheinungen können dagegen zu Depressionen und Verwirrungszuständen führen, weil das Gehirn nicht ausreichend bei der Energiegewinnung aus Nährstoffen unterstützt wird.

Magnesium findet sich u. a. in Obst und Gemüse, vor allem in Bohnen aller Art. Reichlich vorhanden ist es auch in Weizenkeimen

Phosphor

gehört nicht nur zu den für eine normale Entwicklung von Pflanzen unerlässlichen Nährstoffen – für Menschen und Tiere ist er ebenfalls unentbehrlich. So ist er etwa in Nukleinsäuren und Enzymen enthalten und an allen Vorgängen des Energiestoffwechsels sowie an den Stoffwechselreaktionen (z. B. Stärkebildung und Knochenaufbau) beteiligt.

Phosphor ist in Getreide enthalten, aber auch in Erbsen, Nüssen, Fisch und Innereien wie Leber und Nieren.

Eisen

gehört zu den lebenswichtigen Spurenelementen. So ist es notwendig für die Bildung der roten Blutkörperchen. Männer benötigen etwa 12 Milligramm Eisen pro Tag, Frauen etwas mehr, weil sie bei jeder Menstruation Eisen verlieren. Eisenmangel kann durch Blutverluste (etwa verstärkte Regelblutungen, aber auch bei durch Magengeschwüre verursachten Blutungen) und bei Darmkrebs entstehen. Eine andere Ursache für Eisenmangel ist eine einseitige, nicht vollwertige Ernährung. Sie kann zu chronischer Müdigkeit, Kopfschmerzen, rissiger Haut und Anämie führen.

Eisen ist in ausgewogener Menge im Vollkorngetreide vorhanden. Auch Brennnesseln enthalten reichlich Eisen und können, frisch als Gemüse gegessen oder getrocknet und als Tee getrunken, Eisenmangel ausgleichen.

Kupfer

ist wichtig für die Blutbildung, außerdem für die Energiegewinnung aus Nährstoffen und für die Bildung und Erhaltung von Myelin, einer Nervenfasersubstanz. Kupfermangel kann zu Anämie und Depressionen führen. Bei Kindern kann es zu einem verzögerten Gehirnwachstum und daher einer geringeren Funktionstüchtigkeit des Gehirns kommen.

Kupfer ist vor allem in Getreiden und Nüssen vorhanden, aber auch in Hülsenfrüchten und Obst.

Zink

aktiviert im menschlichen Körper verschiedene Enzyme. So ist es wichtig für die Bauchspeicheldrüse und für die Netzhaut der Augen. Die notwendigen Zinkmengen werden normalerweise mit der Nahrung aufgenommen. Bei Mangelerscheinungen kann es zu Appetitlosigkeit und zu einem verzögerten Gehirnwachstum bei Kindern kommen. Eine Überdosis von Zink – etwa wenn Speisen in verzinkten Gefäßen sauer werden – kann allerdings auch zu Vergiftungserscheinungen führen.

Zink findet sich in ausreichender Menge u. a. in Vollkorngetreide, aber auch in Milch, Eiern, Leber und Meeresfrüchten.

Mangan

Die Bedeutung von Mangan für den menschlichen Organismus liegt darin, dass es verschiedene Enzyme aktiviert. Dadurch wird dem Körper ermöglicht, den zugeführten Nährstoffen die lebenswichtige Energie zu entziehen. Allerdings sind schwere Mangelerscheinungen zur Zeit nicht bekannt.

Mangan findet sich etwa im Vollkorngetreide, in Nüssen und in Blattgemüse wie Salat und Spinat.

Jod

ist ein unentbehrlicher Bestandteil des menschlichen Organismus und muss über die Nahrung aufgenommen werden. Dieses Spurenelement ist beispielsweise ein Baustein des Schilddrüsenhormons Thyroxin. Der tägliche Bedarf für einen erwachsenen Menschen liegt bei 0,15 Milligramm. Jodmangel kann zu einer Fehlfunktion der Schilddrüse und zur Kropfbildung führen.

Jod ist enthalten in Milch- und Milchprodukten, in Fleisch, Gemüse und vor allem in Fisch und anderen Meeresfrüchten.

Selen
ist von großer Bedeutung für die Gesundheit von Mensch und Tier. So sorgt es für die gesunde Entwicklung von Haaren und Nägeln und unterstützt die Bildung roter Blutkörperchen. Ein Mangel an diesem Spurenelement kann zu Wachstumsstörungen an Muskeln und Knochen führen.

Selen ist enthalten in Rindfleisch, Spargel, Knoblauch sowie in Fisch und anderen Meeresfrüchten.

Die Getreide

Gerste

hat einen Eiweißgehalt von 10 bis 11 Prozent und einen Fettgehalt von nur 2 Prozent. Sonst besteht sie hauptsächlich aus Kohlenhydraten in Form von natürlichem Zucker und Stärken. In Gerste ist reichlich Kalzium, Magnesium, Eisen und Phosphor enthalten, außerdem Vitamin B_1, B_2, B_3. Gerstenkeimlinge sind reich an Vitamin B_{12} und Vitamin E. 100 Gramm Gerste enthalten 352 Kalorien (1480 Joule).

Gerste wirkt aufbauend auf den menschlichen Körper und lindert Krankheiten. Deshalb kann sie auch für Kranke (vor allem bei Magen- und Darmerkrankungen) und Kleinkinder verwendet werden, etwa in Form von Gerstenschleim. Gerste ist zudem für Diabetiker geeignet.

Roggen

enthält gut 11 Prozent Eiweiß und nur 1,6 Prozent Fett, im Übrigen besteht er vorwiegend aus Kohlenhydraten. Außerdem finden sich in diesem Getreide verschiedene B-Vitamine, Eisen, Kalium, Fluor, Kieselsäure und reichlich Phosphor. Der Kaloriengehalt ist der niedrigste aller Getreidearten: 312 Kalorien (1325 Joule) auf 100 Gramm.

Der gesundheitliche Wert besteht im Wesentlichen in der Unterstützung des Verdauungsprozesses, aber auch Muskeln und Nerven werden gestärkt. Kreislaufstörungen und Blutdruckprobleme können durch den Verzehr von Roggenprodukten gemildert werden. Ebenfalls sehr günstig wirkt Roggen sich bei Eisenmangel aus. Allerdings ist Roggen relativ schwer verdaulich, worauf Hildegard von Bingen hinweist, und sollte deshalb nur von organisch gesunden Menschen gegessen werden.

Hafer

Hafer hat den höchsten Eiweißgehalt aller Getreidearten – bis zu 14 Prozent – und ebenfalls den höchsten Fettgehalt – über 7 Prozent. Er ist reich an Kohlenhydraten – bis 63 Prozent – und enthält außerdem reichlich Kalzium, Eisen und Phosphor sowie B-Vitamine und Vitamin E. Auch Jod, Kupfer und Kieselsäure sind im Hafer enthalten.

Hafer ist ein Nahrungsmittel, das für die Gesunderhaltung des ganzen Körpers wichtig ist. Er kann Gelenk- und Bandscheibenerkrankungen vorbeugen, schützt die Zähne vor Karies, ist wichtig für das gesunde Wachstum von Haaren und Nägeln und Kraftnahrung für die Nerven.

Weizen

enthält – je nach Sorte – 10 bis 12 Prozent Eiweiß und gut 2 Prozent Fett. Sonst besteht er im Wesentlichen aus Kohlenhydraten. An Vitaminen enthält er sämtliche Vitamine der B-Gruppe, dazu Vitamin E und das Provitamin A (Karotin). In reichem Maße vorhanden sind auch Mineralien und Spurenelemente wie Phosphor, Kalium, Kalzium, Magnesium, Eisen, Mangan, Zink, Natrium und Fluor. 100 Gramm Weizen enthalten 345 Kalorien (1 445 Joule).

Vollkornweizen ist wichtig für eine gesunde Verdauung und zur Vorbeugung gegen Krankheiten des Dickdarms. Auch gegen Diabetes und Magengeschwüre kann er vorbeugend wirken.

Dinkel

enthält einen Eiweißanteil von über 13 Prozent, etwa 2,5 Prozent Fett und fast 70 Prozent Kohlenhydrate. Sein Anteil an Vitaminen ist höher als der des Weizens. Vor allem handelt es sich dabei um die lebenswichtigen Vitamine der B-Gruppe. An Mineralstoffen sind im Dinkel unter anderem Kalium, Eisen und Phosphor enthalten.

Durch Dinkel kann Depressionen und sogar der parkinsonschen Krankheit vorgebeugt werden, weil dieses Getreide in seinem Vitaminkomplex zahlreiche essenzielle (wesentliche) Eiweißbausteine (Aminosäuren) enthält, die für die Bildung der Hormone Adrenalin und Noradrenalin von Bedeutung sind. Appetit und Herztätigkeit werden zudem angeregt. Die im Dinkel enthaltenen Mineralstoffe – vor allem Phosphor – tragen zu einem gesunden Aufbau der Gehirn-, Leber- und Muskelzellen bei.

Getreide einkaufen und lagern

Wenn Sie Getreide zu einem wichtigen Bestandteil Ihres Küchenzettels machen wollen, brauchen Sie dafür eine zuverlässige Bezugsquelle. Beachten Sie dabei bitte folgende Punkte:

- Auszugsmehle sind für eine gesunde Küche nicht geeignet, weil ihnen die wertvollsten Inhaltsstoffe entzogen wurden. Selbst für Feingebäck können Sie gesiebte Vollkornmehle (aus denen die groben Kleieanteile entfernt wurden) verwenden.
- Sie können fertig gemahlene Vollkornmehle abgepackt im Reformhaus, im Naturkostladen und inzwischen auch in vielen Supermärkten kaufen. Das ist ein guter Einstieg in die Vollkornküche, vor allem, wenn Sie erst einmal testen wollen, ob Ihnen und Ihrer Familie diese Art von Ernährung zusagt.
- Gesundheitlich und geschmacklich ist allerdings das frisch gemahlene Korn zu empfehlen. Wenn Sie keine eigene Getreidemühle haben, kaufen Sie das Getreide im Bioladen und im Reformhaus, und lassen Sie sich dort Ihren Tagesbedarf mahlen – so bleiben die wertvollen Inhaltsstoffe des Getreides am besten erhalten.
- Sie können aber auch in der eigenen Haushaltsmühle mahlen (siehe im folgenden Kapitel »Getreide selbst mahlen«).
- Getreidekörner können Sie im Reformhaus, im Naturkostladen, aber auch in vielen Supermärkten kaufen. Achten Sie dabei immer darauf, dass es sich um biologisch kontrolliert angebautes Getreide handelt (wie etwa von den Firmen Demeter oder Ökoland), dann haben Sie die Gewähr, dass so gut wie keine gesundheitsschädlichen Dünger oder Insektizide usw. in Ihre Nahrung gelangen.
- Vielerorts bieten biologisch kontrollierte Bauernhöfe Getreide im Ab-Hof-Verkauf an. Dieses ist meistens kostengünstiger, erfordert aber oft längere Anfahrtswege, und mitunter ist es nötig, größere Mengen abzunehmen, als man selbst benötigt. In diesem Fall ist es empfehlenswert, sich mit einigen Freunden zusammenzutun, die ebenfalls Interesse an einer gesunden Ernährung haben.
- Lagern Sie das Getreide an einem trockenen Ort bei Zimmertemperatur (etwa 18 bis 20 Grad).
- Fertig gemahlenes Mehl bewahren Sie am besten in Gläsern auf und schütteln es gelegentlich immer wieder um.

- Ungemahlenes Korn bewahren Sie am besten in Leinen- oder Jutesäcken auf, die Sie an Haken an einem kühlen luftigen Ort aufhängen. Auch das ungemahlene Getreide sollte mindestens alle vier Wochen umgewendet werden.
- Verwenden Sie zur Aufbewahrung von Mehl oder ungemahlenem Getreide niemals Plastiktüten oder Plastikbehälter – darin erhält es keinen Sauerstoff und schimmelt leicht.
- Das ungemahlene Getreide muss vor dem Mahlen vollkommen trocken sein, sonst verschmiert es das Mahlwerk der Mühle und macht diese unbrauchbar.

Getreide selbst mahlen

Sie können Dinkel und andere Getreide in verschiedensten Formen verwenden:

- als ganze Körner (gequollen, gekocht oder gekeimt);
- als Flocken (im Reformhaus, im Naturkostladen und inzwischen auch in vielen Supermärkten erhältlich);
- als fertig gemahlenes Vollkornmehl (ebenfalls im Reformhaus, im Naturkostladen und in Supermärkten erhältlich);
- als frisch gemahlenes Mehl.

Letzteres ist unbedingt zu empfehlen, weil nur im ganz frisch gemahlenen Mehl noch alle wertvollen Inhaltsstoffe enthalten sind, die sich sonst schon wenige Stunden nach dem Mahlvorgang erheblich reduzieren. Sie können sich Ihr Mehl, wie bereits erläutert, frisch im Reformhaus oder im Naturkostladen mahlen lassen. Sollten Sie aber öfter Getreidegerichte auf den Tisch bringen, lohnt sich die Anschaffung einer eigenen Getreidemühle unbedingt.

In früheren Zeiten war das Mehlmahlen ein sehr mühseliger Prozess, der hauptsächlich von Frauen geleistet wurde. In vielen Gegenden Afrikas, Asiens und Südamerikas ist dies heute noch der Fall: In stundenlanger Arbeit zerreiben die Frauen das Korn mit einem handlichen Stein auf einer größeren, mit einer Mulde versehenen Steinplatte.
Dieses Verfahren reicht aber nur aus, wenn wenige Menschen zu versorgen sind. Als die Menschen sesshaft wurden und die Bevölkerungszahl anstieg, waren größere Mengen Mehl und damit andere Verfahren notwendig. Auch die Ansprüche wurden höher, denn das auf diese Weise gewonnene Mehl war unrein und enthielt Steinstaub von den Mahlflächen der Steine.

In Mesopotamien wie auch in Ägypten wurden bei Ausgrabungen jahrtausendealte Handmühlen entdeckt, die die mühsame Arbeit des Mehlreibens wesentlich erleichterten. Sie ersetzten nämlich die Bewegung, mit welcher eine Frau den »Läufer« – also den Reibestein – hin und her bewegte, durch eine kräftige Drehbewegung. Dazu wurde in den runden

Reibstein der Handmühle ein Griff gesteckt, sodass man diesen auf der runden Mulde des Bodensteines drehen konnte. Verbessert wurde diese Mühle dadurch, dass der Läuferstein eine Öffnung hatte, in die man das Korn hineinschütten konnte. Im Prinzip arbeiten auch unsere heutigen Handmühlen nicht anders.

Durch die zunehmende Arbeitsteilung entstand schon früh der Beruf des Müllers. Dessen wertvollster Besitz war der Mühlstein – heute finden wir solche Steine noch als Schmuck in Vorgärten oder Museen. Diese Steine bestanden meistens aus Basalt. In der griechisch-römischen Antike stieg der Bedarf an Mehl an, sodass die Handmühlen vergrößert wurden und durch Sklaven-, aber auch durch Esels-, Pferde- oder Ochsenkraft angetrieben wurden.

Eine Weiterentwicklung war die Wassermühle, die nicht mehr durch menschliche oder tierische Kraft betrieben werden musste. Das technische Problem bestand darin, die Drehbewegung des senkrecht gestellten Wasserrades in eine waagerechte Drehbewegung für die Mühlsteine umzuwandeln. Um dieses Problem zu lösen, mussten Getrieberäder für die Kraftübertragung erfunden werden. Diese Erfindung gehört zu einer der wichtigsten Errungenschaften der Menschheit – und doch weiß man heute nicht einmal den Namen ihres Urhebers.

Während für die rational denkenden Römer das Wasser eine nutzbringend einzusetzende Kraft war, hielten es die Germanen für von den verschiedensten Geistern bevölkert, die Eingriffen in ihr Reich mit allerlei Zauber begegnen konnten. Deshalb setzten sich die Wassermühlen hier auch zunächst nur schwer durch und waren immer mit einem Hauch von Schwarzer Magie behaftet – man denke nur an die vielen Märchen und Legenden, die sich mit Mühlen und Müllern beschäftigen, so z. B. Otfried Preußlers *Krabat*!

Erst als sich die Kirche auf die Seite des technischen Fortschritts stellte, wandelte sich die innere Einstellung der Menschen. Die Mönche erklärten, dass die Mühle der Broterzeugung diene und das Brot schließlich der Leib Christi sei. Daraufhin schlug insbesondere bei den osteuropäischen Völkern die abergläubische Furcht in eine ebensolche Verehrung um. So kommt es, dass Wassermühlen in Mitteleuropa schon seit dem 4. Jahrhundert in Gebrauch sind.

Aber nicht überall gab es die entsprechenden Gewässer zum Betrieb einer Wassermühle. Und selbst wenn ausreichend Wasser vorhanden war, wie in den Niederlanden, fehlte es häufig am nötigen Gefälle. Aber neben

dem Wasser konnte man auf eine weitere Naturkraft zurückgreifen – auf den Wind. Das Prinzip der Windmühle wurde schon von den Römern entdeckt, gelangte aber erst bei den Arabern zur Blüte. Durch diese kam es nach Europa, wo bereits im Jahr 833 eine Windmühle im angelsächsischen Raum erwähnt wird. Zum Bau von Windmühlen bediente man sich in ganz Europa bereits während des Mittelalters hauptsächlich niederländischer Fachleute, denn Holland war das Zentrum des europäischen Mühlenbaus.
Inzwischen sind die Mühlenbetriebe elektrifiziert, und ihnen haftet durchaus nicht mehr das Flair des Unheimlichen und Geheimnisvollen an. Trotzdem sind sie immer noch ein wichtiger Faktor für die Zubereitung des »täglichen Brotes«.

Wenn Sie sich dafür entscheiden, Ihr Mehl selbst zu mahlen, sollten Sie zuvor überlegen, ob Sie häufig oder eher selten Getreidegerichte auf den Tisch bringen wollen. Im letzteren Fall reicht eine Handmühle aus, deren Betrieb wesentlich mühevoller ist, die allerdings keine so hohe Investition erfordert. Wenn Sie Ihr Brot selbst backen und auch sonst viele Getreidegerichte auf den Tisch bringen (Rezepte hierzu finden Sie in diesem Kapitel), lohnt es sich auf jeden Fall, eine elektrische Getreidemühle anzuschaffen. Dazu im Folgenden einige Hinweise, die Sie bei der Auswahl beachten sollten:

Unsere Nahrung sollte so viele Vitalstoffe wie möglich enthalten – das bedeutet, dass Gemüse nicht durch Schädlingsbekämpfungsmittel, Bestrahlung usw. »zu Tode konserviert« sein und Getreide nur aus nachgewiesenermaßen biologisch-dynamisch arbeitenden Betrieben (Demeter, Bioland usw.) bezogen werden sollte. Wenn man bedenkt, dass der Großteil aller Erkrankungen (etwa 80 Prozent!) ernährungsbedingt ist, ist dies tatsächlich einiger Beachtung wert.

Grundlage einer vollwertigen Ernährung sind neben frischem Obst und Gemüse die heimischen Getreidesorten: Gerste, Roggen, Hafer, Weizen und vor allem der von Hildegard von Bingen so geschätzte Dinkel. Das Getreide steht somit im Mittelpunkt einer gesunden Küche.
In Europa decken die Menschen ihren Energiebedarf übrigens bis zu 30 Prozent aus Getreide. Hauptsächlich werden dabei Weizenprodukte verwendet, es folgen Roggen und Hafer. Die Gerste wird mehr als »flüssiges Brot« – also als Bier – geschätzt, obwohl sich auch aus diesem Getreide sehr

schmackhafte Mahlzeiten herstellen lassen. Der Dinkel hat leider noch nicht wieder den Stellenwert für eine vollwertige Ernährung erreicht, der ihm seinen Eigenschaften nach eigentlich zusteht.

Wenn Sie in Ihrer Küche Vollkornmehl verwenden – selbst das im Geschäft gekaufte (Type 1700) –, haben Sie gegenüber den Auszugsmehlen (Type 405) folgende Vorteile:
– 250 Prozent mehr Vitamin E,
– 300 Prozent mehr Vitamin B_2,
– 600 Prozent mehr Vitamin B_1,
– 700 Prozent mehr Nikotinsäure.

Der Verzehr von ca. 200 Gramm Vollkorn (in Form von Brot, Müsli oder anderen Vollkorngerichten) deckt etwa die Hälfte des Bedarfs an lebensnotwendigen Nährstoffen wie Eisen, Vitamin E, des Vitamin B-Komplexes sowie an Kalium und Kalzium.

Wenn Sie an die Anschaffung einer eigenen Haushaltsmühle denken (der Preis liegt zwischen 250 und 500 Euro), darf ich Ihnen aus eigener Erfahrung versichern, dass diese Mühle absolut keinen Staub oder sonstigen Schmutz verursacht, keine Wartung braucht und dass der Lärm, den sie während des Mahlvorgangs verursacht, schon nach wenigen Minuten oder Sekunden (je nach Menge des Mahlguts) vorüber ist.
Wenn Sie eine Haushaltsmühle kaufen, sollten Sie darauf achten, dass mehrere Feinheitsgrade einstellbar sind. Denn für manche Rezepte brauchen Sie grob gemahlenes Mehl (z. B. für Aufläufe), für andere mittelfein gemahlenes Mehl (für Brot, Klöße usw.) oder fein gemahlenes Mehl (für Feingebäck wie etwa Biskuit). Wenn Sie das Mehl durchsieben, sollten Sie übrigens auf jeden Fall die Kleie (also das grobe Schrot) aufbewahren, um es anderen Gerichten – beispielsweise einem Müsli oder einem Brot – zuzusetzen!
Erkundigen Sie sich vor dem Kauf einer Getreidemühle, ob Sie mit dieser fetthaltige Getreide wie Hafer oder hartschalige Getreide wie Mais mahlen können. Manche Maschinen sind für diese Zwecke nicht geeignet, allerdings oft billiger. Sollten Sie sich für die Anschaffung einer der kostengünstigeren Mühlen entscheiden, können Sie sich alle für Ihr Gerät ungeeigneten Getreide weiterhin im Reformhaus oder im Naturkostladen mahlen lassen. Auch anderes fetthaltiges Mahlgut wie beispielsweise Nüsse oder Mohn sollten Sie nicht in Ihrer Getreidemühle mahlen. Ver-

wenden Sie dafür besser Ihre Kaffeemühle, oder lassen Sie diese Samen in einer Spezialmühle mahlen.

Sehr wichtig ist es, dass Ihre Haushaltsmühle mit *Natur*steinen mahlt. Durch den Mahlvorgang entsteht immer ein Abrieb – und da sind natürliche Steine auf jeden Fall gesünder als Kunststeine oder Metall. Allerdings sind Steine empfindlicher gegenüber einer Überhitzung beim Mahlen (was aber so gut wie kaum vorkommen kann, da Haushaltsmühlen nur ein begrenztes Fassungsvermögen haben – etwa 2 Kilogramm). Auch fetthaltige Samen können zu »Verstopfungen« führen – deshalb empfiehlt es sich, solche Früchte besser im Geschäft mahlen zu lassen. Lesen Sie auf jeden Fall sorgfältig die Gebrauchsanweisung Ihrer Mühle! Die mitunter in Bio-Korn enthaltenen Steinchen können Ihrer Mühle ebenfalls schaden, indem sie die Mahlsteine angreifen.
Diese Probleme haben Sie bei Mahlwerken aus gehärtetem Stahl nicht. Es tritt weniger Erwärmung beim Mahlen auf, und sie schmieren durch feuchtes Korn nicht zu. Steinchen können ihnen kaum etwas anhaben. Zudem haben sie eine höhere Mahlleistung und beanspruchen den Motor nicht so stark wie Mahlstein-Werke vergleichbarer Größe.
Über die Frage, ob es »gesünder« ist, mit Mahlsteinen oder mit einem Mahlwerk aus Edelstahl zu arbeiten, wird unter Experten immer noch gestritten. Wägen Sie für sich selbst die Vor- und Nachteile ab, und lassen Sie sich in Ihrem Reformhaus oder Naturkostladen beraten. Wichtig ist – und darüber sind sich die streitenden Experten einig –, dass frisch gemahlenes Getreide unbedingt dem abgepackten Mehl (auch wenn es Vollkornmehl ist) vorzuziehen ist.

Wenn Sie häufiger selbst Brot backen, empfiehlt sich die Anschaffung eines weiteren Gerätes:
- einer Teigmaschine: Damit können Sie auch größere Mengen schweren Teigs (z. B. zum Brotbacken) rühren, ohne dass das Rührwerk (wie dies beim normalen Küchenmixer häufig der Fall ist) heißläuft. Und Sie müssen auch nicht die kräftezehrende Knetarbeit von Hand leisten, wie das in früheren Zeiten üblich war. Erkundigen Sie sich in Ihrem Elektrofachgeschäft!
- oder eines Brotbackautomaten: Viele moderne Herde sind zwar für alles andere hervorragend geeignet, nur nicht zum Brotbacken. Das ist beispielsweise bei Umluftherden der Fall, die nicht umstellbar sind. In diesen gelingen zwar Hefebrote sehr gut, aber bei Sauerteigbroten kann

es Probleme geben, weil die Kruste immer härter wird, das Innere des Brotes jedoch feucht und klitschig bleibt. Um wirklich hervorragende Brote selbst zu backen, sind inzwischen spezielle Brotbackautomaten auf dem Markt, mit denen – wenn man sich an die Anweisungen hält – nichts schief gehen kann und mit denen Sie die köstlichsten Brotsorten selbst herstellen und ofenfrisch auf den Tisch bringen können.

Rezepte

Salate

Ein frischer Salat mit den Gemüsen der Jahreszeit ist ein wunderbarer Auftakt für eine Mahlzeit. Man kann ihn – angereichert mit Dinkelkörnern – aber auch als kleine Hauptmahlzeit genießen. Im Grunde können Sie gequollene Dinkelkörner allen Salaten untermischen – Ihrer Fantasie sind dabei keine Grenzen gesetzt. Die folgenden Rezepte sollen Ihnen lediglich als Anregung dienen.
Aus Dinkelkörnern können Sie aber auch Keimlinge herstellen, die ebenfalls eine gesunde Bereicherung für Salate sind. Beim Keimprozess verändert sich die Zusammensetzung des Korns. Das Eiweiß wird in Aminosäuren umgewandelt, die wichtige physiologische Aufgaben haben – z. B. für den Leberstoffwechsel und das Nervensystem. Die Kohlenhydrate werden zu einfachen Zuckern und können so vom menschlichen Organismus leicht aufgenommen werden. Der Anteil an Mineralstoffen und Vitaminen wird durch das Keimen des Korns erheblich erhöht.

Getreidekeime herzustellen ist denkbar einfach. Sie können dafür ein Keimgerät verwenden, wie Sie es im Reformhaus oder Naturkostladen erhalten. Aber auch mit einem ganz normalen, sauber ausgewaschenen Marmeladen- oder Einmachglas können Sie Keimlinge selbst heranzüchten:
Geben Sie die gewaschenen Dinkelkörner in das Gefäß und gießen Sie etwa die doppelte Menge Wasser dazu.
Lassen Sie die Körner etwa 12 Stunden lang quellen.
Nun das Wasser durch ein Sieb abgießen, das Sieb mit den gequollenen Körnern über eine Schüssel hängen und mit einem Teller abdecken.
Die Körner täglich zweimal unter fließendem Wasser abspülen. Nach einer Keimdauer von zwei bis drei Tagen sind die Keimlinge »erntereif« – die kleinen, grünen Sprossen haben nun die richtige Größe, um geerntet zu werden. Am besten geben Sie die Keimlinge in ein großes Gefäß mit kaltem Wasser. Die Sprossen schwimmen an der Oberfläche, die Samen setzen sich unten ab.

Kräutersalat mit Dinkel

Zutaten:
200 g Dinkelkörner
100 g Käsewürfel (nach Belieben Hart- oder Weichkäse)
2 Eier
je 1 EL Schnittlauch und Petersilie
etwas Dill und Liebstöckel
Kopfsalat
etwas Salz
2 EL Zitronensaft
½ TL Senf
4 EL Schlagsahne
4 EL Quark

Zubereitung:
Den Dinkel über Nacht in kaltem Wasser einweichen.
Den Dinkel bissfest garen, abtropfen und abkühlen lassen.
Die Eier hart kochen, abschrecken und klein schneiden.
Dinkel, Eier, Käse und Kräuter vermischen.
Aus Salz, Zitronensaft, Senf, Schlagsahne und Quark eine Soße rühren und diese darunterheben.
Auf den gut gewaschenen und abgetropften Salatblättern anrichten.

Varianten:
– Den Salat in ausgehöhlte Fleischtomaten füllen und mit frischen Kräutern garnieren.
– Statt Quark können Sie auch Joghurt verwenden.

Dinkelsalat mit Aubergine und Gurke

Zutaten:
200 g Dinkelkörner
1 große Aubergine
etwas Salz
3 Knoblauchzehen
150 ccm Buttermilch
Pfeffer
1 Zitrone

1 Kohlrabi
2 Äpfel
1 Salatgurke
2 rote Zwiebeln
einige Kerbelblättchen
2 EL Sonnenblumenkerne

Zubereitung:
Die Dinkelkörner über Nacht in Wasser quellen lassen.
Die Aubergine längs halbieren, salzen und auf den Rost des Backofens legen. Bei 200 Grad 40 Minuten lang backen.
Etwas abkühlen lassen und die Schale abziehen.
Die Aubergine im Mixer oder mit dem Pürierstab zerkleinern.
Knoblauch abziehen und zerdrücken.
Zusammen mit der Buttermilch zum Püree geben.
Umrühren und mit Salz, Pfeffer und dem Saft einer Zitrone kräftig abschmecken.
Mit dem abgetropften Dinkel vermischen.
Kohlrabi, Salatgurke und Äpfel schälen, Zwiebeln abziehen und in Ringe schneiden. Kohlrabi würfeln.
Gurke längs halbieren, die Kerne herauskratzen und die Gurke in Streifen schneiden.
Äpfel in Schnitze schneiden, dabei das Kerngehäuse entfernen.
Das Gemüse unter den Dinkel mischen.
Mit Salz und Pfeffer abschmecken.
Mit Kerbelblättchen, Zwiebelringen und Kürbiskernen bestreuen.

Wildkräutersalat mit Dinkelsprossen

Zutaten:
1 EL Senf
2 EL Obstessig
2 Eigelb
4 EL Sonnenblumenöl
etwas Salz und Pfeffer
Honig nach Geschmack
3 EL Creme fraîche
einige Stängel Estragon
1 kleiner Radicchiosalat

100 g gemischte Wildkräuter (Löwenzahn, Sauerampfer, junge Brennnesselblätter, Brunnenkresse usw.)
100 g Emmentaler Käse
1 säuerlicher Apfel
Saft von ½ Zitrone
2 EL Dinkelkeimlinge

Zubereitung:
2 bis 3 Tage vor der Zubereitung den Dinkel zum Keimen vorbereiten (siehe S. 241 f).
Den Senf mit dem Obstessig und Eigelb gut verrühren.
Das Öl tropfenweise unter die Eigelbmasse rühren, sodass eine cremige Soße entsteht.
Die Soße mit Salz, Pfeffer und Honig würzen, dann die Creme fraîche und den fein geschnittenen Estragon unterziehen.
Den Radicchio und die Wildkräuter putzen, waschen und abtropfen lassen (ggf. trockenschleudern oder sachte mit Küchenpapier trockentupfen).
Dann alles in mundgerechte Stücke zerpflücken.
Den Emmentaler Käse in dünne Streifen schneiden.
Den Apfel waschen, das Kerngehäuse entfernen und hauchdünne Streifen daraus schneiden. Diese sofort mit Zitronensaft beträufeln, damit sie nicht braun werden.
Die Dinkelkeimlinge kalt abspülen, mit den restlichen Zutaten mischen und unter die Soße heben.

Möhren-Salat mit Dinkelsprossen

Zutaten:
250 g Möhren
4 EL Dinkelsprossen
3 EL Sonnenblumenöl
1 EL Zitronensaft
½ Becher Bio-Joghurt
2 EL gehackte Haselnüsse
1 TL Honig Salz und Pfeffer

Zubereitung:
Die Dinkelkerne zwei 2 bis 3 Tage vor der Zubereitung des Salats zum Keimen vorbereiten (s. Seite 241).
Die Möhren waschen, putzen und in dünne Scheiben schneiden. Dann in leicht gesalzenem Wasser bissfest garen.
Zusammen mit den Dinkelsprossen in eine Salatschüssel geben.
Aus Öl, Zitronensaft und Joghurt eine cremige Soße rühren, mit Honig, Salz und Pfeffer würzen und mit den gehackten Haselnüssen vermischen.
Die Soße unter das Gemüse heben und gleich servieren.

Grünkernsalat

Zutaten:
150g Grünkern
300 g Wasser
2 EL Rosinen
2 EL Calvados oder Himbeergeist
1 Fenchelknolle
1 Staude Bleichsellerie
2 Birnen
200 g Goudakäse
1 Becher Joghurt
6 EL Sahne
2 EL Mangosoße (fertig im Glas erhältlich – entweder im Supermarkt oder im Reformhaus)
Saft einer Zitrone
1 TL scharfer Senf
Kräutersalz
einige Salatblätter zum Anrichten

Zubereitung:
Den Grünkern am Vorabend in dem Wasser einweichen und quellen lassen. Mit dem Einweichwasser bissfest garen. Abtropfen lassen.
Die Rosinen mit dem Calvados oder Himbeergeist übergießen und zugedeckt ziehen lassen.
Den Fenchel putzen und in Streifen schneiden. Dabei das Fenchelgrün zum Garnieren beiseite legen.
Die Birnen waschen, achteln, vom Gehäuse befreien und in Streifen schneiden.

Den Käse in Streifen schneiden.
Joghurt, Sahne, Mangosoße, Zitronensaft und Senf zu einer Soße verquirlen und mit Kräutersalz abschmecken.
Die Soße unter die anderen Salatzutaten ziehen und alles 30 Minuten kühl stellen.
Den Salat auf den Salatblättern anrichten und mit dem Fenchelgrün bestreuen.

Suppen

Tipps:
- »Suppen wärmen nicht nur den Magen, sondern auch die Seele«, sagt ein russisches Sprichwort. Suppen sind in jeder Jahreszeit empfehlenswert – im Winter wärmen sie, im Sommer belasten sie nicht. Vor allen Dingen sind sie für einen empfindlichen Magen leichter verdaulich als Rohkost. Suppen mit Dinkel- und Grünkernmehl sind besonders verträglich.
- Es ist gut, das für die Suppe vorgesehene Gemüse vor dem Kochen in etwas Öl, dem 1 EL Wasser beigefügt ist, anzudünsten. Das verbessert sowohl den Geschmack als auch die Verträglichkeit.
- Gemüsebrühen können Sie leicht selbst herstellen, indem Sie etwa das Kochwasser von Spargel, Blumenkohl usw. aufheben (lässt sich auch einfrieren) und für Suppen verwenden. Selbst die gesäuberten Schalen von Spargel, Möhren, Kohlrabi usw. lassen sich wunderbar zu Gemüsebrühen verarbeiten, da ja gerade in den Schalen nicht nur die wichtigsten Inhalts-, sondern auch Geschmacksstoffe zu finden sind.
- Sie können aber auch die fertigen Gemüsebrühwürfel verwenden, die im Reformhaus oder im Naturkostladen erhältlich sind.
- Wer mag, kann eine Fleischbrühe aus frischem Fleisch bzw. aus Knochen herstellen oder eine fertige Fleischbrühe (Würfel oder Dose) verwenden.
- Das für die Suppe verwendete Dinkel- oder Grünkernmehl enthält die meisten wertvollen Inhaltsstoffe, wenn Sie es *kurz* vor der Zubereitung selbst mahlen oder mahlen lassen.
- Aber auch im fertig gemahlenen, abgepackten Dinkel- und Grünkernmehl sind noch ausreichend wichtige Inhaltsstoffe enthalten. Fertige Mehle empfehlen sich, wenn Sie erst mit der Getreideküche beginnen und Verarbeitungsweise und Geschmack ausprobieren möchten.

- Auch Dinkelsprossen sind eine wohlschmeckende Ergänzung zu Suppen.

Dinkelsuppe mit Gemüse

Zutaten:
2 Stangen Lauch
1 große Möhre
1 Stück Sellerie
100 g Dinkel
1 EL Öl
1 l Gemüsebrühe
Kräutersalz, Kümmel
$\frac{1}{8}$ l Sahne

Zubereitung:
Den Lauch putzen, waschen und in Ringe schneiden. (Anmerkung: Da Hildegard von Bingen den Lauch für nicht sehr empfehlenswert hält, kann dieser auch durch Zwiebeln und/oder Knoblauch ersetzt werden.) Möhre und Sellerie putzen und waschen und grob raspeln.
»Der Sellerie ist warm und seiner Natur nach mehr grün als trocken (...). Roh ist er nicht sehr gut geeignet zum Essen, weil möglicherweise üble Säfte entstehen. Gekocht aber schadet er nicht, sondern sorgt eher für gesunde Säfte.« *(Physica)*
Den Dinkel grob schroten und unter Umrühren im Öl andünsten.
Das Gemüse hinzugeben, kurz weiterdünsten.
Mit der Gemüsebrühe auffüllen und 20 Minuten auf kleiner Flamme garen lassen.
Mit Salz und Kümmel abschmecken.
Zuletzt die Sahne unterrühren.

Varianten:
- Sie können dieser Suppe auch andere Gemüse beigeben, z. B. Fenchel, Pastinaken, Rote Bete, Bohnen, Kichererbsen, Zwiebeln und Kürbis.
- Kurz vor dem Garwerden können Sie gewaschene und klein geschnittene Brennnesseln unter die Suppe geben.
- Die fertige Suppe mit Petersilie oder anderen von Hildegard empfohlenen Kräutern (Fenchelgrün, Ysop, Melisse, Liebstöckel usw.) überstreuen.

Dinkelsuppe mit Kräutern

Zutaten:
2 Hand voll frische Kräuter (Melde, Brennnesseln, Sauerampfer bzw. andere Wildkräuter oder Petersilie, Dill, Oregano, Basilikum bzw. andere Würzkräuter)
1 l Gemüsebrühe
2 EL Butter
75 g Dinkelmehl
1 Zwiebel
Salz und Pfeffer

Zubereitung:
Die Kräuter verlesen, waschen und in feine Streifen schneiden. Die Zwiebel klein hacken und gemeinsam mit den Kräutern in der erhitzten Butter andünsten.
Langsam das Dinkelmehl darüberstreuen und unterrühren, bis es goldgelb ist.
Die heiße Gemüsebrühe dazugießen und das Ganze eine Viertelstunde lang köcheln lassen.
Mit Salz und Pfeffer abschmecken.

Gemüsecremesuppen

Mit Dinkelmehl, Gemüse und Kräutern lassen sich auch delikate Cremesuppen zaubern – etwa mit Spargel, Sellerie, Brunnenkresse oder anderen Kräutern und Gemüsen. Ihrer Fantasie, Ihrem Erfindungsgeist und Ihrer Experimentierfreude sind dabei keine Grenzen gesetzt! Neben den Kräutern und Gemüsen benötigen Sie Gemüsebrühe, Milch oder Sahne, etwas Butter und selbstverständlich Dinkelmehl.
Nicht alle Suppen werden mit den gleichen Mengen Milch und Mehl gekocht, manche vertragen ein abgezogenes Eigelb zum Binden, verschiedene Kräuter unterstreichen den Eigengeschmack des Gemüses usw. Dies alles können Sie selbst herausfinden, auch wenn Sie noch nicht allzu viel Küchenpraxis – vor allem in der vollwertigen Hildegard-Küche – haben. Als Beispiel hier ein Rezept für

Spargelcremesuppe

Zutaten:
500 g Spargel
¼ l Milch
¼ l Gemüsebrühe
2 El Butter
75 g Dinkelmehl
¼ l Sahne
Salz und Pfeffer
frische Kräuter nach Belieben (Schnittlauch, Petersilie, Liebstöckel usw.)

Zubereitung:
Den Spargel schälen, waschen und in Stücke schneiden.
Die Butter erhitzen, das Dinkelmehl darunterrühren, bis es goldgelb ist.
Nach und nach die Milch und die Gemüsebrühe dazugießen.
Die Spargelstücke in die Flüssigkeit geben und bei kleiner Hitze weich kochen.
Danach die Spargelstücke herausnehmen und durch ein Haarsieb zurück in die Suppe streichen.
Das Ganze kurz aufkochen lassen.
Kurz vor dem Servieren die Sahne unterrühren und die Suppe mit Schnittlauch bestreuen.

Gemüsesuppe mit ganzen Dinkelkörnern

Zutaten:
1 große Zwiebel
2 Möhren
2 Stangen Lauch (falls Sie mögen)
1 EL Öl
1 l Gemüsebrühe
250 g Dinkelkörner
Schnittlauch

Zubereitung:
Den Dinkel etwa 20 Minuten lang in Wasser kochen lassen, dann abseihen.
Das Gemüse klein schneiden und in dem Öl, dem etwas Wasser beigefügt wurde, kurz anschmoren.

Die heiße Gemüsebrühe dazugeben und das Gemüse etwa 15 Minuten lang garen lassen.
Die Dinkelkörner in die Suppe geben und nochmals kurz aufkochen lassen.
Mit Salz, Pfeffer und Schnittlauch bestreuen.

Variation:
Sie können das Gemüse auch weich kochen, herausnehmen und durch ein Haarsieb wieder in die Suppe passieren, bevor Sie die Dinkelkörner hinzufügen.

Brotsuppe

Zutaten:
200 g altbackenes Dinkelbrot
60 g Butter
2 Eigelb
1½ TL Majoran (frisch oder getrocknet)
1 TL Kräutersalz
¾ l Gemüsebrühe
3 EL Sahne
3 EL gehackte Kräuter (z. B. Petersilie, Schnittlauch, Liebstöckel, auch Wildkräuter sind geeignet)

Zubereitung:
Das Brot in Stücke schneiden und kurz in kaltem Wasser einweichen.
Danach ausdrücken und im Mixer pürieren.
Die Butter zerlassen.
Butter, Eigelb, Majoran und Kräutersalz mit der Brotmasse vermischen.
Die Brotmischung in der heißen Gemüsebrühe verquirlen und die Sahne darunterrühren.
Die Kräuter kurz in der Suppe ziehen lassen und gleich servieren.

Selleriesuppe mit Dinkelsprossen

Zutaten:
1 kleine Sellerieknolle
2 Möhren
2 EL Butter

½ l Milch
½ l Gemüse- oder Fleischbrühe
etwas Thymian
1 Lorbeerblatt
4 EL Dinkelsprossen
1 EL Petersilie
3 EL Sahne
Salz und Pfeffer

Zubereitung:
2 bis 3 Tage vor Zubereitung der Suppe die Dinkelkörner zum Keimen vorbereiten (s. Seite 241 f).
Das Gemüse waschen, putzen und klein schneiden. Dann in der heißen Butter andünsten.
Die heiße Brühe mit dem Thymian und dem Lorbeerblatt dazugeben. Bei mittlerer Hitze im zugedeckten Topf garen.
Das Lorbeerblatt und den Thymian herausnehmen.
Die Suppe pürieren und wieder in den Topf geben.
Die Milch dazugeben und die Dinkelsprossen unterrühren.
Mit Salz und Pfeffer abschmecken und noch 10 bis 15 Minuten auf kleiner Flamme ziehen lassen.
Dann die Suppe vom Herd nehmen, mit Sahne und fein gehackter Petersilie verrühren.
»Die Petersilie ist von ihrer Natur her sehr kräftig und enthält mehr Wärme als Kälte. (…) Es ist besser, sie roh als gekocht zu essen.« *(Physica)*

Grünkerncremesuppe

Zutaten:
¾ l Gemüsebrühe
125 g Grünkernmehl
¼ l Wasser
1 Eigelb
4 EL Sahne
25 g Butter
2 EL Sojasoße
Kräutersalz
gehackte Petersilie

Zubereitung:
Das Grünkernmehl mit ¼ Liter Wasser anrühren, in die heiße Brühe geben und unter Rühren aufkochen lassen.
Danach 20 Minuten lang ausquellen lassen.
Das Eigelb mit der Sahne verquirlen und in die Suppe rühren. Nicht mehr kochen!
Mit Butter, Sojasoße und Kräutersalz abschmecken.
Vor dem Servieren mit der gehackten Petersilie bestreuen.

Grünkerncremesuppe mit Brotwürfeln

Zutaten:
¾ l Gemüsebrühe
100 g Grünkernmehl
¼ l Wasser
2 EL Weißwein
1 Eigelb
½ Becher saure Sahne
4 Scheiben Dinkelbrot (oder anderes Vollkornbrot)
2 EL Butter
2 EL gehackte Kräuter

Zubereitung:
Das Grünkernmehl mit dem Wasser anrühren.
In die heiße Gemüsebrühe geben und unter Rühren aufkochen lassen, danach auf der ausgeschalteten Herdplatte 20 Minuten lang ausquellen lassen.
Weißwein, Eigelb und saure Sahne verquirlen und in die Suppe rühren.
Das Brot in Würfel schneiden und mit der erhitzten Butter in einer Pfanne anrösten.
Die Kräuter über die fertige Suppe streuen und die gerösteten Brotwürfel (Croûtons) dazu reichen.

Gemüsebouillon mit Grünkernklößchen

Zutaten:
60 g Butter
2 Eier
1 EL Wasser oder Gemüsebrühe

1 TL Kräutersalz
140 g Grünkernmehl
1¼ l Gemüsebrühe
fein gehackte Petersilie oder Schnittlauch

Zubereitung:
Die weiche Butter mit den Eiern, einem Esslöffel Gemüsebrühe und dem Salz verrühren.
Den Käse und das Grünkernmehl unterrühren. Danach die Masse 30 Minuten lang bei Raumtemperatur quellen lassen.
Die Gemüsebrühe zum Kochen bringen.
Mit einem angefeuchteten Teelöffel Klößchen von der Grünkernmasse abstechen und in der kochenden Brühe 20 Minuten lang ziehen lassen.
Vor dem Servieren die Suppe mit Petersilie oder Schnittlauch bestreuen.

Grünkernsuppe mit Kartoffel-Gnocchi

(Anmerkung: Natürlich kannte Hildegard die Kartoffeln noch nicht – aber dieses Rezept ist so delikat, dass Sie es vielleicht einmal ausprobieren sollten!)

Zutaten:
100 g Grünkernmehl
1¼ l Gemüsebrühe
500 g Kartoffeln (möglichst mehlig)
2 Zwiebeln
1 Knoblauchzehe
100 g Mehl (halb Weizen-, halb Dinkelmehl)
30 g weiche Butter
etwas Kräutersalz
1 Ei
10g Butterschmalz
1 Bund Schnittlauch
Muskatnuss

Zubereitung:
Das Grünkernmehl in ¼ Liter lauwarmer Gemüsebrühe einweichen.
Die Kartoffeln kochen, abpellen und noch heiß durch die Kartoffelpresse drücken (oder mit dem Mixstab pürieren). Durch ein Haarsieb streichen und abkühlen lassen.

Mehl und Kartoffelbrei über Nacht abgedeckt stehen lassen.
Am nächsten Tag die restliche Gemüsebrühe zum Grünkern geben (dabei gut durchrühren) und aufkochen lassen. Bei schwacher Hitze etwa 45 Minuten lang kochen.
Inzwischen Zwiebeln und Suppengrün putzen und sehr fein würfeln. Den Knoblauch schälen und fein hacken.

> »Der Knoblauch hat die richtige Wärme. (...) Für Gesunde und Kranke ist er besser als Lauch (Porree). Er sollte roh gegessen werden.« *(Physica)*

Die Kartoffeln mit 80 Gramm Mehl, der Butter, dem Salz und dem Ei verkneten.
Aus der Teigmasse eine 4 Zentimeter dicke Rolle formen und in etwa 1 Zentimeter dicke Scheiben schneiden.
Die Scheiben zu kleinen Kugeln formen und auf der mit dem restlichen Mehl bestäubten Arbeitsfläche mit einer Gabel eindrücken.
Die Gnocchi in kochendes Wasser geben und 15 Minuten lang garen.
Währenddessen Suppengrün und Knoblauch im Butterschmalz einige Minuten lang dünsten.
In die Suppe geben und weitere 5 Minuten garen.
Die Suppe mit Salz abschmecken und mit geriebenem Muskat würzen.
Die Gnocchi in der Suppe wieder heiß werden lassen. Diese vor dem Servieren mit gehacktem Schnittlauch bestreuen.

Hauptgerichte

Nachdem Salat und/oder Suppe den Magen gewissermaßen vorbereitet haben, kann er nun die Hauptmahlzeit wesentlich besser aufschließen und verwerten. Für sehr viele Menschen gehört Fleisch unabdingbar zur täglichen Hauptmahlzeit. Dies ist aber weder aus gesundheitlichen noch aus geschmacklichen Gründen nötig. Wer gerne gelegentlich Fleisch isst, sollte sich diesen Genuss für besondere Gelegenheiten – etwa Sonn- und Festtage – aufsparen. Die folgenden Rezepte werden Ihnen zeigen, dass auch ein fleischloses Hauptgericht satt macht und manche Fleischgerichte im Geschmack sogar noch übertrifft. Im Getreide sind ja alle für den Menschen wichtigen Stoffe in idealer Kombination enthalten. Wenn es dann noch mit Gemüse gereicht wird, ist sowohl der Nähr- als auch der Vitalstoffbedarf des Menschen voll gedeckt.

Dinkel-Kräuterfladen

Zutaten:
1 kg Dinkelmehl
1 Päckchen Hefe
1 TL Kräutersalz
½ TL Koriander
150 g Bio-Joghurt
⅛ l Wasser
2 EL Öl

Zubereitung:
Hefe, Salz, Koriander, Joghurt und das Wasser gut miteinander verquirlen und das Dinkelmehl darunterrühren.
Zuletzt das Öl dazugeben und gut in dem Teig verkneten.
Kleine Fladen aus dem Teig formen und auf einem gefetteten Backblech bei 200 Grad etwa 20 Minuten lang backen (bis sie goldbraun sind).
Dazu passen gedünstetes Gemüse, Gemüserohkost und Kräuterbutter oder Kräuterquark.

Dinkelwaffeln

Zutaten:
200 g Dinkelmehl
¼ l Milch
Kräutersalz
Dill

Zubereitung:
Das Dinkelmehl mit den anderen Zutaten gut verrühren.
10 Minuten quellen lassen. Der Teig sollte dann leicht fließend sein, deshalb vor dem Backen eventuell einen Schuss Mineralwasser hinzufügen.
Das Waffeleisen mit Butter oder Öl einfetten und die Waffeln backen.
Auch zu diesem Gericht passen gedünstetes Gemüse oder ein Rohkostsalat und Kräuterbutter oder Kräuterquark.

Dinkelnudeln

Zutaten:
200 g Dinkelmehl
4 Eier
etwas Salz und Muskat

Zubereitung:
Alle Zutaten zu einem zähen Teig vermischen.
Den Teig ½ Stunde lang ruhen lassen.
2 Liter leicht gesalzenes Wasser zum Kochen bringen.
Die Nudeln durch die Nudelpresse in das kochende Wasser geben und bissfest (»al dente«) garen.
Dazu passen gedünstete Gemüse, aber auch Fleischgerichte, z. B. die von Hildegard von Bingen als besonders gesund empfohlenen Wildgerichte.

Variation:
Grüne Nudeln können Sie herstellen, indem Sie das Nudelrezept mit Spinat variieren. Dazu wird der Spinat kurz abgekocht und im Mixer püriert. (Sie können auch fertigen, aufgetauten Tiefkühlspinat verwenden.) Den Nudelteig wie im obigen Rezept herstellen, dann den Spinat darunterkneten und den Teig 1 Stunde lang ruhen lassen. Für die angegebene Mehlmenge benötigen Sie etwa 50 Gramm Spinat.

Dinkelnudeln mit Pilzsoße

Zutaten:
200 g Dinkelnudeln (aus dem Reformhaus, dem Naturkostladen oder auch selbst hergestellt)
½ EL Butter
1 Zwiebel
200 g Pilze (Champignons, Pfifferlinge usw., auch Dosenpilze sind geeignet, falls keine frischen Pilze erhältlich sind)
1 TL Zitronensaft
1 EL Petersilie
Thymian und Bohnenkraut nach Geschmack (frisch oder getrocknet)
200 ml Sahne
Parmesan oder anderer geriebener Käse

Zubereitung:
Die Nudeln in reichlich leicht gesalzenem Wasser bissfest kochen.
Die Zwiebel fein hacken und in der Butter andünsten.
Die geputzten und gewaschenen Pilze in Scheiben schneiden und zu den Zwiebeln geben.
Mit etwas Zitronensaft beträufeln; Petersilie, Thymian und Bohnenkraut hinzufügen, mit Salz und Pfeffer würzen und 5 bis 10 Minuten dünsten.
Die Sahne unterrühren und mit den Pilzen nochmals erwärmen.
Die Pilzsoße zu den Nudeln reichen und alles mit dem geriebenen Käse überstreuen.

Auflauf von Dinkelnudeln

Zutaten:
250 g Dinkelnudeln (fertig gekauft oder selbst hergestellt)
1 EL Butter
1 Zwiebel
300 g Gemüse (Erbsen, Möhren, Sellerie, Pastinaken usw.)
2 EL Petersilie
Pfeffer und Salz
2 Eier
1 Becher saure Sahne

Zubereitung:
Die Nudeln in reichlich leicht gesalzenem Wasser bissfest kochen.
Die Zwiebel fein hacken und in der erhitzten Butter andünsten. Das geputzte und fein geschnittene Gemüse dazugeben und ebenfalls andünsten.
Mit etwas Wasser angießen, die Petersilie, Pfeffer und Salz dazugeben und das Gemüse ebenfalls bissfest kochen.
Nudeln und Gemüse abgießen und in eine gefettete Auflaufform mischen.
> »Die Erbse ist gut für Menschen, die von warmer Natur sind. Diese macht sie stark. Für jene aber, die von kalter Natur sind, taugt sie nicht.« *(Physica)*

Eier und saure Sahne verquirlen und über die Nudel-Gemüse-Mischung geben. Bei 200 Grad etwa 25 Minuten lang überbacken.
Dazu schmeckt ein frischer Salat.

Variation:
Vor dem Überbacken den Auflauf mit geriebenem Käse bestreuen.

Dinkelklöße

Zutaten:
500 g Dinkelmehl
3 Eier
¼ l Milch
1 EL Butter
10 g Hefe
1 TL Kräutersalz

Zubereitung;
Das Dinkelmehl in eine Schüssel geben.
Die Hefe in lauwarmer Milch auflösen.
Das Mehl mit der aufgelösten Hefe, den Eiern und der Butter gut verrühren und anschließend gut durchkneten.
Mit einem Küchentuch zudecken und ½ Stunde lang gehen lassen.
Danach nochmals kurz durchkneten.
Aus dem Teig mit nassen Händen Klöße formen und diese nochmals 10 Minuten lang gehen lassen.
Inzwischen 2 Liter leicht gesalzenes Wasser zum Kochen bringen.
Die Klöße hineingeben und bei milder Hitze etwa 15 bis 20 Minuten garen lassen.
Die Klöße passen nicht nur zu Gemüse- und Fleischgerichten, sondern eignen sich auch als süßes Hauptgericht zusammen mit Obst und einer Vanillesoße.

Dinkel-Risotto

Zutaten:
1 Zwiebel
40 g Butter
250 g Dinkelkörner
½ l Gemüsebrühe
1 Prise Safran
1 Lorbeerblatt
12 Salbeiblätter (oder 2 TL getrockneter Salbei)
12 Thymianästchen (oder 2 TL getrockneter Thymian)
12 Estragonblätter (oder 1 TL getrockneter Estragon)
12 Majoranblätter (oder 1 TL getrockneter Majoran)

1 Tasse Gemüsebrühe
Salz und Pfeffer

Zubereitung:
Die Zwiebel fein hacken und in der Butter glasig dünsten.
Die Dinkelkörner dazugeben und einige Minuten unter Rühren bei milder Wärme erhitzen.
Die heiße Gemüsebrühe dazugeben und das Ganze dünsten, bis die Flüssigkeit verkocht ist.
Die Kräuter hinzufügen.
Mit der Tasse Gemüsebrühe angießen und kochen lassen, bis die Dinkelkörner weich sind.
Mit Salz und Pfeffer abschmecken.
Dazu passt gedünstetes Gemüse, ein südländisches Fleischgericht (z. B. Lamm), aber auch eine Gemüse- oder Kräutersoße und ein frischer Salat.

Dinkel-Pfannkuchen

Zutaten:
150 g Dinkelmehl
60 g Leinsamen, Sesam und Sonnenblumenkerne (gemischt und gemahlen)
300 ml Wasser
1 TL Kräutersalz
Thymian, Salbei, Rosmarin, Liebstöckel nach Geschmack (frisch oder getrocknet)
1 fein gehackte Zwiebel
3 EL gehackte Kräuter (Petersilie, Schnittlauch usw., auch Wildkräuter)

Zubereitung:
Das Dinkelmehl und den gemahlenen Leinsamen, Sesam und Sonnenblumenkerne etwa $\frac{1}{2}$ Stunde lang im Wasser quellen lassen.
Danach die restlichen Zutaten zum Teig geben und abschmecken.
Den zähflüssigen Teig in einer möglichst großen Pfanne portionsweise in heißem Öl zu Pfannkuchen backen.
Dazu passen alle Gemüsearten.

Überbackene Dinkel-Pfannkuchen

Zutaten:
200 ml Milch
150 g Dinkelmehl
Kräutersalz
100 g Zwiebeln
100 g Weißkohl
100 g Möhren
100 g Sellerie
2 EL Öl
2 Eigelb
2 EL saure Sahne
etwas Currypulver
Pfeffer
geriebene Musskatnuss
2 EL geriebener Käse
3 Eier

Zubereitung:
Die Milch mit dem Dinkelmehl und dem Salz gut verrühren.
Mindestens ½ Stunde lang quellen lassen.
Die Zwiebeln fein würfeln, den Weißkohl in feine Streifen schneiden, Möhren und Sellerie in feine Würfel schneiden.
Das Gemüse im erhitzten Öl etwa 10 Minuten dünsten, dann abkühlen lassen.
Eigelb mit der sauren Sahne mischen und mit den Gewürzen abschmecken. Mit der Hälfte des geriebenen Käses verrühren und unter das Gemüse heben.
Die Eier unter den gequollenen Teig rühren und im heißen Öl kleine Pfannkuchen daraus backen.
Die Pfannkuchen mit der Gemüsemischung füllen und aufrollen.
Eine flache Form fetten, die gefüllten Pfannkuchen hineingeben und mit dem restlichen Käse überstreuen.
Bei 200 Grad so lange überbacken, bis der Käse zu bräunen beginnt.

Rotkohlrouladen

Zutaten:
12 Rotkohlblätter
2 Zwiebeln
2 EL Öl
200 g Dinkelmehl (grob gemahlen)
400 ml Gemüsebrühe
2 EL gehackte Walnüsse
150 g Magerquark
1 Bund Petersilie
Salz
Pfeffer
1 EL Kokos- oder Butterfett
¼ l Apfelsaft
100 g saure Sahne

Zubereitung:
Die Rotkohlblätter in kochendes Wasser legen und kurz blanchieren.
Zum Abtropfen auf Küchenpapier legen.
Die Zwiebeln schälen, würfeln und in dem Olivenöl andünsten.
Das Dinkelmehl hinzugeben und kurz anschwitzen.
Die Gemüsebrühe dazugießen, aufkochen und im zugedeckten Topf bei kleiner Hitze eine Viertelstunde lang köcheln lassen.
Auf der ausgeschalteten Herdplatte nachquellen lassen.
Die Nüsse ohne Fett in einer heißen Pfanne goldgelb rösten.
Die Petersilie hacken und ¾ davon und etwas Salz mit dem Quark verrühren.
Die Quarkmasse mit dem Dinkel verrühren.
Die Rotkohlblätter mit Salz und Pfeffer würzen. Die Dinkel-Quark-Masse darauf verteilen und die Blätter zusammenrollen.
Falls nötig, mit einem Rouladenstäbchen zusammenstecken.
Dann in Kokos- oder Butterfett kurz anbraten.
Den Apfelsaft dazugießen und die Rouladen zugedeckt bei schwacher Hitze 30 Minuten lang schmoren.
Die saure Sahne mit der restlichen Petersilie verrühren, über die Rouladen geben und die Walnüsse darüberstreuen.
Dazu passt gut gedünstetes Gemüse, z. B. Pastinaken oder Möhren.

Fenchel-Dinkel-Auflauf

(Anmerkung: Bei diesem Gericht verbinden sich zwei der von Hildegard am meisten empfohlenen Nahrungsmittel.)

Zutaten:
4 Fenchelknollen
2 EL Butter
60 g Dinkelmehl
600 g Flüssigkeit (Gemüsebrühe und/oder Milch)
Muskat
Salz und Pfeffer
2 EL geriebener Käse
2 Eier
1 EL Butter
2 EL Paniermehl oder Semmelbrösel

Zubereitung:
Den Fenchel putzen, in Streifen schneiden und bissfest kochen.
»Der Fenchel hat eine angenehme Wärme und er ist weder trocken noch kalt. Wenn man ihn roh isst, ist er nicht schädlich. Wie auch immer er gegessen wird, macht er den Menschen fröhlich und gibt ihm eine angenehme Wärme und einen guten Schweiß. Außerdem sorgt er für eine gute Verdauung.« *(Physica)*
Eine Auflaufform fetten und den Fenchel hineingeben.
In 2 Esslöffel erhitzter Butter das Dinkelmehl goldgelb anrösten und mit der heißen Flüssigkeit aufgießen. Dabei gut durchrühren!
Das Ganze 5 Minuten lang kochen lassen.
Würzen und das verrührte Eigelb sowie den geriebenen Käse daruntermischen.
Eiweiß steif schlagen und darunterziehen.
Die Soße über den Fenchel gießen.
Die Semmelbrösel oder das Paniermehl in 1 Esslöffel Butter leicht anrösten und über den Auflauf geben.
Bei 200 Grad etwa 25 Minuten überbacken.
Dazu passt ein frischer Salat.

Grünkernbratlinge

Zutaten:
150 g Grünkernmehl (nicht zu fein gemahlen)
50 g Dinkelmehl (grob gemahlen)
400 ml Gemüsebrühe
1 Zwiebel
1 Knoblauchzehe
3 EL Öl
2 Eier
etwas Currypulver
4 EL Hefeflocken
1 Bund frische Kräuter (z. B. Petersilie, Dill, Oregano)
Öl zum Braten

Zubereitung:
Grünkern- und Dinkelmehl in die Gemüsebrühe einrühren und aufkochen lassen. Bei kleiner Hitze eine Viertelstunde lang köcheln lassen. Dabei häufig umrühren! Auf der ausgeschalteten Herdplatte nachquellen lassen.
Zwiebel und Knoblauch schälen und fein hacken. Dann in 1 Esslöffel Öl kurz dünsten und abkühlen lassen.
Mit den Eiern mischen und mit den Gewürzen, den Hefeflocken und den fein gehackten Kräutern abschmecken.
Die Gemüsemasse unter das Getreide rühren.
Öl in einer Pfanne erhitzen, aus der Masse kleine runde Bratlinge formen und diese von beiden Seiten goldgelb backen.

Variante:
Dazu passt sehr gut Paprikagemüse, oder man belegt die Bratlinge mit Ananasscheiben und überbackt sie mit Käse; dazu eine Currysoße reichen.

Geschmorter Grünkern

Zutaten:
150 g kleine Zwiebeln
2 Knoblauchzehen
30 g Butter

200 g Grünkern
½ l Gemüsebrühe
Salz und Pfeffer
300 g blanchierter Brokkoli
1 Bund frische Kräuter (Petersilie, Schnittlauch, Dill, Estragon usw.)
2 Eier
4 EL Milch
2 EL Leinsamen
1 EL Öl

Zubereitung:
Die Zwiebeln schälen und ganz mit dem zerdrückten Knoblauch in der heißen Butter glasig dünsten.
Die Zwiebeln herausnehmen und in dem Bratfett den Grünkern andünsten.
Die Gemüsebrühe hinzugießen und mit Salz und Pfeffer würzen. Zwiebeln auf dem Grünkern verteilen und alles im geschlossenen Topf bei kleiner Hitze 1 Stunde lang garen. Bei Bedarf noch etwas Brühe nachgießen.
Den Grünkern etwas beiseite schieben und den Brokkoli danebenlegen. 10 Minuten lang im geschlossenen Topf mitgaren.
Die Kräuter hacken und unter den Grünkern rühren.
Die Eier in die Milch schlagen, salzen und pfeffern. Dann den Leinsamen darunterrühren.
Aus dieser Masse in heißem Öl nacheinander zwei Omeletts backen. Aufrollen, in Scheiben schneiden und zu dem Grünkern-Brokkoli-Gericht reichen.

Grünkernklöße

Zutaten:
250 g Grünkernmehl
20 g Butter
Salz
1 Bund Salbei (oder 2 EL getrockneter Salbei)
1 Knoblauchzehe
2 Vollkornzwiebäcke (möglichst Dinkel)
2 Eier
Pfeffer

Zubereitung:
Das Grünkernmehl mit der Butter in ¾ Liter leicht gesalzenem Wasser aufkochen lassen.
Bei kleinster Hitze 30 Minuten lang quellen lassen. Dabei immer wieder umrühren!
Klein geschnittenen Salbei, zerdrückten Knoblauch, fein zerbröselten Zwieback und Eier unterrühren.
»Der Salbei ist seiner Natur nach warm und trocken. (...) Er ist nützlich gegen die kranken Säfte, weil er trocken ist.« *(Physica)*
Mit Salz und Pfeffer würzen.
Aus dem Teig mit angefeuchteten Händen etwa 10 Klöße formen. Diese in siedendes, leicht gesalzenes Wasser geben und 10 Minuten bei kleiner Hitze gar ziehen lassen.
Dazu passt Paprika- oder Tomatengemüse, aber auch eine Tomaten- oder Käsesoße und frischer Salat.

Chinakohl mit Grünkernkruste

Zutaten:
1 Chinakohl (etwa 750 g) – Sie können aber auch einen zarten Wirsing verwenden
Salz
Fett für die Form
125 g Sahne
100 g Grünkern (grob gemahlen)
1 Knoblauchzehe
80 g mittelalter Goudakäse
1 Bund glatte Petersilie
Salz und Pfeffer
⅛ l Gemüsebrühe

Zubereitung:
Den Kohl halbieren, abspülen und den Strunk herausschneiden.
Die Kohlhälften in kochendem Wasser etwa 2 Minuten lang blanchieren.
Gut abtropfen lassen und mit der Schnittfläche nach unten in eine gefettete ofenfeste Form legen.
Die Sahne erhitzen, den Grünkern dazugeben, einmal aufkochen und anschließend 30 Minuten bei kleinster Hitze nachquellen lassen. Dabei immer wieder umrühren.

Den zerdrückten Knoblauch, den geriebenen Käse und die in feine Streifen geschnittene Petersilie unter die Grünkernmasse rühren.
Mit Salz und Pfeffer würzen.
Die Grünkernmasse über den Kohl geben.
Die Gemüsebrühe hinzugießen und die Form in den Backofen schieben.
Bei 220 Grad 20 bis 30 Minuten überbacken.
Dazu passt sehr gut ein gemischter Salat.

Grünkern-Kroketten

Zutaten:
200 g Grünkernmehl (mittelfein gemahlen)
½ l Gemüsebrühe
1 Zwiebel
1 Dinkelbrötchen
1 EL Butter
100 g Magerquark
100 g Roquefortkäse
1 Ei Pfeffer Muskat
1 Bund gemischte Kräuter (z. B. Petersilie, Schnittlauch, Kerbel, Thymian, Majoran)
Vollkornbrösel zum Wenden, Öl zum Braten

Zubereitung:
Das Grünkernmehl in die Brühe einrühren und zum Kochen bringen.
Dann bei mittlerer Hitze etwa 45 Minuten ausquellen lassen.
Die Zwiebel schälen und würfeln.
Das Brötchen in sehr kleine Würfel schneiden.
Die Butter erhitzen und Zwiebel- und Brötchenwürfel darin anrösten.
Den Quark ausdrücken und den Roquefortkäse zerbröckeln.
Alles unter die Grünkernmasse mischen.
Das Ei hinzufügen und gut verrühren.
Mit Pfeffer und geriebenem Muskat würzen.
Die Kräuter sehr fein hacken und unter den Teig geben.
Mit nassen Händen Kroketten formen, in den Bröseln wenden und im heißen Öl knusprig braun braten.
Dazu passen alle Gemüse, vor allem Pilze oder Paprika. Aber auch als Beilage zu einem festlichen Fleischgericht (z. B. Wild) sind die Grünkernkroketten geeignet.

Grünkern-Risotto

Zutaten:
2 Zwiebeln
4 EL Öl
300 g Grünkern (ganze Körner)
1 l Gemüsebrühe
je 1 kleine rote und gelbe Paprikaschote
Zucchini
1 Möhre
3 Frühlingszwiebeln
2 EL Butter
3 EL Sojasoße
Pfeffer
100 g Sahne
1 Bund Petersilie
etwas frischer Kerbel
2 EL grob gehackte Walnüsse

Zubereitung:
Die Zwiebeln schälen und hacken.
Das Öl erhitzen und die Zwiebeln mit dem Grünkern darin andünsten.
Nach und nach etwas Gemüsebrühe hinzufügen und unter ständigem Rühren einkochen lassen.
Den Rest Brühe dazugeben und bei milder Hitze 45 Minuten lang ausquellen lassen. Dabei immer wieder umrühren!
Das Gemüse waschen, putzen und in sehr kleine Würfelchen schneiden.
Die Butter erhitzen und das Gemüse darin andünsten.
Die Sojasoße dazugeben und bei milder Hitze 10 Minuten garen.
Das Gemüse unter den Grünkern mischen, mit Pfeffer würzen, die Sahne dazugeben und im offenen Topf 5 bis 10 Minuten einkochen lassen.
Petersilie und Kerbel fein hacken, unter den fertigen Risotto ziehen.
Das Gericht mit den gehackten Walnüssen bestreuen.

Grünkernbraten

Zutaten:
100 g Zwiebeln
100 g Möhren

300 g Lauch (falls Sie keinen Lauch verwenden möchten, entsprechend mehr Zwiebeln und Möhren nehmen)
250 g Grünkerngrütze (fertig im Reformhaus erhältlich)
¾ l Gemüsebrühe
100 g geriebene Mandeln
3 Eier
120 g geriebener Goudakäse
100 g Vollkornbrösel
Kräutersalz
Thymian
Pfeffer
Muskatnuss
100 g grob geriebener Emmentaler Käse

Zubereitung:
Die Zwiebeln schälen, Möhren und Lauch waschen. Alles fein würfeln.
Die Grünkerngrütze in der heißen Butter andünsten, dann das Gemüse dazugeben.
Mit der Gemüsebrühe auffüllen und 20 Minuten zugedeckt ausquellen lassen.
Die Grünkernmasse mit Mandeln, Eiern, Goudakäse und Bröseln mischen.
Mit Salz, Pfeffer, Thymian und geriebener Muskatnuss herzhaft würzen.
10 Minuten ruhen lassen.
Den Teig zu einem Laib formen.
Bei 175 Grad etwa 35 Minuten backen.
Mit Emmentaler Käse bestreuen und weitere 5 Minuten backen.
Den Grünkernbraten noch 5 Minuten ruhen lassen, dann aufschneiden.

Variante:
Dazu passen Gemüse wie Paprika, Möhren, vor allem aber Blumenkohl.
– Lassen Sie 1 Kilogramm Blumenkohlröschen mit ⅛ Liter Gemüsebrühe, ¼ Liter Sahne und etwas Salz zugedeckt 15 Minuten dünsten. Dann die Röschen aus der Soße nehmen und warm stellen. Die Soße cremig einkochen lassen und zum Schluss 1 Bund gehackten Dill unterziehen.

Grünkern-Eintopf

Zutaten:
200 g Grünkern (ganze Körner)
40 g Butter
1 Zwiebel
1 große Dose Tomaten
2 große Möhren
1 Sellerieknolle
2 Porreestangen
3 Lorbeerblätter
1 TL getrockneter Oregano
Kräutersalz

Zubereitung:
Die Butter in einem großen Topf erhitzen und den Grünkern kurz darin andünsten.
Die Zwiebel schälen, würfeln, hinzufügen und glasig werden lassen.
Die Tomaten mit der Flüssigkeit dazugeben. Bei mittlerer Hitze zum Kochen bringen.
Inzwischen Möhren und Sellerie schälen und würfeln.
Den Lauch putzen, waschen und in Ringe schneiden.
Das Gemüse mit den Lorbeerblättern, dem Oregano und dem Salz zum Grünkern in den Topf geben.
Bei kleiner Hitze im geschlossenen Topf 1 bis $1\frac{1}{2}$ Stunden garen.

Brot und Gebäck

Seit unsere Vorfahren vor vielen tausend Jahren die Kunst entdeckten, Feuer zu entzünden, wurde nicht nur das durch die Jäger erbeutete Fleisch damit in eine schmackhaftere und leichter verdauliche Mahlzeit umgewandelt, sondern auch die Sammler von Wildgetreiden konnten ihre Schätze – die Samen der Wildgräser, die die Vorläufer unserer heutigen Getreide sind – zunächst zu Fladen und später zu Broten verarbeiten. Fladen werden im oder über dem offenen Feuer gebacken. In vielen Ländern der Welt, beispielsweise in Asien, Südamerika und Afrika, ist das noch immer der Fall. Für ein Brot, wie wir es heute kennen (und in Deutschland kennt man inzwischen mehrere hundert Brotsorten!), waren natürlich ausgefeiltere Techniken nötig. Erst musste der Gebrauch des Sauerteigs und der Hefe und natürlich der Backofen entdeckt und entwickelt werden Dies war schon im alten Rom der Fall, und die Techniken des Brotbackens wurden in den mittelalterlichen Klöstern Deutschlands weiterentwickelt. So kannte man damals z. B. schon die so genannten Gebildbrote – in Form von Lämmern zum Osterfest oder in anderen Formen zu den verschiedenen Heiligenfesten.

Brot war – gerade bei der ärmeren Bevölkerung – immer das wichtigste Nahrungsmittel. Nicht nur Gladiatorenkämpfe und Zirkus gab es umsonst, sondern auch kostenlose Brotverteilungen (»Brot und Spiele«), um das Volk ruhig zu halten. Eine der Hauptbitten des Vaterunsers ist: »Unser täglich Brot gib uns heute.« Und immer wieder gab es Aufstände, weil die Brotpreise zu hoch waren, etwa während der Französischen Revolution. Aber auch heute noch gehen die Menschen für ihr »täglich Brot« auf die Straße, wie in Polen, Russland, in der Türkei und in vielen anderen Ländern.

Könnten Sie sich ein »brotloses« Leben vorstellen – ohne Graubrot, feines Baguette, kräftiges Schwarzbrot und ohne frische Brötchen? Selbst altbackenes Brot hat seine Qualitäten – nicht nur in einer Suppe oder in einem Auflauf. Ich erinnere mich noch an meine Kindheit, als mein köstlichstes Essen das »Häschenbrot« war, das mein Vater von der Arbeit mit zurückbrachte. Und neulich las ich in meinem Bäckerladen einen wunderschönen Spruch: »Altes Brot ist nicht hart. Gar kein Brot – das ist hart.«

Meine Mutter, die von einem ostpreußischen Bauernhof stammt, wo das Brotbacken eine Selbstverständlichkeit war, erzählte mir, dass in die Brotlaibe vor dem Backen mit einem Messer ein Kreuz eingeritzt wurde – als Dank für das tägliche Brot.

Tipps zum Brotbacken:
- Das Kneten des Brotteigs mit der Hand ist eine ziemlich anstrengende Angelegenheit. Andererseits ist es aber auch eine sinnliche und geradezu meditative Erfahrung. Wenn Sie Zeit und Kraft genug haben, sollten Sie es unbedingt mit der »Handarbeit« versuchen!
- Hefebrote und Fladen ohne Sauerteig können mit den normalen Knethaken der Küchenmaschine zubereitet werden, weil sie weniger zäh sind.
- Bei Sauerteigbroten läuft der normale Mixer allerdings oft heiß – das kann zu einem Kurzschluss führen. Deshalb empfiehlt sich, falls Sie öf-

ter Brot selbst backen möchten, ein spezielles Knet- und Rührgerät. (Näheres dazu s. Seite 239)
- Der Brotteig ist richtig aufgegangen, wenn sich sein Volumen deutlich (bei Hefeteig) oder leicht (bei Sauerteig) vergrößert hat. Versuchen Sie es mit der Fingerprobe: Auf Fingerdruck muss eine kleine Kuhle im Teig entstehen, die sich nur langsam wieder glättet.
- Hefebrote können Sie vor dem Backen (aber erst, nachdem Sie es mit Wasser bestrichen haben!) mit einem Muster verzieren, das Sie mit einem spitzen Messer in die Oberfläche einritzen. Sauerteigbrote sollten allerdings nur sparsam eingeschnitten werden!
- Umluftöfen sind für das Backen von Sauerteigbrot oft problematisch, weil das Brot außen zwar sehr knusprig wird, aber innen mitunter feucht bleibt. Es empfiehlt sich auf jeden Fall, ein Schälchen mit Wasser auf das Backblech zu stellen.
- Wer öfter Brot backen möchte, ist mit einem Brotbackautomaten gut beraten, weil hier das Brot in geradezu perfekter Qualität gelingt. (Näheres s. Seite 239)
- Ein fertiges Brot sollte übrigens erst am nächsten Tag angeschnitten werden. So hat es Gelegenheit zum Abkühlen und Nachtrocknen. Dazu lassen Sie es am besten in der warmen Küche ruhen – umgedreht auf einem Gitter –, so können Hitze und Dampf durch den Teigboden abziehen und die Kruste an der Oberseite bleibt knusprig.

So setzen Sie einen *Sauerteig* an:
Die einfachste Methode ist, fertigen Sauerteig von einer Nachbarin oder auch vom Bäcker zu holen.
Im Reformhaus oder im Naturkostladen gibt es auch fertiges Backferment (z. B. von der Firma Sekowa). Die Gebrauchsanweisung steht auf den Päckchen. Der Teig braucht zum Gären und Reifen zwischen 20 und 24 Stunden! Beachten Sie also diese Zeit bei Ihrer Planung. Die Reife erkennen Sie an der Bildung zahlreicher Gärbläschen im Teig. Danach muss noch einmal Getreide zugegeben werden und zusammen mit dem Ansatz weitere 24 Stunden stehen. Die Vorbereitung dauert also einige Zeit!

Und hier das genaue Rezept:
40 Gramm Wasser auf 40 Grad (also etwas mehr als handwarm) erwärmen und 1 gehäuften TL des Backferments darunterrühren.
Dann fein gemahlenes Weizenmehl darunter geben (etwa 2 Esslöffel), so-

dass ein ziemlich weicher Teig entsteht. Dabei sollte sich aber kein Wasser absetzen.
Das Gefäß zudecken und in der warmen Küche (etwa 30 Grad) gären lassen. Nach etwa 24 Stunden ist der Teig reif.
Nun erwärmen Sie 40 Gramm Wasser auf 40 Grad und geben 80 Gramm fein gemahlenes Weizenmehl (etwa 4 Esslöffel) dazu.
Diese Mischung wird mit dem ersten Ansatz zu einem mittelfesten Teig vermengt.
Zugedeckt in der warmen Küche gären lassen. Nach etwa 24 Stunden hat der Teig ungefähr das Dreifache des ursprünglichen Volumens angenommen.

Fladenbrot

Zutaten:
300 g Dinkel
200 g Grünkern
½ TL Kümmel
350 ml lauwarmes Wasser
½ TL Salz
1 Würfel Hefe
3 EL Öl
2 EL Sesam

Zubereitung:
Dinkel und Grünkern zusammen mit dem Kümmel fein mahlen.
Das Wasser in eine Schüssel geben, Hefe und Salz darin verrühren.
Nach und nach das Mehl mit dem Kümmel dazugeben. Hildegard empfiehlt den Kümmel vor allem Menschen, die unter Lungen- und Bronchienproblemen leiden.
Den Teig 5 Minuten gut kneten und zugedeckt 30 Minuten bei Zimmertemperatur gehen lassen.
Den Teig in 8 gleich große Stücke teilen, diese zu Kugeln formen, flachdrücken und auf ein mit Backpapier ausgelegtes Backblech legen.
Die Fladen auf der Oberfläche mit Wasser bepinseln und mit Sesam bestreuen.
Die Fladen bei 200 Grad etwa 40 Minuten lang backen.

Ein Tipp zur Garprobe: Klopfen Sie mit dem Fingerknöchel gegen die Unterseite eines Fladens. Wenn dieser gar ist, klingt es hohl.

Dinkelbrötchen

Zutaten:
600 g Dinkelmehl
400 g Milch
1 TL Honig
2 TL Kräutersalz
2 EL Öl
20 g Hefe
200 g Sonnenblumenkerne

Zubereitung:
Die Hefe in etwas lauwarmer Milch anrühren. Dann mit dem Honig, dem Salz, dem Öl und der Milch zum Dinkelmehl geben und gut verkneten.
½ Stunde lang zugedeckt ruhen lassen.
Nochmals gut durchkneten, dabei 100 Gramm der Sonnenblumenkerne in den Teig einarbeiten und den Teig nochmals 5 Minuten ruhen lassen.
Nun mit nassen Händen Brötchen aus dem Teig formen.
Die Oberfläche der Brötchen mit Milch einpinseln und mit den restlichen Sonnenblumenkernen bestreuen. Die Kerne mit der Hand etwas andrücken.
Die Brötchen auf ein gefettetes Backblech setzen und bei 220 Grad etwa 30 Minuten lang backen.

Dinkelbrot (Hefeteig)

Zutaten:
1 kg Dinkelmehl
20 g Kräutersalz
¾ l Wasser
40 g Hefe

Zubereitung:
Das Dinkelmehl mit dem Salz verrühren.
Die in etwas lauwarmem Wasser aufgelöste Hefe dazugeben.
Nach und nach das Wasser dazugeben und gut durchkneten.
Den Teig zugedeckt mindestens eine Stunde lang gehen lassen. Danach den Teig in eine gefettete Kastenform geben und nochmals einige Minuten lang gehen lassen.

Dann die Oberfläche leicht einritzen und mit etwas Milch oder Wasser bestreichen.
Bei 220 Grad etwa 50 Minuten lang backen.

Variation:
Bestreuen Sie das Brot vor dem Backen mit Sonnenblumen- oder Sesamkernen.

Flockenbrot

Zutaten:
400 g Dinkelflocken
600 g Dinkelmehl
15 g Salz
40 g Hefe
200 ml lauwarme Milch
½ l lauwarmes Wasser
2 EL Zitronensaft
1 EL Öl

Zubereitung:
Die Dinkelflocken und das Mehl mit dem Salz vermischen und eine Vertiefung in die Mitte drücken.
Die Hefe zerbröckeln und in der lauwarmen Milch auflösen.
Die Milch unter das Mehl mischen und zu einem Teig verarbeiten.
Diesen 20 Minuten lang zugedeckt an einem warmen Ort gehen lassen.
Dann das lauwarme Wasser, den Zitronensaft und das Öl beifügen und alles kräftig durchkneten (mindestens 5 bis 10 Minuten).
Den Teig mit etwas warmem Wasser bestreichen.
An einem warmen Ort zugedeckt etwa ½ Stunde lang gehen lassen, bis sich sein Volumen verdoppelt hat.
Nochmals kräftig durchkneten.
Den Teig in gefettete Kastenformen geben, die Oberfläche mit einem scharfen Messer leicht einritzen.
Nochmals an einem warmen Ort gehen lassen, bis sich das Teigvolumen wieder merkbar vergrößert.
Bei 200 Grad etwa 45 Minuten backen.

Sauerteigbrot aus drei Getreiden

Zutaten:
175 g Dinkelmehl
175 g Weizenmehl
500 g Roggenmehl
2 EL Salz
500 g Sauerteig (fertig gekauft oder selbst zubereitet – s. Seite 271)
¼ l lauwarmes Wasser
Roggenmehl zum Bestreuen

Zubereitung:
Die drei Mehle sorgfältig mit dem Salz mischen.
Den Sauerteig hinzugeben und mit dem Wasser zu einem festen, gut formbaren Teig kneten.
Falls nötig, während des Knetens noch etwas mehr Wasser hinzufügen.
Den Teig zu einer glatten Kugel formen, mit einem sauberen Küchentuch zudecken und 3 bis 4 Stunden lang bei Zimmertemperatur gehen lassen.
Im Unterschied zu einem Hefeteig hebt sich der Teig nur schwach.
Den Teig noch einmal leicht durchkneten und zu einem Laib formen.
Nochmals 1 Stunde gehen lassen.
Dann mit etwas warmem Wasser bestreichen und mit Roggenmehl bestreuen.
Ein Backblech mit Mehl bestreuen, den Laib darauf legen und bei 200 Grad 60 bis 90 Minuten lang backen.
Das Brot ist durchgebacken, wenn es beim Daraufklopfen hohl klingt.

Variationen:
Bestreuen Sie den geformten Laib vor dem Backen mit Sonnenblumen-, Sesam- oder Mohnsamen, oder mischen Sie bei der Zugabe des Sauerteigs 2 Esslöffel einer Gewürzmischung aus Kümmel, Koriander, Anis oder Fenchel unter den Brotteig. Die Gewürze vorher im Mörser zerkleinern!

Weihnachtlicher Gugelhupf

Zutaten:
250 g Dinkelmehl
250 g Weizenmehl
abgeriebene Schale einer unbehandelten Zitrone

½ TL Naturvanille
¼ TL gemahlene Nelken
1 TL Zimt
40 g Hefe
ca. ⅛ l Milch
100 g Butter
3 Eier
120 g Honig
50 g Datteln
50 g Zitronat
50 g Orangeat
50 g gehackte Walnüsse
50 g gehackte Mandeln
Sesam zum Ausstreuen der Form
2 EL flüssige Butter zum Bestreichen
Kokosraspeln

Zubereitung:
Das Mehl mit der abgeriebenen Zitronenschale, der Vanille, den Nelken und dem Zimt mischen.
> »Der Zimt ist sehr warm und hat starke Kräfte. Er enthält auch eine mäßige Feuchtigkeit, aber seine Wärme ist so stark, dass sie diese Feuchtigkeit unterdrückt. Wer oft Zimt isst, mindert die üblen Säfte und unterstützt die guten Säfte.« *(Physica)*

Die Hefe in der lauwarmen Milch auflösen. Dann mit der Butter, den Eiern sowie dem Honig zum Mehl geben.
Alle Zutaten mit den Knethaken des Rührgerätes zu einem weichen Teig verkneten.
Zugedeckt an einem warmen Ort etwa ½ Stunde gehen lassen, bis sich das Teigvolumen deutlich vergrößert hat.
Danach den Teig noch einmal gut mit den Knethaken durcharbeiten und dabei die klein geschnittenen Datteln, das Zitronat, das Orangeat und die Nüsse untermengen.
Eine Napfkuchenform gut mit Butter einfetten, mit Sesam ausstreuen und den Teig hineinfüllen.
Noch einmal an einem warmen Ort 30 bis 45 Minuten gehen lassen.
Den Gugelhupf bei 200 Grad 50 bis 60 Minuten backen.
Auf ein Kuchengitter stürzen und noch warm mit der flüssigen Butter bestreichen. Dann mit Kokosraspeln bestreuen.

Quarktorte

Zutaten:
125 g Dinkelmehl
125 g Weizenmehl
125 g Butter
1 Ei
2 EL Honig
$\frac{1}{4}$ TL Naturvanille

für den Belag:
2 Eier
100 g Honig
$\frac{1}{2}$ TL Naturvanille
Saft einer Zitrone
500 g Quark oder Schichtkäse
125 g Obst (gut geeignet sind Ananas, Pfirsiche, Mandarinen oder auch Datteln)

Zubereitung:
Das Mehl zusammen mit der Butter, dem Ei, dem Honig und der Vanille zu einem glatten, weichen Teig verkneten.
Eine Springform von 26 Zentimetern Durchmesser einfetten, den Teig hineinfüllen und mit einem nassen Löffel glatt streichen.
Die Form in den Kühlschrank stellen und den Teig mindestens eine halbe Stunde lang ruhen lassen.
Inzwischen die Eier mit dem Honig und der Vanille sowie dem Zitronensaft schaumig schlagen.
Den Schichtkäse oder den gut abgetropften Quark dazugeben und alles cremig rühren.
Das Obst in kleine Stücke schneiden und unter die Quarkmasse heben.
Den Mürbeteig bei 220 Grad etwa 20 Minuten vorbacken.
Danach die Quarkmasse auf dem Tortenboden verteilen und die Torte bei 200 Grad weitere 40 Minuten backen.

Dinkel-Biskuit

Zutaten:
4 Eier
Honig nach Geschmack
125 g Dinkelmehl, sehr fein gemahlen
1 TL Backpulver

Zubereitung:
Die Eier trennen.
Eigelb mit dem Honig schaumig schlagen, bis die Masse hellgelb ist.
Den Dinkel und das Backpulver darübersieben und unterheben. Die Masse 20 Minuten quellen lassen.
Eiweiß mit 4 Eßlöffeln kaltem Wasser steif schlagen und mit einem Schneebesen vorsichtig unter die Eigelb-Mehl-Mischung heben.
Den Teig in eine mit Backpapier ausgelegte Springform geben oder auf ein Backblech streichen.
Bei 200 Grad backen. Die Springform braucht 40 Minuten Backzeit, der Teig auf dem Backblech etwa 50 Minuten.
Den abgekühlten Teig nach Belieben mit Früchten und Schlagsahne füllen.

Dinkelplätzchen

Zutaten:
100 g Dinkelmehl
100 g Weizenmehl
100 g Butter (möglichst kalt)
100 g saure Sahne
100 g Honig
je 1 Prise Muskat und Salz
Sesam zum Bestreuen

Zubereitung:
Dinkel- und Weizenmehl mischen, eine Mulde eindrücken und alle übrigen Zutaten (außer Sesam) hineingeben. Die Butter dabei in Flöckchen teilen.
Alles mit Mehl bestäuben und von der Mitte aus rasch zu einem glatten Teig verkneten. Für 1 Stunde kalt stellen.

Den Teig in kleinen Portionen abnehmen und dünn auf bemehlter Fläche ausrollen. Den übrigen Teig bis zur weiteren Verarbeitung kalt stellen, sonst klebt er leicht.
Den ausgerollten Teig dünn mit Sesam bestreuen und leicht mit der Kuchenrolle eindrücken. Plätzchen ausstechen.
Auf dünn gefettetem Blech bei 200 Grad etwa 8 Minuten backen. Die Plätzchen sind fertig, wenn sie einen leicht bräunlichen Rand haben.
Die Plätzchen behutsam vom Blech lösen, da sie noch weich sind und erst beim Abkühlen knusprig werden.

Vanilleringe

Zutaten:
180 g weiche Butter
150 g Honig
2 Eigelb
¾ TL Naturvanille
300 g Dinkel, sehr fein gemahlen
1 Eiweiß zum Bestreichen

Zubereitung:
Die Butter mit dem Honig schaumig schlagen.
Alle übrigen Zutaten dazugeben und unterarbeiten, sodass ein weicher Teig entsteht.
Den Teig 45 Minuten bei Zimmertemperatur quellen lassen.
Anschließend in einen Spritzbeutel mit großer Sterntülle füllen und Ringe auf das ungefettete Backblech spritzen.
Das Eiweiß verquirlen und die Plätzchen vorsichtig damit bestreichen.
Bei 200 Grad etwa 20 Minuten backen.

Russischer Osterkuchen

Zutaten:
500 g Dinkelmehl, fein gemahlen
1 TL Salz
2 Eier
100 g Butter
100 g Honig
150 bis 200 ml lauwarme Milch
1 Würfel Hefe

70 g Rosinen
70 g gehackte Mandeln
Sesam

Zubereitung:
Das Mehl mit dem Salz vermischen.
Eier, Butter und Honig hinzufügen.
Die Hefe in der lauwarmen Milch auflösen und dazugießen.
Alle Zutaten mit dem Handrührgerät zu einem weichen Teig verkneten.
Den Teig an einem warmen Ort zugedeckt mindestens ½ Stunde lang gehen lassen, bis sich sein Volumen deutlich vergrößert hat.
Nun die gewaschenen, gut abgetropften Rosinen sowie die gehackten Mandeln unter den Teig kneten.
Eine Napfkuchenform oder eine andere feuerfeste Form gut einfetten, mit Sesam ausstreuen und den Teig hineinfüllen.
An einem warmen Ort nochmals 45 bis 60 Minuten gehen lassen.
Anschließend bei 200 Grad etwa 40 bis 45 Minuten backen.
Aus der Form nehmen und auf einem Kuchengitter auskühlen lassen.

Möhrentorte

Zutaten:
4 Eigelbe
200 g Honig
Saft und Schale von ½ unbehandelten Zitrone
1 TL gemahlene Naturvanille
1 TL Zimt
1 Msp. gemahlene Gewürznelken
200 g geriebene Möhren
100 g gemahlene Mandeln
100 g Vollkornbrösel oder geriebener Dinkelzwieback
1 EL Rum
100 g Dinkelmehl
1 EL Backpulver
4 Eiweiße

Zubereitung:
Eigelb mit dem Honig schaumig rühren.
Zitronensaft und die geriebene Zitronenschale, die Gewürze, Möhren, Mandeln, Brösel und Rum darunterrühren.

Das Dinkelmehl mit dem Backpulver vermischen und unter die Masse geben.
Eiweiß zu Schnee schlagen und darunterziehen.
Den Teig in eine gefettete und mit Mehl ausgestreute Springform geben.
Bei 180 Grad etwa 60 Minuten lang backen.

Desserts

Genauso wie ein Salat oder eine Suppe die Mahlzeit – und den Magen – öffnen, beschließt eine süße Speise das Essen. Man lehnt sich gesättigt zurück und genießt nur noch den Nachklang eines schönen Essens. Auch hier ist der Dinkel – nicht zuletzt in Verbindung mit verschiedenen Früchten – ein Getreide, aus dem sich die schmackhaftesten Nachtische herstellen lassen.

Dinkel-Omelett mit Früchten

Zutaten:
40 g fein gemahlenes Dinkelmehl
½ TL Salz
2 EL Zucker
200 ml Mineralwasser
8 Eier
Butter
500 g frisches Obst (Himbeeren, Erdbeeren usw.) oder gedünstetes Obst (z. B. Rhabarber)

Zubereitung:
Geben Sie das Dinkelmehl in eine Schüssel, und fügen Sie Salz, Zucker und Mineralwasser hinzu. Mit dem Mixstab gut vermischen.
Die Eier trennen und das Eigelb gut unter die Mehlmischung rühren.
Eiweiß schaumig rühren und darunterziehen.
Die Butter in einer Pfanne erhitzen und nacheinander etwa 8 Omeletts backen (ca. 3 bis 4 Minuten von jeder Seite).
Dann das Obst auf die Omeletts verteilen und diese zusammenrollen.

Variationen:
– Die Omeletts mit Zucker und/oder Zimt bestreuen.

- In der fettlosen Pfanne Mandelsplitter oder geraspelte Mandeln rösten und über die Omeletts streuen.
- Etwas Obst übrig lassen und mit geschlagener Sahne zu den Omeletts reichen.

Dinkel-Quark-Auflauf mit Dörrobst

(Ein idealer Nachtisch für den Winter – auch als Hauptmahlzeit geeignet)

Zutaten:
400 ml Milch
200 g Dinkelmehl
200 g Dörrfrüchte (Äpfel, Aprikosen, Birnen usw.)
etwas Salz
200 g Sahnequark
3 Eier
geriebene Schale einer unbehandelten Zitrone
2–3 EL Zucker (nach Geschmack)
etwas Butter

Zubereitung:
Die Milch aufkochen lassen und das Dinkelmehl darin etwa 4 Stunden quellen lassen. Gleichzeitig die Dörrfrüchte in lauwarmem Wasser 4 Stunden lang quellen lassen.
Danach den Dinkelbrei mit etwas Salz, dem Sahnequark, 3 Eigelb, der abgeriebenen Zitronenschale und dem Zucker mischen.
Eiweiß zu Schnee schlagen und unter die Dinkelmasse ziehen.
Die Hälfte der Dinkelmasse in eine gefettete Auflaufform geben.
Die abgetropften Dörrfrüchte zerschneiden und darauf verteilen.
Dann den Rest der Dinkelmasse darübergeben.
Auf die Auflaufmasse Butterflöckchen setzen.
Das Ganze bei 190 Grad etwa 30 Minuten lang backen.
Dazu passt eine Vanille- oder Fruchtsoße oder frisch geschlagene Sahne.

Tipp: Rohe Fruchtsoße

Zutaten:
500 g Früchte (gemischt oder auch einzelne Sorten, auch gequollenes Dörrobst ist geeignet)
100 g Sahne

Zitronensaft
Honig

Zubereitung:
Die Früchte im Mixer pürieren.
Die Sahne halbsteif schlagen und unter die Fruchtmasse ziehen.
Mit Zitronensaft und Honig abschmecken.
Übrigens lässt sich auch gefrorenes Obst für dieses Rezept verwenden.
Dafür lassen Sie die Früchte leicht antauen und pürieren sie dann.

Dinkelmehlschmarren

Zutaten:
150 g fein gemahlenes Dinkelmehl
175 ml Milch (oder wahlweise Mineralwasser)
Salz
etwas Honig
4 EL Mandelblättchen
3 Eier
Butter
2 EL in Wasser eingeweichte Rosinen
etwas Zimt

Zubereitung:
Das Dinkelmehl mit der Flüssigkeit (Milch oder Mineralwasser) verrühren.
Mit etwas Salz und Honig abschmecken und den Teig 30 Minuten quellen lassen.
Inzwischen die Mandeln in einer fettlosen Pfanne anrösten.
Die Eier gut unter den Teig rühren.
Etwas Butter in einer Pfanne erhitzen und den Schmarren portionsweise darin backen. (Dazu den Teig leicht anbacken lassen und dann wenden.)
Die Schmarren in eine Schüssel geben, geröstete Mandelblättchen und abgetropfte Rosinen dazugeben.
Die Schmarren mit Gabeln in Stückchen zerreißen und alles gut miteinander vermischen.
Alles nochmals in die Pfanne geben, kurz durchbacken lassen und mit etwas Zimt bestreuen.

Variation:
Zu dem Dinkelschmarren passt auch eine Vanille- oder Obstsoße, oder geben Sie eine geschlagene Sahne dazu, der Sie gemahlene Naturvanille beigefügt haben.

Dinkelschmarren mit Kirschen

Zutaten:
500 g Sauerkirschen
2 Tassen Wasser
1 Tasse grob gemahlenes Dinkelmehl
1 Tasse Quark
2 EL gemahlene Haselnüsse
2 EL Honig
etwas Salz

Zubereitung:
Das Dinkelmehl in das kochende Wasser einrühren und kurz durchkochen.
Die übrigen Zutaten (ohne die Kirschen) untermischen und das Ganze mit Fett in einer Pfanne bei mittlerer Hitze garen.
Die gewaschenen und entkernten Kirschen auf dem Teig verteilen.
Kirschen und Teig mehrere Male gut durchmischen.
Dann einige Minuten ruhen lassen und noch heiß servieren.

Variation:
Dazu passt sehr gut eine Kefirsahne: 1 Becher Kefir mit $\frac{1}{2}$ Becher saurer Sahne und 1 Esslöffel Honig gut verrühren.

Soufflé aus Weizen und Dinkel

Zutaten:
50 g Weizenmehl
50 g fein gemahlenes und gesiebtes Dinkelmehl
400 g saure Sahne
etwas abgeriebene Schale von einer unbehandelten Zitrone
2 EL Honig
2 EL Kokosraspeln (besser noch: frisch geriebene Kokosnuss)
4 EL Sauerkirschen
etwas Butter zum Fetten der Form

Zubereitung:
Das Mehl mit der sauren Sahne zu einem glatten Teig verrühren.
Unter ständigem Rühren erhitzen, bis die Masse einzudicken beginnt.
Die Eier trennen.
Die Eigelbe zur Sahne-Mehl-Mischung geben, leicht erhitzen.
Vom Herd nehmen und mit der geriebenen Zitronenschale abschmecken.
Eiweiß steif schlagen, den Honig dazugeben und gemeinsam mit den Kokosraspeln unter die Sahne-Mehl-Mischung heben.
Die Kirschen waschen und entsteinen und in eine gefettete Auflaufform geben.
Die Soufflé-Masse auf die Kirschen geben.
Bei 200 Grad 25 bis 30 Minuten backen und sofort servieren.

Wichtig: Das sofortige Servieren verhindert ein Zusammenfallen des Soufflés. Deshalb sollte während des Backvorgangs die Tür des Backofens nicht geöffnet werden.

Ausgebackene Holunderblüten

Zutaten:
10–15 Holunderblüten (diese möglichst nicht nahe an viel befahrenen Straßen oder in der Nähe von frisch gedüngten Feldern ernten)
100 g fein gemahlenes Dinkelmehl
1 EL gemahlene Mandeln
1 Päckchen Vanillezucker
1 EL Honig
3 Eier
Öl zum Ausbacken
Zucker zum Bestäuben

Zubereitung:
Die Holunderblüten kurz unter fließendem Wasser abbrausen, damit Verunreinigungen und kleine Insekten entfernt werden. Dann auf Küchenpapier trocknen lassen.
Das Mehl mit den Mandeln, dem Vanillezucker, dem Honig und den Eiern in eine Schüssel geben. Zu einem dickflüssigen Teig verrühren und noch 3 bis 5 Esslöffel Wasser hinzufügen.
Den Teig etwa 30 Minuten stehen lassen.

Das Fett in einem Topf erhitzen. Es hat die richtige Temperatur, wenn an einem Holzlöffel Bläschen hochsteigen.
Die Holunderblüten am Stiel fassen und in den Teig tauchen.
Portionsweise im heißen Fett hellbraun ausbacken.
Sofort mit Zucker bestäuben.

Crêpes mit Zimtsahne

Zutaten:
70 g Butter
120 g fein gemahlenes Dinkelmehl
3 Eier etwas Salz
200 ml Milch
1 Becher saure Sahne (150 g)
1 Becher Creme fraîche (150 g)
½ TL Zimt
1 EL Weinbrand
etwas Zucker
3 EL Öl
16 EL Ahornsirup oder Honig

Zubereitung:
Die Butter zerlassen und zum Abkühlen beiseite stellen.
Das Dinkelmehl mit den Eiern und dem Salz verrühren.
Die Milch und 70 Milliliter Wasser hinzufügen und mit dem Schneebesen darunterschlagen.
Die abgekühlte Butter unterziehen.
Den Teig 30 Minuten quellen lassen.
Inzwischen die saure Sahne mit Creme fraîche, Zimt und Weinbrand verrühren. Eventuell mit Zucker abschmecken.
Das Öl in einer Pfanne erhitzen.
2 Esslöffel Teig hineingeben und die Pfanne schwenken, damit der Teig sich dünn verteilt.
Den Crêpe von beiden Seiten hellbraun backen.
Auf diese Weise etwa 12 Crêpes backen und warm stellen.
Die aufgerollten Crêpes mit Zimtsahne und Ahornsirup oder Honig beträufeln.

Ausgebackene Apfelscheiben

Zutaten:
6 Äpfel (geschält, entkernt und in Ringe geschnitten)
500 g Dinkelmehl
½ TL Salz
1 TL Honig
abgeriebene Schale einer unbehandelten Zitrone
1 TL Kardamom
4 Eier
½ l Sahne
50 g Butter

Zubereitung:
Mehl, Salz, Honig, Kardamom und die abgeriebene Zitronenschale mischen.
Die Eier und die Sahne schaumig schlagen und nach und nach unter das Mehl rühren.
Den Teig 30 Minuten ruhen lassen.
Die Butter in eine Pfanne geben und heiß werden lassen.
Die geschälten Apfelringe in den Teig tauchen und im heißen Fett ausbacken.
Warm servieren und mit etwas Zucker überstreuen oder Kompott bzw. eine Fruchtsoße dazu reichen.

Grünkern-Apfel-Auflauf

(Auch als Hauptmahlzeit geeignet)

Zutaten:
200 g Grünkernmehl
1 l Milch
50 g Butter
Honig
2 Eier
50 g gemahlene Mandeln
50 g Rosinen
½ Zitrone
500 g geriebene Äpfel
Butter

Zubereitung:
Die Milch zum Kochen bringen und das Grünkernmehl darunterrühren.
Bei kleinster Hitze etwa ½ Stunde lang ausquellen lassen.
Eigelb schaumig schlagen und Honig nach Geschmack dazugeben.
Mandeln, Rosinen und Zitronensaft sowie die geriebene Schale der Zitrone gut mit den geraspelten Äpfeln vermischen.
Eiweiß zu einem steifen Schnee schlagen und unter die Apfelmasse mischen.
Eine Auflaufform mit Butter einfetten und abwechselnd die Grünkern- und die Apfelmasse in Schichten hineingeben.
Mit Butterflöckchen bestreuen.
Bei 180 Grad etwa 45 Minuten lang backen.
Vor dem Servieren mit Fruchtsaft oder einer Fruchtsoße übergießen.
Auch Schlagsahne mit Naturvanille eignet sich zu diesem süßen Auflauf.
Außerdem können entweder gedünstete Äpfel (eventuell mit Zimt und Zucker überstreut) oder andere Früchte der Saison ganz oder als Kompott dazu gereicht werden.

Dinkelwaffeln mit frischem Obst

Zutaten:
100 g fein gemahlenes Dinkelmehl
100 g fein gemahlenes Weizenmehl (bei beiden Mehlen Schrot aussieben)
300 g Creme fraîche
etwas Salz
Fett für das Waffeleisen
500 g Beeren (Himbeeren, Blaubeeren, Johannisbeeren usw. – Sie können auch Tiefkühlbeeren verwenden.)
4 EL Honig

Zubereitung:
Das Mehl mit der Creme fraîche, einer Prise Salz und 450 Milliliter Wasser verrühren.
Das Waffeleisen erhitzen und die Backflächen dünn mit Fett einpinseln.
Etwa 2 Esslöffel Teig in das Waffeleisen geben.
Das Eisen schließen und die Waffel bei kleiner Hitze etwa 6 Minuten backen.
Dann auf einem Kuchengitter auskühlen lassen.
Nacheinander aus dem Teig 8 Waffeln backen.

Die Beeren verlesen, waschen und putzen. Honig daruntermischen und das Obst zu den Waffeln reichen.
Wer mag, kann auch noch Schlagsahne dazugeben.

Grünkernklößchen mit Honig

Zutaten:
$\frac{1}{4}$ l Milch
70 g Butter
etwas Salz
$\frac{1}{4}$ TL Zimt
150 g mittelfein gemahlener Grünkern
2 Eier
4 EL Akazienhonig
4 EL Schlagsahne
30 g gehackte Mandeln

Zubereitung:
Milch mit Butter, einer Prise Salz und Zimt aufkochen.
Den Grünkern hinzufügen und mit einem Holzlöffel so lange rühren, bis die Masse sich als Kloß vom Topfboden löst.
Vom Herd nehmen und kurz abkühlen lassen.
Die Eier nacheinander unterrühren.
In einem Topf Salzwasser zum Kochen bringen.
Mit zwei Teelöffeln Klößchen vom Teig abstechen. Dabei die Löffel immer wieder einmal unter fließend kaltes Wasser halten, damit der Teig nicht klebt.
Die Klößchen ins siedende Wasser geben und 15 Minuten bei kleinster Hitze garen.
Auf einem Sieb abtropfen lassen.
Den Honig mit der Schlagsahne erhitzen.
Die Klößchen hineingeben und einige Minuten darin ziehen lassen.
Mit gehackten Mandeln servieren.
Dazu passt gut Kirschkompott.

Brotaufstriche

Zu einem kräftigen Vollkornbrot passt auch ein kräftiger Aufstrich. Es muss nicht immer Wurst und Käse sein. Die folgenden Alternativen werden Ihnen und Ihrer Familie sicherlich köstlich schmecken.

Sprossenaufstrich

Zutaten:
3 EL Kresse
50 g Dinkelsprossen
1 Tomate
einige Stängel Petersilie (möglichst Blattpetersilie)
50 g weiche Butter
1 EL Hefeflocken (aus dem Reformhaus oder Naturkostladen)
etwas Kräutersalz

Zubereitung:
2 bis 3 Tage vor Zubereitung des Aufstrichs die Dinkelkerne zum Keimen vorbereiten (s. Seite 241).
Die Kresse und die Dinkelsprossen gut durchspülen und abtropfen lassen.
Die Tomate waschen und fein würfeln.
Die Kresse, die Dinkelsprossen und die fein gehackte Petersilie unter die schaumig gerührte Butter mischen und mit Hefeflocken und Kräutersalz abschmecken.

Quark mit Dinkelsprossen

Zutaten:
200 g Quark
etwas Milch
5 EL Dinkelsprossen
2 EL Öl
etwas Zitronensaft
1 Tomate
1 Schalotte oder Frühlingszwiebel (ersatzweise 1 kleine Zwiebel)
1 kleine Gewürzgurke
Salz und Pfeffer

Zubereitung:
Den Quark mit dem Öl und etwas Milch glatt rühren. Die Tomate, die Gewürzgurke und die Zwiebel klein hacken. Zusammen mit den Dinkelsprossen unter den Quark heben. Mit Salz, Pfeffer und Zitronensaft abschmecken.

Kräuteraufstrich

Zutaten:
100 g mittelfein gemahlener Grünkern
2 Zwiebeln
etwas Buchweizenmehl
Kräutersalz, Majoran, Oregano, Thymian
Ganzkornsenf
Pfeffer
saure Sahne
Butter
frische Kräuter

Zubereitung:
Am Vortag das Grünkernmehl mit Wasser einweichen und quellen lassen.
Die Masse muss beim Einweichen noch leicht flüssig sein.
Die Zwiebeln klein hacken und hellbraun andünsten.
Etwas Buchweizenmehl darüberstreuen und leicht mitbräunen lassen.
Etwas Wasser dazugeben und gut durchrühren.
Nun den eingeweichten Grünkern dazugeben und so viel Wasser angießen, dass ein dicker Brei entsteht.
Die Gewürze und den Senf dazugeben und etwa 15 Minuten leicht köcheln lassen. Dabei immer wieder umrühren, damit die Masse nicht ansetzt.
Zuletzt so viel saure Sahne und Butter dazugeben, dass eine streichfähige Masse entsteht.
Klein gehackte frische Kräuter je nach Jahreszeit und Geschmack darunterrühren.
Den Aufstrich in ein Schraubdeckelglas abfüllen und kühl aufbewahren (er hält sich mindestens 1 Woche).

Brotaufstrich »ungarisch«

Zutaten:
100 g mittelfein geschroteter Grünkern
2 Zwiebeln
je ½ rote, gelbe und grüne Paprika
Paprikapulver
etwas Buchweizenmehl
Ganzkornsenf
Tomatenmark
Steinpilzpaste (aus dem Reformhaus)
Zucker und Salz
1 Spritzer Tabasco
etwas Zitronensaft
saure Sahne
Butter

Zubereitung:
Den Grünkern, wie im obigen Rezept angegeben, am Vortag einweichen.
Die Zwiebeln klein hacken und hellbraun dünsten.
Die sehr fein gewürfelten Paprika hinzugeben und alles mit Paprikapulver bestreuen.
Nochmals 10 Minuten dünsten – dabei nicht mit Öl sparen!
Etwas Buchweizenmehl darüberstreuen und kurz mitbräunen.
Etwas Wasser dazugeben und gut durchrühren.
Den Grünkern dazugeben und so viel Wasser angießen, dass eine streichfähige Masse entsteht.
Diese mit Senf, Tomatenmark und den anderen Würzmitteln gut vermischen.
Etwa 15 Minuten köcheln lassen, dabei immer wieder gut durchrühren und bei Bedarf Wasser hinzugeben, damit die Masse nicht ansetzt.
Vom Herd nehmen, einige Spritzer Zitronensaft, saure Sahne und Butter hinzugeben.
Den Paprika-Aufstrich in ein Schraubdeckelglas abfüllen. Auch er ist im Kühlschrank mindestens eine Woche lang haltbar.

Frühstück

Dinkelbrot und -brötchen sind ein guter Einstieg in den Tag. Sie können beides selbst backen, aber auch in vielen Bäckereien fertig kaufen. Eine Alternative dazu ist ein Müsli, das je nach Jahreszeit und persönlicher Vorliebe mit den verschiedensten Obstsorten und mit Nüssen und Honig angereichert werden kann. Es gibt Kraft, ohne zu belasten. Gerade beim Müsli empfiehlt es sich, die ganzen Körner erst unmittelbar vor der Zubereitung zu mahlen – so bleiben die wertvollen Inhaltsstoffe weitestgehend erhalten. Sie können Ihrem Müsli aber auch gequollene oder gekeimte Dinkelkörner beifügen.

Schrotmüsli

Zutaten:
150 g Dinkel
150 ml Wasser
60 g Dörrfrüchte (Pflaumen, Aprikosen, Birnen usw.)
Saft einer Zitrone
2 EL Honig
4 EL Schlagsahne
Äpfel und/oder andere Früchte der Jahreszeit
40 g gemahlene Mandeln

Zubereitung:
Am Vorabend den Dinkel grob mahlen und in dem Wasser zugedeckt bei Zimmertemperatur quellen lassen.
Ebenfalls am Vorabend die Dörrfrüchte klein schneiden und getrennt einweichen.
Am Morgen Dinkel und Dörrfrüchte gut miteinander vermischen und den Zitronensaft dazugeben.
Mit Honig und Schlagsahne verrühren.
> »Der von den Bienen bereitete Honig ist sehr warm. Ein Mensch, der fett ist und fettes Fleisch hat und oft Honig isst, kann eine innerliche Fäulnis dadurch hervorrufen. Auch wer mager und trocken ist und den Honig kocht, kann Schaden davon nehmen.« *(Physica)*

Geraspelte Äpfel (mit Schale) und/oder Früchte der Jahreszeit unter das Müsli heben.
Mit den gemahlenen Mandeln bestreuen.

Variationen:
- Statt Mandeln können Sie auch gehackte Nüsse verwenden.
- Kinder mögen das Müsli besonders gern, wenn eine pürierte Banane daruntergerührt ist.
- Sehr gut schmeckt das Müsli auch, wenn Sie statt Sahne (oder zusätzlich) Joghurt oder Dickmilch verwenden.
- Sie können das Müsli auch als Frischkorngericht zubereiten. Dazu übergießen Sie den Dinkelschrot 1 Stunde vor dem Servieren mit 300 Milliliter kochender Milch oder kochendem Wasser, rühren es gut durch und lassen es quellen.
- Ebenso können Sie Dinkelflocken verwenden, die ebenfalls nur 1 Stunde Quellzeit benötigen.
- Sie können Dinkelschrot auch mit anderen Getreideschroten mischen, beispielsweise mit Hafer oder Weizen. Das Gleiche gilt für die fertigen Flocken.

Frischkornmüsli

Zutaten:
8 EL grob gemahlenes Dinkelmehl
4 EL Rosinen, Korinthen oder Sultaninen (ungeschwefelt)
1 Banane
280 g Dickmilch
4 TL Sanddornsaft
200 g Obst der Saison (Äpfel, Orangen, Beeren)
2 TL Leinsamen
2 TL gehackte Nüsse
Honig nach Geschmack

Zubereitung:
Das Dinkelmehl in einer Schüssel mit 8 Esslöffel Wasser über Nacht einweichen und kühl stellen.
Sultaninen, Rosinen oder Korinthen ebenfalls in Wasser einweichen.
Am nächsten Tag die Banane schälen und zerdrücken.
Mit der Dickmilch, den Rosinen, dem Sanddornsaft, dem zerkleinerten Obst und dem eingeweichten Dinkelschrot mischen. Das Müsli mit Leinsamen und Nüssen bestreuen und mit einigen Früchten garnieren.
Eventuell mit etwas Honig nachsüßen.

Frühstück mit ganzen Dinkelkörnern

Zutaten:
100 g Dinkelkörner
½ l Wasser
¼ TL Salz
2 Äpfel
2 Apfelsinen
1 Banane
abgeriebene Schale einer unbehandelten Zitrone
1 EL Zitronensaft
2 EL Honig
100 g Rosinen
50 g gehackte Mandeln
1 Msp. Naturvanille

Zubereitung:
Die Dinkelkörner waschen und über Nacht in dem Wasser einweichen.
Am Morgen das Salz dazugeben, den Dinkel 10 bis 20 Minuten kochen und anschließend noch 10 Minuten quellen lassen.
Abgießen.
Äpfel, Apfelsinen und Banane schälen und klein schneiden. Unter die Dinkelkörner mischen.
Danach Zitronenschale und -saft, Honig, Rosinen, Mandeln und Vanille dazugeben.

Getränke

Aus Dinkel lassen sich auch verschiedene gesunde Getränke herstellen. Vielleicht haben Sie ja einmal das Glück, in einer Brauerei oder einem gut sortierten Bierausschank ein Dinkelbier zu probieren. Möglicherweise kann Ihnen Ihr Reformhaus oder Ihr Naturkostladen ein solches Bier beschaffen.
Neben dem Bier ist es vor allem Kaffee aus gerösteten Dinkelkörnern, der als Dinkelgetränk bekannt wurde. Er schmeckt selbstverständlich ganz anders als der »richtige« Kaffee (den Hildegard von Bingen ja auch noch gar nicht kennen konnte). Wie jeder aus Getreide hergestellte Kaffee war er vorwiegend ein Getränk der armen Leute, die sich das aus Kaf-

feebohnen hergestellte Original nicht leisten konnten. Der Röstgeschmack des »Ersatz-Kaffees« gab zumindest einen Anklang an das viel teurere Luxusgetränk.
Heute wird Getreidekaffee vor allem von gesundheitsbewussten Menschen getrunken, die »richtigen« Kaffee entweder nicht vertragen oder seine möglicherweise schädlichen Wirkungen vermeiden möchten. Sie können Dinkelkaffee sowohl aus ganzen Körnern als auch aus gemahlenen Körnern zubereiten.

Dinkelkaffee aus ganzen Körnern

Zutaten:
Dinkelkaffee, ganze Körner
Wasser

Zubereitung:
Die Körner können unter Zugabe von frischen Dinkelkaffeekörnern mehrere Male hintereinander verwendet werden.
Lassen Sie 2 Esslöffel Dinkelkaffeekörner in ½ Liter Wasser 5 Minuten lang kochen.
Den Kaffee abgießen und die Körner aufheben.
Beim nächsten Aufguss zu den bereits verwendeten Körnern wiederum 2 Esslöffel frische Kaffeekörner geben und ebenfalls in ½ Liter Wasser 5 Minuten kochen lassen, abgießen.
Diese Prozedur können Sie mehrere Male hintereinander wiederholen.

Dinkelkaffee aus gemahlenen Körnern

Zutaten:
3 EL grob gemahlener Dinkelkaffee
½ l Wasser

Zubereitung:
Das Wasser zum Kochen bringen.
Den Kaffee dazugeben, 3 Minuten köcheln lassen.
Noch 2 Minuten ziehen lassen, dann durch Kaffeefilterpapier oder ein feines Sieb abgießen.

Dinkelwasser

Dieses Rezept beruht ursprünglich auf der Verwendung von Gerste und wird als solches von der englischen Königin Elisabeth II. seit vielen Jahren getrunken. Wegen seiner wertvollen Inhaltsstoffe kann zur Zubereitung aber auch Dinkel verwendet werden, um ein erfrischendes und gesundes Getränk auf Getreidebasis herzustellen.

Zutaten:
75 g Dinkelkörner
2 Zitronenscheiben
Honig nach Geschmack

Zubereitung:
Die Dinkelkörner in einem Topf mit kochendem Wasser einige Minuten lang kochen lassen.
Abgießen und die Körner in einem Topf mit 4 Litern kaltem Wasser übergießen. Zum Kochen bringen und so lange auf kleiner Flamme köcheln lassen, bis die Flüssigkeit sich auf die Hälfte reduziert hat.
Die Flüssigkeit durch ein Sieb abgießen.
Die Zitronenscheiben hineinlegen und nach Geschmack mit Honig süßen.

Heilendes Fasten

Hildegards Lehre vom »rechten Maß«

Hildegard von Bingen hat zu den meisten Bereichen des menschlichen Lebens, vor allem zur Gesundheit und zur Spiritualität, ausführliche Mitteilungen hinterlassen. Gesundheit und Glaube gehören für sie untrennbar zusammen:
- Nur ein gesunder Mensch kann Gott fröhlich und in der rechten Art dienen.
- Erst der Glaube schafft die Voraussetzung für eine geistig-seelische – und damit verbunden auch körperliche – Gesundheit.

Deshalb ist es auf den ersten Blick erstaunlich, dass sie keine »Fastenregeln« aufstellt, die den Menschen durch die doch sehr in sein Leben eingreifende Zeit des Fastens begleiten könnten. Im Gegenteil, sie warnt sogar vor »unvernünftigem« Fasten:

»Wenn manche Menschen auf übertriebene Weise beim Essen enthaltsam sind, sodass sie ihrem Körper die richtige, angemessene Stärkung durch das Essen nicht gewähren, und wenn dann auch noch die einen inkonsequent und leichtfertig und die anderen mit vielen schweren Krankheitserscheinungen zu tun haben, dann kommt es manchmal vor, dass in ihrem Körper heftige Unruhen entstehen, weil die Elemente in ihnen gegeneinander aufgebracht werden.« *(Causae et Curae)*

Diese einzige Aussage, die Hildegard von Bingen über das Fasten macht, ist umso erstaunlicher, weil ja zu allen Zeiten aus den verschiedensten – nicht zuletzt auch gesundheitlichen Gründen – gefastet wurde. (Deshalb wird in diesem Kapitel auf die Erkenntnisse von Fastenärzten alter und neuer Zeit hingewiesen.) Trotzdem sollte Hildegards Meinung unbedingt ernst genommen werden. Sie spricht sich ja nicht generell gegen das Fasten aus, sondern nur in solchen Fällen, in denen dieses schädlich werden könnte.

Viel wichtiger ist eine andere Stelle, die gewissermaßen Hildegards Leitmotiv ist und – obwohl sie sich nicht direkt auf das Fasten bezieht – doch richtungsweisend für alle Lebensbereiche des Menschen sein sollte, also auch für das Fasten:

»Die Seele liebt in allen Dingen das rechte Maß *(discretio)*. Wann auch immer der Körper des Menschen ohne dieses rechte Maß isst, trinkt oder etwas anderes dieser Art verrichtet, werden die Kräfte der Seele verletzt. In allen Dingen soll sich deshalb der Mensch das rechte Maß auferlegen.« *(Causae et Curae)*

Dies sollte auch beim Fasten beachtet werden. Dabei sollten Sie außerdem bedenken, dass das »rechte Maß« für den einen Menschen das eintägige, für einen anderen das mehrwöchige Fasten sein kann.

Wichtig ist, dass Sie auf Ihren »inneren Arzt« hören. Oft ist unser Körper klüger als wir und lehnt – z. B. im Krankheitsfall – Nahrungsaufnahme von selbst ab. Hildegard hat dies besonders schön ausgedrückt in den folgenden Worten:

»Wir müssen auf die Stimme unserer Seele hören, wenn wir gesunden wollen!«

Die Geschichte des Fastens

Das Fasten hat eine uralte Tradition. Es wurde und wird sowohl aus religiösen oder allgemein spirituellen als auch aus gesundheitlichen Gründen durchgeführt. Sehr häufig lassen sich diese beiden Bereiche nicht trennen, sondern durchdringen einander:
– Eine aus gesundheitlichen Gründen durchgeführte Heilfastenkur – etwa zur Entgiftung oder zur Gewichtsreduktion – hat auch Auswirkungen auf unser Seelenleben, in das sie heilend und verändernd einzugreifen vermag.
– Religiös oder spirituell motiviertes Fasten wirkt auf unsere körperliche Befindlichkeit, denn es bedeutet – wie jede andere Veränderung der Lebensgewohnheiten – einen massiven Eingriff in die physischen Abläufe.

Aus religiösen Gründen fasten

Fasten ist eine Form der Askese, die zu allen Zeiten und in den meisten Religionen geübt wurde. Askese bedeutet ursprünglich eine bestimmte Lebensweise bzw. die geistige und körperliche »Übung«. Zunächst ging es dabei um das Training und die Enthaltsamkeit von Sportlern. So werden heute noch Sportler vor wichtigen Wettkampfentscheidungen in Trainingslagern untergebracht, um sich intensiv und ohne Ablenkungen auf ihren Einsatz vorbereiten zu können.
Daraus entwickelte sich die religiös und ethisch begründete Enthaltsamkeit. Diese kann sich in den verschiedensten Ausformungen zeigen – am häufigsten in der Enthaltung von bestimmten Speisen und Getränken, aber auch vom Geschlechtsverkehr. Mitunter besteht sie in einer völligen Abkehr von allen weltlichen Freuden oder auch von der Gemeinschaft, wie es z. B. bei Einsiedlern oder Mönchsorden mit einem Schweigegelübde der Fall ist. Manchmal kann es dabei zu krankhaften Auswüchsen kommen, wie dies beispielsweise bei den Flagellanten (»Geißlern«) des späten Mittelalters der Fall war. Auch eine Zeitkrankheit wie die Magersucht – die sich zwar nicht an ein geistiges, sondern ein körperliches Ideal »heranquält« – kann als moderne Ausformung dieser pathologischen Erscheinung betrachtet werden.

Die Askese diente ganz allgemein dazu, sich Gott oder den Göttern näher zu fühlen und durch Verzicht auf weltliche Dinge eine Erweiterung des geistigen Bewusstseins zu erfahren. Besonders wichtig war dies vor allem für Menschen, die kultische Akte durchzuführen hatten (Priester, Schamanen, Medizinmänner). Nur so konnten sie ihre Kräfte konzentrieren und weitere magische Fähigkeiten aktivieren. Besonders im Hinduismus und im Buddhismus spielt die Askese eine große Rolle, denn hier setzt die Erlösung zunächst die Überwindung von Begierden jeglicher Art voraus, durch die innere Freiheit erst erlangt werden kann. Die unsterbliche Seele soll so aus der Materie – die in vielen Religionen als Quelle allen Übels gilt – befreit werden.

Interessant ist, dass manche Religionen die Askese lediglich in Form einiger Fastenregelungen kennen. So wurden im Judentum nur in einzelnen kleinen Gemeinschaften – z. B. bei den Nasiräern und in der Gemeinschaft von Qumran – derartige Forderungen an ihre Mitglieder gestellt. Auch der Islam kennt – bis auf die Sufis und die Derwischorden – nur die morgenländische Form der Askese, das Fasten (Ramadan). Dabei darf während einer bestimmten Zeit nur vor Sonnenaufgang und nach Sonnenuntergang gegessen werden. Da der Ramadan durch die Mondzyklen festgesetzt wird, ist dies für unsere in Deutschland lebenden islamischen Mitbürger oft nicht einfach durchzuhalten. Während in ihren Heimatländern die Tageslänge nicht sehr stark schwankt, müssen sie in Deutschland vor allem im Sommer schon sehr früh aufstehen und abends sehr lange warten, um etwas essen zu können. Bei manchen islamischen Religionsgruppen darf man sich während dieser Zeit nicht waschen und außerdem seine Kleidung nicht wechseln – dies ist für viele Gläubige in einem auf »Hygiene« bedachten Umfeld nicht leicht.

Das Christentum bietet erstaunlich wenige Hinweise zur Askese. Während Johannes der Täufer, den man auch den Wegbereiter Christi nennt, sich in härene Gewänder kleidete und von Honig und Heuschrecken lebte, ist über Jesus selbst nur sein Rückzug in die Wüste im Neuen Testament dokumentiert – eine Zeit, in der er fastete und betete (Matthäus 4,2). Jesus lehnte sogar die strikte Sabbatheiligung ab, wenn es darum ging, einen Menschen zu heilen – womit er sich die Feindschaft der herrschenden Priesterkaste zuzog.

Jesus war es wichtig, dass diese Formen der Askese keine äußere Zurschaustellung sein sollen, sondern wirkliches inneres Bedürfnis. Er sah auch sehr deutlich, dass Askese oder Nicht-Askese gleichermaßen falsch ausgelegt werden können. So wird er folgendermaßen zitiert:

»Johannes ist gekommen, aß nicht und trank nicht, so sagen sie: Er hat den Teufel. Des Menschen Sohn ist gekommen, isst und trinkt, so sagen sie: Siehe, wie ist der Mensch ein Fresser und ein Weinsäufer.« (Matthäus 11, 18 und 19)

Von Jesus gibt es denn auch kein einziges Fasten- oder sonstiges Askese-Gebot. Überliefert ist lediglich seine Bitte an die Jünger:
»Wachet und betet, dass ihr nicht in Anfechtung fallet. Der Geist ist willig; aber das Fleisch ist schwach.« (Matthäus 26,41).

Die asketischen Züge, die später das Christentum prägten, gelangten vor allem durch die Qumram-Gemeinschaft sowie durch die griechische Gnosis in dieses religiöse Umfeld. Im Mönchtum, in verschiedenen Orden und in der Mystik erfuhren sie ihre volle Ausprägung. Das bewusste Streben nach Vollkommenheit war eine wichtige Triebkraft dieser Bewegung, die den Leib des Menschen (Materie) als von Sünden belastet ansah. In diesem Zusammenhang bedeutete Askese auch immer Selbstbestrafung und das Streben, der »sündigen« Leiblichkeit zu entfliehen.

Sowohl Jesus als auch Hildegard von Bingen dagegen sehen den Leib des Menschen als die Materie gewordene Möglichkeit, Erfahrungen zu sammeln, sich weiterzuentwickeln und anderen Gutes zu tun. So betont Jesus, wie wichtig es ist, sich selbst zu lieben und zu akzeptieren, um seinen Nächsten lieben zu können: »Liebe deinen Nächsten wie dich selbst.« (Markus 12,31) Hildegard von Bingen betont immer wieder die *discretio* – das rechte Maß –, die auch in der Askese beachtet werden sollte, damit ein Mensch nicht aus dem Gleichgewicht gerät und dann seine gottgewollten Aufgaben – seine eigene Entwicklung und seine tätige Anteilnahme am Schicksal seiner Mitmenschen – nicht mehr erfüllen kann. Gerade ihre Ausführungen zur Sexualität sind sehr aufschlussreich.

Die gebräuchlichste Form der Askese war wohl zu allen Zeiten das Fasten. Aber auch hier muss wieder unterschieden werden zwischen dem eigentlichen Fasten – also einer zeitweiligen, völlig oder teilweise durchgeführten Nahrungsenthaltung – und dem vorübergehenden oder ständigen Verzicht auf bestimmte Speisen und Getränke (vor allem Fleisch, Fisch und Wein).

Es gab und gibt verschiedene Gründe, aus spiritueller Motivation zu fasten:
Manchen Nahrungsmitteln wurden schädliche Auswirkungen zugeschrieben. Anmerkungen in dieser Richtung finden wir auch bei Hildegard von Bingen. Diese schädlichen Kraftausstrahlungen beeinträchtigen nach Ansicht vor allem der östlichen Religionen das »Mana« des Menschen. Unter diesem Begriff versteht man eine übernatürliche Kraft, die in Naturerscheinungen, Dingen, Tieren, aber auch im Menschen wirksam sein kann. Meistens sind es Häuptlinge, Zauberer oder Medizinmänner, die über sie verfügen, aber sie ist unter bestimmten Voraussetzungen auch bei anderen Menschen vorhanden.
Das Fasten diente der Sammlung und Stärkung von Willenskräften, z. B. vor einem Kriegs- oder Jagdzug. Für diese Unternehmungen war die emotionale Stärke mindestens genauso wichtig wie die körperliche Kraft.
Durch das Fasten sollte in vielen Religionen der Körper vor wichtigen rituellen Handlungen »gereinigt« werden. Im Hinduismus geschieht dies heute noch vor bestimmten Wallfahrten. Auch vor dem Beginn der Initiationsriten fasten die Menschen bei vielen Stämmen – beispielsweise bei den Indianern –, um für diese Zeremonien in den richtigen Bewusstseinszustand zu gelangen. Junge Indianer gehen heute noch oft in die Einsamkeit, wo sie fasten und meditieren, um ihren Namen zu finden, der ihnen – oft erst nach Wochen – im Traum offenbar wird.
Als persönliches Opfer wird das Fasten den Göttern dargebracht, wenn ein Mensch seine Reue für eine falsche Handlung zeigen will oder wenn er eine bestimmte Gunst der himmlischen Mächte erbitten möchte. Dies war im alten Ägypten und in Babylon der Fall und ist heute noch üblich im Islam und im katholischen Glauben.

Fasten dient als Mittel, Ekstase, Visionen und besondere Träume herbeizuführen. So kann ein direkter Kontakt mit dem Göttlichen hergestellt werden, und der Fastende wird zu besonderen Leistungen befähigt. Schamanen und Medizinmänner praktizieren deshalb das Fasten. Im Yoga dient es in Verbindung mit anderen Formen der Askese der Reinigung, der Weltentsagung und der Befreiung vom Karma (Schicksal, das durch viele Wiedergeburten bestimmt wird). Gefastet wurde auch als Zeichen der Trauer. Es gab außerdem Fastenpraktiken zur Schulung der geistigen Aktivität wie etwa bei der griechischen Philosophenschule der Pythagoräer. Mitunter wurden allgemeine Fastenzeiten angesetzt, um Naturkatastrophen abzuwenden. Von den Spartanern und Persern wird berichtet, dass sie ihre heranwachsenden Jugendlichen an immer länger werdende Fastenzeiten gewöhnten, damit sie mehr Stärke und Widerstandskraft entwickelten.

In den großen Weltreligionen ist das Fasten meistens an feste Zeiten gebunden:
Im Islam ist das Fasten für den Ramadan vorgeschrieben. Dabei handelt es sich um den neunten Monat des islamischen Mondjahres.
Die Fastenzeit wird mit dem Bairam, dem Fest des Fastenbrechens, beendet. Mohammed sagte über das Fasten:
>»Beten führt auf halbem Wege zu Gott, Fasten bringt uns an die Tür des Himmels.«

Obwohl Buddha Mäßigung beim Fasten lehrte (genauso wie es auch Hildegard von Bingen anrät), entwickelte sich gerade im Buddhismus die Fasten-Askese besonders streng. Die meisten buddhistischen Mönche und Nonnen nehmen nur eine tägliche Mahlzeit am späten Vormittag ein. Daneben gibt es monatliche Fastentage. Für Buddha war vor allem die Entwicklung eines höheren geistigen Bewusstseins durch das Fasten wichtig. So ist der folgende Ausspruch von ihm überliefert:
>»Wenn all mein Fleisch hinwegschwindet, immer heller die Seele wird, immer fester des Geistes Wachsein und Weisheit und Versenkung steht.«

Auch die ägyptischen Pharaonen fasteten vor großen religiösen Festen mehrere Tage lang.
Die Pythia von Delphi durfte das Orakel erst nach einer Fastenreinigung von 24 Stunden befragen.
Aus dem Alten Testament ist ersichtlich, dass Fasten weniger als Möglichkeit verstanden wurde, zur Vollkommenheit zu gelangen, sondern eher als Akt der Demut und Buße, um die Folgen des Zornes Gottes abzuwenden. So heißt es im 1. Buch der Könige (21,27) über den jüdischen König Ahab, der sich eines Totschlags schuldig gemacht hatte und deswegen von Elia verwarnt worden war:
>»Da aber Ahab solche Worte hörte, zerriss er seine Kleider und legte einen Sack an und fastete und schlief im Sack und ging jämmerlich einher.«

Später gab es in der jüdischen Religion auch offizielle Fastentage, z. B. am Versöhnungstag. Offensichtlich veräußerlichten sich diese Fastenpraktiken aber schon bald, denn Jeremia tadelt diese mit scharfen Worten, indem er die folgende Botschaft Gottes übermittelt:

»Denn ob sie gleich fasten, so will ich doch ihr Flehen nicht hören; und ob sie Brandopfer und Speisopfer bringen, so gefallen sie mir doch nicht.« (Jeremia 14,22)

Jesus spricht sich gegen das Fasten aus, wenn es nur dem äußeren Schein dient. Im Matthäus-Evangelium heißt es kurz nach seiner Einsetzung des Vaterunsers:

»Wenn ihr fastet, sollt ihr nicht sauer leben wie die Heuchler; denn sie verstellen ihr Angesicht, auf dass sie vor den Leuten scheinen mit ihrem Fasten … Wenn du aber fastest, so salbe dein Haupt und wasche dein Angesicht, auf dass du nicht scheinest vor den Leuten mit deinem Fasten, sondern vor deinem Vater, welcher verborgen ist.« (Matthäus 6, 16-18)

Die katholische Kirche regelte 1966 das Fastengebot neu. Fastentage sind nun die Zeit vor Ostern (von Aschermittwoch bis zur Osternacht) und alle Freitage, die keine Feiertage sind. An diesen Tagen darf ein gläubiger Katholik kein Fleisch essen. Am Aschermittwoch und Karfreitag darf er nur eine Hauptmahlzeit zu sich nehmen.

Der Philosoph und Priester Romano Guardini (1885–1968) führte selbst eine sehr strenge Fastenzeit durch und beschreibt seine Erfahrungen in dem Buch *Der Herr. Betrachtungen über die Person und das Leben Jesu Christi* folgendermaßen:

»Beim Fasten geht etwas Innerliches vor sich. Der Körper wird gleichsam aufgelockert. Der Geist wird freier. Alles löst sich, wird leichter. Last und Hemmungen der Schwere werden weniger empfunden. Die Grenzen der Wirklichkeit kommen in Bewegung: Der Raum des Möglichen wird weiter, der Geist wird fühliger. Das Gewissen wird hellsichtiger, feiner und mächtiger. Das Gefühl für geistige Entscheidungen wächst.«

Die Fastengebote der Orthodoxen Kirche sind wesentlich strenger, denn sie sehen einen Verzicht nicht nur auf Fleisch, sondern auch auf Eier, Milch und Milchprodukte, Fisch, Öl und Wein vor.

In den katholischen Kirchen sind während der Fastenzeit die Altäre mit den Fasten- oder Hungertüchern bedeckt. Dieser Brauch bildete sich Ende des 10. Jahrhunderts heraus und bedeutete ursprünglich den Ausschluss des sündigen Menschen vom Kultgeschehen. Daher stammt auch der sprichwörtliche Ausdruck, dass jemand »am Hungertuch nagt«.

Aus gesundheitlichen Gründen fasten

Das deutsche Wort »fasten« hängt mit dem Wort »fest« zusammen – z. B. an etwas festhalten oder auch »Festsein« in einer Versuchung. Beide Worte gehen auf das althochdeutsche »fastan« zurück.

Heilfasten – also das Fasten aus gesundheitlichen Gründen – wird zur Schonung der Verdauungs- und Ausscheidungsorgane, vor allem der Nieren, sowie zur Gewichtsabnahme, besonders bei Fettleibigkeit, durchgeführt. Man unterscheidet Vollfasten, auch »Nulldiät« genannt, und Saftfasten, wobei Obst- und Gemüsesäfte getrunken werden dürfen.

Ursprünglich aus religiösen Gründen durchgeführt, fand das Fasten bald Aufnahme in medizinische Therapien. Sogar verschiedene Kirchenväter äußerten sich über die gesundheitliche Wirkung des Fastens. So der heilige Johannes J. Chrysostomos (zwischen 344 und 354–407):

»Es bezähmt die Wollust und den Zorn, erweckt die Urteilskraft, verleiht den Gedanken Lebhaftigkeit und Klarheit, macht den Körper gewandt, verscheucht die nächtlichen Fantasien, heilt Kopfschmerzen und ist den Augen förderlich.«

Basilius der Große (330–379), der den Einfluss der asketischen Tradition durch die Aufstellung verschiedener Regeln für das Mönchsleben fortführte, meinte nicht nur, dass Fasten Frohsinn gäbe, sondern auch die Freude am Essen wiederherstelle:

»Wie ein vorausgehender Hunger das Mahl wohlschmeckend macht, so würzt auch das Fasten den Genuss des Lebens und der Speise, besonders, wenn man wieder essen und tanzen darf.«

Johannes Cassianus (360– zwischen 430 und 435), der lange Zeit unter Eremiten in Ägypten lebte und mit seinen Schriften über die Askese ei-

nen großen Einfluss auf das Mönchtum vor allem im südlichen Frankreich hatte, schreibt:
»Wenn der Leib fett wird, wird auch die Seele fett und stumpf. Das viele Essen mindert die geistige Wachheit des Menschen. Leibliche und seelische Gesundheit bilden eine Einheit.«

Auch Anastasios (er starb kurz nach 700), der Abt des Katharinenklosters auf dem Sinai war, äußert sich positiv über die gesundheitliche Wirkung des Fastens.
»Siehe da, was das Fasten bewirkt. Es heilt die Krankheiten, trocknet die überschüssigen Säfte im Körper aus, vertreibt die bösen Geister, verscheucht verkehrte Gedanken, gibt dem Geist größere Klarheit, macht das Herz rein, heiligt den Leib und führt schließlich den Menschen vor den Thron Gottes. Eine große Kraft ist das Fasten und verschafft große Erfolge.«

Aber schon Jahrhunderte vor den Kirchenvätern sprach sich der griechische Arzt Hippokrates (ca. 460–370 v. Chr.) für das Fasten aus:
»Füttert man den Kranken allzu üppig, so füttert man auch die Krankheit.«

Mit anderen Worten: Lässt man den Kranken voll- oder teilfasten, dann hungert man die Krankheit aus. Auch der griechisch-römische Arzt Galen (ca. 129–199) sagte:
»Fasten reinigt den ganzen Körper.«

Noch viel früher finden sich Fastenempfehlungen bereits auf Tontafeln der Sumerer aus der Zeit um 2200 v. Chr. In China sollen sogar schon um 2800 v. Chr. entsprechende Aufzeichnungen gemacht worden sein. Die wohl älteste Fastentradition findet sich in den *Veden*, den heiligen Schriften der Inder, die in die Zeit zwischen 10 000 und 1500 v. Chr. zurückreichen.

Über die Vorteile des jahreszeitlich bedingten Fastens und dessen positive Wirkung auf Gesundheit und Leistungsfähigkeit kann man auch in Berichten über das Volk der Hunzas nachlesen. Der Hunza (oder Hunsa) ist ein Fluss in Pakistan. Zwischen den beiden Weltkriegen stießen die ersten europäischen Forscher in dieses Gebiet vor und berichteten übereinstimmend über die erstaunliche Gesundheit dieses »Griechenvolkes im Himalaja«. Die Bezeichnung rührt wahrscheinlich von der Hellhäutigkeit der Hunzas her, von denen es heute kaum noch 30 000 gibt. Die Hunzas bauten Getreide, Hülsenfrüchte und Obst (besonders Aprikosen, Walnüsse und Maulbeeren) an. Dazu kam ein wenig Viehzucht. Dennoch war diese bäuerliche Grundlage nicht ausreichend, um die Bevölkerung in den Frühlingsmonaten zu ernähren, sodass sie zur Reduktion der Nahrung (Fasten) gezwungen waren.

Die Folge: Sie erfreuten sich allgemein einer guten Gesundheit und sozialer Harmonie, bis sie von der Zivilisation entdeckt und mit deren »Vorteilen« beschenkt wurden. Mit der Einfuhr haltbarer Nahrungsmittel und dem Unnötigwerden des jahreszeitlichen Fastens zogen die ernährungsbedingten Zivilisationskrankheiten wie z. B. Karies, Fettsucht, Steinbildung usw. ein. Es ist im Zusammenhang mit dem Fasten übrigens interessant, dass gerade das Volk der Hunza das Träumen als Wegweiser im Leben sehr kultivierte.

Anfang des 18. Jahrhunderts veröffentlichte der berühmte Arzt Friedrich Hoffmann (1660–1742), der übrigens die bekannten »Hoffmannstropfen« erfand, eine auch heute noch lesenswerte Schrift unter dem Titel »Vorstellung des herrlichen Nutzens der sog. Hungerkur oder wie mancher schweren Krankheit durch Enthaltung von Speisen abzuhelfen ist«.

Die Kenntnis vom Heilfasten und seiner Wirkung war im Altertum und im Mittelalter und sogar noch bis zu Anfang des 19. Jahrhunderts allgemein verbreitet, wurde dann aber geradezu »vergessen«. Erst gegen Ende des vergangenen Jahrhunderts wurde das Heilfasten von dem amerikanischen Arzt Dr. Edward Dewey wiederentdeckt. Er stieß darauf durch verschiedene Patienten, die eine instinktive Abneigung gegen die Nahrungsaufnahme hatten, wie dies ja bei verschiedenen Krankheiten der Fall ist. Seine Erfahrungen bestätigten ihn immer mehr in der Annahme, dass darin kein Irrtum der Natur zu sehen sei, sondern eine sinnvolle Maßnahme, die die Selbstheilungskräfte des Körpers fördert. Im Vorwort zu seinem Buch *Das heilende Fasten* schreibt er:

> »Dieses Buch ist die Geschichte, die sich im Geiste eines Arztes im Laufe seines Berufslebens abspielte. Nach einem Anfang in Unwissenheit und umgeben von Nebeln medizinischen Aberglaubens kommt der Verfasser schließlich zum Glauben, dass die Natur allein die Krankheiten heilen kann. Die in diesem Buch dargestellte hygienische Methode ist einzigartig und revolutionär. Ihre praktische Anwendung ist ausreichend erprobt, ihr physikalischer Wert unbe-

streitbar. Jede Zeile dieses Werkes ist in der festen Überzeugung geschrieben, dass die den Körper unterwühlenden Arzneien und die übliche Krankenernährung des Zeitalters unwürdig sind, in dem wir leben.«

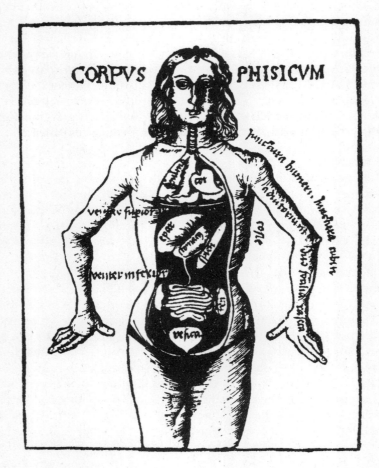

Dewey unterschied zwei Arten des Fastens: das Vollfasten und das Morgenfasten. Beim *Vollfasten* durfte nur Wasser genossen werden, auf jede feste Nahrung wurde verzichtet. Das *Morgenfasten* bestand im Fortfall der Morgenmahlzeit. Während des Morgenfastens wurde ebenfalls Wasser getrunken, aber nur so viel, wie zur Durststillung nötig war.

Beide Formen des Fastens verordnete er bei Magen- und Darmkrankheiten, Fettsucht, zur Behebung von Körperschwäche und allgemeiner Mattigkeit sowie gegen Depressionen. Sein Grundsatz war: Nicht das Essen, sondern die Ruhe stellt die Nervenkraft wieder her. Essen verbrauche ebenso viel Nervenkraft wie arbeiten. Um gesund zu bleiben oder wieder gesund zu werden, sei in erster Linie Fröhlichkeit nötig.

Zur gleichen Zeit trat auch der amerikanische Arzt Dr. Tanner für die Fastenkur ein. Unter der Kontrolle einer medizinischen Akademie unterwarf er sich im Selbstversuch einer 40-tägigen Fastenkur, bei welcher er nur klares Wasser zu sich nahm. Während dieser Zeit nahm er 33 Pfund an Gewicht ab – aber schon acht Tage nach Beendigung des Fastens hatte er sein normales Gewicht wieder erreicht. Damit widerlegte Tanner den häufigen Einwand, dass Fastenkuren eine Gefährdung des Patienten sein könnten.

Die Ärztin Dr. Linda Burfield, eine Schülerin Dr. Deweys, erweiterte dessen Methode durch die Anwendung von Klistieren, Wasseranwendungen, Massage, Gymnastik und vegetarische Kost in der Nachkur. Somit waren es drei amerikanische Ärzte, die das Fasten als Heilmittel wieder einführten. In Europa allerdings dauerte die Anerkennung dieses Verfahrens länger – noch 1928 wurde auf der VIII. Tagung der »Gesellschaft für Verdauungs- und Stoffwechselkrankheiten« in Amsterdam die klinische Anwendung des Fastens abgelehnt.

Dabei hatte der Nestor der deutschen Fastentherapie, Dr. Otto Buchinger (1878–1966), bereits eigene Erfahrungen mitzuteilen: Als 40-jähriger Generaloberarzt der Marine erkrankte er 1918 unheilbar an chronischer Arthrose. Er wurde pensioniert und befand sich in einer verzweifelten Lage. Eine 19-tägige Fastenkur, in der er nur Wasser zu sich nahm, heilte ihn für immer von seinem Leiden. Durch die Wiedereinführung des Heilfastens (Buchinger-Kur) in die neuzeitliche Therapie und durch dessen wissenschaftliche Erforschung bereicherte er die modernen naturheilkundlichen Heilmethoden.

Heute ist das Fasten wieder weit verbreitet. Es gibt sogar Fastenkliniken, in denen unter ärztlicher Beobachtung und begleitet von der Betreuung durch Psychotherapeuten Krankheiten durch Fasten behandelt und geheilt werden. Viele Menschen, die nicht krank sind, fasten auch – allein oder in der Gruppe – aus gesundheitlichen oder aus spirituellen Gründen.

Warum fasten?

Wie aus dem kleinen historischen Exkurs zu ersehen ist, gab es immer schon verschiedene Gründe für das Fasten, die aber immer zusammenwirkten, indem sie den gesundheitlichen mit dem spirituellen Aspekt vereinen.
Aus medizinischer und psychologischer Sicht ist es besonders interessant, dass in den religiösen Gesetzgebungen sowohl kurze Zeiten – meistens nur einzelne Fastentage in einem wöchentlichen Zyklus (in der christlichen, vor allem der katholischen Kirche ist dies traditionell der Freitag) – als auch eine wiederkehrende lange Fastenzeit einmal im Jahr vorgeschrieben sind. Die wöchentliche »Erinnerung« hilft dem Gläubigen, sich auf die große Fastenzeit einzustellen und sie – anstatt als alljährliche »Belästigung« – als Bereicherung für sein körperliches und geistiges Erleben freudig zu erwarten.
Gleichzeitig dienen solche Fastentage als eine Auffrischung der durch die länger durchgehaltene Fastenzeit bewirkten Reinigung des Körpers von Giften und Schlacken. Wer nämlich das Jahr über Fastentage einhält, steht eine längere Fastenzeit ohne Entbehrung und Qual besser durch. Je weniger die Gewebe erneut »verschlacken«, desto mehr wandelt sich die große jährliche Fastenkur von der beschwerlichen Heilkrise zur befreienden Erholungszeit.
Heute wird vielfach eingewendet, die Ernährungs- und Fastenvorschriften der verschiedenen Religionen hätten ihren tieferen – und damals sehr »vernünftigen« – Grund in den ungünstigen hygienischen Verhältnissen und den unzureichenden medizinischen Möglichkeiten gehabt.

Beispiele:
– Mit dem Verbot von Schweinefleisch wollten Moses und Mohammed die Gläubigen vor den gefährlichen Trichinen und damit vor dem Schweinebandwurm schützen.
– Mit der Festlegung der 40-tägigen Fastenzeit vor Ostern wollten die Kirchenväter in den Ländern des Vorderen Orients die Menschen davor bewahren, an den alten Nahrungsvorräten aus dem vergangenen Jahr zu erkranken, die durch die Feuchtigkeit der winterlichen Regenperiode oder durch Ratten, Insekten o. ä. verdorben gewesen sein könnten.

Die Frage stellt sich also: Warum sollten wir heute noch fasten, wo moderne Hygiene, Lebensmittelüberwachung und Kühlschränke dieses Problem im Griff haben? Dabei können wir auf die Erfahrungen zurückgreifen, die wir im Abschnitt »Geschichte des Fastens« dieses Kapitels nachlesen konnten: Beim Fasten geht es vor allem um spirituelle Erfahrungen und/oder um die Erhaltung und die Wiedergewinnung der Gesundheit durch eine reduzierte Nahrungsaufnahme.

Moses, Jesus, Mohammed und viele andere Religionsstifter machten die Erfahrung, dass Fasten die Sinne, den Geist und die Seele öffnet. Der fastende Mensch wird offen für die ganze Wirklichkeit und erfährt eine Erweiterung seines Bewusstseins. Moderne Menschen, die sich ähnlich strengen Fastenkuren unterziehen, berichten von ähnlichen Erfahrungen. Sie erleben eine vorher nicht gekannte geistige Befreiung und können das Gefühl der Spaltung zwischen Leib und Seele überwinden. Hinzu kommt, dass sich ihr Wohlbefinden steigert, die geistige Beweglichkeit zunimmt; nervöse Spannungen lassen nach, und sie erleben mehr Gelassenheit gegenüber den Beanspruchungen und Belastungen des Alltags. Gerade dies sollte Menschen ermutigen, die aus dem Grunde nicht fasten, weil sie glauben, dass ihr Alltag sie fordert oder sogar überfordert. Das Fasten ist zwar einerseits eine Herausforderung an Körper, Geist und Seele – andererseits ist es eine Möglichkeit, alle unsere Kräfte zu starken.
In Übereinstimmung mit den Klassikern der Heilkunst betrachtet auch die moderne Naturheilkunde das Fasten als eine der elementaren Methoden zur Wiedererlangung und Erhaltung der Gesundheit. Oft wird die Fastenkur als »Operation ohne Messer« bezeichnet, weil sie zahlreiche Leiden ohne chirurgischen Eingriff zu heilen vermag.
Der Heilerfolg des Fastens beruht auf folgenden Vorgängen: Zahlreiche Organe werden für eine bestimmte Zeit von Belastungen befreit, die mit den Verdauungsprozessen zusammenhängen, und können so ausruhen oder sogar ausheilen. Andererseits muss der Stoffwechsel aufrechterhalten werden, denn ohne ständigen Energieumsatz ist das Leben nicht möglich. Da aber während des Fastens die Energiezufuhr von außen unterbleibt, müssen die im Körper angesammelten Reservestoffe »angegriffen« werden. Dadurch werden auch die durch andere medizinische Maßnahmen nur schwer auflösbaren Stoffwechselschlacken ausgeschwemmt. Neben Harnsäurerückständen, Fettdepots und Kot werden auch minderwertige, im Absterben begriffene Zellen abgebaut und ausgeschieden.

Außerdem wird der Kreislauf entlastet, weil durch die Entleerung des Magens und des Darms seine Aufgaben erleichtert werden.
Die allgemeine Entlastung des Herzens und die Stabilisierung des Kreislaufs stärken auch die Widerstandskraft des Körpers gegen äußere Einflüsse. Die bessere Durchblutung der Gewebe sorgt für einen schnellen Abtransport von Substanzen, die für den Körper giftig sind. Durch die Auflösung von Stoffwechselschlacken im Darm wird krank machenden Keimen der Nährboden entzogen.
Fast alle chronischen Krankheiten beruhen auf Stoffwechselstörungen – das bedeutet: Die physiologischen Prozesse, durch welche die Gewebe des Körpers sich ernähren oder regenerieren, laufen nicht mehr »ordnungsgemäß« ab. Sie finden entweder zu schnell oder zu langsam statt. Hier kann das Fasten zu einer Harmonisierung führen, die die natürliche »Ordnung« wiederherstellt. Auf diese Art und Weise wird die von Hildegard betonte *discretio,* also das rechte Maß, gewahrt, das Körper, Geist und Seele in einem gesunden Gleichgewicht hält.
Die meisten Patienten fasten, weil sie an Gewicht verlieren wollen. Dazu ist zu sagen: Eine Fastenkur ist ein idealer Weg, um schnell abzunehmen. Aber: Danach nimmt man schnell wieder zu und erreicht innerhalb kurzer Zeit das Ausgangsgewicht, wenn es zu keiner *Nahrungsumstellung* kommt. Andererseits kann aber gerade die Erkenntnis, durch das Fasten einiges von dem lästigen Übergewicht losgeworden zu sein, dazu motivieren, sich in Zukunft bewusster zu ernähren. Darauf wird im Abschnitt »Die Ernährung nach dem Fasten umstellen« ausführlich eingegangen werden.
Auch gesundheitliche Gründe können Anlass für eine Fastenkur sein. Mitunter zwingt uns unser Körper – der ja in vielem weiser ist als wir –, auf Nahrungsaufnahme zu verzichten. Bei vielen Erkrankungen, vor allem wenn diese mit Fieber verbunden sind, widerstrebt es uns zu essen, und wir fasten rein instinktiv. Während einer Krankheit ist der Körper so stark mit deren Abwehr beschäftigt, dass er alle nicht lebensnotwendigen »Systeme« mehr oder weniger abschaltet. Der Verdauungsprozess benötigt viele Energien, die jetzt besser eingesetzt werden können.
Bewusstes Fasten kann bei zahlreichen Krankheiten sehr wirksam sein, weil es die Organe entlastet und manche Leiden regelrecht »aushungert«. Außerdem wird Fasten nicht nur bei Über-, sondern auch bei Untergewicht oft mit Erfolg als Therapie eingesetzt.
Auch heute wird noch – und inzwischen wieder vermehrt – aus spirituellen und religiösen Gründen gefastet. Durch Fasten verändert sich unser

Bewusstsein, wir werden offener für geistige Dinge. Diese Art des Fastens ist entweder an die kirchlichen Fastentage gebunden – als Vorbereitung auf die großen Kirchenfeste wie Ostern und Weihnachten –, oder es wird freiwillig durchgeführt, auch von Menschen, die keiner Konfession angehören.

Aus welchen Gründen auch gefastet wird – in den meisten Fällen wird man nicht nur eine körperliche, sondern auch eine innere »Leichtigkeit« feststellen können. Diese für viele Menschen neuartige Empfindung wird fast durchweg als positiv empfunden. Oft fühlen sich die Betroffenen sogar leistungsfähiger als bei normaler Ernährung. Eine weitere Tatsache, die die wohltuende Wirkung des Fastens auf Körper, Geist und Seele bestätigt, ist, dass sehr viele Menschen, die einmal – freiwillig oder aus gesundheitlicher Notwendigkeit – gefastet haben, mehr oder weniger regelmäßig immer wieder Fastenzeiten einlegen, um diese positive Erfahrung zu wiederholen.

Fasten, um Gewicht zu verlieren

Übergewicht ist ungesund. Es macht unbeweglich, unansehnlich und dadurch auch oft unglücklich. Außerdem führt es zu einer erhöhten Anfälligkeit gegenüber verschiedenen Krankheiten wie z. B. Gicht, Herzinfarkt, erhöhtem Blutdruck und Zuckerkrankheit. Übergewicht kann tatsächlich vorhanden oder eingebildet sein. Gegen echtes Übergewicht sollten Sie etwas unternehmen. Bei eingebildetem Übergewicht sollten Sie sich ganz ehrlich fragen, ob die »Idealfigur«, die Sie anstreben, wirklich so ideal ist und ob sie überhaupt zu Ihnen passt. Bedenken Sie dabei, dass Untergewicht ebenso ungesund ist wie Übergewicht!

Jede Maßnahme zur Erreichung einer besseren, schlankeren Figur erfordert Ausdauer und Willenskraft. Es ist unmöglich, im Schlaf schlank zu werden (obwohl natürlich jede Schlafphase eine Art natürlicher Fastenkur ist, weil dann keine Nahrungsmittel aufgenommen werden), und ebenso unmöglich ist es, durch in vielen Anzeigen angepriesene »Wundermittel« an Gewicht zu verlieren, ohne die Gesundheit zu beeinträchtigen. Es geht letztendlich gar nicht darum, möglichst schnell möglichst viel Gewicht zu verlieren – was wirklich zählt, ist die Langzeitwirkung, der anhaltende Erfolg einer solchen Kur.

Wer schlank werden möchte, muss etwas dafür *tun*. Appetitzügler, Abführmittel und harntreibende Mittel versprechen zwar oft eine schlanke Linie ohne Mühe – aber der Effekt ist nicht von Dauer, und überdies ist die regelmäßige Einnahme solcher Medikamente in höchstem Maße gesundheitsschädlich.
- So besteht bei Appetitzüglern Suchtgefahr, und sie verursachen überdies häufig Herzbeschwerden.
- Der ständige Gebrauch von Abführmitteln führt zu Störungen des Verdauungsmechanismus und häufig auch zu Mangelerscheinungen, da die Nahrung nicht lange genug im Körper bleibt, um ausreichend verwertet zu werden.
- Harntreibende Mittel verursachen neben Mineralverlusten ebenfalls Herzbeschwerden.
- Reizstromgeräte und Schwitzkuren (z. B. mit Hilfe sog. Saunawäsche) zehren nicht am überflüssigen Fett, sondern lediglich am Geldbeutel.

Hildegard von Bingen führt Übergewicht im Wesentlichen auf eine falsche Ernährung zurück:

»Wenn ein Mensch zu fettes Fleisch und anderes fettes Essen oder zu blutreiche Speisen isst, wird er davon eher krank als gesund. Diese überfetten Speisen können nämlich wegen der zu großen schlüpfrigen Feuchtigkeit, die sich in ihnen befindet, nicht bis zur richtigen, gesunden Verdauung im Magen des Menschen bleiben. Daher soll der Mensch nur mäßig fettes Fleisch und mäßig blutreiche Speisen essen, damit er sie bis zur guten, richtigen Verdauung behalten kann.« *(Causae et Curae)*

Aus diesem Grund ist die Nahrungsumstellung nach dem Fasten so wichtig.

Wenn Sie sich zum Fasten entschließen, sollten Sie vorher bedenken, dass sich an den grundlegenden Körperformen nichts ändern lässt. Wer groß gewachsen ist, wird dadurch nicht kleiner. Auch breite oder schmale Hüften, lange oder kurze Beine sind durch das Knochengerüst vorgegeben und müssen so »angenommen« werden, wie sie sind. Woran wir etwas (oder sogar sehr viel) ändern können, ist das »Füllmaterial«: vor allem Fett und Muskeln. Dieses straff und geschmeidig zu machen ist ein wesentliches Ziel. Denn dieses »Füllmaterial« ist es letztlich, was über eine gute Figur entscheidet – es ist sozusagen die Modelliermasse, mit der wir selbst allerhand anfangen können.

Vermeiden Sie bei Schlankheitskuren jede Übertreibung! Schlank sein heißt nicht mager sein. Am mageren Körper sind unter der Haut die Knochen sichtbar, während der schlanke Körper nur Haut und Muskeln sehen lässt. Gerade reifere Frauen sollten bei allem, was sie für die Schlankheit ihres Körpers unternehmen, darauf achten, dass sie nicht zu dünn werden. Das lässt sie nämlich wesentlich älter erscheinen. Zuerst merkt man übermäßige Magerkeit am Gesicht, das hohl und eingefallen wirkt. Aber auch der Körper wird knochig und eckig.

Für die schlanke Linie ist es nicht ausreichend, wenn man sich auf eine Abmagerungskur beschränkt. Wesentlich wichtiger ist es, Gymnastik zu machen. Dazu wird im Abschnitt »Fastenbegleitende Maßnahmen« Näheres ausgeführt werden. Eine Abmagerungskur kann allerdings die Voraussetzung für eine bessere Figur sein, aber sie erreicht durchaus nicht alles. Denn um einen schönen, ebenmäßigen Körper zu erhalten, ist es von besonderer Wichtigkeit, an bestimmten Stellen abzunehmen (meistens an Bauch, Hüften und Oberschenkeln), während andere Partien (z. B. der Busen) eher verstärkt werden sollten. Durch eine Fastenkur erzielte Gewichtsverluste treten oft gerade an solchen Stellen auf, die eher eine »Aufpolsterung« nötig hätten, während das Fett an den Stellen, wo man es gerne verlieren möchte, durchaus nicht verschwinden will.

Vor einer Abmagerungskur sollte unbedingt ein Arzt konsultiert werden, denn zunächst einmal muss festgestellt werden, woher das überflüssige Fett eigentlich stammt – ob es durch überreichliche oder falsche Ernährung bei mangelnder Bewegung oder vielleicht durch hormonelle Störungen oder andere krankhafte Ursachen entstanden ist. Im letzteren Fall sind Fasten oder eine *Reduktionsdiät* mitunter nicht angebracht, bevor die eigentliche Ursache behoben ist. Außerdem muss der Arzt Ihre Gesundheit – insbesondere die des Herzens – überprüfen, weil sonst statt des Fetts leicht das Herz angegriffen würde.

Für alle Menschen, die vollkommen gesund sind und nur gelegentlich nach einer opulenten Schlemmerei unter überflüssigen Pfunden leiden, sind nicht nur als Mittel zu einer besseren Figur, sondern auch als Weg zu vermehrter Spannkraft gelegentliche Obst- oder Milchtage empfehlenswert.
– Ein *Obsttag* sieht für einen Tag den ausschließlichen Verzehr von Obst und ungesüßten Fruchtsäften vor.
– Bei einem *Milchtag* treten an deren Stelle Milch und fettarme Milchprodukte.

Schlank bleiben ist leicht – schlank werden dagegen wesentlich schwieriger. Deshalb sollten Sie versuchen, das Gewicht, das Sie zwischen dem 25. und 30. Lebensjahr haben (sofern es normal ist), auch zu halten. Regelmäßige und immer zur gleichen Zeit (am besten morgens) durchgeführte Gewichtskontrollen helfen dabei.

Auf der Waage können Sie allerdings nur Ihr Gewicht kontrollieren. *Was Sie da eigentlich wiegen, ist eine andere Frage:* Es kann sich außer um Fett auch um Muskeln, Wasser oder Knochen handeln und sagt gar nichts über den Zustand Ihrer Figur aus. Wenn Sie z. B. vermehrt Sport treiben, nehmen Sie zu – denn Muskeln sind schwerer als Fett. So kann es sein, dass Sie trotz einer Gewichtszunahme schlanker werden. Betrachten Sie also die Waage nur als ein Hilfsmittel, das bei Ihren Bemühungen um eine schlanke Linie nicht die ausschlaggebende Rolle spielt.

Ein sehr viel besseres »Messinstrument« als die Waage ist Ihr Spiegel. Er kann Ihnen zwar keine auf zwei Stellen hinter dem Komma berechneten Werte über Ihren Körper mitteilen, aber er ist dennoch wesentlich präziser: Er kann Ihnen nämlich haargenau sagen, *wo* die überflüssigen Pfunde zu finden sind. Überdies zeigt er Ihnen schonungslos alle unvorteilhaften Stellen, die durch übermäßigen Fettansatz und mangelnde Muskelbildung schlaff oder sogar schwabbelig geworden sind. So gibt Ihnen Ihr Spiegel – und nicht die Waage – die Möglichkeit, ganz gezielt auf eine bessere Figur hinzuarbeiten – etwa durch Sport, Gymnastik und Massagen. Regelmäßige Kontrollen Ihres nackten Körpers vor dem Spiegel sind deshalb wichtiger als regelmäßige Gewichtskontrollen.

Wenn Fettleibigkeit zu einem gesundheitlichen Problem wird – etwa die Atmungs- oder Herztätigkeit beeinträchtigt –, sollte unbedingt ein Arzt konsultiert werden, unter dessen Anleitung das Fasten oder auch eine Reduktionsdiät durchgeführt wird. Hier sollte man von »eigenmächtigem« Fasten absehen, weil es sonst zu Kreislaufstörungen oder anderen gesundheitlichen Beeinträchtigungen kommen kann.

Wer allerdings nur ein paar Pfunde loswerden möchte, weil Rock- oder Hosenbund kneifen oder sich ein allgemeines Gefühl des Unbehagens und der »Schwere« einstellt, kann ohne weiteres einige Tage fasten, wenn er sich an die Angaben hält, die im Abschnitt »Das Fasten selbst« gemacht werden. Denn Fasten bedeutet nicht einfach: nichts essen. Um ein sinnvolles Fasten durchzuführen, bedarf es einer inneren Vorbereitung, begleitender Maßnahmen und vor allem einer Lebensumstellung nach dem Fasten.

Oft ist ein eigentliches Fasten gar nicht nötig – obwohl es natürlich meistens sinnvoll ist, schon wegen der seelischen Erfahrung. Versuchen Sie es zunächst einmal mit einigen kleinen Tricks, um bewusster zu essen. Dabei werden Sie feststellen, dass Sie nicht nur an Gewicht verlieren, sondern auch Ihre Mahlzeiten ganz anders genießen können:
Hildegard von Bingen empfiehlt in *Causae et Curae,* auf das Frühstück zu verzichten. Erfahrungen zeigen, dass dies vielen Menschen hilft, ihre Ka-

lorienaufnahme während des Tages wesentlich zu vermindern. Wer morgens frühstückt, hat oft schon nach kurzer Zeit wieder Hunger und nimmt daraufhin eine Zwischenmahlzeit zu sich. Wer das Hungergefühl übergeht – das sich meistens nur mit einem knurrenden Magen, aber ohne weitere Beschwernisse bemerkbar macht –, kann ohne Nahrungsaufnahme durch viele Stunden des Tages kommen, wird nicht müde durch den Verdauungsprozess und kann die Mahlzeit – etwa nach Beendigung des Arbeitstages – viel intensiver genießen. Dabei ist ein erwünschter Nebeneffekt, dass er dabei längst nicht so viel zu sich nimmt, als wenn er schon mehrere Mahlzeiten hinter sich gebracht hat.

Wenn Ihr Magen knurrt, hilft oft ein großes Glas Mineralwasser. Dies sollten Sie auch vor dem Essen trinken, um den größten Hunger zu überlisten.

Nehmen Sie vor den Mahlzeiten einen Rohkostsalat zu sich. Dieser bringt schon ein gewisses Sättigungsgefühl mit sich (obwohl er allgemein als »Appetitanreger« gilt).

Würzen Sie möglichst salzarm – Salz bindet Wasser im Körper! Bevorzugen Sie Kräuter zum Würzen.

Essen Sie von einem kleinen Teller, trinken Sie Wein oder Alkohol aus einem möglichst kleinen Glas. Dieser optische Trick lässt kleine Portionen größer aussehen.

Machen Sie für jeden Einkauf eine Liste – und halten Sie sich strikt daran. Schlankwerden fängt schon im Supermarkt an! Dem Anblick eines leckeren Kuchens sind Sie im Geschäft eher gewachsen, als wenn er bei Ihnen zu Hause auf dem Küchentisch steht.

Machen Sie Ihren Kühlschrank zu einem Ort gepflegter Langeweile. Lassen Sie gar nicht erst kalorienreiche Köstlichkeiten hinein. Füllen Sie ihn lieber mit leckerem Gemüse, Joghurt, Salat und Magerquark.

Bereiten Sie Ihre Mahlzeiten schmackhaft zu und richten Sie sie appetitlich an. Auch wenn es sich nur um drei Salatblätter handeln sollte – machen Sie ein kulinarisches Fest daraus!

Lassen Sie sich beim Essen von nichts ablenken. Wenn Sie nebenbei lesen, fernsehen oder telefonieren, sind Sie möglicherweise so unkonzentriert, dass Sie ganz unbewusst zu viel essen. Genießen Sie Ihr Essen – den Anblick, den Duft und den Geschmack!

Wenn Sie das Gefühl haben, außerhalb der von Ihnen festgelegten Mahlzeiten etwas essen zu müssen, schauen Sie auf die Uhr, und warten Sie 10 Minuten damit. Beschäftigen Sie sich während dieser Zeit – meistens werden Sie Ihren Hunger dann vergessen haben.

Wenn Sie zum Essen eingeladen sind oder selbst Gäste haben, versuchen Sie, schon während dieses Tages – oder besser noch an den vorausgehenden Tagen – Kalorien zu sparen. Bei einer Einladung sollten Sie sich nicht scheuen, nein zu sagen oder eine kleine Portion zu verlangen – ohne dass Sie große Erklärungen abgeben. Dies wird jeder gute Gastgeber akzeptieren. Wenn Sie selbst der Gastgeber sind, liegt es bei Ihnen, wie viel Sie essen – lassen Sie sich Zeit damit, geben Sie nur eine kleine Portion auf Ihren eigenen Teller oder lassen Sie auch einmal einen Gang aus. Wichtig dabei ist, dass Sie keine großen Erklärungen abgeben, die Ihren Gästen möglicherweise den Appetit verderben.

Es ist eine bekannte Tatsache, dass das Sättigungsgefühl erst etwa zehn Minuten nach der Nahrungsaufnahme eintritt. Beenden Sie Ihre Mahlzeit deshalb möglichst, bevor Sie sich »satt« fühlen – dieses Gefühl ist bereits das Signal dafür, dass Sie zu viel gegessen haben.

Treiben Sie keinen Missbrauch mit Ihrem Körper! Die beste Kost der Welt ist vergebens, wenn Sie zu viel rauchen, zu viel Alkohol trinken, nicht genug Schlaf bekommen oder wenn Stress Ihren Körper überwältigt. Achten Sie auf sich selbst und auf das, was Ihnen gut tut.

Lassen Sie keine Ihrer neu erworbenen guten Essgewohnheiten »nervtötend« werden – weder für sich selbst noch für andere. Gestalten Sie Ihren Speisezettel deshalb möglichst abwechslungsreich. Die Auswahl ist groß – wie Sie beispielsweise aus dem Kapitel *Küche aus der Natur* ersehen können. Ihren Mitmenschen gegenüber sollten Sie tolerant und großzügig sein. Das bedeutet einerseits, dass Sie diese nicht in ihren Essgewohnheiten kritisieren, andererseits, dass Sie nicht ständig über Ihre eigene Diät sprechen, wenn Sie nicht danach gefragt werden.

Wer fastet, um Gewicht zu verlieren, verringert dieses nicht nur, sondern erzielt auch einen Heileffekt im Drüsensystem, das oft an der Entstehung des Übergewichts beteiligt ist. Fasten bedeutet nicht nur Gewichtsabnahme, sondern auch
– Erleichterung der Arbeit aller Körperorgane,
– gesteigerte Ausscheidung und Verbrennung,
– Entlastung des Kreislaufes und der Herztätigkeit,
– Wiederherstellung der »inneren Ordnung«.

Jeden Monat eine Fastenwoche und drei Wochen Nachfastenzeit – das ist das ideale Verfahren, um Übergewicht in den Griff zu bekommen. Ein 5- oder 7-Tage-Fasten im 4-Wochen-Turnus können Sie ohne gesundheitli-

che Beeinträchtigung durchführen, wenn Sie sich an die Regeln der Nachfastenzeit halten, d. h. Ihre Nahrung umstellen. Vollwertige Nahrung garantiert, dass Ihr Körper alles erhält, was er zum Leben braucht, ohne dass Fettpolster oder Eiweißdepots aufgefüllt werden.
Der wichtigste Vorsatz eines solchen Stufenplans: Das jeweils letzte Gewicht einer Fastenzeit sollte eisern gehalten werden. Wer viel Übergewicht abbauen möchte, kann dies in der Nachfastenzeit mit Hilfe von Frischkost oder Reduktionskost tun.

Wie wird man dick?
Wenn die Energiezufuhr durch die Nahrung höher ist als der Energieverbrauch des Körpers, wird man dick. Der Körper legt die überschüssigen Kalorien in den Fettzellen als Vorrat an. Ein Beispiel: Wer jeden Tag 10 Gramm Fett zu viel verzehrt, nimmt im Jahr etwa 3,6 Kilogramm zu. In fünf Jahren sind das 18 Kilogramm – und schon ist die Figur »aus dem Leim«. Das zusätzliche Gewicht belastet Herz und Kreislauf und behindert den Körper in seinen Funktionen.

Wer ist dick?
Wer über dem »Normalgewicht« liegt, hat Übergewicht. Wer weit darüber liegt, ist offensichtlich dick. Das Normalgewicht richtet sich nach der Körpergröße. Wenn jemand z. B. 1,70 Meter groß ist, so zeigt die Zahl hinter dem Komma etwa das Normalgewicht. In diesem Fall sind es 70 Kilogramm. Das Idealgewicht liegt noch etwa 10 Prozent darunter – hier also bei 63 Kilogramm. Bei solchen Berechnungen sind allerdings auch andere Faktoren, beispielsweise ein besonders hohes Skelettgewicht, zu beachten. Außerdem gibt es das »Wohlfühlgewicht«, das durchaus darüberliegen kann und wesentlich ausschlaggebender für Gesundheit, Wohlbefinden, Aussehen und Ausstrahlung ist als das errechnete »Idealgewicht«.

Wie reduziert man sein Gewicht?
. Es gibt nur eine Möglichkeit, Übergewicht abzubauen: Das Fett muss vom Körper verbraucht werden. Dies kann auf zwei Wegen geschehen:
– Dem Körper werden weniger oder – wie bei einer Fastenkur – gar keine Kalorien zugeführt. Dadurch wird er gezwungen, seine Fettreserven anzugreifen und abzubauen.
– Ein zusätzlicher Energiebedarf wird ausgelöst, etwa durch körperliche Arbeit oder Sport.
Am wirksamsten ist eine Kombination beider Methoden.

Wie hält man sein Gewicht?
Wenn das Übergewicht abgebaut ist, gilt es, das erreichte Gewicht zu halten. Hierzu ist kein Fasten mehr erforderlich – es sei denn zur »Auffrischung«. Wichtig ist, dass falsche Essgewohnheiten, die oft jahrelang »eingeübt« worden sind, geändert werden. Die Energiezufuhr durch die Nahrung muss dem Verbrauch des Körpers angepasst werden. Dabei ist nicht nur wichtig, wie viel, sondern auch, *was* man isst. Dazu finden Sie nähere Angaben im Abschnitt »Die Ernährung nach dem Fasten umstellen«.

Aus gesundheitlichen Gründen fasten

Fasten wird, wie bereits erwähnt, des Öfteren als »Operation ohne Messer« bezeichnet. In der Tat hilft es, zahlreiche Krankheiten zu heilen oder zumindest zu lindern. Aber auch als Maßnahme zur Erhaltung der Gesundheit, also als Vorbeugung gegen Krankheiten, ist es geeignet. So beschreibt Dr. Otto Buchinger, den man auch den Vater des modernen Heilfastens nennt, in seinem Buch *Das Heilfasten* acht Stufen, die zu einer Erkrankung führen können:
1. Fehldenken,
2. Unstimmigkeit im vegetativen Zwischenhirn-Zentrum,
3. Elektrolyt-Verschiebung (Mineralmangel im Säftestrom),
4. Blut-Lymphe-Entmischung,
5. Biologischer Sumpf (Lymphe-Stauung im Gewebe),
6. Nährboden,
7. Erreger (Bazillus, Virus, Coccus, Krebszelle usw.),
8. Krankheit.

Zum 1. Punkt, dem »Fehldenken«, das sehr häufig zum Auslöser von Erkrankungen wird, rechnen wir den fehlgeleiteten Willen, krankhafte Vorstellungen wie Neid, Hass, Sorgen, Ärger, Angst, Aggressionen, Missgunst und sonstige negative Empfindungen. Aber auch Bewegungsmangel, ungenügende oder falsche Atmung, falsche Ernährung, fehlende innere und äußere Reinigung, unzweckmäßige Kleidung und ungesunde Wohnverhältnisse (z. B. durch Elektrosmog oder Chemikalien belastet) gehören zu diesem Bereich.

Buchinger sagt, dass die Menschen der Stufen 5 bis 8 fasten müssen, um wieder gesund zu werden. Menschen der Stufen 1 bis 4 sollten fasten, um gesund zu bleiben. Die Kranken sollten sich unbedingt mit einem fastenerfahrenen Arzt oder Heilpraktiker besprechen oder sich in ein Fasten-Sanatorium zu einer Kur überweisen lassen. Die noch Gesunden können allein oder in der Gruppe fasten, wenn der Arzt einverstanden ist und für Notfälle zur Verfügung steht.

Das Heilfasten hilft vor allem als begleitende Maßnahme bei den folgenden Erkrankungen:

- *Allergien:* Bei Allergien kann durch das Fasten die allgemeine Verfassung verbessert werden.
- *Atemwegserkrankungen:* Bronchialasthma und chronischer Rachen-, Luftröhren- und Nasenkatarrh lassen sich durch das Heilfasten oft beträchtlich lindern. Leider kann ein durch Allergien verursachtes Asthma nicht durch Heilfasten gelindert werden.
- *Augenkrankheiten:* Chronische Regenbogenhautentzündung, Netzhautentzündung und grüner Star (Glaukom) können vereinzelt positiv auf das Fasten reagieren. Der Grund liegt wahrscheinlich darin, dass beim Heilfasten der Augeninnendruck absinkt und dadurch die Beschwerden abklingen. Alle Augenkrankheiten bedürfen während der Kur fachärztlicher Kontrolle.
- *Blutveränderungen:* Durch verschiedene Krankheitseinflüsse, z. B. chronische Mandel- und Zahnwurzelentzündung oder -vereiterung sowie chronische Mittelohrentzündung kann es zu Veränderungen im Blutbild kommen. Diese können außerdem als Folge von Medikamenten- und Genussmittelmissbrauch auftreten. In allen diesen Fällen ist Fasten eine Maßnahme zur Reinigung und Harmonisierung.
- *Drüsenstörungen:* Störungen der Funktion der Eierstöcke und der Schilddrüse leiten sich häufig aus Fehlfunktionen des vegetativen Nervensystems her. Hier kann das Fasten ausgleichend und harmonisierend wirken.
- *Frauenkrankheiten:* Bewährt hat sich das Fasten besonders bei Entzündungen der weiblichen Geschlechtsorgane, bei Menstruationsstörungen und -beschwerden sowie bei Beschwerden in den Wechseljahren. Gute Erfolge lassen sich bei Muskelgeschwülsten in der Gebärmutter erzielen, die durch das Fasten geradezu von selbst verschwinden – im wörtlichen Sinne findet dabei eine »Operation ohne Messer« statt.
- *Hautkrankheiten:* Sehr gut sprechen Hautkrankheiten wie Schuppenflechte (Psoriasis), Ekzeme, Nesselsucht, Hautüberempfindlichkeit, Geschwürneigung und Akne auf das Fasten an. Da es sich bei der Schuppenflechte wahrscheinlich um eine Stoffwechselerkrankung handelt, gegen die die Schulmedizin in den meisten Fällen bis heute noch so gut wie machtlos ist, lassen Fastenkuren diese bei zwei bis drei Wiederholungen innerhalb von zwei Jahren oft vollständig abklingen. Ehe die heilsame Wirkung einsetzt, kommt es allerdings häufig zu einer Verschlimmerung der Symptome.
- *Herz- und Kreislaufkrankheiten, Erkrankungen der Blutgefäße, Herzasthma, Herzkranzverengung, zu hoher und zu niedriger Blutdruck, Stauun-*

gen im Blut- und Lymphgefäßsystem, Folgezustände von Venenentzündungen und Thrombose, Kreislaufstörungen, beginnende Arterienverkalkung sowie verschiedene Alterserscheinungen sprechen sehr gut auf das Heilfasten an, das allerdings nur unter ärztlicher Begleitung erfolgen darf. Durch die Entwässerung, die beim Fasten eintritt, wird der Kreislauf entlastet, die Dehnung des Herzens wird geringer und die damit verbundenen Angstzustände lassen nach.
- *Lebererkrankungen:* Durch das Heilfasten können Leberschwellungen rasch zurückgehen. Im Anfangsstadium kann die Leberzirrhose (chronische Leberentzündung) günstig beeinflusst werden. Gerade die Leber reagiert sehr rasch auf Fasten.
- *Nervöse Störungen:* Nervöse Erschöpfungszustände, chronische Kopfschmerzen, Neuralgien, Nervenentzündungen und Schlaflosigkeit werden – nach mitunter auftretender kurzfristiger Verschlimmerung des Zustandes – durch das Fasten oft nicht nur gelindert, sondern geheilt. Gerade die sehr schwer zu behandelnde Migräne spricht auf Heilfasten besonders gut an. Wenn sie auch nicht in allen Fällen gänzlich geheilt werden kann, treten die Anfälle zumindest weniger heftig und seltener auf.
- *Nieren- und Blasenleiden:* Nieren- und Nierenbeckenentzündung, Blasen- und Nierensteinleiden können durch das Heilfasten als begleitende Maßnahme zur ärztlichen Behandlung gelindert werden. Besonders akute Nierenentzündungen sprechen gut auf das Fasten an. Dieses löst die Krämpfe der zuführenden Arterien und fördert die Durchblutung. Bei einer Schrumpfniere kann das Heilfasten die entscheidende Therapie sein. Vom Fasten absehen sollte man allerdings bei einem Nierenversagen. Da der Urin während der Fastenzeit sich verändert, können Nieren- und Blasensteine angegriffen und zerkleinert werden. Dadurch wird ihr natürlicher Abgang ermöglicht. Gallensteine werden durch das Heilfasten allerdings nicht beeinflusst.
- *Stoffwechselkrankheiten:* Fettsucht und chronisches Untergewicht, Gelenk- und Muskelrheumatismus, Ischias und eine nicht zu weit fortgeschrittene Zuckerkrankheit sprechen sehr gut auf Heilfasten an. Gerade bei der letzteren Erkrankung bessert sich der Gesamtzustand während des Fastens: Begleitende Symptome wie Furunkulose, Sehschwäche und Mundtrockenheit werden gelindert.
- *Unfruchtbarkeit:* Nach Erkenntnissen des bereits zitierten Fastenarztes Dr. Otto Buchinger erhöht eine Fastenkur die Fruchtbarkeit. Übrigens

werden dann nach seinen Erfahrungen mehr männliche als weibliche Kinder geboren.
- *Verdauungsstörungen:* Magen- und Darmkatarrhe, Appetitlosigkeit, Leber- und Gallenleiden, Verstopfung und Durchfälle lassen sich häufig durch Heilfasten heilen.
- *Zahnerkrankungen:* Bei Parodontose (Zahnbettschwund) können durch das Heilfasten erstaunliche Erfolge erzielt werden. Um eine bleibende Wirkung zu garantieren, ist eine anschließende Ernährungsumstellung sehr wichtig.
- *Vorbereitung auf Operationen:* Wer – mit ärztlichem Einverständnis – vor einer Operation fastet, erzielt dadurch eine schnellere Ausheilung. Nicht umsonst werden Patienten ja – außer in Notfällen – nur nüchtern operiert.

Fasten ist bei all diesen Erkrankungen deshalb so heilsam, weil alle Körperorgane dadurch weitgehend geschont werden. In erster Linie kommt diese Schonung den Verdauungsorganen zugute, die sich während des Fastens ausruhen und ausheilen können. Der Stoffwechsel greift in dieser Zeit auf die im Körper angesammelten Reservestoffe zurück und verbrennt dabei einen großen Teil der im Körper zurückgebliebenen Stoffwechselschlacken. Dadurch führt Fasten zu einer Reinigung des ganzen Körpers, ohne dass lebenswichtige Organe wie etwa das Herz oder das Nervensystem angegriffen werden. Aber nicht nur Stoffwechselschlacken, Harnsäurerückstände und Fettansammlungen werden durch das Fasten verbrannt – auch minderwertige, im Absterben oder Zerfall begriffene Zellen der Gewebe und Organe werden angegriffen. Der Freiburger Fastenarzt Dr. Riedlin kommentierte diesen Vorgang mit den treffenden Worten:

»Die Natur operiert viel feiner als der beste Professor – sie schont das Gesunde und schafft nur das Kranke hinweg.«

Gerade bei chronischen Erkrankungen, wie sie bereits aufgelistet wurden, kann das Fasten ein wirkungsvoller Heilreiz sein. Dabei soll man sich nicht von plötzlich auftretenden starken Reaktionen irritieren lassen – etwa durch Schweißausbrüche, Durchfall, Hautausschläge, Trübungen des Urins oder Fieber. Dadurch zeigt der Körper, dass er an seiner Selbstheilung arbeitet. Auf jeden Fall sollten alle solchen Symptome dem Arzt oder Heilpraktiker mitgeteilt werden.

Aus spirituellen Gründen fasten

Das Fasten aus religiösen Gründen bedarf hier keiner weiteren Begründung. Die historische Entwicklung wurde bereits im Abschnitt »Geschichte des Fastens« behandelt. Interessant ist allerdings, dass auch in der Kirche das Fasten nicht mehr nur auf Ernährungsvorschriften beschränkt ist, sondern auch den Verzicht auf andere »Alltagsgewohnheiten« einschließt. Dies gilt übrigens nicht nur für die katholische, sondern auch für die evangelische Kirche, die Fastenvorschriften eigentlich nicht kennt. Anlass zum Fasten soll der Verzicht sein – zum einen als Opfer oder Buße, zum anderen als Weg zur inneren Befreiung. Gewohnheiten können nämlich zu Fesseln werden, und der bewusste Verzicht darauf kann ein Akt der Freiheit sein.

Es gibt – auch in der katholischen Kirche – verschiedene Formen des Fastens, die sich nicht auf die Ernährung beziehen. Das Schlagwort »40 Tage ohne ...« ist inzwischen bei Menschen aller Konfessionen und bei Menschen, die keiner Religionsgruppe angehören, verbreitet.

Auf Fleisch verzichten

Die katholische Kirche forderte nie ein 40-tägiges Vollfasten vor den Osterfeiertagen. Vorgeschrieben war lediglich der Verzicht auf Fleisch. Daraus entwickelten sich die Fastenrezepte, die vor allem auf der Verwendung von Milch, Eiern, Fisch, Getreide und Gemüse basierten. Diese Art des Fastens sollte den meisten Menschen leicht fallen, da es köstliche Gerichte ohne Fleisch gibt. (Rezepte dazu finden Sie im Kapitel *Küche aus der Natur*). Außerdem gibt es viele Vegetarier, für die diese Art des Fastens ohnehin keinen Verzicht bedeutet.

Auf Alkohol verzichten

Wer nur gelegentlich ein Glas Wein oder Bier zum Essen trinkt, wird unter diesem Verzicht nicht schwer zu leiden haben. 40 Tage lang nur Mineralwasser, Obst- und Gemüsesäfte oder Kräutertees zu trinken, wird dann nicht schwer fallen. Anders sieht dies bei suchtgefährdeten Menschen aus. Für diese ergibt sich im freiwilligen Verzicht auf Alkohol die Möglichkeit, für sich selbst auszuprobieren, ob sie ihr Problem selbst in den Griff bekommen oder ob sie die Hilfe eines Therapeuten brauchen. Insofern kann diese Art des Fastens zu einem wirklichen »Heilfasten« werden, das nicht nur die körperliche, sondern auch die seelische Gesundheit positiv beeinflussen mag. Ähnliches gilt für den Verzicht auf Nikotin.

Aufs Auto verzichten

Viele Menschen haben – vor allem, wenn sie auf dem Lande leben – kaum eine andere Transportmöglichkeit als das Auto, um zur Arbeit zu gelangen, ihre Kinder zur Schule oder zum Kindergarten zu bringen oder ihre Einkäufe zu erledigen. Viele andere Menschen aber benutzen das Auto aus reiner Bequemlichkeit. Hier kann eine »Fastenzeit« zum Umdenken – z. B. zu einem stärkeren Umweltbewusstsein – führen. So kann man etwa Fahrgemeinschaften bilden, sich nach Möglichkeiten des Öffentlichen Nahverkehrs erkundigen und wieder einmal das Fahrrad aus dem Schuppen holen. Ein interessanter Nebeneffekt dieser Art des Verzichts ist der Gewinn, den man daraus ziehen kann: Man lernt nach der »Vereinzelung« im Auto eine Menge Menschen kennen.

Aufs Fernsehen verzichten

Das Fernsehen gehört für die meisten Menschen inzwischen zum Alltag. Information, Unterhaltung oder Berieselung sind die Funktionen dieses Mediums. Gerade in Familien mit Kindern ist es interessant, die Auswirkungen von Fernsehverzicht zu beobachten. Da kann man sich z. B. wieder auf gemeinsame Spiele, aufs Musikhören (oder sogar Musizieren) besinnen, lesen und vorlesen, gemeinsam Spazierengehen, basteln oder einfach miteinander reden. Wahrscheinlich wird man nach der Zeit der »Enthaltsamkeit« das Fernsehen wesentlich bewusster und sinnvoller einsetzen.

Auf Geschlechtsverkehr verzichten

Die sexuelle Enthaltsamkeit ist nicht nur bei den Gelübden beim Eintritt in ein Kloster von großer Wichtigkeit. Auch Sportler werden aus diesem Grund vor wichtigen Wettkämpfen in Trainingslagern gewissermaßen »isoliert«, damit sie ihre Kräfte konzentrieren können. Die moderne Wissenschaft stellt diese Theorie inzwischen in Frage. In spiritueller Hinsicht gilt der Verzicht auf Geschlechtsverkehr immer noch als wichtiges Mittel zur Konzentration geistiger und seelischer Kräfte. Eine zeitlich begrenzte sexuelle Abstinenz kann aber auch eine Liebesbeziehung wieder neu beleben.

Welche Art des Fastens Sie auch wählen – betrachten Sie den freiwilligen Verzicht nicht als eine Art Selbstbestrafung, sondern im Gegenteil als einen Akt der Selbstbefreiung. Es ist eine sehr beglückende und bereichernde Erfahrung, wenn man feststellt, dass man durchaus ohne etwas auskommen kann, das man für lebenswichtig gehalten hatte. Damit hat man sich ein Stück Unabhängigkeit und innere Freiheit erarbeitet – das gibt Selbstvertrauen und weckt neue Kräfte. So ist das Fasten nicht nur körperliche Entschlackung, sondern kann auch zu einer neuen, positiveren Lebenseinstellung führen.

Hunger und Appetit

Hunger und Appetit sind zwei qualitativ sehr verschiedene Äußerungen unseres Körpers. Während Hunger sich als elementares Bedürfnis – mitunter recht lautstark durch Magenknurren – bemerkbar macht, wenn die Energiereserven aufgefüllt werden müssen, ist der Appetit eine gewissermaßen verfeinerte Reaktion. Das wusste bereits Hildegard von Bingen:

»Wenn die verzehrte Nahrung in Fäulnis übergeht und eintrocknet, werden die Gefäße von ihrem Saft entleert, das Blut im Fleisch verliert seine rote Farbe und wird wässrig. Dann wollen die Gefäße wieder angefüllt werden, und das Blut im Fleisch verlangt nach der roten Farbe. Das ist der Hunger, den der Mensch leidet.« *(Causae et Curae)*

Während also durch das Essen aus Hunger lediglich ein Bedürfnis gestillt wird, durch welches man seinem Körper den nötigen Brennstoff zuführt, hat das Essen aus Appetit sehr viel mit Genuss zu tun. Zwar findet auch dabei eine Sättigung statt, aber sie ist mit einem größeren sinnlichen Vergnügen verbunden – was zur Folge hat, dass das Essen besser verwertet wird. Das beginnt z. B. schon damit, dass uns beim Anblick oder beim Duft eines leckeren Essens buchstäblich »das Wasser im Munde zusammenläuft«. Durch diese Verdauungssäfte kommt es zu einer verbesserten Aufschließung der Speisen.

Hildegard beschreibt dies folgendermaßen:

»Wenn der Mensch isst und trinkt, dann führt eine vitale und gut geregelte Kraft im Menschen den Geschmack, den feineren Saft und den Geruch der Speisen und Getränke aufwärts zu seinem Gehirn und erwärmt es, indem es seine feinen Gefäße ausfüllt.« *(Causae et Curae)*

Natürlich sind die eigentlichen Verdauungsorgane ebenfalls von wichtiger Bedeutung, aber den größeren Genuss und damit auch physiologischen Gewinn geben uns Speisen, die nicht nur aus Notwendigkeit, sondern mit Appetit gegessen werden.

Was geschieht in unserem Körper, damit Hunger entstehen kann?
Bestimmte Mangelerscheinungen im Körper rufen entsprechende Signale hervor – Müdigkeit, Durst oder eben Hunger.
Über die Entstehung des Hungerempfindens ist noch wenig bekannt. Als Auslösemechanismus vermutet man »Mechanorezeptoren« in der Magenwand. Diese werden aktiviert, wenn der leere Magen sich zusammenzieht. Aber auch »Glucorezeptoren« in Zwischenhirn, Leber, Magen und Dünndarm registrieren möglicherweise einen Rückgang der dem Körper zur Verfügung stehenden Glukose (lebenswichtige Traubenzuckerverbindung). Weiterhin wird das Vorhandensein von »Thermorezeptoren« diskutiert, die auf Veränderungen im Wärmehaushalt des Körpers reagieren, der nicht zuletzt durch die Kalorienzufuhr aus der Nahrung aufrechterhalten wird.
Hungersymptome sind beispielsweise Magenknurren, Schwindel, Kopfschmerzen, Übelkeit, Reizbarkeit und Müdigkeit. Mitunter kommt es auch zu krampfartigen Magenschmerzen.
Nach dem Essen geht der Hungerzustand zunächst in einen »Neutralzustand« über, ehe das eigentliche Sättigungsgefühl eintritt. Deshalb hat der alte Spruch, man solle dann aufhören zu essen, wenn es am besten schmeckt, durchaus seine Berechtigung: Das Sättigungsgefühl tritt erst 10 bis 15 Minuten nach Beendigung der Nahrungsaufnahme ein.
Wichtig für die Regulierung des Hungergefühls sind verschiedene Hormone – z. B. Insulin, Enterogastron und Östradiol, aber auch das Nervensystem ist daran beteiligt.
Wenn man über längere Zeit hungert bzw. fastet, tritt eine Verringerung des Grundstoffwechsels um etwa 10 bis 20 Prozent ein. Dabei werden die Glykogenreserven abgebaut, vor allem wird der Abbau der Fettreserven verstärkt. In der Leber bilden sich vermehrt Ketonkörper, die als Energiesubstrate für das Gehirn von großer Bedeutung sind, das im Gegensatz zu Leber, Herz, Niere und Muskeln keine Fette in den Stoffwechsel überführen kann. Die Niere scheidet vermehrt Ammoniak aus. Dies äußert sich z. B. in einer Urinveränderung und in verstärktem Körper- und Mundgeruch.
Da Menschen der westlichen Welt pro Tag ohnehin fast 1000 Kalorien über den tatsächlichen Bedarf zu sich nehmen, bildet sich selbst bei schlanken Menschen eine Fettreserve, von der sie etwa 4 Wochen lang unbeschadet zehren können (Frauen benötigen etwa 2000, Männer etwa 3000 Kalorien pro Tag – diese Werte können je nach Gesundheitszustand, körperlicher Belastung usw. variieren). Das bedeutet, dass selbst eine

4-wöchige Fastenkur keine körperlichen Schäden verursacht, wenn keine Krankheit, Schwangerschaft oder sonstige Ausnahmesituation vorliegt. Um dies sicherzustellen, sollten Sie vor und während einer Fastenzeit unbedingt mit Ihrem Arzt Kontakt halten.

Appetit ist nicht nur ein körperliches, sondern auch ein seelisches Verlangen nach Nahrungsaufnahme. Dieses muss nicht immer durch Hunger ausgelöst werden, sondern unterliegt auch dem Einfluss zahlreicher anderer Sinneseindrücke:
Anblick und Geruch einer Speise können unseren Appetit erwecken, selbst wenn wir – physiologisch gesehen – vollkommen gesättigt sind.
Auch die Seele kann Auslöser des Appetits sein, z. B. wenn wir bei inneren Problemen zur Schokolade oder zum Wurstbrot als »Seelentröster« greifen. Daraus entsteht dann häufig der »Kummerspeck«.
Seelische Probleme können aber auch das genaue Gegenteil auslösen, nämlich Appetitlosigkeit. Diese als Magersucht bekannte Erkrankung kann mitunter auch auf Magenkrankheiten beruhen. In beiden Fällen ist ärztliche Behandlung nötig.
Appetitlosigkeit, die vor allem bei fieberhaften Erkrankungen auftritt, ist dagegen eine ganz normale Reaktion des Körpers. Dieser lehnt dann von selbst die Nahrungsaufnahme ab, weil er seine ganze Kraft zur Überwindung der Krankheit benötigt. In dieser Zeit greift er auf Reserven zurück, die im Körper gespeichert sind.
Viele Kinder leiden unter Appetitlosigkeit. Kinder haben noch einen sehr gesunden Instinkt für die Bedürfnisse ihres Körpers und wollen oder können sich den sozialen Gegebenheiten – feste Essenszeiten, bestimmte Gerichte zu bestimmten Tageszeiten usw. – nicht immer anpassen. Das bedeutet, dass Kinder manchmal überhaupt nicht essen möchten, mit der Folge, dass wir als Eltern uns darüber Sorgen machen. Diese Sorgen wiederum empfindet das Kind als seelische Belastung, wodurch sich ihm der Magen noch mehr »verschließt«.
Es wäre vollkommen verkehrt, die kindliche Appetitlosigkeit mit allen möglichen Leckerbissen überwinden zu wollen. Lassen Sie Kinder ruhig und ohne viel Aufhebens fasten, bis sich ihr gesunder Appetit von selbst wieder einstellt. Es ist sinnlos, ein Kind aus »Erziehungsgründen« zum Essen zwingen zu wollen. Damit legt man nur spätere Essstörungen an.

Beim Fasten – ob dieses nun freiwillig ist, wie bei einer selbst gewählten Fastenkur, oder unfreiwillig, wie bei einer fieberhaften Infektion – ist das

Trinken besonders wichtig. Während der Körper zwar sehr lange ohne feste Nahrung aushalten kann, benötigt er sehr viel Flüssigkeit, um nicht auszutrocknen. Dies gilt vor allem für »Hungerzeiten«.

Der Durst ist eine wichtige Signalreaktion des Körpers, um ein vitales Bedürfnis anzumelden. Hildegard von Bingen schreibt darüber:
»Durch die Arbeit beim Essen wird der Mensch inwendig warm und trocken. So beginnt er innerlich auszutrocknen – und das ist der Durst ... Während die Speisen sich innerlich zersetzen und trocknen, verlangen die Gefäße und das Blut ... nach Feuchtigkeit. Dann muss der Mensch etwas trinken und seine innere Trockenheit anfeuchten, andernfalls gerät er in eine beschwerliche geistige und körperliche Schwerfälligkeit.« *(Causae et Curae)*

Hildegard empfiehlt in diesem Text, zu den Mahlzeiten möglichst immer etwas zu trinken – eine Forderung, die immer noch umstritten ist. Während manche Ernährungswissenschaftler sagen, dass ein Essen auch genügend befeuchtet und heruntergespült werden muss, sind andere der Meinung, dass ein zum Essen genossenes Getränk die ausreichende Einspeichelung und damit Verdauung der Speisen verhindert. Solange dieser Streit nicht eindeutig beigelegt ist, sollten Sie Ihren eigenen Körper entscheiden lassen, was ihm besser bekommt.

Wichtig ist, dass ausreichend getrunken wird. Das bedeutet: mindestens 2 bis 3 Liter Flüssigkeit pro Tag – wobei man aber auch die Soßen, Suppen und Obst und Gemüse einrechnet. Während einer Fastenzeit ist noch reichlicheres Trinken nötig, um die Körperschlacken auszuspülen, die Gewebe feucht und geschmeidig zu halten und nicht zuletzt, um den Magen zu füllen – etwa durch Mineralwasser oder, wie es bei manchen Fastenkuren erlaubt ist, durch Obst- und Gemüsesäfte.

Physiologisch gesehen ist der Durst – wie der Hunger – eine Allgemeinempfindung, die keinem bestimmten Sinnesorgan zuzuordnen ist. Was geschieht in unserem Körper, um dieses Durstempfinden auszulösen? Durst tritt auf, wenn der Körper mehr als 0,5 Prozent seines Gewichts an Wasser verliert. (Bedenken Sie dabei, dass der Körper zu über 80 Prozent aus Wasser besteht!)
Harn, Schweiß und Atemluft führen zu Wasserverlusten. Eines der augenfälligsten Symptome von Durst ist die Verminderung des Speichel-

flusses, wobei das charakteristische Gefühl der Mundtrockenheit entsteht. Bei zu lange andauerndem Durst kommt es vor allem zu Nierenproblemen, denn in diesen Organen wird der Harn zurückgehalten, um daraus Wasser zu resorbieren. So kann es zu Selbstvergiftungen kommen.
Bei der Durststillung erlischt das Durstgefühl meistens, lange bevor die benötigte Flüssigkeitsmenge aufgenommen wurde. Es ist eine interessante Tatsache, dass trotzdem die aufgenommene Wassermenge immer ziemlich genau der benötigten entspricht. Wahrscheinlich findet die Kontrolle der aufgenommenen Flüssigkeitsmenge schon beim Trinken selbst (z. B. aufgrund der Zahl der Schluckakte) oder über den Spannungszustand der Magenwand statt.
Der Durst ist gestillt und damit der Flüssigkeitsbedarf gedeckt, wenn die benötigte Wassermenge durch den Darmtrakt resorbiert wurde.
Besonders starker Durst tritt nach extremen Flüssigkeitsverlusten (5 bis 12 Prozent des Körpergewichtes) auf. Dies kann z. B. bei bestimmten Erkrankungen (Cholera, Diabetes insipidus) oder bei Aufenthalt in heißem Klima, aber auch bei extremen Körperbelastungen (Sport, besonders schwere physische Arbeit) auftreten.
Starker Durst äußert sich neben gestörtem Allgemeinbefinden und quälendem Trinkbedürfnis u. a. durch Schleimhautrötungen, Hitzegefühl im Bereich von Augen, Nase, Mund und Rachen, Durstfieber und im Extremfall durch das Versagen der Schweiß- und Harnsekretion, durch die der Körper entgiftet wird.
Aus diesen Gründen ist es besonders wichtig, dass der Körper ausreichend Flüssigkeit erhält – nicht nur bei normaler Ernährung, sondern vor allem beim Fasten.

Was geschieht beim Fasten?

Um mit einem Gewinn für Körper, Geist und Seele das Fasten durchführen zu können, sollte man sich einige Dinge klar machen, die der bekannte deutsche Fastenarzt Dr. H. Lützner folgendermaßen aufgelistet hat (entnommen aus *natürlich und gesund* 3/85): Wie alle Befürworter des Fastens, die diese Art der Askese aus medizinischen oder spirituellen Gründen empfehlen, sieht auch er im Fasten keine Selbstbestrafung, sondern eine Chance für einen neuen Zugriff auf das Leben.

1. Fasten bedeutet nicht unbedingt Hungern.
2. Fasten hat nichts zu tun mit Entbehrung und Mangel.
3. Fasten bedeutet nicht unbedingt weniger essen.
4. Fasten bedeutet auch nicht Abstinenz vom Fleisch am Freitag – das wäre nur »Verzicht« (während das Fasten eine Art Geschenk ist, das man sich selbst macht. Anm. d. V.)
5. Fasten ist keine Schwärmerei irgendwelcher Sektierer. (Dazu wissen Sie ja schon mehr aus dem Abschnitt über die Geschichte des Fastens. Anm. d. V.)
6. Fasten hat nicht notwendigerweise etwas mit Religion zu tun. (Viele Tiere fasten, wenn ihre physiologische Situation es erfordert. Anm. d. V.)
7. Fasten ist eine naturgegebene Form menschlichen Lebens (aus gesundheitlichen und oft auch aus wirtschaftlichen oder jahreszeitlich bedingten Gegebenheiten heraus. Anm. d. V).
8. Fasten ist Leben aus körpereigenen Nahrungsdepots heraus.
9. Fasten bedeutet, dass der Organismus durch innere Ernährung und Eigensteuerung weitgehend autark ist. (Für mehrere Wochen kann der Körper, was die Ernährung anbetrifft, von seinen eigenen Reserven leben, dadurch gesünder werden und sich entschlacken. Anm. d. V.)
10. Fasten ist eine Verhaltensweise von selbstständigen Menschen, die sich frei entscheiden können.
11. Fasten betrifft den ganzen Menschen, jede einzelne seiner Körperzellen, seine Seele und seinen Geist.
12. Fasten ist die beste Gelegenheit, in Form zu bleiben oder wieder in Form zu kommen.

Fasten bedeutet immer eine Reinigung des gesamten Organismus. Deshalb spricht man auch von den drei großen »E«:
- Entlasten,
- Entwässern,
- Entsalzen.

Oft fragt man sich, woher der Organismus die Kräfte nimmt, um während eines Fastens diese »harte Arbeit« durchführen zu können, wenn ihm keine Kalorien und Energien in Form von Nahrung zugeführt werden. Die Prinzipien wurden aus medizinisch-physiologischer Sicht bereits erläutert. Trotzdem kann man sie sich in der Praxis oft nicht vorstellen, wenn man das Fasten nicht selbst ausprobiert hat. Deshalb soll hier noch einmal aus ganz persönlicher Erfahrung über die Vorgänge des Fastens berichtet werden:
Das Fasten setzt bedeutende Energiereserven frei, die sonst an den Verdauungsprozess gebunden sind.
Während der ersten drei Tage des Fastens bestreitet der Körper notdürftig seinen Haushalt mit dem Glykogen-Vorrat der Leber und anderen im Blut kreisenden Nahrungsstoffen.
Danach wird es dem Körper nötig, die im Organismus angesammelten Stoffwechselschlacken zu verbrennen. Dabei werden in erster Linie solche Stoffe abgebaut, die für Aufbau, Leben und Funktion der Zellen eine störende Rolle spielen: belastende Fremdstoffe und pathologische Ablagerungen.
Zu einem Teil werden solche Stoffe durch die Nieren ausgeschieden. Oft wird der Harn dabei schwerer und dunkler und entfaltet einen anderen Geruch.
Zum größeren Teil gehen die Giftstoffe durch den Darm ab. Dies kann sich in Durchfällen äußern, mitunter in Verstopfungen. Oft ist der Stuhl übel riechend und lässt sich eventuell nur schwer absetzen.
Auf der Zunge bilden sich während des Fastens Beläge, der Atem wird übel riechend. Auch auf Zähnen und Zahnfleisch bilden sich vermehrt Beläge. Dies alles ist ein Zeichen für die Entgiftung des Körpers, die sich auch – trotz Waschen, Baden und Deodorant – auf den Körpergeruch ausweiten kann.
Wie die Schleimhäute der oberen Luftwege verändert sich auch die Scheidenschleimhaut. Dabei kann es zu vorübergehendem vermehrtem Ausfluss kommen.
Auch der Hormonhaushalt ist herabgesetzt. Das bedeutet, dass während

dieser Zeit die Lust auf Geschlechtsverkehr nachlässt und mitunter sogar die Monatsregel ausbleiben kann. Manchmal kann diese auch früher und heftiger auftreten – das ist ebenfalls eine Reaktion auf die »reinigende« Wirkung des Fastens.
Da durch die ausbleibende Kalorienzufuhr der Körper immer mehr auskühlt, ist es wichtig, für Wärme zu sorgen: Wollwäsche, warme Bäder, Wärmflaschen.
Mitunter kann es zu Kreislaufbeschwerden kommen. Gerade aus diesem Grund ist es wichtig, dass Sie sich vor einer Fastenzeit mit Ihrem Arzt besprechen. Er kann Ihnen viele pflanzliche oder homöopathische Mittel – oft auch aus der Hildegardmedizin – nennen, die Ihnen wieder »auf die Beine« helfen, wenn das Fasten Ihnen allzu sehr zu schaffen macht. In den meisten Fällen wird das allerdings nicht nötig sein, da Fasten auch normalisierend auf den Blutkreislauf wirkt.
Der Blutdruck sinkt, der Puls wird langsamer. Die erfreulichen Folgen hierbei sind, dass Durchblutungsstörungen oft von selbst verschwinden und bei fast allen Herzerkrankungen eine Besserung eintritt. (Trotzdem sollten Sie gerade bei solchen Gesundheitsschwierigkeiten unbedingt vor einer Fastenkur den Arzt konsultieren und ihn auch während der Kur ständig über Veränderungen Ihrer Befindlichkeit informieren.)
Verschiedene gesundheitliche Probleme verschlimmern sich während des Fastens zunächst – etwa Husten, Hautprobleme, Allergien usw. Es ist natürlich wichtig, diese Veränderungen im Auge zu behalten und sie dem behandelnden Arzt mitzuteilen. In den meisten Fällen werden Sie jedoch feststellen, dass es sich dabei um eine durch das Fasten ausgelöste Heilreaktion handelt, die nur vorübergehend den Zustand verschlimmert, um ihn dann rapide zu heilen. Wenn Ihr Arzt nichts dagegen hat, sollten Sie deshalb unbedingt das Fasten fortsetzen – und die überraschende und beglückende Erfahrung machen, wie nach einem »Aufblühen« der Krankheit diese dann fast von selbst verschwindet.
Durch die ausbleibende Nahrungszufuhr kommt es natürlich zu Irritationen im Verdauungsbereich. Das kann bedeuten, dass Sie unter Verstopfung, Durchfall, Sodbrennen oder ähnlichen Beschwerden zu leiden haben.
Natürlich kann es durch das Fasten auch zu einem Absinken des Blutzuckerspiegels kommen. Dies erkennen Sie an Kopfschmerzen und innerer Unruhe. Oft hilft hier ein heißes Fußbad oder der Herzwein der Hildegard von Bingen.
Durch Fasten wird auch unser Rhythmus des Schlafens und Wachens ver-

ändert. Manchmal braucht jemand, der fastet, mehr Schlaf, manchmal weniger. Vor allen Dingen treten Schlaf- und Wachbedürfnisse zu recht unterschiedlichen Zeiten auf. Versuchen Sie – wenn es mit Ihrer Arbeit und Ihren Familienverpflichtungen vereinbar ist – diesen Rhythmen, die Ihnen Ihr Körper vorschlägt, Rechnung zu tragen.
Während des Fastens kann auch die Stimmung sehr stark umschlagen. Fasten kann geradezu »high« machen (mit dem Ergebnis, dass viele Menschen glauben, sie seien auf irgendeinem Drogentrip), aber auch zu Depressionen führen, weil dem Körper Stoffe entzogen werden, an die er gewöhnt ist. Gönnen Sie sich möglichst viel Ruhe – vor allem innerlich (äußere Aktivitäten sind beim Fasten eher von positiver Wirkung – so paradox dies klingen mag).
Die »tragenden Elemente« des Körpers – Kniegelenke, Füße, Bandscheiben, Wirbelsäule werden entlastet und verursachen weniger Probleme.
Herz und Kreislauf werden entlastet. Der Blutdruck sinkt auf das normale Maß.
Der Blutfettgehalt vermindert sich mit jedem Tag. Während sich die Blutfettwerte normalisieren, wird auch abgelagertes Fett aus der Leber, aus den Blutgefäßen und aus anderen Organen abgezogen.
Während des Fastens kommt es nicht nur zu körperlichen, sondern auch zu seelischen Reaktionen – die für Entgiftung von Geist und Seele sorgen können und für den Fastenden selbst sowie für seine Umwelt nicht immer leicht zu bewältigen sind. Gerade diese Reaktionen – Gereiztheit, Infragestellung vieler Lebensbedingungen, Depressionen usw. – sollten nicht verdrängt werden, weil sie möglicherweise noch wichtiger sein können als die körperlichen Reaktionen. Fasten bedeutet, mit Gewohnheiten zu brechen, die uns bisher lebenswichtig erschienen – es ist nur natürlich, dass es dabei zu inneren Unsicherheiten und Krisen kommt. Aber bedenken Sie dabei: Eine Krise ist immer eine Chance.
Die positive Wirkung des Fastens zeigt sich schon nach wenigen Tagen vor allem an der Haut. Nachdem die »Entschlackungssymptome« abgeklungen sind, klingen auch Hautunreinheiten ab, die Haut ist besser durchblutet, die Konturen sind gestrafft, sogar Fältchen glätten sich, und die Augen sind klar und glänzend.
Durch das Fasten wird das Herz entlastet und schlägt kräftiger. Da die Gewebe besser mit Sauerstoff versorgt werden, nimmt die Lunge mehr Sauerstoff auf. Dadurch wird das Atmen erleichtert.

Wer sollte nicht fasten?

Die meisten Menschen können ohne Probleme fasten – über einige Tage sogar ohne ärztliche Begleitung. Ein Beispiel dafür ist das »natürliche« Fasten, nach dem der Körper von selbst verlangt, wenn er an fieberhaften Infektionen leidet. Bei längeren Fastenkuren sollte zuvor aber unbedingt der Arzt konsultiert werden, der Sie auf organische und sonstige Erkrankungen untersucht, die eventuell einer Fastenkur entgegenstehen.

Unbedingt notwendig ist die ärztliche Zustimmung, wenn einer der folgenden Punkte zutrifft:
Wer sich in psychotherapeutischer Behandlung befindet, sollte nicht auf eigene Faust eine Fastenkur durchführen. Diese Kur kann zwar in diesen Fällen sehr positiv sein, manchmal aber auch gerade das Gegenteil des erwünschten Erfolges herbeiführen. Das gilt auch für Menschen, die unter Depressionen leiden.
Bei Nieren-, Leber- und Herzerkrankungen muss vor einer Fastenkur unbedingt der Arzt konsultiert werden, um die organischen Voraussetzungen für eine solche Prozedur abzuklären.
Das Gleiche gilt für Krebserkrankungen.
Während einer Schwangerschaft sollte möglichst nicht gefastet werden, weil das im Mutterleib heranwachsende Kind lebenswichtige Bedürfnisse hat, die beim Fasten möglicherweise nicht in ausreichendem Maße befriedigt werden können. Außerdem ist während dieser Zeit der Organismus der Mutter sehr belastet, sodass ein Fasten auch die Mutter gefährden könnte.
Auch das Alter spielt beim Fasten eine Rolle. Kinder »fasten« oft aus einer instinktiven Ablehnung gegen die Nahrungsaufnahme heraus, etwa wenn sie sich krank fühlen (was nicht unbedingt immer durch äußere Anzeichen zum Ausdruck kommen muss) oder wenn ihnen eine bestimmte Kost zutiefst widerstrebt. Ein Heilfasten mit Kindern sollte – außer in medizinisch vertretbaren Fällen – möglichst nicht vor dem 14. Lebensjahr durchgeführt werden. Bei jedem Fasten mit Kindern ist es wichtig, dass diese die Maßnahme nicht als Strafe, sondern als Heilungschance verstehen.
Was das Alter anbelangt, so lässt sich keine Regel aufstellen. Manche

Menschen fasten noch mit 80 Jahren, andere würden mit 60 gesundheitliche Schäden davontragen. Die Bedürfnisse des alternden Körpers sind sehr unterschiedlich – was für den einen ein »Jungbrunnen« ist, kann für den anderen schon eine schwerwiegende Schädigung bedeuten. Deshalb ist hier wiederum das klärende Gespräch mit dem Arzt von besonderer Bedeutung.

Alleine fasten – oder in der Gruppe?

Die Beantwortung dieser Frage ist nicht einfach, denn sie hängt von der individuellen Befindlichkeit des Menschen ab, der fasten möchte. Wer aus religiösen Gründen fastet – etwa in der Passionszeit der katholischen Kirche oder im Ramadan des Islam –, befindet sich automatisch schon in einer Gruppe, der der Fastentermin gewissermaßen »vorgegeben« ist. Wer aber aus gesundheitlichen Gründen fastet oder auch, um einfach nur einige Kilo abzunehmen, muss vorher darüber nachdenken, welche Art ihm am besten entspricht.

Bevor Sie sich für die eine oder andere Form entscheiden, einige Bemerkungen dazu: Selbständig fasten darf grundsätzlich jeder, der sich für gesund und leistungsfähig hält und für den Disziplin und Verzicht keine Fremdworte sind. Fasten kann man bis ins hohe Alter, man sollte allerdings nicht vor dem 14. Lebensjahr damit beginnen. Wenn Sie eine längere Fastenzeit planen, die Sie selbständig – also nicht in der Gruppe – durchführen wollen, wäre ein vorheriges Gespräch mit dem Arzt eine gute Maßnahme, um festzustellen, ob aus medizinischer Sicht keine Einwände bestehen.

Am leichtesten fastet es sich in der Gruppe von Gleichgesinnten oder in der Familie. Die Geborgenheit in der Gruppe, die Anteilnahme der Familie hilft über mögliche Fastenkrisen hinweg. Der gemeinsame Erfahrungsaustausch bereichert das geistige und seelische Erlebnis der Fastenzeit. Wer aber allein zu Hause, im Alltag fastet, braucht einen besonders starken Willen. Hier, wo einen niemand beobachtet, fällt es besonders schwer, sich an seinen Fastenvorsatz zu halten. Ideal für Menschen, die selbstständig fasten wollen, ist es deshalb, die Kur in den Urlaub zu verlegen. In einer neuen Umgebung, frei vom Alltag, fällt auch das selbständige Fasten leichter.

Alleine fasten

Wenn Sie länger als eine Woche fasten möchten, sollten Sie auf jeden Fall Ihren Arzt über Ihr Vorhaben informieren. Lassen Sie sich gründlich auf organische Probleme untersuchen, die durch das Fasten verschlimmert werden könnten. Das Fasten soll ja heilsam wirken (was meistens auch der Fall ist) – nur sind eben auch die wenigen Ausnahmen zu beachten. Viele Menschen möchten über ihr Fasten kein großes Aufhebens machen: Sie essen einfach nicht – und reden nicht darüber. Selbst innerhalb der Familie ist es nicht schwierig, solch eine Fastenzeit durchzuführen. Entweder merken die Familienangehörigen gar nicht, dass Sie nicht mitessen – oder Sie haben vorher darüber gesprochen und Ihre Entscheidung wird einfach akzeptiert.

Wer alleine lebt, hat in dieser Beziehung ohnehin keine Probleme – weil einfach nicht mehr gekocht wird. Aber auch alle Menschen, die für ihre Familie kochen und trotzdem während einer bestimmten Zeit selbst nicht mitessen, haben es leichter, als sie oft vermuten. Schon der Duft und der Anblick des Essens – also all das, was sonst unseren Appetit anregt – kann während dieser Zeit sättigend wirken.

Trinken Sie reichlich – vor allem Mineralwasser. Dies füllt den Bauch und verdrängt Hungergefühle. Außerdem unterstützt es die Entgiftung des Körpers, indem es die angesammelten Schlacken schneller ausspült.

Über weitere fastenbegleitende Maßnahmen erfahren Sie mehr im gleichnamigen Abschnitt.

Gemeinsam fasten

Beim gemeinsamen Fasten gibt es mehrere Möglichkeiten.

Fasten in der Fastenklinik
Diese Fastenform empfiehlt sich vor allem, wenn Sie aus gesundheitlichen Gründen fasten. Die Vorteile:
– Sie stehen unter ständiger ärztlicher Kontrolle.
– Sie haben ausreichend Zeit und Ruhe, um sich auf das Fastengeschehen zu konzentrieren. Diese Loslösung aus dem Alltag kann eine wichtige Ergänzung des Fastens sein.
– Sie erhalten genaue Anweisungen sowohl für die Vorbereitungstage als auch für das Fastenbrechen.
– Sie können zahlreiche Zusatzangebote wahrnehmen – z. B. therapeutische Gespräche, Meditationen, Bäder und sonstige Anwendungen, sportliche und kreative Freizeitaktivitäten.
– Sie sind unter Gleichgesinnten, mit denen Sie sich über alle Leiden und Freuden des Fastens austauschen können.

In einem Seminar fasten
Viele Volkshochschulen und andere Organisationen bieten Fastenkurse an. Bis auf die intensive ärztliche Betreuung und die medizinischen Anwendungen haben Sie alle Vorteile des Fastens in einer Fastenklinik. Diese Form des Fastens empfiehlt sich für alle, die nicht aus gesundheitlichen Gründen fasten müssen, aber gerne den Halt und die Unterstützung in einer Gruppe suchen.

Eine besondere Form dieses Fastens sind Fastenwanderungen, bei denen die körperliche Bewegung in der freien Natur eine wichtige Ergänzung des Fastens ist. Diese Form des Fastens kann durchaus als ein alternativer Urlaub betrachtet werden.

Fasten mit Begleitung
Diese Form des Fastens wird vermehrt von Volkshochschulen, aber auch Kirchen angeboten. Der Grundgedanke ist, das Fasten in einem begleitenden Kurs zu erläutern, helfende Ratschläge zu geben und den Austausch mit anderen Fastenden zu ermöglichen. Dazu treffen sich die Kursusteilnehmer in regelmäßigen Abständen – manchmal auch täglich. In den meisten Fällen ist auch außerhalb dieser Zeit ein Ansprechpartner vorhanden, der einem einfach zur Seite steht.

Fasten mit Begleitung ist vor allem für Menschen geeignet, die keinen Urlaub für ein Fastenseminar verwenden können oder wollen, aber dennoch beratende, erläuternde und unterstützende Begleitung dabei suchen.

Mit dem Partner fasten
Wenn beide Partner Anlass und Bedürfnis haben zu fasten – sei es nun, um abzunehmen, um gesünder zu werden oder auch aus spirituellen Gründen – ist dies die ideale Form des Fastens.
- Sie brauchen nicht zu kochen – es sei denn für andere Familienmitglieder.
- Sie können sich gegenseitig unterstützen und Ihre Erfahrungen austauschen.
- Sie haben ein sehr besonderes gemeinsames Erlebnis, das auch für die emotionelle Basis Ihrer Beziehung von großer Bedeutung sein kann.

Die Fastenkrise

Beim Fasten kommt es, wie wir im Abschnitt »Was geschieht beim Fasten« gesehen haben, zu zahlreichen körperlichen Veränderungen, die auch ihren emotionalen Niederschlag finden. Beim Kurzzeitfasten von wenigen Tagen treten diese Krisen kaum auf. Der schwierigste Tag ist meistens der dritte Fastentag. Während man vorher noch vom Schwung seiner guten Vorsätze mitgerissen wurde, kommt einem nun die Aussicht, noch weitere Tage oder gar Wochen zu fasten, nicht gerade rosig vor. Der Magen knurrt, die Körperfunktionen beginnen sich umzustellen, und man fragt sich, ob es das eigentlich wert ist.

Das ist der Zeitpunkt, an dem manche Menschen ihre Fastenkur abbrechen. In den meisten Fällen bedauern sie es dann allerdings, aufgegeben zu haben – zum einen, weil sie wissen, dass sie versäumt haben, sich selbst und ihrer Gesundheit etwas wirklich Gutes zu tun. Zum anderen, weil das Gefühl, »schwach« geworden zu sein, nicht unbedingt sehr aufbauend ist. Deshalb ist es wichtig, diese Krise möglichst unbeschadet zu überstehen und dabei einige Punkte zu beachten:

Denken Sie daran, dass die Krise vorbeigeht – schneller, als Sie glauben – und dass Sie sich danach beim Fasten wohler fühlen und es nicht mehr als »Leidenszeit« betrachten. Wer einmal das Rauchen aufgegeben hat, weiß, dass der Drang nach einer Zigarette – so heftig er auch sein mag – immer nur wenige Sekunden anhält und dann nachlässt. Wer diese Sekunden durchhält, ohne nach einer Zigarette zu greifen, wird das Bedürfnis zu rauchen schnell wieder vergessen haben. Ebenso ist es beim Essen – hier scheint das Bedürfnis ebenfalls übermächtig zu werden, lässt dann aber ebenso schnell wieder nach.

Geben Sie Ihrem Magen etwas zu tun, indem Sie viel trinken. Schon ein, zwei Schluck Mineralwasser können oft ausreichen, um den »kritischen Moment« zu überwinden.

Lenken Sie sich ab – etwa indem Sie Spazierengehen, ein spannendes Buch lesen oder ein Telefongespräch führen.

Natürlich lenkt auch Arbeit von eventuell aufsteigenden Hungergefühlen ab. Dabei müssen Sie sich aber zugestehen, dass Ihnen diese möglicherweise nicht so zügig wie gewohnt von der Hand geht. Das »Innentempo« des Fastenden ist verlangsamt. Konzentrations- und Reaktionsfähigkeit sind teilweise reduziert. Dies sollten Sie vor allem beim Autofahren beachten.

Bei längerem Fasten kann es zu körperlichen Krisen kommen, vor allem wenn der Blutdruck zu niedrig wird. Dann sollten Sie ein wenig auf Ihre Bewegungen achten – vor allem nicht plötzlich aus der Ruhelage aufstehen, weil es sonst zu Schwindelanfällen kommen kann. Kopfschmerzen und Schlaflosigkeit können auftreten. In den meisten Fällen lassen sich diese durch Spaziergänge und Schlafen bei geöffnetem Fenster beheben. Meditationsübungen tragen zur Entspannung bei.

Wie lange sollte man fasten?

Unter ärztlicher Aufsicht wurden Fastenkuren schon bis zu 3 Monate lang durchgeführt. Normalerweise aber dauert eine Fastenkur zwischen 8 und 21 Tage. Ein regelmäßiger Fastentag kann ebenfalls viel bewirken. Sogar das Morgenfasten hat schon eine heilsame Wirkung.

Das Morgenfasten

Obwohl im Sprachgebrauch noch immer der Ausdruck, dass man frühstücken solle »wie ein König«, sehr gebräuchlich ist, widerstrebt vielen Menschen gerade diese Mahlzeit. Diese sollten deshalb ihrem »inneren Arzt« mehr vertrauen als dem Volksmund und die erste Mahlzeit des Tages ausfallen lassen. Dadurch büßen sie durchaus nichts an Leistungsfähigkeit ein – im Gegenteil: Sie sind körperlich und geistig ganz auf der Höhe, haben weniger unter Müdigkeit und Depressionen zu leiden und fühlen sich insgesamt gesünder.

Schon Hildegard von Bingen empfiehlt das Morgenfasten:
»Für einen körperlich gesunden Menschen ist es für eine gute Verdauung gut und gesund, dass er bis ungefähr kurz vor Mittag oder gegen Mittag auf ein Frühstück verzichtet.« *(Causae et Curae)*

Gerade die heilende Kraft des Morgenfastens ist groß. Denn während dieser Zeit kann der Körper den während der Nacht im Körper begonnenen Reinigungsprozess fortsetzen, ohne dabei durch die Verdauungsarbeit gestört zu werden. Schon nach wenigen Tagen des Morgenfastens werden die meisten Menschen sich leistungsfähiger und weniger müde fühlen. Wichtig ist – wie bei jedem Fasten – auch beim Morgenfasten, ausreichende Flüssigkeitsmengen zu sich zu nehmen.

Eintägiges Fasten

Ebenfalls sehr heilsam ist das eintägige Fasten. Es entlastet den Organismus und kann Körper und Seele auf eine eventuelle Nahrungsumstellung vorbereiten. Vor allem aber können Sie dabei – ohne große Einschnitte im Alltagsleben und ohne große Beschwerden – die wohl tuende Wirkung des Fastens gewissermaßen »unverbindlich« ausprobieren. Schon nach einem Tag stellt sich nicht nur die körperliche, sondern auch die seelische Leichtigkeit ein, die durch das Abwerfen von Ballast in Form von Körperschlacken entsteht.

Eine Alternative zum Vollfasten, bei dem nur Wasser und Kräutertee getrunken werden sollte, ist das Fasten mit Obstsäften und Gemüsebrühen. Es gibt eine Fülle dieser leckeren Vitamin- und Mineralspender, die Sie den Verzicht kaum spüren lassen. Eine weitere Möglichkeit ist der regelmäßige Obst- und Gemüsetag. Hier ist der Magen ständig beschäftigt, kann sich also nicht »beklagen« – trotzdem hat ein solcher Tag eine reinigende und heilende Wirkung.

Einwöchiges Fasten

Eine Woche ist eine ideale Zeitspanne für das Fasten. Es bleibt ausreichend Zeit für Vorbereitung und Fastenbrechen, und die Wirkung ist natürlich sehr viel stärker und nachhaltiger, als dies bei einem eintägigen Fasten der Fall ist. Der Körper hat Zeit, sich an die neue Lebensform zu gewöhnen. Der Fastende hat ausreichend Gelegenheit, sich mit sich selbst auseinander zu setzen und zu beschäftigen, um danach möglicherweise einen Lebensumschwung herbeizuführen – sei es in der Ernährung oder in der gesamten Lebenseinstellung.

Längeres Fasten

Gruppenfasten und vor allem das Fasten in der Klinik dauert zwischen 2 und 4 Wochen. Es wird vor allem bei gravierendem Übergewicht und aus gesundheitlichen Gründen durchgeführt. Während dieser relativ langen Fastenzeit sind die körperlichen Umstellungen wesentlich schwerwiegender als bei einer kurzen Fastenkur. Deshalb ist hierbei die ärztliche Begleitung von besonderer Bedeutung. Sollten Sie sich dennoch für ein selbständiges Fasten über einen längeren Zeitraum entschließen, ist es wichtig, dass Sie vor und auch während der Fastenzeit mit Ihrem Arzt in Verbindung bleiben.

Fasten im Alltag

Der für das körperliche Wohlbefinden so wichtige Rhythmus Essen und Fasten wird leider von vielen Menschen vernachlässigt, indem sie immer wieder unnötige »Zwischenmahlzeiten« einnehmen. Natürlich ist gegen das Stück Kuchen auf einem Geburtstagsfest oder gegen die ab und zu einmal genaschte Praline nichts einzuwenden. Schließlich gehört auch Genuss zum Leben. Erst wenn ein solches Verhalten zur Gewohnheit wird, droht Gefahr.

Es ist gar nicht so einfach, in unserem modernen Leben in dieser Hinsicht Disziplin zu wahren. Oft haben wir im Berufsleben keine Zeit für geregelte Mahlzeiten und essen schnell etwas »zwischendurch«, dazu noch den einen oder anderen Schokoriegel, um – wie die Werbung uns verspricht – »neue Energien zu tanken«. Abends sitzt man vor dem Fernseher oder mit Freunden zusammen, und schon wird wieder unkontrolliert genascht. Die Folgen äußern sich nicht nur in Übergewicht, sondern auch in zahlreichen ernährungsbedingten Erkrankungen. Das liegt nicht nur daran, dass bei diesen Zwischenmahlzeiten nur selten vollwertige Lebensmittel verwendet werden, sondern auch daran, dass der natürliche Körperrhythmus missachtet wird. Dabei ist gerade das »natürliche Fasten« zwischen den einzelnen Mahlzeiten besonders wichtig – und bei ein wenig Selbstdisziplin sehr viel leichter durchzuführen als ein Vollfasten.

Sobald das Abendessen verdaut ist, was je nach Schwere der Speisen 2 bis 3 Stunden beansprucht, kommt es im Körper zu einer Art Umprogrammierung. Viele Körperfunktionen werden auf ein Minimum herabgesetzt, benötigen also keine Energiezufuhr in Form von Nahrung. Von der Kraft und Wärme unserer während des Tages angelegten Nahrungsdepots können wir deshalb sehr gut bis zum nächsten Morgen überleben. Die englische Sprache hat dieses kleine Alltagsfasten im Wort »breakfast« verinnerlicht – dies heißt nichts anderes als: Fastenbrechen.

Im Laufe des Morgens bzw. des Vormittags signalisiert unser Körper, dass er Energiezufuhr benötigt und zur Nahrungsaufnahme bereit ist. Aber ebenso wie in der Nacht reagiert der Organismus in den kürzeren Nahrungspausen von etwa 5 Stunden zwischen Frühstück und Mittagessen oder zwischen Mittagessen und Abendessen.

In diesem Rhythmus von Essen und Fasten leben wir Tag und Nacht. Ziehen wir von den 5-stündigen Nahrungspausen am Vormittag und am Nachmittag je 2 Stunden und vom nächtlichen Fasten 2 bis 3 Stunden für

die Verdauungsarbeit ab, so bleiben zweimal 3 Stunden des Fastens während des Tages und 11 bis 12 Stunden Fasten während der Nacht. Um diesen naturgegebenen Rhythmus einzuhalten, sollten Sie nach den folgenden Regeln leben:
- Zwischen den Mahlzeiten verzichten Sie ganz und gar auf Nahrung. Also: Kein Bissen »zwischendurch«!
- Trinken Sie reichlich. Der Körper benötigt mindestens 2 bis 3 Liter Flüssigkeit pro Tag. Außerdem dämpft Mineralwasser oder Kräutertee das Hungergefühl.
- Halten Sie sich freiwillig und mit innerer Bereitschaft an diese Regeln, dann ist die eine oder andere kleine Naschsünde verzeihlich.

Jedem Menschen, der ausgeglichen ist und gewissermaßen in sich selbst ruht, ist ein solches »Fasten im Alltag« möglich – vor allem wenn Sie sich vollwertig ernähren. Vollkornlebensmittel haben nämlich eine länger anhaltende Sättigungswirkung. Für Menschen, die innere oder äußere Probleme haben, ist allerdings gerade das Alltagsfasten schwierig, weil sie dazu neigen, frustrierende Situationen mit einem Griff zum Schokoriegel oder einem Gang zum Kühlschrank zu kompensieren.

Der Sinn dieses Wechsels zwischen Essen und Fasten liegt nicht allein darin, dass durch das Wegfallen der Zwischenmahlzeiten Kalorien eingespart werden. Der besondere Gewinn liegt vielmehr im harmonischen Wechsel zwischen Speicherung und Verbrauch der zugeführten Energien, also zwischen Aufnahme von Nahrung und Abgabe von Schlacken. Damit folgen wir einem natürlichen und sinnvollen Rhythmus unseres Stoffwechsels und gewähren dem Magen-Darm-Trakt die Pausen, die er benötigt.

Die kleine Nahrungspause
- Verzichten Sie auf jede Art von Nahrungsaufnahme zwischen den Mahlzeiten mit der gleichen Disziplin wie beim Fasten.
- Trinken Sie beim Auftreten von Hunger oder Esslust ein Glas Wasser oder eine Tasse Kräutertee.
- Lenken Sie sich durch Bewegung oder Arbeit ab.
- Wenn Sie sich »flau« fühlen, legen Sie sich 5 Minuten hin und legen Sie die Beine hoch.
- Bejahen Sie den natürlichen Rhythmus Ihres Körpers und arbeiten Sie nicht durch innere Widerstände gegen ihn.
- Auch auf gemütliche Kaffee- oder Teestunden am Vor- oder Nachmit-

tag brauchen Sie nicht zu verzichten. Ihren Gästen bieten Sie etwas Essbares an, während Sie selbst nur trinken. Erfahrungsgemäß wird dies eher toleriert als ein Nicht-Mitessen bei einer der Hauptmahlzeiten.

Die große Nahrungspause
Bei manchen Menschen wirken sich die Körperrhythmen unterschiedlich aus – beispielsweise bei den Morgenmenschen, den »Lerchen«, denen die »Eulen« gegenüberstehen, die erst später am Tag richtig auf Touren kommen, dafür aber auch bis in die Nacht arbeiten können. Das Gleiche gilt auch für den Rhythmus Fasten-Essen. Wenn Sie zu den Menschen gehören, die ohne weiteres größere und kräftigere Mahlzeiten vertragen und auch entsprechend frühstücken können, dafür aber gerne über die Mittagszeit hinweg durcharbeiten, kann Ihre individuelle Alltagsfastenzeit länger andauern. Das bedeutet, dass Sie nach einem kräftigen Frühstück vor dem Abend nichts zu essen brauchen.
Trotzdem sollten Sie um die Mittagszeit eine kleine Mittagspause einlegen, in der Sie Tee, Saft oder eine Gemüsebrühe trinken. Gönnen Sie sich außerdem einen kleinen Spaziergang, eine kurze Mittagsruhe oder eine Meditation.

Das Nachtfasten
Die noch größere Nahrungspause von 20 Uhr abends bis 8 Uhr morgens – also mindestens 12 Stunden – sollte von allen gesunden Menschen jeden Alters eingehalten werden. Aber es gibt Ausnahmen.

Menschen, die sich an Hildegards Empfehlung halten, morgens nicht zu frühstücken, brauchen häufig noch eine kleine Mahlzeit – oft reicht schon ein Keks oder Obst – am späten Abend, um gut einschlafen zu können. Hildegard von Bingen schreibt:
»Auch nachts kann der Mensch dieselben Speisen essen und dieselben Getränke zu sich nehmen, die er am Tag isst, wenn er will.«
(Causae et Curae)

Sie rät allerdings dazu, danach noch einen kleinen Spaziergang zu machen, bevor man sich hinlegt.
Menschen, die an einem Zwölffingerdarmgeschwür und dem damit verbundenen typischen »Nüchternschmerz« leiden, sowie unterernährte oder kranke Menschen, die auf häufige kleine Mahlzeiten an-

gewiesen sind, können eine lange Nahrungspause natürlich nicht einhalten.

Allgemein lässt sich über das Alltagsfasten sagen, dass Menschen, die maßlos essen und weder kleine noch große Nahrungspausen und das Fasten über Nacht nicht einhalten, gesundheitlich gefährdet sind, weil sich durch ihr unrhythmisches Essverhalten Gift- und Schlackenstoffe im Körper ansammeln, die nicht ordnungsgemäß »entsorgt« werden können.

Die Möglichkeiten, auf diese Art im Alltag zu fasten, sind für viele Menschen ein wahrer Segen. Sie sind nicht nur seltener krank, sondern fühlen sich bei dem neu oder wiedergefundenen Rhythmus seelisch viel stärker im Einklang mit sich selbst und sind dadurch leistungsfähiger und ausgeglichener.

Vorbereitung auf das Fasten

Eigentlich ist das Fasten die Vorbereitung auf etwas anderes – auf ein Fest oder in früheren Zeiten auf einen Kriegs- oder Jagdzug. Heute kehrt sich diese Situation um: Das Fasten ist das »Fest«, auf das wir uns vorher innerlich und äußerlich einstellen. Nicht umsonst ist die Wortähnlichkeit zwischen Fest und Fasten unübersehbar!

Bereiten Sie sich innerlich auf das Fasten wie auf ein schönes Fest vor.
Diese Zeit bedeutet Verzicht – das ist unbestreitbar. Aber viel mehr noch bedeutet sie Gewinn, denn Sie tun während dieser Zeit nicht nur etwas für Ihre Gesundheit, sondern auch für Ihr seelisches Gleichgewicht und für die Entwicklung der eigenen Persönlichkeit. Freuen Sie sich auf die Chance, die Sie sich selbst damit geben!

Überlegen Sie, wo Sie fasten wollen.
Vielen Menschen gibt ihr Zuhause die Möglichkeit, sich geborgen zu fühlen. Andere brauchen eher einen Tapetenwechsel, um diesen Umbruch in ihrem Leben bewusst wahrnehmen zu können. Wo immer Sie fasten – sichern Sie sich einen Freiraum, wo niemand Sie stört. Das kann durchaus auch eine Ecke des Schlaf- oder Wohnzimmers sein. Erklären Sie Ihrer Familie, dass Sie während dieser Zeit nicht nur fasten, sondern auch zu sich selbst finden wollen.

Sorgen Sie für ausreichende Getränkemengen.
Während des Fastens braucht der Körper noch mehr Flüssigkeit als an normalen Tagen, damit die durch das Fasten vermehrt freigesetzten Schlackenstoffe gut ausgespült werden können. Außerdem dämpfen Getränke das vor allem am Anfang der Fastenzeit immer wieder auftretende nagende Hungergefühl. Geeignet sind vor allem Kräutertees und Mineralwasser. Je nach Art des Fastens sollten Sie sich einen ausreichenden Vorrat an Obst- und Gemüsesäften anlegen.

Auch für Ihr äußeres Wohlbefinden benötigen Sie einige Dinge.
Da man während des Fastens – wegen der mangelnden Kalorienzufuhr – leichter friert, halten Sie warme Socken, Unterwäsche, Pullover und eine Wärmflasche bereit. Die Körperwärme, die sonst durch die Nahrung er-

zeugt wird, muss während dieser Zeit von außen kommen. Und da während des Fastens viel frische Luft wichtig ist, sollten Sie sich am Tag warm genug anziehen.
Wichtig ist – vor allem während einer längeren Fastenzeit – die Körperpflege. Viele Gifte werden über unser größtes Organ, die Haut, ausgeschieden. Deshalb braucht diese nun besonders intensive Pflege. Besorgen Sie sich eine Massagebürste für den Körper und ein gutes Hautöl, am besten aus der Apotheke oder aus dem Reformhaus.

Vorbereitung auf das Fasten: der Vorfastentag
An diesem Tag bereiten Sie Ihren Organismus darauf vor, dass er in den nächsten Tagen ohne Kalorienzufuhr auskommen und auf seine eigenen Reserven zurückgreifen muss. Es wäre also völlig falsch, am Vorfastentag noch einmal richtig zu schlemmen – als eine Art »Karneval«. (Sie erinnern sich? *Carne vale* bedeutet »Fleisch ade!«) Gönnen Sie Ihrem Körper einen sanften Übergang. Das bedeutet, dass Sie bereits am Vorfastentag Ihre Nahrung umstellen. Essen Sie zum Frühstück ein Müsli. Als Mittagessen planen Sie Rohkost ein, die Sie mit einer Pellkartoffel »anreichern« können. Auch abends gibt es wieder Rohkost, eventuell einen Becher Naturjoghurt und eine Scheibe Vollkornbrot.
Wenn Sie zwischendurch hungrig werden, essen Sie am besten einen Apfel. Äpfel sind ohnehin eines der besten (und wohlschmeckendsten) Mittel für eine vorbereitende »Entgiftung« des Körpers.
Wichtig ist, dass Sie alles, was Sie zu sich nehmen, bewusst und freudig genießen. Der Gedanke, dass Sie nun über längere Zeit keine Nahrung zu sich nehmen werden, wird Ihnen den Duft, den Geschmack der Speisen noch näher bringen. Denken Sie darüber nach, dass Sie alles dies nun für einige Zeit nicht essen werden – und dass dies Ihre eigene, freie Entscheidung ist.

Das Fasten selbst

Nachdem Sie sich auf das Fasten vorbereitet haben – statt eines Vorbereitungstages können Sie auch mehrere solcher Tage einlegen –, wird es nun ernst. Bei den folgenden Angaben gehen wir von einer Fastenwoche aus (zu der bereits ein Vorbereitungstag gehört). In dieser Zeit ist eine ausreichende Vorbereitung sowie ein Fastenbrechen, vor allem aber ein Fasten möglich, das über das Alltags- und Eintagesfasten hinausgeht. Eine einwöchige Fastenzeit wird nicht nur Ihrem Körper nachhaltigere Ergebnisse bringen, sondern auch Ihrem Bewusstsein. Alle folgenden Angaben können ebenfalls für eine längere Fastenzeit angewendet werden, da auch diese mit der Vorbereitungszeit eingeleitet und mit dem Fastenbrechen beendet wird.

1. Fastentag

Im Grunde handelt es sich dabei bereits um den 2. Fastentag, da der vorhergehende Tag der Vorbereitung gewidmet war. Der 1. Fastentag ist besonders wichtig für die Darmentleerung. Der Darm enthält viele Schlacken und Giftstoffe, die während der »normalen« Ernährung angesammelt wurden und den Körper möglichst bald verlassen sollten, um ein wirkungsvolles Fasten zu ermöglichen.

Zur Darmentleerung gibt es mehrere Möglichkeiten:
- *Rizinusöl:* Dieses Öl ist allerdings vom Geschmack her nicht jedermanns Sache und mitunter auch aus gesundheitlichen Gründen nicht immer das Mittel der Wahl. Wer glaubt, den Löffel Rizinusöl schlucken zu können, darf meistens auf eine ziemlich prompte Wirkung rechnen.
- *Salz:* Karlsbader Salz und auch Glaubersalz wirken stark abführend. Man gibt 1 bis 2 Teelöffel auf 1 Glas warmes Wasser und trinkt dieses möglichst am Morgen. Allerdings ist der Geschmack nicht unbedingt begeisternd.
- *Ausleitungskekse:* Die Hildegardmedizin empfiehlt diese Kekse, die aus Ingwer, Süßholz, Zitwer, Dinkel und Wolfsmilch bestehen, als Abführmittel vor einer Fastenkur. Man soll sie morgens nüchtern essen und sich dabei möglichst warm halten. Sicherlich wirken diese Kekse

bei manchen Menschen in der gewünschten Weise und können auf jeden Fall von allen Menschen am 1. Fastentag verwendet werden. Oft aber ist ihre Wirkung einfach zu schwach für eine gründliche Darmreinigung. Allerdings können die Kekse unterstützend gegessen werden. Sie erhalten die Kekse in Reformhäusern und im Versandhandel (siehe »Literatur und Bezugsquellen« im Anhang diese Buches).

Hildegard schreibt über die Wirksamkeit dieses Mittels:
»Der Ingwer und der Zitwer, der Zucker und das Mehl halten die guten Säfte im Menschen zurück, und die Wolfsmilch führt die schädlichen Säfte ab.« *(Causae et Curae)*

— *Dörrpflaumensaft:* Ein sehr sanftes, wohlschmeckendes und dabei überaus wirksames Mittel ist der Dörrpflaumensaft. Man erhält ihn in Reformhäusern und in vielen Supermärkten. Aus getrockneten Pflaumen lässt sich ebenfalls ein entsprechendes Abführmittel herstellen. Dazu wird am Vorabend eine Hand voll entsteinter Dörrpflaumen in Wasser eingeweicht (die Früchte sollten bedeckt sein). Am Morgen den entstandenen Saft trinken und die Früchte langsam kauen.

— *Einläufe und Klistiere:* Bei hartnäckiger Stuhlverstopfung, auch während der Fastentage, wenden Sie ein Klistier oder einen Irrigator an. Klistiere – die wie eine Art mit Flüssigkeit gefüllter Ball wirken – und Irrigatoren gibt es in allen Apotheken zu kaufen. Die Anwendung erfordert ein bisschen Übung, ist aber durchaus machbar, auch wenn Sie keinen Partner haben, der Ihnen bei der Prozedur helfen kann. Gerade Einläufe sind eine der einfachsten, schonendsten und wirkungsvollsten Maßnahmen zur Darmentleerung.

— *Falls Sie die Pille nehmen,* sollten Sie diese erst etwa 3 Stunden nach den abführenden Maßnahmen einnehmen, weil sonst die Wirkung nicht gewährleistet ist. Ein Einlauf hat allerdings keinen Einfluss auf die Wirkung der Pille.

— *Und noch ein wichtiger Punkt:* Manchmal wirken darmreinigende Maßnahmen sehr schnell und durchschlagend. Deshalb sollten Sie den ersten Fastentag möglichst so legen, dass Sie zu Hause oder zumindest in Reichweite einer Toilette sind. Denn bis zum Nachmittag kann es zu mehreren durchfallähnlichen Entleerungen kommen.

Worauf Sie vor allem am 1. Fastentag achten sollten

Muten Sie sich an diesem Tag möglichst keine Anstrengungen zu: Vor allem sollten Sie auf die Sauna und auf ein heißes Vollbad verzichten – möglicherweise könnte Ihr Kreislauf streiken. Planen Sie eine ausgiebige Mittagsruhe ein. Halten Sie sich warm. Eine Wärmflasche an den Füßen sorgt für Behaglichkeit. Eine weitere Wärmflasche im Leberbereich unterstützt die Tätigkeit dieses Organs, das ja während des Entgiftungsprozesses besonders gefordert ist.

Alle Ihre Getränke – Mineralwasser, Kräutertees oder (je nach Fastenart) auch Obst- und Gemüsesäfte – sollten Sie langsam, schluckweise und genüsslich trinken und sie gewissermaßen »kauen«. So wird die Wirkung erhöht, und der Magen reagiert nicht mit knurrendem Hungergefühl.

Diesen 1. Fastentag sollten Sie ganz der Ruhe widmen. Deshalb sollten Sie eine solche Fastenkur – falls Sie arbeiten wollen oder müssen – möglichst an einem Wochenende beginnen. Die nächsten Tage können Sie – bis auf das Essen – ganz »normal« verbringen. Sie können arbeiten, Sport treiben – eben alles tun, was Sie sonst auch tun. Nur zwei Punkte sollten Sie beachten:

1. Berücksichtigen Sie immer Ihre körperliche Situation. Sie könnten leichter ermüden – aber vielleicht fühlen Sie sich auch, als könnten Sie Bäume ausreißen. Wichtig ist, dass Sie sich nicht zu viel zumuten – auch wenn Sie sich emotional noch so fit fühlen. Ihr Körper braucht jetzt vor allem Ruhe (wobei leichte Bewegung durch einen Spaziergang durchaus positiv wirkt).
2. Nutzen Sie diesen Tag als inneren Neubeginn. Während der nächsten Tage werden Sie relativ »normal« leben. Aber dieser erste Fastentag sollte ein Einstieg sein für einen anderen Umgang mit sich selbst – überlegen Sie deshalb, welche fastenbegleitenden Maßnahmen Ihnen gut tun würden. Bedenken Sie beim Fasten immer, dass dieses nicht nur körperliche, sondern auch seelische Auswirkungen hat, die Sie positiv nutzen können!

Die weiteren Fastentage

Der Abführtag gilt als 1. Fastentag. Nun folgen vier weitere Fastentage, die wahrscheinlich ziemlich gleichförmig ablaufen werden. Beachten Sie dabei Folgendes:

Wichtig ist das regelmäßige Abführen einmal am Tag. Zu diesem Thema wurde bereits im Abschnitt über den 1. Fastentag alles Wesentliche gesagt.

Versuchen Sie möglichst, auch während dieser Fastentage eine Mittagsruhe einzuhalten. Eine warme Decke und eine Wärmflasche sind dabei wichtig – denn da Sie ein vermehrtes Bedürfnis nach Sauerstoff verspüren, sollte diese Ruhepause bei offenem Fenster stattfinden.

Ihr Lufthunger wird Ihnen schon ganz von selbst einen Spaziergang »verordnen«. Sie dürfen leichten Sport treiben – Schwimmen, Radfahren, Wandern, Gymnastik. Dabei liegt allerdings die Betonung auf »leicht«. Muten Sie sich nur so viel zu, wie Ihnen gut tut. Leistungssport – auch Jogging, Aerobic usw. – sind zurzeit nicht angesagt. Alles sollte sanft und einfühlsam geschehen.

Zu Ihren »Mahlzeiten« hier einige Vorschläge:
– *Frühstück:* schwarzer Tee oder Kräutertee. (Sie dürfen mit einem Löffel Honig süßen, denn dieser aktiviert die Selbstheilungskräfte des Körpers.)
– *Mittagessen:* Gemüsesaft oder eine warme Gemüsebrühe, die Sie entweder fertig kaufen oder selbst aus dem Gemüse Ihrer Wahl (Kartoffeln, Sellerie, Möhren usw.) herstellen und dann leicht mit etwas Kräutersalz würzen.
– *Abendessen:* Gemüsesaft oder besser noch eine warme Gemüsebrühe, weil diese besonders zum Abend hin nicht nur besänftigend auf den Körper, sondern auch auf die Seele wirkt.
– *Wichtig:* Zwischen den Mahlzeiten sollten Sie so viel wie möglich trinken, vor allem Mineralwasser und Kräutertee. Denken Sie daran: Sie können nie zu viel trinken – eher zu wenig!

Das Fastenbrechen und die Aufbautage

Von den Ärzten der Antike, die häufig die Fastenkur als Therapiemaßnahme einsetzten, ist ein Satz überliefert, der auch heute noch gilt:
»Jeder Narr kann fasten – das Fasten brechen kann nur ein Weiser.«

Es ist kein allzugroßes Problem, sich während einiger Tage der Nahrung zu enthalten. Man fühlt sich gut, verliert an Gewicht und ist stolz auf seine Leistung.
Aber was kommt danach? Zur Belohnung für die ausgestandenen »Leiden« gönnt man sich dann oft ein opulentes Mahl – und lebt nach dem Fasten genauso weiter wie zuvor. Das Ergebnis ist, dass man die während der Fastentage verlorenen Pfunde sehr schnell wieder ansetzt. Dabei ist es der Grundgedanke des Fastens, einen Umbruch im Leben und im Denken und nicht zuletzt in der Ernährung herbeizuführen. Davon wird im Abschnitt »Die Ernährung nach dem Fasten umstellen« noch ausführlich die Rede sein.

Hier soll zunächst einmal über die letzten Fastentage gesprochen werden – die Tage des Übergangs. Es wird nicht mehr voll gefastet, aber der Körper muss sich erst langsam wieder an Nahrung gewöhnen, um sie ohne Schaden, sondern vielmehr mit Nutzen für den gesamten Organismus aufnehmen und verwerten zu können. Diese Übergangsphase muss sehr behutsam eingeleitet werden.
Zum Fastenbrechen gibt es mehrere Möglichkeiten:
Man kann zu einer Obstkur übergehen, um den Körper wieder an feste Nahrung zu gewöhnen. Dazu nimmt man zunächst kleine, dann größere Mengen Obst zu sich. Das Obst sollte dabei langsam gegessen und sorgfältig gekaut werden.

Eine weitere Möglichkeit sind die folgenden Aufbautage:
1. *Tag:* morgens und abends je ein geriebener Apfel, mittags eine Tomatensuppe;
2. *Tag:* zusätzlich Knäckebrot und etwas Milch;
3. *Tag:* zusätzlich etwas gedünstetes Gemüse und Kartoffelbrei.

Auch während der Aufbautage sollten Sie sich noch Schonung in jeder Beziehung gönnen. Dies gilt also nicht nur für die Ernährung. Gönnen Sie sich weiterhin Ruhepausen, trinken Sie viel und betrachten Sie diese Zeit unbedingt noch als Bestandteil der Fastenkur!

Im Anschluss an die Fastenkur sollten Sie eine Ernährungsumstellung vornehmen, die Ihnen weiterhin Ihre körperliche und seelische Gesundheit gewährleistet.

Und Sie sollten außerdem eine regelmäßige Fastenkur einplanen, denn gerade der Wiederholungseffekt bringt die besten Wirkungen. Was Sie einmal gelernt haben, bleibt Ihnen erhalten – das bedeutet, dass Sie es beim nächsten Fasten wesentlich leichter haben werden. Wählen Sie die richtige Zeit und die richtigen Umstände. Legen Sie möglichst jetzt schon – da Sie gerade die gute Wirkung des Fastens an sich selbst verspürt haben – den Termin für Ihre nächste Fastenkur fest. Einzelne Fastentage sollten fest eingeplant werden – z. B. an einem bestimmten Tag der Woche oder des Monats. Ebenso wichtig ist es, dass Sie sich immer wieder daran erinnern, wie wichtig das relativ einfache »Alltagsfasten« sein kann, von dem in einem vorhergehenden Abschnitt die Rede war: die Möglichkeit, durch den Verzicht auf Zwischenmahlzeiten und Knabbereien den gesunden Ablauf im Organismus zu unterstützen.

Auch wenn Sie Ihre erfolgreich überstandene Fastenkur ausgiebig und opulent feiern (oder auch später einmal in dieser Hinsicht etwas »über die Stränge schlagen«), ist das Fasten eine hilfreiche Maßnahme, um die Funktionen des Organismus wieder ins rechte Lot zu bringen.

Das Feiern gehört nun einmal zum menschlichen Leben. Und was ist ein Feiern ohne ein Festessen (und mitunter auch ohne Wein und Bier usw.)? Festessen werden nirgends in der Welt zur Deckung des Nahrungsbedarfs veranstaltet. Sie stillen nicht den Hunger, sondern das urmenschliche Bedürfnis nach Geselligkeit und Genuss, nach Sinnenfreude und der Freude am Ungewöhnlichen. Dann bringt der nächste Tag schon einmal Katerstimmung, Magenbeschwerden oder einfach nur Appetitlosigkeit. Wenn wir auf unseren Körper hören, spüren wir, dass dieser nun einen gesunden Ausgleich benötigt, den er im Fasten finden kann.

Instinktiv verlangt unser Körper nach einer solchen Festmahlzeit vor allem nach
– Flüssigkeit (hier sind am besten Kräutertees und Mineralwasser geeignet);
– sauren Nahrungsmitteln (empfehlenswert sind vor allem Sauerkraut

oder Sauerkrautsaft, Molke und Joghurt; auch die berühmte saure Gurke kann heilsam auf den Organismus wirken);
- Bitterstoffen (wer keine bitteren Tees wie etwa Wermuttee oder einen fertig gemischten Leber-Galle-Tee aus dem Reformhaus trinken mag, kann hier zu mit Wasser verdünntem Grapefruitsaft greifen).

1 oder 2 Fastentage nach einem solchen Fest bringen nicht nur Ihr Gewicht wieder ins Lot – sie helfen auch Leber und Galle, mit den ungewohnten Belastungen besser fertig zu werden, senken den überhöhten Fett- und Eiweißgehalt des Blutes und vermindern die Einlagerung von Fett und Eiweiß ins Gewebe.

Das Hildegard-Fasten

Das Hildegard-Fasten unterscheidet sich wesentlich von anderen Fastenkuren, und zwar wie folgt: Die Hildegard-Medizin empfiehlt, während des Fastens auch die folgende Fastensuppe ein- bis zweimal täglich zu essen. Diese Suppe enthält die von Hildegard besonders empfohlenen Lebensmittel Dinkel und Fenchel sowie die von ihr bevorzugten Gewürze.

Hildegards Fastensuppe

Zutaten:
1 Tasse Dinkelkörner
Fenchelgemüse (und/oder Gemüse Ihrer Wahl)
frische Kräuter
Galgant, Quendel und Bertram als weitere Würzmittel

Zubereitung:
Dinkel und klein geschnittenes Gemüse mit $\frac{1}{2}$ l Wasser zum Kochen bringen, 20 Minuten leise köcheln lassen.
Dann die Gewürze und Kräuter dazugeben.
Noch 5 Minuten ziehen lassen, dann abseihen.
Diese Brühe mittags und nach Wunsch auch abends langsam trinken.
Außerdem ist die Verwendung der Ingwer-Ausleitungskekse am »Abführtag«, also dem 1. Fastentag, angeraten anstelle von anderen Abführmitteln (s. Seite 358).

Die Ernährung nach dem Fasten umstellen

Wenn das Fasten uns auf Dauer wirklich etwas bringen soll, ist eine Ernährungsumstellung nötig. Wir haben während des Fastens die Erfahrung gemacht, dass wir sehr wohl einige Zeit ohne Nahrung auskommen können, uns trotzdem wohl fühlen und leistungsfähig sind.
Die Aufbautage haben uns gezeigt, welch ein Genuss Essen sein kann.
Warum sollten wir alles dies nicht weiterhin in unser Leben einbeziehen und auch außerhalb der Fastenzeiten durch eine richtige Ernährung etwas für unsere Gesundheit und unser Wohlbefinden tun?

Vielleicht haben Sie sich während der Fastenzeit selbst schon Gedanken gemacht, was Sie an Ihren Ernährungsgewohnheiten verändern könnten. Im Grunde ist eine solche Umstellung recht einfach:
- Essen Sie nur selten Fleisch, und erkundigen Sie sich beim Einkauf nach dessen Herkunft.
- Verwenden Sie weitestgehend frisches Gemüse anstelle von Konserven oder Tiefkühlkost.
- Essen Sie reichlich Rohkost.
- Ersetzen Sie Weißmehlprodukte durch Vollkorn-Lebensmittel. Dies gilt für Brot, Mehl, Nudeln usw.
- Beachten Sie die Hinweise im Abschnitt »Fasten, um Gewicht zu verlieren«.
- Weitere Hinweise sowie zahlreiche leckere Rezepte finden Sie im Kapitel *Küche aus der Natur*.

Fastenbegleitende Maßnahmen

Körperpflege

Durch die Entgiftung des Organismus während des Fastens werden giftige Schlacken nicht nur mit Urin und Stuhl ausgeschieden, sondern auch über unser größtes Organ, die Haut. Dabei treten – vor allem bei längerem Fasten – Körpergeruch, Mundgeruch, Zahnbeläge und geruchsbildende Stoffe im Genitalbereich auf. Aus diesem Grund ist eine intensive Körperpflege während des Fastens besonders wichtig. Aber es gibt noch zwei weitere Gründe:
- Körperpflege unterstützt den Entgiftungsprozess, indem dieser durch Bürsten, Bäder, Massieren usw. erleichtert wird.
- Intensive und bewusste Körperpflege ist ein »Luxus«, der auch der Seele wohl tut.

Das Trockenbürsten des ganzen Körpers – dazu benötigen Sie eine Massagebürste mit Naturborsten und einem langen Stiel für den Rücken – ist gleichzeitig eine medizinische wie auch eine kosmetische Maßnahme. Der Kreislauf wird angeregt, dadurch wird die Haut besser durchblutet. Sie wird nicht nur rosig und weich – durch regelmäßiges Bürsten können auch kleine Fettpölsterchen gezielt behandelt werden. Raue Stellen (Oberschenkel, Knie, Ellbogen, Oberarme) sollten dabei etwas länger »bearbeitet« werden. Bürsten Sie immer in Richtung auf Ihr Herz, und zwar in dieser Reihenfolge:
- das rechte Bein bis zur Hüfte (erst außen, dann innen),
- das linke Bein ebenso,
- den Bauch sanft kreisend im Uhrzeigersinn,
- die rechte Hand, den Arm bis zur Schulter (erst außen, dann innen),
- die linke Hand und den linken Arm ebenso,
- den Busen – erst rechts, dann links – ganz sachte massieren,
- Dekolletee und Hals vom Brustansatz in Richtung Kinn,
- zuletzt den Rücken.

Am besten bürsten Sie zweimal täglich – vor dem Baden, Duschen oder Waschen. So werden auch feine Schmutzpartikel und Hautschüppchen entfernt.

Wasseranwendungen

Wasseranwendungen regen ebenfalls den Kreislauf an und tragen zu einer besseren Hautdurchblutung bei. Dabei gibt es verschiedene Möglichkeiten – nämlich Waschungen, Bäder oder Duschen.

Waschungen
Wenn Sie des Nachts stark geschwitzt haben oder noch schwitzen, sollten Sie lauwarmes bis warmes Wasser dazu verwenden – das reinigt besser und lässt auch die Haut länger kühl bleiben. Wenn Ihnen eher fröstelig zumute ist, erwärmt kaltes Wasser am besten. Wenn Sie mögen, können Sie dem Waschwasser ein paar Tropfen naturreines Duftöl (z. B. Melisse, Lavendel oder Rosmarin) oder ein Badeöl zusetzen. Rubbeln Sie den ganzen Körper kräftig mit einem immer wieder im Waschwasser ausgedrückten Schwamm oder Waschlappen ab, und gehen Sie dabei in der Reihenfolge vor, die für das Trockenbürsten angegeben ist. Danach gründlich trockenfrottieren.

Duschen
Duschen Sie sich zunächst warm ab, und seifen Sie sich dann gründlich ein. Danach wieder warm abspülen. Um die Kreislauffunktionen anzuregen, wechseln Sie zum Schluss zwischen warmem und kühlem Duschstrahl einige Male ab. Beenden Sie die Wechseldusche mit kühlem Wasser. Auch beim Duschen sollten Sie die Reihenfolge des Trockenbürstens befolgen. Anschließend gründlich abtrocknen.

Baden
Zum morgendlichen Vollbad werden die wenigsten Menschen Zeit haben. Ein solches Bad ist angenehm und mit einem fast schon luxuriösen Gefühl verbunden. Sie sollten es sich vor allem während Ihrer Fastenzeit hin und wieder einmal gönnen. Verwenden Sie dazu aufmunternde, erfrischende Badezusätze wie beispielsweise Rosmarin oder Pfefferminze. Baden Sie morgens nur lauwarm bis warm – heißes Wasser macht müde.
Am Abend darf die Temperatur des Badewassers höher sein als am Morgen – dadurch wird die entspannende Wirkung verbessert, die für einen guten Schlaf sorgt. Nehmen Sie trotzdem im Anschluss an das Bad eine kühle Dusche, oder waschen Sie sich kalt ab – dadurch erhält die durch das warme Wasser etwas erschlaffte Körperhaut wieder Spannung und

Frische. Als Badezusätze für den Abend eignen sich vor allem Lavendel, Melisse und Baldrian.
Häufiges Baden ist übrigens durchaus nicht schädlich für die Haut. Sie sollten allerdings auf stark schäumende Badezusätze verzichten – diese trocknen die Haut zu sehr aus – und nicht zu heiß (also nicht über 37 Grad) und nicht zu lange (maximal eine Viertelstunde) baden.
Auch während des Badens sollten Sie Ihren Körper in der gleichen Reihenfolge mit einem Schwamm oder Waschlappen reinigen, wie dies beim Trockenbürsten beschrieben wurde.

Massagen

Wohltuende Massagen können Sie sich auch selbst geben. Nach dem Baden, Waschen oder Duschen ist es wichtig, dass der Haut das entzogene Fett wieder durch ein Öl zugeführt wird. Dadurch wird sie weich und geschmeidig. Außerdem enthalten viele ätherische Öle Stoffe, die dem Körper und der Seele gut tun. So können Sie z. B. Hautunreinheiten oder trockene Haut behandeln, aber auch Ihr eigenes Befinden durch diese Art der Aromatherapie beeinflussen. Durch regelmäßige Massage lassen sich zudem kleine Fettpölsterchen bekämpfen. Ganz allgemein wird die Haut dadurch besser durchblutet und gestrafft. Verwenden Sie für die Massage ein gutes Massageöl (entweder selbst hergestellt oder aus dem Reformhaus oder Naturkostladen). Am vorteilhaftesten ist eine Massage nach dem Baden oder Duschen – dann sind alle Muskeln weich und entspannt.

Gehen Sie wie folgt vor:
Beginnen Sie bei den Füßen. Diese werden gründlich durchgeknetet – dadurch werden verkrampfte Muskeln gelockert. Dann sanft, aber fest mit beiden Händen streichen: bei den Zehen anfangen, über Sohle und Spann bis zu den Knöcheln. Durch die Verwendung des Massageöls werden die rauen Stellen an Sohle und Ferse wieder weich und geschmeidig.
Fesseln und Waden werden sanft mit den Händen gestreichelt, um eventuell vorhandene Krampfadern nicht zu verletzen. Streichen Sie immer von unten nach oben. Das tut geschwollenen Beinen gut und macht sie wieder schlank und elastisch.
Die Oberschenkel werden sanft geknetet. Gegen schlaffe Oberschenkel

und Cellulitis hat sich die Zupfmassage bewährt: Die Haut wird zwischen Daumen und Zeige- und Mittelfinger genommen, der Daumen zupft dann zu den Fingern. Dabei aber nie kneifen oder sonst wie gewaltsam vorgehen, sonst gibt es blaue Flecken.

Schlaffe Bauchmuskeln – die ja während des Fastens besonders sichtbar werden – werden durch Streichmassage gekräftigt. Mit der flachen Hand mindestens zehnmal von rechts nach links über die Bauchdecke streichen, dann von unten zum Nabel. Sie können die Massage durch das folgende Verfahren ergänzen: Auf den Rücken legen und die Beine anziehen, sodass die Bauchdecke nicht angespannt ist. Von den Hüften beginnend, jetzt kreisförmige Bewegungen ausführen, wobei Sie eine Hand oder auch beide Hände zum Abstützen benutzen können. Bei dem anschließenden sanften Kneten heben Sie die Bauchdecke etwas mit Ihren Händen ab: mit der einen Hand das Fleisch zusammenpressen und mit der anderen Hand die entstandene Falte leicht anheben.

Fettpolster an der Taille können Sie »wegrollen«. Nehmen Sie sie mit beiden Händen zwischen Daumen und Finger und rollen Sie sie leicht hin und her, ohne dabei zu quetschen oder zu kneifen.

Mund- und Zahnpflege

Durch eine gründliche Zahnpflege, die gerade während der Fastenzeit besonders wichtig ist, um vor den dabei zwangsläufig auftretenden Begleiterscheinungen wie Mundgeruch und Zahnbelag zu schützen, können Sie gleichzeitig Erkrankungen von Zahnfleisch und Zähnen vorbeugen. Deshalb sollten Sie diese intensive Pflege auch außerhalb der Fastenzeit beibehalten.

Putzen Sie Ihre Zähne mindestens dreimal täglich. Verwenden Sie zum Zähneputzen keine Zahnpasta mit starken Bleichmitteln – diese zerstören leicht den Zahnschmelz. Auch während des Fastens sollten sehr stark desinfizierende Pasten vermieden werden, weil diese die normale und für den Verdauungsvorgang notwendige Bakterienflora der Mundhöhle beeinträchtigen. Übrigens sind Zähne ohnehin nicht von Natur aus blendend weiß, sondern haben einen eher gelblich-weißen Farbton. Verwenden Sie zum Zähneputzen nur kleine Mengen Zahnpasta – das ist nicht nur sparsamer, sondern auch schonender. Ihre Zahnbürste sollte so klein wie möglich und vor allen Dingen nicht zu hart sein – während des Fastens kann Ihre Mundschleimhaut empfindlicher sein als normalerweise. Ver-

wenden Sie Zahnbürsten mit Kunststoffborsten – in Naturborsten sammeln sich sehr leicht Bakterien an.
Eine oberflächliche Reinigung der Zähne nützt gar nichts – auch wenn Sie während des Fastens keine feste Nahrung zu sich nehmen. Sie sollten zwei bis drei Minuten für jedes Zähneputzen einplanen – erst dann können Sie sicher sein, Ihre Zähne ausreichend gepflegt zu haben. Putzen Sie Ihre Zähne möglichst vor dem Spiegel, damit Sie den Reinigungsvorgang besser kontrollieren können.

Gehen Sie wie folgt vor:
Zuerst wird der Mund mit lauwarmem Wasser ausgespült. Zum Zähneputzen nie ganz heißes oder ganz kaltes Wasser verwenden – auf diesen »Schock« reagieren die Zähne oft empfindlich. Sie können dem Wasser ein Mundwasser zusetzen.
Nun stellen Sie die Schneidezähne Kante auf Kante aufeinander – so wird die Angriffsfläche für die Bürste größer.
Setzen Sie die Bürste nun ganz hinten am letzten Zahn an, und beginnen Sie mit leicht kreisenden Bewegungen zu bürsten, sodass stets vom Zahnfleisch weg gereinigt wird. (Immer von »Rot« nach »Weiß« bürsten!) Immer senkrecht bürsten, denn bei waagerechtem Zähneputzen verschieben sich Verunreinigungen nur noch weiter in die kleinen Lücken zwischen den Zähnen.
Nun bis vorne zur Mitte und in gleicher Weise die andere Hälfte des Kiefers reinigen. Dabei auch das Zahnfleisch sachte bürsten.
Jetzt den Mund weit öffnen und die Zähne innen auch immer von »Rot« nach »Weiß« bürsten.
Zuletzt besonders gründlich die Kauflächen reinigen.
Schließlich sollten Sie auch bei jedem Zähneputzen Ihre Zunge mit der Zahnbürste abbürsten. Dies wirkt nicht nur gegen Zungenbelag, sondern auch gegen den dadurch verursachten Mundgeruch.
Zum Schluss mehrmals den Mund ausspülen und dabei das Wasser kräftig durch die Zahnzwischenräume pressen.

Intimpflege

Im Intimbereich bilden sich leicht Geruchsbakterien – auch während einer längeren Fastenzeit, wenn der Körper durch die Entgiftung ohnehin zu einer stärkeren Geruchsbildung neigt. Trotzdem benötigen Sie während dieser Zeit keine besonderen Waschlotionen oder gar Intimsprays. Diese zerstören häufig die natürliche Bakterienflora der sehr empfindlichen Schleimhäute und können überdies zu schmerzhaften Reizungen führen. Zur Intimpflege brauchen Sie weiter nichts als einen Waschlappen, eine sehr milde Seife und viel warmes Wasser. Waschen Sie den Intimbereich morgens und abends – so können unangenehme Gerüche gar nicht erst entstehen. Außerdem sollten Sie täglich die Unterwäsche wechseln.

Bewegung und frische Luft

Wenn Sie eine Fastenkur durchführen, bedeutet dies nicht, dass Sie – wegen der mangelnden Energiezufuhr – zur Bewegungslosigkeit verurteilt sind. Im Gegenteil! Der Körper hat ausreichende Reserven, auf die er während dieser Zeit zurückgreifen kann, ohne das Allgemeinbefinden zu beeinträchtigen. Nur der erste Fastentag sollte vorsichtig angegangen werden, sonst brauchen Sie sich kaum Einschränkungen aufzuerlegen. Natürlich sind während dieser Zeit keine Hochleistungssportarten zu empfehlen. Das Gleiche gilt für lange Nächte in der Diskothek oder andere kräfteraubende Bewegungsarten. Durch die Umstellung des Körpers kann es zu einer Intensivierung von Kreislaufproblemen kommen.

Aber gerade Bewegung an der frischen Luft ist während der Fastenzeit besonders empfehlenswert. Zum einen hat der Körper einen erhöhten Sauerstoffbedarf. Zum anderen lenkt körperliche Tätigkeit von den eventuell immer wieder auftretenden Hungergefühlen ab. Deshalb eignet sich das Fasten für einen Urlaub in einer Umgebung, die man zu Fuß, auf dem Fahrrad oder vielleicht auf dem Pferderücken erkunden möchte. Auch Schwimmen ist eine gute Bewegungsmöglichkeit. Nur sollten Sie dabei auf Ihren Kreislauf achten – das bedeutet: nicht zu weit hinausschwimmen, sich keine großen Leistungen abfordern, nicht in zu kaltes Wasser gehen. Am besten ist das Spazierengehen. Dabei können Sie Ihre Gedanken wandern lassen und sich mit sich selbst beschäftigen: mit den Veränderungen, die das Fasten nicht nur in Ihrem Körper, sondern auch in Ihrem Geist und in Ihrer Seele verursachen kann.

Sehr gut geeignet ist während dieser Zeit auch eine leichte Gymnastik. Da Haut und Muskeln durch die während des Fastens erfolgende Gewichtsabnahme erschlaffen, haben Sie hier eine gute Möglichkeit, dieser Entwicklung entgegenzuwirken. Das Wichtigste dabei ist, dass Sie die Übungen bewusst und mit Freude machen – nicht als Pflichtübung, wie es in vielen Gymnastikprogrammen vorgeschlagen wird. Werden Sie sich Ihres Körpers bewusst, den Sie ja ohnehin während der Fastenzeit in seinen Äußerungen ganz anders wahrnehmen als sonst. Für die Gymnastik brauchen Sie nur ein wenig freien Raum, eine Unterlage – etwa eine Wolldecke – und frische Luft (achten Sie allerdings darauf, dass Sie nicht frieren). Wie viele der im Folgenden vorgeschlagenen Übungen Sie machen, in welcher Reihenfolge und wie lange, das bleibt ganz Ihnen überlassen. Schon wenige Minuten können aber – bei regelmäßiger Durchführung – eine positive Wirkung nicht nur auf Ihren Körper, sondern auch auf Ihr Seelenleben haben.

Suchen Sie sich aus den folgenden Übungen diejenigen aus, die Ihnen besonders nötig erscheinen oder die Ihnen am meisten zusagen.

Beginnen Sie langsam – mit jeweils zwei oder drei Übungen zu jedem »Programm«, das Ihnen wichtig erscheint.

Übungen zur Straffung der Brustmuskulatur
1. Bei geradem Rücken die ausgestreckten Arme nach unten federn lassen.
2. Die Arme waagerecht in Brusthöhe halten und mehrmals hintereinander die Fäuste ballen und lockern.
3. In leichter Grätschstellung stehen. Die Hände vor dem Körper falten und ruckartig nach oben schwingen.

Übungen zur Straffung von Taille und Hüften
1. Langsam die Hüften kreisen lassen – sozusagen eine Hula-Hoop-Bewegung im Zeitlupentempo. (Sollten Sie noch einen Hula-Hoop-Reifen auftreiben können, macht diese Übung damit natürlich doppelten Spaß.)
2. Beide Arme über den Kopf heben und aus der Hüfte heraus abwechselnd nach rechts und nach links federn.
3. Auf den Boden setzen, die Beine strecken und die Arme hinter dem Körper abstützen. Dann die Beine mit gestreckten Fußspitzen langsam anheben.
4. Auf dem Boden knien. Die Hände in die Seiten stemmen. Dann setzen Sie sich abwechselnd rechts und links neben die Schenkel.

Übungen zur Straffung der Bauchmuskulatur
1. Flach auf den Boden legen, langsam die Beine heben und ebenso langsam wieder senken.
2. Auf den Boden legen, die Arme in Schulterhöhe ausbreiten, die Beine schließen und strecken. Beide Beine heben, bis sie einen rechten Winkel zum Körper bilden. Die Beine dann erst nach links zum Boden führen, dann nach rechts. Dabei die Schultern auf dem Boden lassen.
3. Ausgestreckt auf den Bauch legen, dabei die Hände nach vorne strecken. Nun mit dem rechten Arm und dem linken Bein gleichzeitig hochfedern. Die gleiche Übung mit dem linken Arm und dem rechten Bein wiederholen.

Übungen zur Straffung der Gesäßmuskulatur
1. Mit abgewinkelten Unterschenkeln auf den Bauch legen. Die Hände aufstützen und mit dem Oberkörper mehrere Male hochwippen. Dabei die Gesäßmuskeln anziehen.
2. Auf den Bauch legen und die Arme nach vorn strecken. Arme und Beine gleichzeitig ruckartig vom Boden wegschnellen und dabei den Kopf heben.
3. Aus dem Sitzen mit Schwung zur Kerze hochschnellen. Dabei mit den Händen das Becken abstützen. Mit den geschlossenen Füßen leichte Kreisbewegungen machen.

Übungen zur Straffung der Oberschenkelmuskulatur
1. Auf die Seite legen und das obere Bein mehrmals heben und senken. Umdrehen und das Gleiche auf der anderen Seite wiederholen.
2. Hinknien und auf den Fersen sitzen. Dabei bleibt der Oberkörper aufrecht. Die Arme in Schulterhöhe heben, den rechten Arm nach vorn und den linken nach hinten strecken. Nun aus den Oberschenkeln heraus mehrere Male hochwippen und wieder auf die Fersen setzen. Dann die Arme wechseln und die Übung wiederholen.
3. Kniebeugen und »Radfahren« – diese beiden Übungen, die zu den einfachsten gehören, sind zur Straffung der Oberschenkel besonders wirksam.

Wichtig:
Bei allen diesen Gymnastikübungen sollten Sie das vorgeschlagene Programm nie als Zwang empfinden. Suchen Sie sich aus, was Ihnen am besten gefällt. Führen Sie die Übungen so oft durch, wie Sie mögen – steigern

Sie die Zahl und Zeit nur langsam. Vielleicht lassen Sie dabei leise Musik laufen, die Ihnen besonders gut gefällt. Wichtig ist vor allen Dingen, dass Sie das Gefühl Ihres eigenen Körpers genießen – und dabei darf nichts gewaltsam oder nach Programm erzwungen werden.

Meditation und Entspannung

Fasten bedeutet nicht nur eine Reinigung des Körpers, sondern auch der Seele. Deshalb ist es wichtig, dass eine Rückbesinnung auf unser ureigenstes Selbst seinen Platz in einer Fastenkur findet. Gerade jetzt sind wir besonders offen und empfänglich dafür.

Es gibt viele Formen der Meditation. Hier muss man zunächst ausprobieren und sich kundig machen. Die meisten Volkshochschulen machen verschiedene Angebote, es gibt eine umfangreiche Literatur zu diesem Thema – mit einem Wort: Man kann keine allgemein gültige Empfehlung geben. Vielleicht können Sie Ihre Fastenkur als eine Zeit der Suche nach Ihrem Weg empfinden. Auch zur Zeit Hildegards wurde (wie bis heute) das Fasten von einer besonders intensiven Meditation begleitet, die den Menschen wieder mit sich und mit der Schöpfung in Einklang bringen sollte. Gerade heute, in der schnelllebigen Gegenwart, brauchen wir die Möglichkeiten, die uns die Meditation als Kraftquelle vermitteln kann.

Welche Form der Meditation oder Entspannung Sie auch wählen – einige Punkte sind bei allen Übungen zu beachten:
Reservieren Sie sich einmal täglich (möglichst aber mehrmals) eine bestimmte Zeit ganz für sich selbst. In dieser Zeit sollten Sie sich durch nichts und niemanden stören lassen. Schließen Sie Ihre Tür, stellen Sie Telefon und Hausklingel ab oder ignorieren Sie sie einfach. Diese Zeit gehört Ihnen – und nur Ihnen allein. Es hängt ganz von Ihnen selbst ab, wie viel Zeit Sie der Meditation widmen wollen. Diese ist nämlich am Anfang – und vor allem ohne Anleitung – nicht leicht durchzuhalten. Man wird nervös und kribbelig, aber das ist ganz normal. Auch hier ist die regelmäßige Übung wichtig. Beginnen Sie mit wenigen Minuten, und steigern Sie die Zeit nach Ihrem Bedürfnis. Setzen Sie sich feste Zeiten für diese Minuten der inneren Stille. Genauso wie Sie auf die Uhr sehen, wenn Sie einen wichtigen Termin wahrnehmen müssen oder wenn Sie rechtzeitig das

Essen fertig haben wollen, sollten Sie auch in diesem Fall – da es um Sie selbst geht! – alles andere stehen und liegen lassen.

Suchen Sie sich einen möglichst angenehmen und bequemen Platz für Ihre Übungen. Für eine Meditation im Sitzen benötigen Sie einen Stuhl, der Ihnen ein aufrechtes Sitzen ermöglicht. Auch eine Meditationsbank oder ein -kissen, wie sie im einschlägigen Handel erhältlich sind, ist empfehlenswert. Oder verwenden Sie ein kleines Kissen, auf dem Sie sitzen oder knien können.

Wenn Sie sich im Liegen entspannen möchten, wählen Sie eine Unterlage, die weder zu hart noch zu weich ist. Oft ist eine auf den Boden gelegte, doppelt zusammengefaltete Wolldecke die angenehmste Lösung.

Achten Sie auf eine angenehme Temperatur – Sie können nicht richtig entspannen, wenn es Ihnen zu heiß oder zu kalt ist.

Auch die Kleidung ist nicht unwichtig. Kalte Füße, ein kneifender Rock- oder Hosenbund – all diese im Grunde trivialen Dinge können den Weg zur Entspannung sehr erschweren. Je lockerer die Kleidung, desto besser. auf jeden Fall immer den Reißverschluss von Rock oder Hose öffnen, damit Sie frei und ruhig atmen können. Gegen kalte Füße, die bei solchen Übungen leicht auftreten können, helfen Knöchelstulpen oder Wollsocken.

Machen Sie sich am Anfang Ihrer Meditation immer klar, dass in diesem Moment nichts anderes zählt als Sie selbst. Betrachten Sie die Minuten der Meditation als ein Geschenk des Lebens, und werden Sie sich dessen ganz bewusst.

Befreien Sie nun Ihren Geist von allen störenden Gedanken. Dies ist nicht ganz einfach, denn gerade während einer Entspannungsphase überfluten uns meistens die inneren Bilder so stark, dass zunächst eine richtige Entspannung nicht möglich ist. Diesen aber kann man mit anderen Bildern begegnen. Lassen Sie Ihre Gedanken kommen – aber auch wieder gehen, ohne sie hindern oder festhalten zu wollen. Dann stellen Sie sich das folgende Bild vor: Herbstblätter fallen in einen Fluss und treiben davon. Schauen Sie dabei zu, und stellen Sie sich vor, dass diese Blätter Ihre Gedanken und inneren Bilder sind.

Nun ist Ihr Geist leer – aber beim Einsteiger kann für eine Meditation ein geistiger Inhalt nützlich sein. Manchmal kommen diese Inhalte von selbst – ein Problem, das Sie besonders beschäftigt, kann auf diese Art eine schnelle Klärung finden. Aber als Übung und auch als geistiger Anhaltspunkt ist oft ein Inhalt wichtig, den wir uns selbst vorgeben. Manche Menschen finden Kraft und Geborgenheit in religiösen Texten – z. B. in den Psalmen. Jedes andere Zitat ist ebenso geeignet – sei es nun aus der Literatur oder etwas, das Sie irgendwo gehört oder gelesen haben und das Sie betroffen gemacht hat. Visuelle Typen, also »Augenmenschen«, können eher über ein Bild, über eine Skulptur oder über eine Blume meditieren. Andere wiederum bekommen die stärksten Impulse über das Ohr und können deshalb am besten bei entsprechender Musik meditieren. Finden Sie also Ihre ganz persönliche Meditationsform heraus und lassen Sie sich auch durch Fehlschläge nicht entmutigen. Probieren Sie einfach weiter, bis Sie gefunden haben, was Ihnen gerade in diesem Moment gut tut.

Oft ist es besser und leichter, in einer Gruppe zu meditieren. Dort finden Sie die richtige Umgebung, erhalten die richtige Anleitung und können außerdem noch von dem Phänomen der »Gruppenkraft« profitieren. Wenn Sie eine begleitete Fastenkur – in einer Klinik oder in einer Gruppe – machen, werden Sie diese ohnehin selbst erfahren. Wenn Sie selbständig fasten, wäre es einer Überlegung wert, Ihre Meditationsübungen innerhalb einer Gruppe zu beginnen und dann für sich selbst zu Hause fortzuführen.

Es gibt eine Fülle von Meditations- und Entspannungspraktiken, die hier nicht alle aufgeführt werden können. Was für den einen gut ist, kann auf den anderen eher schädlich und niederdrückend wirken – lassen Sie sich deshalb bei Ihren Versuchen nicht entmutigen. Im Folgenden sollen nur einige wenige der wichtigsten Techniken vorgestellt werden. Weitere Informationen dazu finden Sie bei Volkshochschulen, in der Literatur und möglicherweise auch bei einer Beratung durch Ihren Arzt.

Autogenes Training

Das autogene Training ist seit Jahrzehnten ein bewährtes Hilfsmittel zur Behebung und Linderung körperlicher und seelischer Erkrankungen. Der Facharzt für Psychologie und Psychotherapie Bernt Hoffmann entwickelte diese Meditationstechnik und brachte sie 1928 in Anwendung. Dabei handelt es sich um ein Verfahren der »konzentrativen Selbstentspannung«, das auf einer Methode von Johannes Heinrich Schultz (1884–1970) beruht. Schultz war Neurologe und schuf durch theoretische und praktische Arbeit die Grundlagen für das autogene Training. Dabei werden formelhafte »Vorsatzbildungen« autosuggestiv formuliert. Anschließend werden für die einzelnen Körperteile Schwere-, Wärme- und Kälteübungen eingeübt. Die Entspannungsübungen betreffen vor allem die Muskeln, Blutgefäße, das Herz, die Atmung, Bauchorgane und den

Kopf. Die Übungen sollten mehrmals täglich mindestens 2 Minuten lang durchgeführt werden.
Das autogene Training wird zur begleitenden Behandlung von Krankheiten eingesetzt, vor allem wenn diese psychosomatischer Natur sind (etwa Migräne, Bluthochdruck, Magengeschwüre, Colitis). Auch wenn keine derartigen Erkrankungen vorliegen, kann das autogene Training viele »Alltagsprobleme« lösen.
So hilft es bei
- Einschlafproblemen und
- seelischen und körperlichen Verkrampfungen.

Außerdem führt ein regelmäßiges Training zu allgemeiner Entspannung. Sie können selbst beobachten, wie Ihre positive Einstellung zum Leben wächst, Ihnen neuen Lebensmut schenkt und Sie trotzdem die Dinge ganz real sehen lässt.

Richtiges Atmen
Hildegard von Bingen schreibt über den Atem:
> »Wenn der Mensch den ein- und ausgehenden Atem nicht hätte, dann würde er auch nicht die körperliche Beweglichkeit haben, und sein Blut wäre nicht flüssig und würde nicht fließen, wie auch das Wasser ohne den Luftzug nicht fließt.« *(Causae et Curae)*

Während des Fastens ist der Sauerstoffbedarf des Körpers besonders groß. Achten Sie deshalb während dieser Zeit darauf, wie Sie atmen, und korrigieren Sie Ihre Atemtechnik, falls dies nötig ist.
Eigentlich sollte man denken, dass das Atmen eine Selbstverständlichkeit ist. Wir atmen unbewusst – sonst könnten wir nicht leben. (Bewusst können wir den Atem nicht länger als wenige Minuten anhalten.) Selbst im Schlaf oder während einer Ohnmacht oder Narkose ist unser Atem immer da und hält unser Lebenssystem aufrecht. Vom ersten bis zum letzten Atemzug ist Atmen identisch mit Leben. Wer richtig atmet, schöpft damit Lebenskraft. Im Wachen wie im Schlafen sorgt ein selbsttätiges Zentrum im Gehirn dafür, dass der Organismus durch Einatmen mit dem lebenswichtigen Sauerstoff versorgt und verbrauchte Luft ausgeatmet wird. Herz, Gehirn und alle anderen Organe, alle Körperzellen sind auf den Sauerstoff angewiesen, der mit der Atemluft aufgenommen und mit den roten Blutkörperchen weitertransportiert wird.
Wir können unsere Atmung aber auch aktiv und willkürlich steuern: schnell oder langsam, tief oder flach atmen, die Luft in Brust und Lunge

saugen oder über Bauch und Zwerchfell leiten. Innere Ruhe und Ausgeglichenheit führen zu tiefem, gleichmäßigem Atmen. Aber es funktioniert auch umgekehrt: Wenn Sie in Stress-Situationen – etwa bei Hektik oder Angst und natürlich auch während der Fastenkur – bewusst tief und ruhig atmen (»erst einmal tief Luft holen«), wirkt sich das sofort auf Ihr seelisches Befinden aus. Sie werden feststellen, dass Sie dabei sehr schnell ruhiger und gelassener werden und die ungewohnte und ungewöhnliche Situation des Fastens auf eine ganz andere Art betrachten und erleben können.

Richtiges Atmen und richtige Körperhaltung gehören zusammen. Eines ist nicht ohne das andere möglich. Wenn Sie zusammengesunken und verkrampft dasitzen oder -stehen, können Sie nicht natürlich atmen. Wenn Sie tief und ruhig atmen, müssen Sie sich zwangsläufig aufrichten. Probieren Sie es einmal aus – und Sie werden sehen, wie natürlich dieses Zusammenspiel funktioniert!

Unter »natürlicher Atmung« ist kein komplizierter Prozess zu verstehen. Sie brauchen nur ruhig, tief und in langsamen Zügen zu atmen. Beschränken Sie dabei die Atmung nicht auf den Brustkorb, sondern beziehen Sie so weit wie möglich das Zwerchfell ein, atmen Sie tief in den Bauch! Dies alles ist im Grunde weiter nicht schwierig – nur sollten Sie ständig darauf achten und auch Ihre Atemzüge immer wieder korrigieren, bis Ihnen das natürliche Atmen wieder selbstverständlich geworden ist in unserer »atemlosen« Zeit.

Yoga
Das Wort Yoga ist ein Sanskrit-Wort und bedeutet »Joch«. Das heißt zwar, dass eine bestimmte Disziplin gehalten werden muss, um diese heilsamen Übungen durchzuführen – aber es heißt auch, dass es uns einen Halt im Leben geben kann, eine Richtung, in der wir uns bewegen können. Beim Yoga handelt es sich nicht nur um Körperübungen, sondern auch um eine bestimmte innere Geisteshaltung. Die körperlichen Übungen sind – angefangen beim Lotossitz – erst nach entsprechendem Training möglich. Allerdings gibt es Übungen, die denen des autogenen Trainings nicht unähnlich sind und auch von Anfängern mit Gewinn durchgeführt werden können.
Es gibt verschiedene Arten des Yoga, die am besten in Begleitung eines erfahrenen Lehrers geübt werden. Viele Volkshochschulen, aber auch

Kirchen, Gesundheitsorganisationen usw. bieten entsprechende Kurse an.
Bei einer solchen Schulung können beim Yoga acht verschiedene Stufen erreicht werden, die der körperlichen, geistigen und emotionalen Selbstkontrolle dienen und deren Ziel es ist, den Menschen zu einem Zustand reinen Bewusstseins zu führen:

1. Yama: Bei der »Selbstbeherrschung« geht es z. B. um die Einhaltung bestimmter Gebote wie Keuschheit, Wahrhaftigkeit und des Nichtverletzens von Mensch und Tier.

2. Niyama: Beim »Gehorsam« sind vor allem die Reinheitsvorschriften wichtig – also das Vermeiden bestimmter Speisen, Enthaltsamkeit usw.

3. Asana: Dieses Sanskritwort bedeutet »Sitz«. In dieser Stufe, die am häufigsten gelehrt wird – leider oft ohne den spirituellen Hintergrund der beiden ersten Stufen –, geht es um die Beherrschung verschiedener Körperhaltungen, die zunächst zur Entspannung, in höheren Stufen aber auch zu neuen Bewusstseinsebenen führen können.

4. Pranayama: In dieser Stufe geht es um die Beherrschung des Atems. Wesentliche Elemente haben Sie bereits im Abschnitt über das richtige Atmen kennen gelernt. Beim Yoga wird zusätzlich gelehrt, dass Prana die Lebenskraft ist, die wir nur über das richtige Atmen ins uns aufnehmen können.

5. Pratyahara: Die Übersetzung aus dem Sanskrit lautet: »Zurückziehung der Sinnesorgane von ihren Objekten.« Mit dieser Technik können erfahrene und lange Jahre geschulte Yogi ihre Körperfunktionen beeinflussen. Für Übungen, die dem westlichen Gebrauch angemessen sind, ist das Pratyahara nicht geeignet und sollte vor allem nie ohne Anleitung durchgeführt werden.

6. Dharana: »Festhalten« oder Konzentration ist der Inhalt dieser Übungen, bei denen man sich auf einen bestimmten gedanklichen Inhalt konzentriert.

7. Dhyana: Im Sanskrit bedeutet dies »Meditation« – ein weites Feld, das vor allem die Betrachtung eines bestimmten gedanklichen Inhalts meint und eine Weiterführung des Dharana ist.

8. Samadhi: Hierbei handelt es sich um die absolute Versenkung. Gerade im Mittelalter gab es in Europa eine ähnliche Meditationspraxis, die durch verschiedene Meditationsformen herbeigeführt werden konnte, mitunter aber – wie bei Hildegard von Bingen – spontan oder nach Fasten und Beten die Menschen überkam.

Wenn Sie sich für Yoga als Meditationsform entscheiden, sollten Sie wissen, dass es verschiedene Wege gibt, mit dieser östlichen Art der Entspannung und Versenkung zu arbeiten. Es ist wichtig, dass Sie sich die für Sie selbst geeignete Form suchen und auch prüfen, ob Ihr begleitender Lehrer in dieser Richtung mit Ihnen arbeitet.

Karma-Yoga: Selbstloses Handeln ist eine Form, die durchaus auch dem in den mittelalterlichen Klöstern gehandhabten Prinzip entspricht. Noch heute gibt es ja diese »aktive« Meditation, die sich nicht nach innen richtet, sondern vielmehr den Erfordernissen des Alltags zuwendet, die bewusst wahrgenommen und durchlebt werden.

Bhakti-Yoga: Dies ist die hingebende Liebe zu Gott – also das Prinzip, das Menschen dazu drängt, sich in einem Kloster in Gebet und Meditation nur dem göttlichen Prinzip zu widmen, ohne sich dabei von der Außenwelt ablenken zu lassen.

Kriya-Yoga: Das Yoga der Tat bedeutet eine Weiterentwicklung des selbstlosen Handelns – man übernimmt die Verantwortung für das, was man tut, und steht auch bewusst für die Folgen ein.

Raya-Yoga: Das »königliche Yoga« enthält viele körperliche Übungen, die zu einem höheren Bewusstsein führen können.

Kundalini-Yoga: Hier steigen vor allem sinnliche Kräfte im Körper auf, die in der Sexualität, aber auch in anderen Bereichen zu neuen Erkenntnissen und Verhaltensweisen führen können. Kundalini ist die »Schlangenkraft« des Körpers, die am unteren Ende der Wirbelsäule ruht.

Inana-Yoga: Diese Form des Yoga wird besonders den fortgeschrittenen Yoga-Schülern der westlichen Welt entgegenkommen, denn dabei handelt es sich um die Weiterentwicklung der intellektuellen Erkenntnis.

Hatha-Yoga: Diese Form des Yoga ist bei uns am meisten verbreitet, denn sie beinhaltet in der Hauptsache Körperübungen in Verbindung mit Atemübungen. Ihr Ziel ist die Steigerung der körperlichen Gesundheit, ohne den Anspruch auf geistige und seelische Weiterentwicklung. Hatha-Yoga ist der ideale Einstieg für Anfänger in die Yoga-Praxis.

Zen-Meditation
Zen – japanisch: Selbstversenkung – ist eine buddhistische Meditationslehre, die in China entstand, aber schon bald auch in Japan zur Grundlage des Rittertums wurde. Es gibt viele Möglichkeiten der Zen-Meditation, z. B. durch das Schreiben von Gedichten, das Tuschemalen oder das Bogenschießen. Alle diese Wege sollen zur geistigen Erleuchtung führen und gehen mit einer strengen Selbstschulung einher. Als Ausdruck und Methode östlicher Mystik hat die »Religion der Stille« auch im Westen zunehmend Beachtung gefunden.
Gebet, Kult und das Studium religiöser Schriften sind dabei von untergeordneter Bedeutung. Die Praxis besteht im Wesentlichen in der Übung der sitzenden Kontemplation (Zazen), die meistens unter der Leitung eines Meisters stattfindet. Die Gruppenerfahrung dabei ist eine sehr wichtige Komponente, aber man kann zusätzlich auch mit großem Gewinn alleine meditieren. Die Bedeutung dieser Meditationsform wird dadurch belegt, dass sie der westlichen Psychotherapie viele wichtige Anregungen vermittelt hat. Viele Volkshochschulen, aber auch kirchliche und andere Einrichtungen bieten die entsprechenden Kurse an.

Neue Wege suchen

Fasten bedeutet nicht nur eine Umstellung und Umstimmung für den Körper, sondern auch für Geist und Seele. Deshalb sollten Sie sich während des Fastens sehr viel Zeit für sich selbst nehmen. Tun Sie all die Dinge, die Sie eigentlich schon lange tun wollten.
Vielleicht möchten Sie einfach nur faulenzen. Gerade bei einem sonst sehr stressbetonten Leben ist es durchaus eine gute Möglichkeit, wieder zu sich selbst zu finden. Haben Sie deswegen kein schlechtes Gewissen, wenn Sie einfach in den Tag hineindösen – oft ergeben sich ge-

rade durch dieses völlige Loslassen neue Lebensperspektiven wie von selbst.
Die Bücher, die Sie schon immer lesen, die Musikstücke, die Sie schon immer hören wollten – nun haben Sie Zeit und Muße, sie mit wachen Sinnen aufzunehmen.
Möglicherweise wollten Sie immer schon kreativ tätig sein – malen, musizieren, schreiben oder eine Handarbeit oder Bastelarbeit anfertigen. Die Fastenzeit ist die richtige Gelegenheit, damit zu beginnen.
Falls Sie ein religiöser oder spirituell interessierter Mensch sind, sollten Sie die Fastenzeit auch zum Studium entsprechender Bücher nutzen. Geeignet ist vor allem die Bibel, daneben aber auch die Werke der Mystiker, allen voran das Werk der Hildegard von Bingen. Ihr Buch *Scivias – Wisse die Wege* enthält ihre Visionen, die auch heute noch von überraschender Aktualität sind. So heißt es in der 8. Vision des 3. Teils:

»Der gute Mensch sei nicht verhärtet und nicht übel wollend gegenüber der göttlichen Gerechtigkeit, sondern sanft und lenksam für alles Gute. Er entferne das Böse von sich, betrachte sich bei der Prüfung seiner Taten und entziehe sich dem Angriff der ihn verletzenden Feinde.«

Auch Hildegards Briefwechsel mit dem Mönch Wibert von Gembloux (1124–1213), der in ihren letzten Jahren ihr Sekretär und Vertrauter war, ist eine sehr lesenswerte Lektüre. Sie gibt ihm darin Antworten auf 38 wesentliche theologische Fragen. So finden wir z. B. in ihrer Antwort auf die 37. Frage, ob die Heiligen im Himmel und die Gottlosen in der Hölle wissen, was auf der Erde geschieht, wiederum ein Beispiel dafür, wie sehr in Hildegards Weltbild Gott und Mensch, Kosmos und Erde zusammengehören.
Hildegard schreibt an Wibert:

»Die Heiligen, die im himmlischen Vaterland leben, wissen alles, was auf der Erde geschieht. Denn im Gericht Gottes und im brausenden Lobgesang der Engel erscheint alles, was auf Erden geschieht, vor Gott. Auch die Gottlosen, die nie aufhörten zu sündigen und dies auch nicht durch Buße wieder gutmachten, erkennen am Spott und Hohngelächter ihrer Nachahmer, was böse ist. Und am Geheul, mit dem sie über die Seligen aufschreien, die ihnen nicht folgen, erkennen sie, was gut ist.« *(Briefwechsel mit Wibert von Gembloux)*

Was auch immer Sie sich für die Fastenzeit vornehmen – gehen Sie es gelassen an und übertreiben Sie nicht. Wahren Sie immer das »rechte Maß«, und beherzigen Sie einen Satz, den Hildegard von Bingen an eine befreundete Mystikerin, Elisabeth von Schönau, schrieb:

»Wie durch unangebrachten Sturzregen die Frucht der Erde Schaden leidet, so wird auch der Mensch, der sich mehr Mühsal auferlegt, als sein Körper aushalten kann, seiner Seele keinen Nutzen bringen.«

Das Leben der Hildegard von Bingen

Wenn wir über das Mittelalter sprechen, geschieht dies oft mit einem Gefühl der Überlegenheit. Wie herrlich weit haben wir es doch mit unserer Zivilisation gegenüber dem »finsteren« Mittelalter gebracht! Dabei lebte gerade in dieser Zeit eine Frau, die sich nicht nur in diesem geschichtlichen Zeitraum, sondern ganz allgemein vom gängigen Frauenbild abhebt: Hildegard von Bingen.

Sie zählt nicht nur zu den größten Mystikerinnen des Mittelalters – über ihre Visionen schrieb sie mehrere bedeutende Werke, vor allem *Scivias – Wisse die Wege*. Sie betätigte sich auch als Komponistin von Kirchenmusik, die übrigens heute wieder mit viel Erfolg aufgeführt wird und besonders im englischsprachigen Ausland viel Resonanz auch beim jungen Publikum findet. Vor allem hat sich Hildegard von Bingen aber ihre Aktualität bis in unser Jahrhundert bewahrt, weil sie ausführliche Werke über Gesundheit und Krankheit – *Causae et Curae* – und über Pflanzen, Tiere und Steine – *Physica* – verfasste. Aus diesen Büchern schöpfen viele Menschen, darunter Ärzte, Ernährungswissenschaftler und Gärtner, noch heute wichtige Anregungen.

Geschichtlicher Hintergrund

Hildegard von Bingen wurde 1098 geboren – zur Blütezeit der Kreuzfahrer also, die viele neue Einflüsse nach Deutschland brachten: Stoffe, Gewürze, Pflanzen – und auch Ideen. Als Hildegard 24 Jahre alt ist (1122), beendet Heinrich V durch das Wormser Konkordat den Investiturstreit. Das bedeutet, dass die Bischofswahl in Gegenwart des Königs oder seines Beauftragten stattfinden muss und der König den geistlichen Würdenträger mit Ländereien und Ehrenstellungen belehnen kann. Im selben Jahr schreibt in Frankreich Pierre Abaelard das grundlegende Werk der Scholastik und Dialektik, *Sic et Non*.
1127 – Hildegard ist 29 Jahre alt – beginnt der staufisch-welfische Konflikt, in dem Konrad III. als Gegenkönig zu Lothar aufsteht. Aber erst 1138 wird er anerkannter König und begründet damit die Staufer-Dynastie. 1146 ruft Bernhard von Clairvaux zum Zweiten Kreuzzug auf (der bis

1149 dauern und vor Damaskus scheitern wird), der von zwei Königen angeführt wird – Ludwig VII. von Frankreich und Konrad III., dem deutschen Stauferkönig.
1152 – in Hildegards 54. Lebensjahr – wird Friedrich I. (Barbarossa) deutscher König. Er regiert bis 1190 und überlebt Hildegard von Bingen um 11 Jahre. 1155 wird er in Rom zum Kaiser gekrönt. Sein Konflikt mit Papst Alexander III. endet 1167 mit der Vertreibung des Papstes aus Rom. Erst 1179 kommt es im Frieden von Venedig zu einer Einigung zwischen Kaiser und Papst.

In diese bewegte Zeit also wird Hildegard von Bingen hineingeboren und durchlebt sie auch sehr bewusst. Obwohl sie eine Frau ist – und dazu noch eine Kirchenfrau –, hält sie sich durchaus nicht aus der Politik heraus, sondern macht ihre Meinung zu den Geschehnissen auf der Bühne der Politik sehr deutlich klar. Ihr Briefwechsel mit vielen Mächtigen Europas ist ebenso umfangreich wie erstaunlich. Über 300 authentische Briefe liegen uns heute vor. Hildegard scheut sich nicht, auch höchsten weltlichen und kirchlichen Würdenträgern in aller Deutlichkeit die Leviten zu lesen, wenn deren Handlungsweise nicht ihre Billigung findet. Trotzdem – oder vielleicht gerade deshalb – ist sie überaus geachtet und gefragt als Beraterin von Fürsten und Kaisern, von Bischöfen und Päpsten.
– Schon 1146 beginnt sie einen Briefwechsel mit dem Abt Bernhard von Clairvaux.
– Sie korrespondiert mit den Bischöfen von Prag, Salzburg, Utrecht und Lüttich.
– Auch an die Päpste Eugen III., Anastasius IV., Hadrian IV. und Alexander III. schreibt sie.

Dabei spart sie nicht mit Kritik. So schreibt sie an den alternden Papst Anastasius:
»O Mensch, das Auge deines Erkennens lässt nach, und du bist müde geworden, die stolzen Prahlereien der Menschen zu zügeln. Daher, o Mensch, der du auf dem päpstlichen Thron sitzest, verachtest du Gott, wenn du das Böse nicht von dir schleuderst, sondern es küssend umfängst.«

1155 begegnet sie Friedrich I., Barbarossa, in der Kaiserpfalz Ingelheim. 1163 kommt es zu einer zweiten Begegnung, bei der Barbarossa Hildegards Kloster unter seinen ganz besonderen Schutz stellt. Hildegard hegt dem Kaiser gegenüber zunächst durchaus freundschaftliche Gefühle. Nach ihrer ersten persönlichen Begegnung ist auch Friedrich von dieser streitbaren und kompromisslosen Klosterfrau beeindruckt. So bittet er sie in einem Brief aus dem Jahre 1155, dass sie ihn mit ihren Gebeten unterstützen möge. Und endet seinen Brief:

»Du darfst überzeugt sein, dass wir bei jedwedem Anliegen, das Du uns vorträgst, weder auf die Freundschaft noch auf den Hass irgendeiner Person Rücksicht nehmen werden. Vielmehr haben wir uns vorgenommen, einzig im Blick auf die Gerechtigkeit gerecht zu urteilen.«

Der Bruch erfolgt, als Friedrich 1159 den zum gewählten Papst Alexander III. in Opposition stehenden »Gegenpapst« Viktor IV. anerkennt. Aber noch hält Hildegard sich aus Freundschaft zu Barbarossa zurück. Erst als dieser – nach dem Tode Alexanders – auch den nächsten Gegenpapst, Paschalis III., anerkennt, schreibt sie ihm einen mahnenden Brief. Und als er 1168, nach dem Tode Paschalis', auch noch einen dritten Gegenpapst aufstellen lässt – Calixt III. –, hält sie ihm in einem heftigen Brief Gottes Worte entgegen, die diesen so selbstherrlich gewordenen Kaiser zutiefst verletzt haben müssen, denn danach reißt die Verbindung zwischen beiden ab:

»Der da ist, spricht: Die Widerspenstigkeit zerstöre Ich, und den Widerstand derer, die Mir trotzen, zermalme Ich durch Mich selbst. Wehe, wehe diesem bösen Treiben der Frevler, die Mich verachten! Das höre, König, wenn Du leben willst! Sonst wird Mein Schwert Dich durchbohren!«

Es ist interessant, dass Friedrich 1177 im Frieden von Venedig den italienischen Städten ihre Rechte wiedergeben und auch Papst Alexander anerkennen muss.

Hildegards Lebensgeschichte

Hildegard von Bingen war das zehnte Kind des Edelfreien Hildebert von Bermersheim und seiner Frau Mechthild. Sie wurde 1098 auf deren Herrensitz in der Nähe von Alzey, im heutigen Rheinhessen, geboren. Schon als kleines Kind ist sie an allem, was sie umgibt, interessiert – aber sie ist sehr zart und beunruhigt ihre Eltern bereits im dritten Lebensjahr durch Visionen, die diese zunächst für kindliche Fantasien halten.

Sie selbst schreibt darüber:
»In meinem dritten Lebensjahr sah ich ein so großes Licht, dass meine Seele erbebte, doch wegen meiner Kindheit konnte ich mich nicht darüber äußern ... Bis zu meinem fünften Lebensjahr sah ich vieles, und manches erzählte ich einfach, sodass die, die es hörten, sich sehr wunderten, woher es käme und von wem es sei.«

Schon bei ihrer Geburt hatten die Eltern für Hildegard das Klosterleben vorgesehen. Darüber schreibt ihr Sekretär Wibert von Gembloux:
»Als ... den Eltern das zehnte Kind geschenkt wurde, sonderten sie es auf gemeinsamen Beschluss nach reiflicher Überlegung als freiwillige Opfergabe gleichsam als ihren Zehnten für Gott ab, der ja im Gesetz anordnete, dass man ihm den Zehnten darbringe. Dieses Kind sollte ihm alle Tage seines Lebens in Heiligkeit und Gerechtigkeit dienen.«

Hildegard hat dieser Bestimmung nie einen Widerstand entgegengesetzt – es war ja ohnehin die Bestimmung, die ihr offensichtlich von vornherein als die ihr gemäße Lebensform in die Wiege gelegt worden war.

Am 1. November 1106 zog sie achtjährig als Schülerin in die Klausnerinnenzelle der reichen und schönen Jutta von Spanheim, die sich aus eigenem Entschluss für dieses Dasein entschieden hatte, auf den Disibodenberg. Hier wurde Hildegard nicht nur in den Tugenden der Demut und des Gehorsams erzogen – sie lernte auch die Gesänge Davids und das Singen der Psalmen. Diese Kenntnisse waren ihr später bei ihren eigenen Kompositionen von Nutzen. Einen weiteren Teil ihrer Bildung verdankte Hildegard dem Mönch Volmar, dem Beichtvater der Klausnerinnen, der später auch ihr Sekretär wurde. Obwohl sie im Unterschied zu den männlichen Ordensleuten nie systematisch in den mittelalterlichen Wissenskanon der sieben freien Künste (Grammatik, Rhetorik, Dialektik, Arithmetik, Geometrie, Musik und Astronomie) eingeführt wurde und somit als »ungelehrt« galt, eignete sie sich aufgrund ihrer überragenden Begabung ein umfassendes Wissen an, das sie durch eigene Beobachtungen ergänzte.

Schon als junges Mädchen entschied sich Hildegard (abgesehen von der Entscheidung ihrer Eltern) auch selbst für ein geistliches Leben. Zwischen 1112 und 1115 – die genaue Jahreszahl ist nicht belegt – legte sie die

Ordensgelübde ab und wurde Benediktinernonne. Den Wahlspruch des Benediktinerordens *Ora et labora* (Bete und arbeite) hat sie ihr Leben lang befolgt und nicht nur ein Leben in Beschaulichkeit und Versenkung geführt, sondern es mit einem selbst für heutige Begriffe unvorstellbaren Arbeitspensum angefüllt. Die Ordensregel kommt auch immer wieder in ihren Werken zum Tragen, in denen sie die Bedeutung der Verbindung von Meditation und Tätigkeit, vom »inneren« und »äußeren« Leben betont. Dies alles leistete Hildegard, obwohl sie zeit ihres Lebens immer wieder von körperlichen Krankheiten und Schwächezuständen gequält wurde.

Als 1136 Jutta von Spanheim, die drei Jahrzehnte lang Klause und Kloster auf dem Disibodenberg geführt hatte, starb, stand die Wahl einer neuen Vorsteherin an. Während dieser Zeit hatte Hildegard ein stilles, zurückgezogenes Ordensleben geführt. Nun fiel die Wahl auf sie, das Kloster zu leiten. Nach anfänglichem Sträuben übernahm sie dieses verantwortungsvolle Amt.

1141 – in Hildegards 43. Lebensjahr – begannen die großen Visionen, die sie in ihrer *Scivias* niederschrieb. Erschüttert vernahm sie den göttlichen Befehl:
»Tu kund die Wunder, die du erfährst. Schreibe sie auf und sprich.«
(Scivias)

Ihr Beichtvater Volmar stand ihr bei der Niederschrift ihrer Visionen zur Seite, und auch eine junge Nonne, Richardis, zu der sich ein besonderes Vertrauensverhältnis herausgebildet hatte, unterstützte die Arbeit nach Kräften, indem sie Hildegards Diktate aufnahm. Fünf Jahre lang arbeiteten die drei gemeinsam an der *Scivias*.

Als 1147 Papst Eugen III. eine Synode in Trier abhielt, bat er Hildegard zu einem Gespräch und ermutigte sie, weiterzuschreiben. In öffentlichen Diskussionen hatten Hunderte von in- und ausländischen Kirchenvertretern Kenntnis von ihren Visionen erhalten und ihr Anerkennung gezollt – unter anderem der große Bernhard von Clairvaux. So drang ihr Ruhm immer weiter vor, und immer mehr Bewerberinnen für ihr Kloster trafen ein. Aber die Mönche des Disibodenberges hatten inzwischen selbst die gesamte verfügbare Fläche bebaut, sodass für Hildegard und ihre Zöglinge kaum noch Raum blieb.

So entschloss sie sich zu einer Neugründung auf dem Rupertsberg. Gegen den Widerstand des Abtes Kuno, der ihren Weggang als Undankbarkeit empfand, setzte Hildegard ihre Pläne durch – mit Hilfe der Markgräfin Richardis (der Mutter ihrer Helferin bei der Abfassung der *Scivias*), die sich wiederum an den Erzbischof von Mainz wandte. 1150 konnten bereits die ersten Nonnen in das neu gegründete Kloster am Rupertsberg einziehen. Das Kloster erhielt großzügige Schenkungen von mehreren Adelsfamilien, sodass auch seine wirtschaftliche Grundlage gesichert war. Abt Kuno allerdings hatte Hildegard ihr eigenständiges Vorgehen immer noch nicht verziehen und forderte nun die Rückkehr des Mönches Volmar, der nicht nur der Beichtvater der Nonnen, sondern über lange Jahre auch Hildegards Vertrauter und Sekretär war. Außerdem war Kuno der Meinung, dass die Gelder, die Hildegards Kloster auf dem Rupertsberg zuflossen, eigentlich seinem eigenen Kloster zustünden.

Eine weitere Vision forderte Hildegard, die schwer krank und von Lähmungen geplagt war, auf, selbst zu ihm auf den Disibodenberg zu gehen. Nach einem Ritt von sechs Stunden – eine bewundernswerte Leistung, denn Hildegard näherte sich ihrem 60. Lebensjahr – erschien die Äbtissin unangekündigt bei Kuno. Sie überzeugte ihn mit einer flammenden Rede, in der sie – inspiriert durch ihre Vision, die sie hergeführt hatte – u. a. sagte:

»Das hell leuchtende Licht spricht: Du sollst als Vater walten über unseren Propst und über das Wohl des mystischen Gartens meiner Töchter. Die Güter aber, welche sie mit ins Kloster gebracht haben, gehören weder dir noch deinen Brüdern. Wenn einige von euch den unwürdigen Vorschlag machen, uns um unser Erbteil zu bringen, dann sagt das hell leuchtende Licht, dass ihr wie Räuber und Diebe handelt.«

Und in Bezug auf Volmar fuhr sie fort:
»Wenn ihr uns aber gar unseren Propst und Seelsorger wegnehmen wollt, so gleicht ihr den Söhnen Belials und besitzt keinen Funken Ehrgefühl. Dann wird aber auch das Strafgericht Gottes euch vernichten.«

Das Ergebnis ihrer Reise: Kuno erkannte alle ihre Forderungen an.

Trotzdem erschien ihr die Situation des Klosters nicht ausreichend abgesichert – obwohl inzwischen Erzbischof Arnold von Mainz ihr in mehreren Urkunden die Selbständigkeit und das Recht der freien Äbtissinnenwahl für ihre Nonnen zugesichert hatte. In jenen unsicheren Zeiten war – vor allem für ein Frauenkloster – militärischer Schutz nötig. Deshalb suchte Hildegard von Bingen nach einem starken weltlichen Schutzherrn. Diesen fand sie schließlich – 1163 – in Friedrich Barbarossa, mit dem sie seit längerem in Briefwechsel stand. Ihrer Tatkraft ist es zu verdanken, dass das Kloster eine fast 500-jährige Friedenszeit erlebte. Erst 1631, im Dreißigjährigen Krieg, mussten die Nonnen vor den Schweden nach Köln fliehen.

Während der Zeit auf Rupertsberg schrieb Hildegard – etwa zwischen 1151 und 1158 – auch ihr medizinisches Wissen nieder, in ihrer großen Heilkunde *Causae et Curae,* die heute noch nicht voll ausgeschöpft ist in ihren Erkenntnissen und Einsichten. Und so, wie sie immer den Kosmos mit dem Mikrokosmos verband, begann sie auch ihr Buch über die Heilkunde mit der Schöpfungsgeschichte. So schreibt sie in dem Abschnitt über die Elemente:

»Gott erschuf auch die Elemente der Welt. Diese sind auch im Menschen, und der Mensch wirkt mit ihnen. Sie sind das Feuer, die Luft, das Wasser und die Erde.« *(Causae et Curae)*

Immer wieder weist Hildegard in diesem Buch darauf hin, wie wichtig das Zusammenwirken von Seele und Körper ist, dass das eine nicht ohne das andere gesund leben kann. Ihr naturwissenschaftliches Werk *Physica* (bei dem einzelne Teile allerdings nicht von ihrer Hand stammen, sondern später eingefügt wurden), entstand ebenfalls in dieser Zeit.

Hildegards Ruf verbreitete sich immer mehr, bald war das Kloster auf dem Rupertsberg zu klein. So gründete sie ein Tochterkloster in Eibingen, auf der anderen Rheinseite, fast gegenüber dem Rupertsberg. 1165 konnten die ersten Nonnen in ihr neues Domizil übersiedeln. Zweimal wöchentlich besuchte sie per Schiff ihre Schutzbefohlenen dort – eine beachtliche Leistung, wenn man bedenkt, dass die immer kränkliche Hildegard inzwischen fast siebzig Jahre alt war.

Aber das ist noch längst nicht alles, was diese erstaunliche Frau sich zumutete. Nach einer erneuten Vision, in der sie dazu aufgerufen wurde, Gottes Wort nicht nur in der Geborgenheit ihres Klosters zu predigen, führte sie zwischen 1160 und 1170 vier große Predigtreisen durch, die sie

u. a. nach Mainz, Würzburg, Bamberg, Trier, Metz, Maulbronn, Hirsau und Zwiefalten führten.
Bei diesen Reisen war es Hildegard wichtig, die Wahrheit deutlich auszusprechen – wie sie es ja in ihren Briefen Kaisern, Königen und Päpsten gegenüber tat. So begann sie ihre Rede in Trier mit den folgenden Worten: »Ich armes Geschöpf, dem es an Gesundheit, Stärke, Kraft und Bildung mangelt, habe im geheimnisvollen Licht des wahren Gesichtes für die Trierer Geistlichkeit folgende Worte vernommen: Die Doctores und Magister wollen nicht mehr in die Trompete der Gerechtigkeit stoßen, deshalb ist das Morgenrot guter Werke bei ihnen verschwunden.«

In ihrer bildhaften Sprache verschonte sie auch die Geistlichkeit nicht: »Auch der Mittagswind der Tugend, welcher sonst so warm ist, erscheint in diesen Männern zum Winter erstarrt. Denn ihnen fehlen die guten und vom Feuer des Heiligen Geistes durchglühten Werke. Verdorrt stehen sie da, weil das lebendige Grün fehlt. Das Abendrot der Barmherzigkeit hat sich in einen härenen Sack verwandelt.«

Ähnlich ging sie auch in ihren anderen Predigten mit der geistlichen Obrigkeit ins Gericht und erschütterte dadurch nicht nur die zuhörenden Gemeinden, sondern bewirkte auch manchen Sinneswandel im Klerus.

1173 starb ihr getreuer Volmar – Beichtvater, Sekretär und Vertrauter –, den sie sich von Abt Kuno erkämpft hatte. Dessen Stelle übernahm nun Propst Gottfried, ebenfalls ein Mönch vom Disibodenberg. Aber auch dieser starb bereits 1176. Nun wurde Wibert von Gembloux, mit dem sie bereits ein reger Briefwechsel verband, ihr Sekretär. Hildegard war jetzt in ihren späten Siebzigern – eine durch Krankheit, emotionale Erschütterungen, die durch ihre Visionen hervorgerufen wurden, harte Arbeit an ihren Büchern, lange Reisen und die kräfteraubende Verwaltungs- und Seelsorgertätigkeit aufgezehrte Frau. Aber ihren Kämpfergeist hatte sie noch immer nicht verloren.

1178 bewies sie dies in einer geradezu revolutionären Tat: Ein junger Edelmann, der auf der Durchreise verstorben war, wurde auf seinen Wunsch hin auf dem Rupertsberg begraben. Kurze Zeit später erhielt Hildegard von Bingen einen Brief aus der Kanzlei der Domherren von Mainz, in dem ihr mitgeteilt wurde, dass eben dieser junge Mann wegen eines schweren Verbrechens exkommuniziert worden sei und deshalb nicht auf einem kirchlichen Friedhof begraben werden dürfe. Die Leiche müsse exhumiert und auf dem Schindanger beigesetzt werden, sonst drohe dem Kloster das Interdikt. Das bedeutete: Auch alle Klostermitglieder wurden exkommuniziert und durften weder das Abendmahl empfangen noch einen Gottesdienst abhalten.

Hildegard war empört. Schließlich hatte der junge Mann gebeichtet und seine Sünden bereut, er war also eines christlichen Todes gestorben. Eine neue Vision bestätigte sie darin, dass seine Leiche nicht entfernt werden sollte. So hielt sie sich eher an das an sie ergangene göttliche Gebot als an die Vorschriften der Mainzer Domherren – mit dem Ergebnis, dass nun wirklich das gefürchtete Interdikt über ihr Kloster verhängt wurde. Die greise Äbtissin brach nach Mainz auf, um dort persönlich mit den hohen Herren zu verhandeln. Diese aber beharrten strikt auf ihren Paragrafen, und Hildegard musste unverrichteter Dinge zurückkehren. Erst ein Brief an den Mainzer Erzbischof Christian von Buch, der zu jener Zeit in Rom weilte, gab den Dingen eine andere Wendung. Das Interdikt wurde aufgehoben, und die Leiche des jungen Mannes durfte bleiben, wo sie war – an dem Ort, den er sich gewünscht hatte: bei Hildegard, auf dem Rupertsberg.

Am 17. September 1179 starb Hildegard 81-jährig in dem von ihr gegründeten Kloster Rupertsberg.

Ihre Wirkung aber ist heute noch lebendig:
– Vor allem ist sie in der Medizin als die erste deutsche »Naturärztin« bekannt, mit der sich zahlreiche Mediziner beschäftigen und auf deren Erkenntnissen das Konzept verschiedener Kurkliniken basiert.
– Ihre Ernährungslehre ist in ihren Grundzügen eine wichtige Alternative für gesundheitsbewusste Menschen unserer Zeit.
– Ihre spirituelle und meditative Schau der Welt ist erst in Ansätzen aufgearbeitet und wird sicherlich in Zukunft für viele Menschen eine wertvolle Bereicherung sein.
– Ihre Musik spricht interessanterweise gerade junge Menschen so sehr an, dass die CD »Vision: The Music of Hildegard von Bingen« mit einer Aufnahme ihrer Werke auf Anhieb einen Platz in der aktuellen Hitliste fand.
– Ihre Streitbarkeit, ihr Mut, ihre Diplomatie, aber – wenn es nötig war – auch ihre Kompromisslosigkeit sind heute noch ein Vorbild für uns, an dem wir uns orientieren können.

Man nannte Hildegard von Bingen bereits zu ihren Lebzeiten die *prophetissa teutonica* und die »Rheinische Sibylle«. Selbst nach 900 Jahren zeigt sie uns modernen, »aufgeklärten« Menschen noch immer den Weg der unbeirrbaren Wahrhaftigkeit.

Literatur und Bezugsquellen

Literatur:

Hildegard von Bingen: *Scivias – Wisse die Wege. Eine Schau von Gott und Mensch in Schöpfung und Zeit,* Freiburg 1996

Hl. Hildegard: *Briefwechsel mit Wibert von Gembloux,* Augsburg 1993

Hildegard von Bingen: *Causae et Curae.* Neudruck der Basler Hildegard-Gesellschaft

Hildegard von Bingen: *Physica.* Patrologia Latina. Band CXCVII. Basler Hildegard-Gesellschaft

Zeitschriften:

Hildegard-Heilkunde, Mitteilungsblatt des »Fördererkreises Hildegard von Bingen e.V.«, Nestgasse 2, D-78464 Konstanz

Hildegard-Zeitschrift, Mitteilungsblatt der »Internationalen Gesellschaft Hildegard von Bingen«, CH-6390 Engelberg

St. Hildegard-Kurier, Mitteilungsblatt des »Bundes der Freunde Hildegards e.V.«, A-5084 Grossgmain bei Salzburg

Bezugsquellen:

Abtei St. Hildegard, Postfach 1320, D-65378 Rüdesheim, Tel.: 0 67 22/49 90; *Bücher, Wein und Dinkelprodukte*

Bäckerei Holstein, August-Borsig-Str. 3, D-78467 Konstanz

Egon Binz, Stadtmühle, D-78187 Geisingen

s'Geisarieder Lädele, Rosenweg 2, D-87616 Marktoberdorf-Geisenried, Tel.: 0 83 42/21 15 oder 53 98

Paul Gleiser, Bronnmühle, Haus Nr. 3, D-72108 Rottenburg am Neckar

Holstein Naturkost GmbH, Zum Riesenberg 6a, D-78476 Allensbach

Jura-Naturheilmittel KG, Wolfgang Gollwitzer, Nestgasse 2–6, D-78464 Konstanz, Tel.: 0 75 31/3 14 87

Mühldorfer Naturkornmühle GmbH, Mühlenstr. 15,
D-84453 Mühldorf/Inn

Schleiferstüble G. Mehl, Wessenbergstr. 31, D-78462 Konstanz,
Tel.: 0 75 31/2 28 13; *Edelsteine*

Schloss-Apotheke, Bahnhofstr. 8, D-83229 Aschau/Chiemgau

Weingut Stephanshof, Reinhold Kiefer & Sohn, Jahnstr. 42,
D-67487 St. Martin/Weinstraße

Zähringer-Apotheke, Zähringerplatz 17, D-78464 Konstanz,

Hildegard-Drogerie AG, Aeschenvorstadt 24, CH-4051 Basel,
Tel.: 00 41/61/2 79 91 51

Koch & Cie. Walter Koch Handels- und Kundenmühle,
CH-8272 Ermatingen

Hildegard Naturhaaus – Hönegger GmbH, Ersperding 3, A-5232 Kirchberg b. M., Tel.: 00 43/77 47/54 54; *Hildegard-Naturprodukte*

Helmut Posch, Weinbergweg, A-4880 St. Georgen/Attergau,
Tel.: 00 43/76 67/81 31

Fastenkuren nach Hildegard

Haus St. Benedikt, St. Benediktstr. 3, D-97072 Würzburg

Hildegard-Küche, Hildegard-Ferien, biologischer Weinanbau

Hotel Sponheimer Hof, Sponheimer Str. 19–23, D-56850 Enkirch/Mosel,
Tel.: 0 65 41/66 28